U0909706

2018
长三角城市发展报告

新一轮长三角一体化视角下的
城市建设、管理与服务

主　编：叶银忠
副主编：韩　佳　高　昉　王桂林
　　　　杨瑞华　兰晓敏

内容简介

本文的核心内容是在新一轮长三角一体化视角下的城市建设、城市管理、城市服务。全书由9个章节构成。书中立足并围绕"推动长三角城市群更高质量一体化发展"这一主线,全面系统地梳理、总结了近年来长三角地区在城市群发展、城市品牌、交通设施、生态环境、城市文化、智慧城市、城市管理、社会发展、创新发展等领域的进展和经验,深入分析了长三角一体化进程中存在的问题与挑战,并提出了下一步发展的思路和展望。

本书适用于作为城建方面的应用型高等学校的教材,也可以作为从事有关方面工作的专门工作者参考书。

图书在版编目(CIP)数据

长三角城市发展报告:新一轮长三角一体化视角下的城市建设、管理与服务/叶银忠主编. —上海:上海交通大学出版社,2019

ISBN 978-7-313-21546-8

Ⅰ. ①长... Ⅱ. ①叶... Ⅲ. ①长江三角洲—城市发展—研究报告 Ⅳ. ①F299.275

中国版本图书馆CIP数据核字(2019)第134379号

长三角城市发展报告

——新一轮长三角一体化视角下的城市建设、管理与服务

主　　编:叶银忠

出版发行:上海交通大学出版社　　地　　址:上海市番禺路951号

邮政编码:200030　　电　　话:021-64071208

印　　制:上海万卷印刷股份有限公司　　经　　销:全国新华书店

开　　本:710mm×1000mm　1/16　　印　　张:20.25

字　　数:392千字

版　　次:2019年11月第1版　　印　　次:2019年11月第1次印刷

书　　号:ISBN 978-7-313-21546-8

定　　价:68.00元

序 言

一

长江三角洲地区是我国经济最具活力、开放程度最高、创新能力最强的区域之一，是“一带一路”和长江经济带的重要交汇点，在国家现代化建设大局和全方位开放格局中具有举足轻重的战略地位。近年来，长三角的区域合作不断推进、逐步深化，基础设施网络基本形成，要素资源自由流动性不断增强，经济发展充满活力。2016 年 5 月，国务院常务会议通过了《长江三角洲城市群发展规划》，提出培育更高水平的经济增长极，规划期为 2016～2020 年，远期则展望 2030 年，全面建成具有全球影响力的世界级城市群。站在长三角区域合作的新起点上，三省一市凝心聚力，以一体化创新突破，服务全国发展大局，参与全球合作竞争。

党的十八大以来，以习近平同志为核心的党中央高度重视区域协调发展。习近平总书记作出重要指示，要求长三角地区实现更高质量的一体化发展，更好地引领长江经济带发展，更好地服务国家发展大局。2018 年 11 月 5 日，在首届中国国际进口博览会开幕式上，习近平指出，为了更好地发挥上海等地区在对外开放中的重要作用，将支持长江三角洲区域一体化发展并上升为国家战略，着力落实新发展理念，构建现代化经济体系，推进更高起点的深化改革和更高层次的对外开放，同“一带一路”建设、京津冀协同发展、长江经济带发展、粤港澳大湾区建设相互配合，完善中国改革开放空间布局。

长三角地区人口约占全国十分之一，土地面积只占 1/45。作为冲积平原，长三角地区地势平缓，河川湖荡纵横交错。四季分明的亚热带季风气候带来了中国最富有诗情画意的江南人文特质，拥有雄厚的历史文化名城和历史文化史迹。

从 1982 年至今，长三角城市群空间范围变更了 5 次之多，最近的规划中有 26 座城市被纳入长三角区域，这使得不同阶段的城市发展规划编制及区域城市的自身定位和发展方向都呈现出相当的不确定性，致使长三角城市及相互间的发展存在较明显的要素瓶颈和资源浪费现象。城市组团发展中，抗衡城市群极化效应的“反磁力中心”，做大做强“城市群一体化”发展，是当前呼声最强的规划建设思路。为此，积极主动应对与治理“大城市病”，已成为当前和今后长三角城市化发展中的一个重大治本课题。

处在新一轮长三角一体化加快推进的重要时间节点，从理论和实践层面总结梳理长三角一体化推进的进展情况，总结分析长三角一体化进程中的经验和存在的问题与原因，对于促进长三角地区率先发展、一体化发展，发挥好上海在长三角区域的龙头带动作用，具有重要的现实意义。

二

本报告的核心部分由9个章节组成。报告的宗旨是立足并围绕“推动长三角更高质量一体化发展”这一主线，全面系统梳理、总结近年来长三角在城市群发展、城市品牌、交通设施、生态环境、城市文化、智慧城市、城市管理、社会发展、创新发展等领域的重要进展和经验，深入分析长三角一体化进程中存在的问题与挑战，并提出下一步发展的思路和展望。

上海城建职业学院是目前上海市规模最大的公办高职院校。为了更加全面深刻地理解“改革再出发，创新迈卓越”的战略思考，更好地推进师生认识城市、解读城市、发展城市，更好地推动、发挥大学文化沟通、文化对话、文化合作的功能，2018年11月23日，学校在“纪念改革开放40周年”系列活动中专门举办了以“改革开放40周年与长三角城市发展”为主题的城市发展论坛。论坛以习近平总书记在首届中国国际进口博览会开幕式主旨讲话中关于“将支持长江三角洲区域一体化发展并上升为国家战略”的重要指示精神为指引，针对“城市建设、城市管理、城市服务”等专题，探讨了高质量城市发展方案、城市建设技术创新、城市产业与人才等。上海市政协副主席周汉民，上海市建设交通工作党委朱铁民巡视员，上海市杨浦区区委常委、副区长王祯，中国科学院院士郑时龄等专家学者，以及相关高校、行业代表、学校师生有200余人参加了此次论坛。正是在这次论坛上，正式启动了本报告的撰写编著工作，由学校长三角一体化研究所负责策划并组织编写。

在本报告编写过程中，得到了校内外专家的广泛支持和大力帮助。中国科学院院士郑时龄教授、同济大学城市风险管理研究院院长孙建平教授、上海市政府规划委员会专家委员郁鸿胜研究员、上海建科建筑设计院有限公司董事长韩继红教授、中国区域经济五十人论坛成员张学良教授、上海郑和研究中心主任时平教授、住房和城乡建设部专家委员会成员张泓铭研究员、联合国世界发展经济研究院陆铭教授、上海市住房和城乡建设管理委员会政策研究室主任徐存福研究员等，都给予了很多的关注和专业指导。

上海城建职业学院的校领导及多位教授参与了本报告的指导、调研与研究工作，给予了很多的支持和帮助。在报告正文的撰写工作中，学院长三角一体化研究所的高层次科研人员高昉（主要执笔第一、二章）、韩佳（主要执笔第六至第九章）、王桂林（主要执笔第三、四章）、兰晓敏（主要执笔第五章）等老师为本书不辞辛劳，付出了许多努力。

江苏省政府研究室社会发展处处长金世斌研究员、华东师范大学中国现代城市研究中心张文明教授、华东理工大学社会与公共管理学院行政管理系主任俞慰刚教授等专家学者，百忙之中拨冗审阅，提出了专业性的撰写要求和指导意见，启发并分享了当下城市研究关注的重心，对提高本书的编写质量起到了很好的促进作用。

推诚爱物，寸阴是惜。这些宝贵的指导意见和建议，在很大程度上对本书的完成起到了激励与推动的作用，在此深表敬意与感谢。

三

上海城建职业学院正致力于建设一所“具有国际影响力的中国特色高水平应用技术技能型高校”的奋斗目标，为此，学校将培养高素质技术技能人才作为核心使命，高度重视并积极参与高素质人才资源的开发。在上海市住房和城乡建设管理委员会的大力支持下，2018 年开展了“城市管理紧缺人才开发目录研究”，并形成了课题研究报告“《城市管理紧缺人才开发目录研究》课题结题报告”（以下简称《城市管理紧缺人才开发》）。该课题针对上海建设交通系统的城市管理紧缺人才开发，基于广泛深入的调研分析，建立了“定量预测为主、经验判断为辅”的人才紧缺指数计算模型，提出了突出紧缺人才开发政策导向、实施紧缺人才聚集计划、推进紧缺人才分类培养、丰富紧缺人才培训形式、完善紧缺人才评价机制、拓展紧缺人才激励措施、创建城市管理人才服务平台等一系列城市管理紧缺人才开发和培养措施。

本课题研究过程中，在上海市建设交通工作党委、上海市建管委人才服务考核评价中心的协调组织下，课题组对上海建设交通系统进行了广泛的调研及座谈，其间得到了上海市住房和城乡建设管理委员会、上海市交通委员会、上海市绿化和市容管理局（上海市林业局）、上海市房屋管理局、上海市水务局（上海市海洋局）、上海市城管执法局、上海建工集团、上海隧道股份有限公司、上海城投集团、上海申通集团、上海徐房集团、上海浦房集团等多家单位的鼎力支持。上海市建设交通工作党委干部人事处王理秋处长、孙文臣副处长，以及上海城建职业学院叶银忠院长、郭洪涛和杨秀方副院长、杨瑞华教授等老师们广泛开展调研、细致分析，努力为上海城市管理的人才队伍建设发挥好决策咨询作用。

《城市管理紧缺人才开发》在全面分析卓越全球城市管理特征、上海市城市管理工作特点、人才的分布情况及需求类型的基础上，通过收集汇总系统及行业各企事业单位的人才需求，研究整理出各类人才信息，对人才类型、岗位设置、能力需求、经历业绩进行了全方位分析，对紧缺人才按类别、按紧缺程度做出定量评价，并按量化值划分紧缺程度级别，形成了 8 个大类、48 个子类的城市管理紧缺人才目录。在上海迈向“卓越的全球城市”的大背景下，城市管理紧缺人才开发是内生动能、外提质效的一项重要举措。为此，我们将《城市管理紧缺人才开发》作为本报告的重要附加内容，以此为长三角城市高质量发展的系列研究和述著提供人力资源开发的一项重要补充。

四

在2019年3月召开的全国“两会”上，代表和委员们高度关注长三角一体化发展中的城市与区域发展转型，对建设更高质量发展的三大方向、推进长三角营商环境一体化、实现产业高质量一体化发展、构建长三角协同创新联动干线等提出了施策性规划思路。在这样的意义上，上海城建职业学院勇于担当，问津深奥，精心组织校内外专家，撰写并出版本报告，既是主动履行高校服务经济社会发展的功能，在高职院校中也是一个创新之举。本书作为专门领域的研究专著，编撰过程中凝聚了团队的智慧，凝聚了勤勉谨慎、坚持不懈的合作精神。希望本书能增进长三角地区的政府、高校、研究机构和企业等领域的专家学者互动交流，服务长三角一体化发展。

受学术研究资源的约束，特别是学术团队的能力水平有限，难免存在一些问题和不足，敬请同行专家和读者批评指正。是为序。

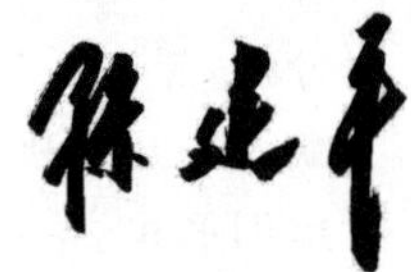

2019年3月

目　录

综述篇

城市建设篇

城市管理篇

城市服务篇

综述篇

第一章　长三角城市群概况

一、长三角城市群发展背景

（一）城市群

城市群是指在特定地域范围内，一般以1个以上特大城市为核心，由至少3个以上大城市为构成单元，依托发达的交通通信等基础设施网络所形成的空间组织紧凑、经济联系紧密、并最终实现高度同城化和一体化的城市群体。目前，公认的五大世界级城市群有美国东北部大西洋沿岸城市群、北美五大湖城市群、日本太平洋沿岸城市群、英国中南部城市群和欧洲西北部城市群[1]。

美国东北部大西洋沿岸城市群是美国经济的核心地带，制造业产值占全国的30%，是美国最大的生产基地、商业贸易中心和世界最大的国际金融中心，包含波士顿、纽约、费城、巴尔的摩、华盛顿等城市。其中，纽约是世界三大国际金融中心之一和著名的都会区。

北美五大湖城市群分布于北美五大湖沿岸，包含芝加哥、底特律、克利夫兰、多伦多、渥太华、蒙特利尔、魁北克等城市，与美国东北部大西洋沿岸城市群共同构成北美制造业带。其中，芝加哥是全球著名的金融中心之一。

日本太平洋沿岸城市群是日本经济最发达的地带，是日本政治、经济、文化、交通的中枢，包含东京、横滨、静冈、名古屋、京都、大阪、神户等城市，分布着全日本80%以上的金融、教育、出版、信息和研究开发机构。其中，东京是世界著名的都会区。

英国中南部城市群以英国伦敦—利物浦为轴线，包含伦敦、利物浦、曼彻斯特、利兹、伯明翰、谢菲尔德等城市。这是产业革命后英国主要的生产基地，其中伦敦现已成为欧洲最大的金融中心，同时也是世界三大国际金融中心之一。

欧洲西北部城市群由法国巴黎城市群、比利时—荷兰城市群、德国莱茵—鲁尔城市群构成，包含巴黎、布鲁塞尔、安特卫普、阿姆斯特丹、鹿特丹、海牙、埃森、科隆、多特蒙德、波恩、法兰克福、斯图加特等城市。其中，巴黎是法国的经济中心和最大的工商

1　杨俊宴，禚振坤，陈雯. 长三角世界级城市群建设方向初探[J]. 规划师，2006(3):15-18.

业城市，也是西欧重要的金融和交通中心之一；鹿特丹素有“欧洲门户”之称；法兰克福是欧洲重要的工商业、金融和交通中心。

城市群是当今世界城市发展的大趋势。根据世界银行《重塑世界经济地理》报告，全球一半的生产活动聚集在仅占全球大约 1.5%的土地面积上。城市群是世界经济的承载体，也是当今世界最具活力和竞争力的核心区。例如在美国，2.43 亿人集中在仅占全国总面积 3%的城市群中。

从全球来看，国际竞争越来越表现为城市群的竞争，城市群已成为各个国家参与全球竞争和国际分工的地域单元，成为国与国之间竞争的主阵地，决定着 21 世纪世界政治经济发展的新格局。在全球要素持续流动、新的分工不断形成的新阶段，世界各国都在着力培育本国的城市群，使之成为最有效率的地方，以吸引全球的资本、技术、人才等要素的流入。例如，美国 2050 发展战略就提出，以 10 个或 10 个以上的巨型城市区域高水平发展，吸引更多高端要素流向美国，占据全球价值链高端，确保国际竞争中的霸主地位[2]。

（二）我国城市群的崛起

2018 年 9 月 10 日，国家统计局的发布改革开放 40 年城市建设发展报告显示[3]，改革开放 40 年以来，我国城市人口快速增多，城市面貌焕然一新，城市居民生活水平不断提升，城市地区生产总值占全国 GDP 八成多，城市经济总量大幅度增加，成为国民经济持续发展的重要力量。

报告显示，1988 年，全国城市地区生产总值只有 7 025 亿元，占全国 GDP 的一半左右。到 2016 年，城市地区生产总值占全国 GDP 的比重超过 80%。其中，仅地级以上城市地区生产总值就达 466 682 亿元，占全国的 62.7%。城市工业由小变大，由弱变强，经济效益全面提高。1978 年末，城市各类工业企业只有 83 250 个，全年独立核算工业企业利润 477 亿元。到 2016 年年末，地级以上城市规模以上工业企业就有 174 718个，全年利润总额达 34 400 亿元。城市财政实力明显增强。1978 年，全部城市公共财政收入只有 584 亿元。到 2016 年，地级以上城市公共财政收入达 53 364 亿元。

到 2016 年，我国有 13 个省份的城镇化率超过了全国平均水平(57.35%)，有 10 个省份超过了 60%。这些省份主要位于沿海发达地区，其中，上海、北京和天津均超过 80%，达到了发达国家的水平。按照“城镇化三阶段”论，超过 60%的城镇化率，就意味着这些地方已经迈入城镇化的成熟阶段。在这个阶段，未来城镇化的一大特点是

2 “一群城市”聚变“一个城市群”[N]. 新华日报，2017-07-12.

3 国家统计局. 城镇化水平显著提高 城市面貌焕然一新——改革开放 40 年经济社会发展成就系列报告之十一[R/OL]. [2018-12-01]. http://www.stats.gov.cn/ztjc/ztfx/ggkf40n/201809/t20180910_1621837.html.

人口从中小城市流向中心大城市，大都市圈加快发展。

随着我国工业化和城镇化快速推进，各类生产要素和经济活动呈现出向中心城市以及周边的城市区域集聚的态势，传统的省域经济和行政区经济逐步向城市群经济过渡。党的十九大报告指出，以城市群为主体构建大中小城市和小城镇协调发展的城镇格局。我国的城市化进程已经发展到一个新的阶段，即进入城市群崛起的阶段。

在新的历史时期，城市群成为新型城镇化的主体形态、经济社会发展的重要载体、创新发展的"主引擎"、决定未来地区竞争力的核心。城市群正在重构中国经济新版图，支撑我国未来经济持续发展(见图 1-1)。特别是长江三角洲、珠江三角洲和京津冀这三大城市群，发展程度较为成熟，综合发展水平占有绝对优势，集聚效应明显，引领作用强，正在崛起成为世界级城市群，代表了我国城市群发展的最高形态和前进方向。

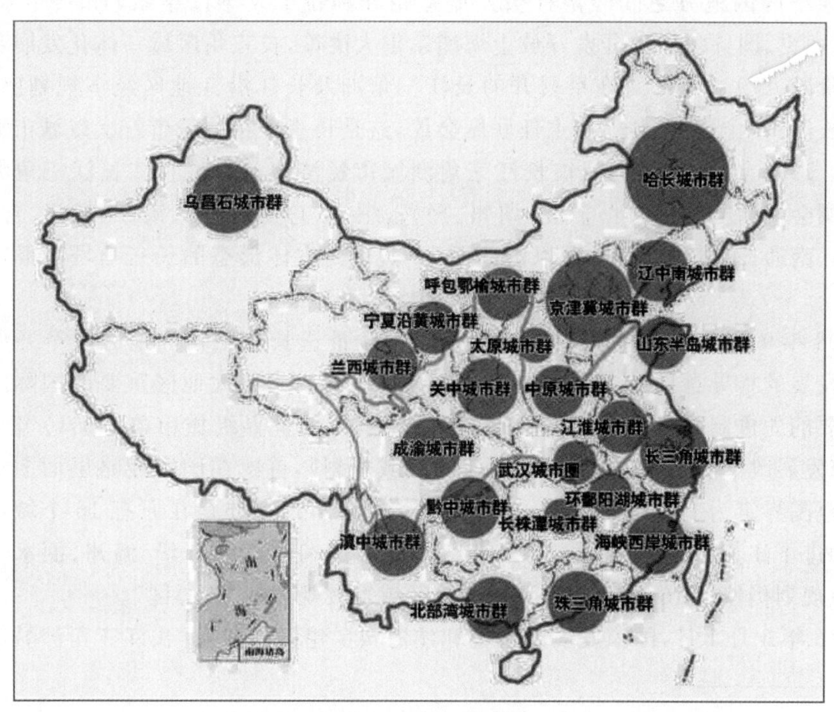

图 1-1　中国城市群

资料来源：中国五大城市群：长江中游最大，长三角最强，你住在哪个城市群？[EB/OL]. (2018-06-13) [2018-12-12]. http://www.sohu.com/a/235350486_99920503.

(三)长三角城市群发展历程

长江三角洲经历了由地理概念到经济概念、由小范围到大范围的发展历程。长江三角洲首先是自然地理概念，指长江入海的地方，由江水所含的泥沙不断淤积而形成的大致呈三角形的陆地，范围包括上海、苏州、无锡、常州、杭州、嘉兴、湖州、宁波、绍兴、南京、南通、镇江、扬州以及舟山等14个市[4]。经济概念上的长江三角洲范围一直是发展变化的。

长三角城市群的概念可以溯源到1982年，至今已走过36年的历程。这期间，长三角城市群的概念和空间范围一直处于变化和调整之中。

1982年至1988年，国务院提出了“上海经济区”的概念，并成立了上海经济区规划办公室，涉及到上海、江苏、浙江两省一市，这可以被视为长三角城市群概念的雏形。1984年至1988年，国务院先后将上海经济区的范围扩大至安徽、江西和福建三省，形成一个包含五省一市的巨大经济区概念。后随着上海经济区规划办公室的撤销，这个扩容版经济区因地方之间经济社会发展差距和利益争议难以维系，1990年4月18日，中共中央、国务院作出开发开放上海浦东重大决策，长三角区域一体化发展步入新的历史阶段。1992年6月在京召开的长江三角洲及长江沿江地区经济规划座谈会，建立了长江三角洲协作办(委)主任联席会议，这是长三角相关城市首次以城市群名义被提出。1997年，该联席会议被长江三角洲城市经济协调会取代。长江三角洲城市经济协调会包括上海、杭州、宁波、湖州、嘉兴、绍兴、舟山、南京、镇江、扬州、常州、无锡、苏州、南通、泰州、台州，从此以沪苏浙16城市为主体形态的长三角城市群得以形成[5]。

2008年9月16日，国务院颁布《关于进一步推进长江三角洲地区改革开放与经济社会发展的指导意见》，提出要把长三角地区建设成为亚太地区重要的国际门户和全球重要的先进制造业基地、具有较强国际竞争力的世界级城市群。2010年6月7日，国家发展改革委发布《长江三角洲地区区域规划》，首次在国家战略层面上将长三角区域范围界定为上海市和江苏、浙江的24个地级市，主要是在原有16个城市的基础上，加进了江苏的徐州、淮阴、连云港、宿迁、盐城和浙江的金华、温州、丽水、衢州。不过，该规划仍然把16个城市列为长三角区域发展规划的“核心区”。

2016年6月1日，国家发展改革委和住房城乡建设部印发《长江三角洲城市群发

---

4 胡雅龙. 世界第六大城市群——长江三角洲城市群崛起之路[M]. 上海：上海社会科学院出版社，2010.

5 2010年3月26日，在浙江省嘉兴市举行的长三角城市经济协调会第十次市长联席会议上，合肥、盐城、马鞍山、金华、淮安、衢州等6个城市正式成为长三角城市经济协调会会员。此次扩容后，协调会成员城市达22个。2013年4月13日，长三角城市经济协调会第十三次市长联席会议召开，正式吸收徐州、芜湖、滁州、淮南、丽水、温州、宿迁、连云港等8座城市成为长三角城市经济协调会成员，至此，长三角城市经济协调会会员城市扩容至30个。2018年4月12日，长三角城市经济协调会第18次市长联席会议审议通过了关于吸纳铜陵、安庆、池州、宣城加入长三角城市经济协调会的提案。长三角协调会成员单位达到34个。

展规划》。在原来两省一市25城的基础上去掉了苏浙的一些城市，将安徽合肥都市圈纳入长三角城市群，形成当前三省一市26城的版本（见图1-2）。至此，长三角城市群的框架构成基本成型，即发挥上海龙头带动的核心作用和区域中心城市的辐射带动作用，推动南京都市圈、杭州都市圈、合肥都市圈、苏锡常都市圈、宁波都市圈的同城化发展，创造联动发展新模式。

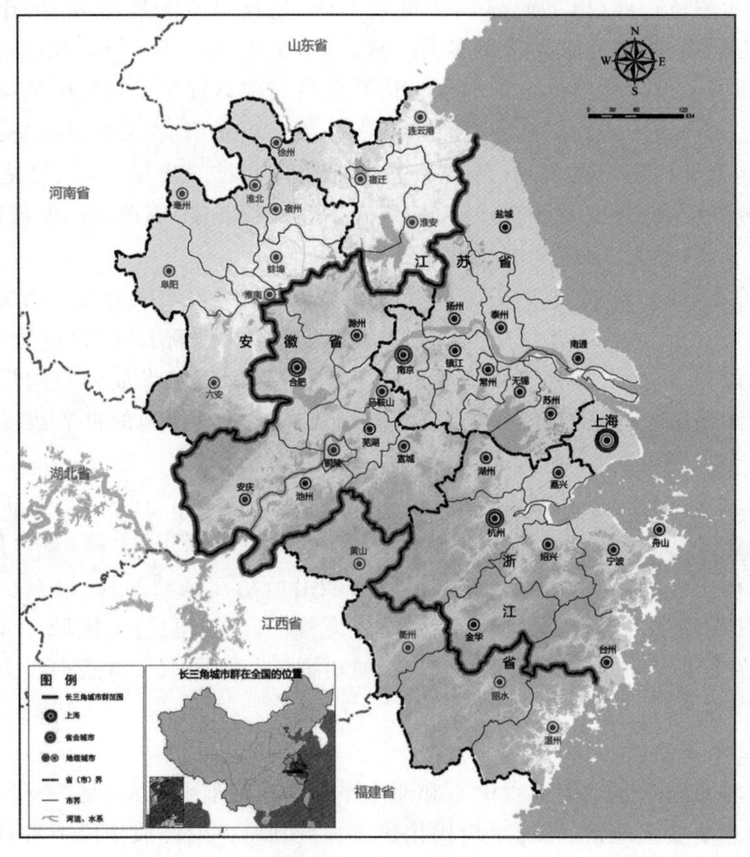

图1-2　长三角城市群

资料来源：长江三角洲城市群发展规划（2016年6月）

26个城市分别是：

上海（1）：上海

江苏（9）：南京、镇江、扬州、常州、苏州、无锡、南通、泰州、盐城

浙江（8）：杭州、嘉兴、湖州、绍兴、宁波、舟山、金华、台州

安徽（8）：合肥、芜湖、滁州、马鞍山、铜陵、池州、安庆、宣城

二、长三角城市群发展新阶段:迈向世界级城市群

(一)长三角城市群迈向世界级的基础

长江三角洲城市群(以下简称长三角城市群)是我国经济最具活力、开放程度最高、创新能力最强、吸纳外来人口最多的区域之一,是“一带一路”与长江经济带的重要交汇地带,在国家现代化建设大局和全方位开放格局中具有举足轻重的战略地位。

《长江三角洲城市群发展规划》指出,长三角城市群的总体战略定位是:顺应时代潮流,服务国家现代化建设大局,从战略高度优化提升长三角城市群,打造改革新高地、争当开放新尖兵、带头发展新经济、构筑生态环境新支撑、创造联动发展新模式,建设面向全球、辐射亚太、引领全国的世界级城市群。

当前,沪苏浙皖三省一市正在认真贯彻习近平总书记关于推动长三角更高质量一体化发展的重要指示,深入谋划重大规划对接、区域协同创新、基础设施互联互通、生态环境联防联控、民生工程共建共享等重点工作举措,朝着建设成为全国贯彻新发展理念的引领示范区、全球资源配置的亚太门户、具有全球竞争力的世界级城市群目标迈进。

长三角城市群晋升世界第六大城市群被寄予厚望。早在 1976 年,就被法国地理学家戈特曼(Jean Gottmann)列为世界六大城市群之一,属于“大城市群(Megalopolis)”级别。以上海为核心,涵盖江苏、浙江、安徽沿海沿江区域的长三角城市群,经济发达,产业基础坚实,创新资源集聚,基础设施完善,人口规模庞大,区域一体化程度较高,必然会在未来 5～10 年中成长为世界级城市群。长三角城市群迈向世界级城市群的发展基础具体有:

1. 区位优势突出

长三角城市群处于东亚地理中心和西太平洋的东亚航线要冲,是“一带一路”与长江经济带的重要交汇地带,在国家现代化建设大局和全方位开放格局中具有举足轻重的战略地位。交通条件便利,经济腹地广阔,拥有现代化江海港口群和机场群,高速公路网比较健全,公铁交通干线密度全国领先,立体综合交通网络基本形成。

2. 自然禀赋优良

长三角城市群滨江临海,环境容量大,自净能力强;气候温和,物产丰富,突发性恶性自然灾害发生频率较低,人居环境优良。长三角城市群以平原为主,土地开发难度小,可利用的水资源充沛,水系发达,航道条件基础好,产业发展、城镇建设受自然条件限制约束小,是我国不可多得的工业化、信息化、城镇化、农业现代化协同并进的区域。

3. 综合经济实力强

2017 年,长三角地区 26 个城市地区生产总值超过 16 万亿,总人口约 1.4 亿人,

其以占全国10%的人口和2.2%的土地，贡献了占全国约五分之一的经济总量，已成为国家经济发展的重要载体与依托。长三角城市群产业体系完备，配套能力强，产业集群优势明显；科教与创新资源丰富，拥有普通高等院校300多所，国家工程研究中心和工程实验室等创新平台近300家；人力人才资源丰富，年研发经费支出和有效发明专利数均约占全国30%；区域创新基础要素优越，上海科技教育发达，江苏实体经济基础好，浙江市场活力强，安徽在新技术方面有后发优势。创新集群和要素在长三角高度集聚，有利于创新要素根据市场规律不断优化组合。国际化程度高，中国（上海）自由贸易试验区等对外开放平台建设不断取得突破，国际贸易、航运、金融等功能日臻完善，货物进出口总额和实际利用外资总额分别占全国的32%和55%。

4. 城镇体系完备

长三角城市群大中小城市齐全，拥有1座超大城市、1座特大城市、13座大城市、9座中等城市和42座小城市，各具特色的小城镇星罗棋布，城镇分布密度达到每万平方公里80多个，是全国平均水平的4倍左右，常住人口城镇化率达到68%；城镇间联系密切，区域一体化程度较高，省市多层级、宽领域的对话平台和协商沟通比较通畅。在行政体制改革方面，长三角各地都有颇多的创新亮点，如以浦东“证照分离”试点为代表的上海“放管服”改革、江苏的“不见面审批”、浙江的“最多跑一次”等行政事务改革，已然走在了全国前列，政务高效、便捷。

长三角城市群迈向世界级城市群虽然具有上述优势，但对照国外发达城市群，长三角城市群尚未达到成熟阶段，还存在着一定的差距。例如，上海全球城市功能相对较弱，与纽约、东京、伦敦等全球城市相比，上海城市国际竞争力和国际化程度不够。同时，长三角城市群发展质量不高，国际竞争力不强。

（二）高质量一体化背景下长三角城市群发展的新阶段

2018年4月26日，习近平总书记在上海市委提交的《关于推动长三角地区一体化发展有关情况的报告》上作出重要批示，明确提出“实现更高质量一体化发展”的目标，要求上海发挥“龙头带动作用”、苏浙皖“各扬其长”，更好引领长江经济带发展，更好服务国家发展大局。

习近平总书记的重要指示，为新时代长三角一体化发展指明了方向。在总书记的重要指示精神引领下，2018年6月1日，上海、浙江、江苏、安徽三省一市的主要领导相聚黄浦江畔，共商长三角高质量一体化发展大计。会议讨论审议了《长三角地区一体化发展三年行动计划(2018～2020年)》(以下简称《三年行动计划》)和近期工作要点，确定了长三角一体化发展的任务书、时间表和路线图。以习近平总书记对《关于推动长三角一体化发展有关情况的报告》的重要批示为时间节点，长三角一体化进入高质量发展的新时期。所谓高质量发展，就是长三角区域合作在已经走过了区域布局合作和要素合作阶段之后，下一步将迈向体制机制创新融合的深层次阶段。随着长三角一体化进入深水区，长三角城市群也进入新的发展时期。

长三角一体化的沟通协调机制在原来的“决策一协调一执行”三级运作、统分结合的基础上，成立了区域合作办公室，目的是更加有效地规避相互之间不衔接与冲突的情况。

根据《三年行动计划》，到 2020 年，长三角地区要基本形成世界级城市群框架。在此基础上，再经过一段时间的努力，把长三角地区建设成为全国贯彻新发展理念的引领示范区，成为全球资源配置的亚太门户，成为具有全球竞争力的世界级城市群。

《三年行动计划》覆盖了 12 个合作专题，聚焦交通互联互通、产业协同创新、公共服务普惠便利、市场开放有序等 7 个重点领域，形成了一批项目化、可实施的工作任务；并梳理提炼了 30 多项重要合作事项清单，纳入近期工作要点，包括长三角区域城际铁路网规划、率先布局 5G 网络建设、共建 G60 科创走廊、建设产业协同发展示范区等。此前长三角一体化主要停留在理论层面，能够落地的规划比较少。此次《三年行动计划》针对具体项目进行推进，将使长三角一体化进入实质性推进阶段。

在新的城市群发展框架下，跨行政区的联动持续升温。例如，2018 年 6 月 21 日，江苏昆山与上海嘉定、青浦、松江等地区签订了“4＋2”更高质量一体化发展实践联盟，实现 66 项合作项目签约。同一天里，浙江嘉兴与上海嘉定、青浦、松江三区发布了联动发展三年行动计划。

《三年行动计划》中明确指出了要建立长三角创新圈，建设具有全球影响力的协同发展示范区。此次 G60 的 3.0 版本规划中，各个城市圈的定位与功能都比较明确，能够形成创新发展与产业协同的集群，参与到国际日益激烈的产业竞争中去。上海市具有国内最强的科技创新能力，杭州正在打造具有全球影响力的“互联网＋”创新创业中心。以 G60 高速为纽带，上海、杭州为双核，嘉兴作为配套区，打破行政区划，推动人才、资金、装置、项目等科创要素自由流动、更优配置，其产生的创新生态系统和产业集群效应，将成为区域快速崛起并保持可持续发展的关键。

（三）现阶段长三角城市群的发展特征

1. 多中心

在长三角一体化的过程中，长三角各地的发展水平正在趋同，万紫千红取代了“一花独放”，上海 GDP 占长三角四省市的比重大幅下降，城市间的差距缩小了许多。2018 年，长三角地区有 6 个城市 GDP 过万亿元，其中上海为 3.26 万亿元，苏州为 1.85万亿元，杭州为 1.35 万亿元，南京为 1.27 万亿元，无锡为 1.1 万亿元，宁波为 1.07万亿元。

随着长三角其他都市圈的经济规模开始直逼上海，可以认为长三角已形成多中心巨型城市的空间结构。原来是一个特大型城市带动其他城市，现在则是其他城市与特大型城市共同发展，长三角城市携手打造世界级城市群。多中心城市群通过一体化协调发展，提升长三角整体经济实力和创新活力。

在这种情况下，作为长三角城市群的核心城市，上海面对的新挑战是，跳出“一座城市”的语境，实现更大范围的资源整合共享。在长三角城市群中，上海的强项、地位都是无法撼动的，其他三省也都形成了各自不可替代的特色和地位。上海进一步提升全球城市功能并不意味着要在每一个方面都领先，而是在抓好前端引领的基础上，与其他城市分工合作，取得共赢。

中国社会科学院工业经济研究所研究员、中国区域经济学会秘书长陈耀近认为，由于基础设施，尤其是交通互联互通的加强，基于产业做大的诉求，企业间会自动构成良性竞争的状态，在区域内的不同点共建共享。比较理想的城市群状态是，核心城市起到组织配置资源、调控管理功能，外围周边城市服务也会反哺这个内核[6]。对于上海来说，一方面上海带动了周边，反过来周边也孕育了上海。例如，很多企业的注册地在上海，但产业落点和服务点设立在长三角其他城市。

2. 区域分工与合作

与长三角城市群多中心发展相对应，近年来以上海为中心正在进行一场产业结构大调整，不仅上海将部分产业向其他城市外溢，各级城市也在培育自己的产业支柱，在产业链中分别承担不同角色，以降低相互间的同质化竞争，促进协作，提升效率。城市功能分工越来越明确，这在很大程度上改变了过去长三角范围内不少城市呈现出的“大、全、散”的产业同构现象，弱化了由于产业定位同质重复而导致的恶性竞争，越来越转为正向积极的竞争。

一个新的趋势越来越明显，在产业链和价值链的不同环节，各城市正在形成互补分工的合作关系，形成彼此有所差异的网络化空间格局。长三角三省一市的优势各不相同，这种差异性构成了不同地区合作的基础。三省一市中，上海是长三角的知识与现代服务业高地，鲜明的优势是创新能力、服务业发展水平、科技人才的汇聚居于引领地位。江苏和浙江是全球先进制造业高地。江苏是制造业最密集的地区，尤其是先进制造业，经济实力强。浙江民营经济发达、活跃。安徽是长三角发展的腹地，面积大，有较为充足的劳动力资源，新兴产业发展迅猛，具备后发优势。这种差异性，使得不同城市圈的产业定位发生变化，同时伴随着产业转移与区域分工的形成[7]。四地均有非

6　上海朋友圈“大更新”：长三角强化产业协同“锁定”世界级城市群[EB/OL]. 每日经济新闻，(2018-05-03) [2018-12-12] . https://baijiahao.baidu.com/s?id=1599444087997871047&wfr=spider&for=pc.

7　卢常乐. 长三角新一体化：探索世界级城市群演进之路[EB/OL]. 21世纪经济报道，(2018-06-23) [2019-01-31]. http://baijiahao.baidu.com/s?id=1604054730137380643&wfr=spider&for=pc.

常旺盛的知识和现代服务业的需求，供需之间互为因素，互相促进。只要三省一市各扬所长、形成合力，就一定能成为全国贯彻新发展理念的引领示范区和具有全球竞争力的世界级城市群。

三省一市目前都已明确区域分工与合作的重要性。2018 年 1 月 12 日，在苏州举行的长三角地区主要领导座谈会进一步明确，深化实施《长江三角洲城市群发展规划》，按照“面向全球、辐射亚太、引领全国的世界级城市群”的战略要求，促进长三角城镇体系合理分工、功能互补、协同发展。

总体上，长三角地区间差距不断缩小，各方共识增强，政府互访和协调机制、基础设施、旅游、环境、金融信息等合作共建都走在全国的前列（见图 1－3）。长三角区域各地在竞争与合作的密切互动中不断发展。

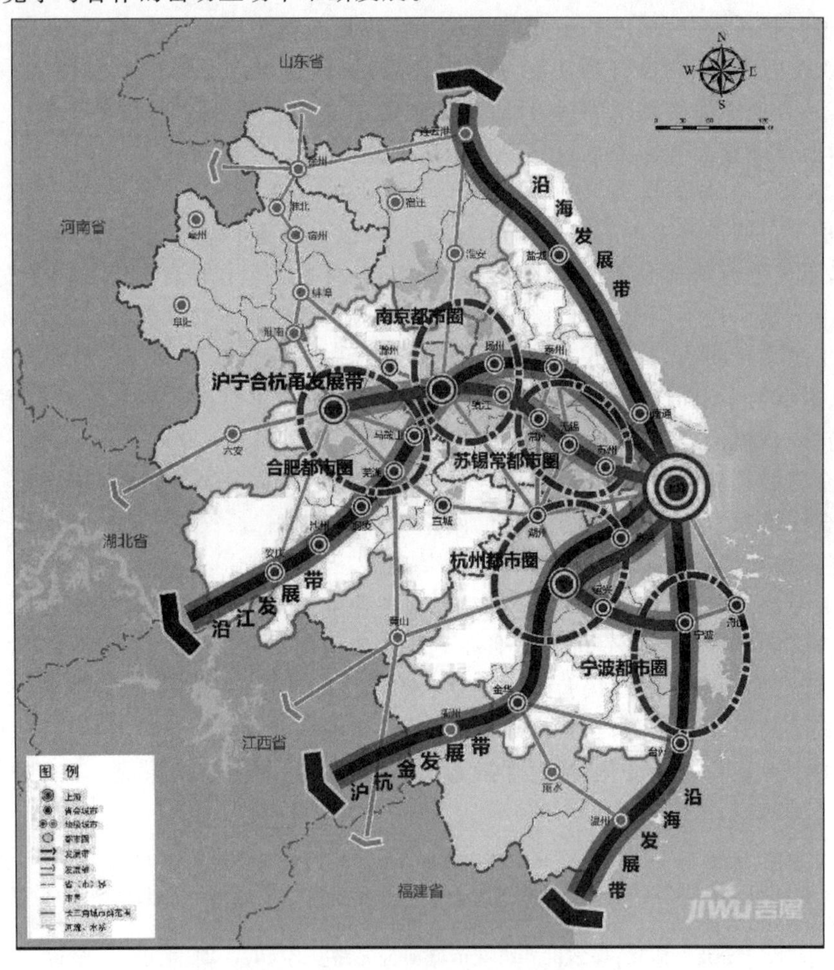

图 1－3　长三角城市群五大都市圈

资料来源：《长江三角洲城市群发展规划》（2016 年 6 月）

三、长三角城市群内部都市圈

（一）南京都市圈

该都市圈包括南京、镇江、扬州三市。《长江三角洲城市群发展规划》指出，南京都市圈的任务是提升南京中心城市功能，加快建设南京江北新区，加快产业和人口集聚，辐射和带动淮安等市发展，促进与合肥都市圈融合发展，将南京都市圈打造成为区域性创新创业高地和金融商务服务集聚区。《江苏省城镇体系规划（2015～2030年）》要求南京都市圈按照“提升核心、带动圈层、推进一体化、辐射中西部”的原则，提升中心城市功能、加快区域基础设施一体化步伐、构建具有较强国际竞争力和鲜明区域特色的现代产业体系，将南京都市圈建设成为全国主要的科技创新基地和长三角辐射中西部地区发展的枢纽和基地。

（二）杭州都市圈

杭州都市圈包括杭州、嘉兴、湖州、绍兴四市。《长江三角洲城市群发展规划》指出，杭州都市圈的任务是发挥创业创新优势，培育、发展信息经济等新业态新引擎，加快建设杭州国家自主创新示范区和跨境电子商务综合试验区、湖州国家生态文明先行示范区，建设全国经济转型升级和改革创新的先行区。杭州都市圈建设的主要做法[8]：一是建立协调机制。2007年5月，杭州都市圈市长联席会议第一次会议在杭州召开，此后基本一年一度召开一次类似会议。二是共建共享基础设施。三是优化产业分工。杭州大力发展信息经济，推进智慧技术应用，努力建设国际电子商务中心、全国云计算和大数据产业中心、物联网产业中心、互联网金融创新中心、智慧物流中心、数字内容产业中心；湖州、嘉兴、绍兴等副中心城市根据产业基础建设特色，打造优势产业集群核心区，形成在长三角甚至在全国具有影响力的智慧产业集群，共同打造智慧都市圈。四是建立、健全开放型的区域合作机制，共同深化、推进重点领域改革，加强杭州都市圈内杭州“自主创新示范区”、“中国（杭州）跨境电子商务综合试验区”，嘉兴、湖州德清“多规合一”，绍兴在柯桥区的企业高效审批省级试点等重点领域改革联动实施。五是主动接轨上海、南京、宁波等都市圈，构建交通便捷、安全、畅通、高效、绿色、智能的现代化交通体系。

（三）合肥都市圈

合肥都市圈包括合肥、芜湖、马鞍山三市。《长江三角洲城市群发展规划》指出，合

8　秦尊文，等．长江经济带城市群战略研究［M］．上海：上海人民出版社，2018．

肥都市圈的任务是发挥在推进长江经济带建设中承东启西的区位优势和创新资源富集优势，加快建设承接产业转移示范区，推动创新链和产业链融合发展，提升合肥辐射带动功能，打造区域增长新引擎。《合肥都市圈城镇体系规划（2015～2030年）》提出，将合肥都市圈打造成为长三角重要增长极；安徽省核心增长极，国家重要的自主创新基地、现代产业基地，国家综合交通枢纽。《安徽省新型城镇化发展规划（2016～2025年）》指出，合肥都市圈要发挥承东启西的区位优势和创新资源富集优势，提升区域辐射带动能力和一体化发展水平，打造长三角区域增长新引擎和引领全省发展的核心增长极；以合肥为中心，以芜湖、马鞍山、滁州、淮南、六安、桐城为重要节点，加快基础设施一体化建设，构筑高铁1小时通勤圈，打造合滁宁、合芜马、合淮、合六、合桐宣等产业发展轴带；推动圈内城市合作，构建高水平、多功能、国际化的对外开放平台，加强与全球知名企业和城市的联系与合作，形成与国际投资、贸易及要素流动通行规则相衔接的制度体系；共同打造优质生态圈，健全环境保护协调机制，加强环境污染联防联治，进一步改善区域环境质量。到2020年，都市圈内形成若干国家级甚至世界级产业集群，人均收入力争达到长三角地区平均水平，建成一批国际化对外开放平台，国际化人居、商务环境明显改善；到2025年，都市圈内城市间联系更加紧密，对外开放程度进一步提高，成为全国有重要影响力的都市圈。

（四）苏锡常都市圈

苏锡常都市圈包括苏州、无锡、常州三市。《长江三角洲城市群发展规划》指出，苏锡常都市圈的任务是全面强化与上海的功能对接与互动，加快推进沪苏通、锡常泰跨江融合发展；建设苏州工业园国家开放创新综合试验区，发展先进制造业和现代服务业集聚区，推进开发区城市功能改造，加快生态空间修复和城镇空间重塑，提升区域发展品质和形象。《苏锡常都市圈规划（2001～2020年）》要求以苏州、无锡、常州为核心优化区域城镇空间布局，加强都市圈内城镇布局网络化，统筹安排和积极推进区域性重大基础设施和公共设施的共建共享，加强与特大型城市和周边地区的各项联系，促进中小城市的合理集聚、优化资源配置，避免重复建设，加强生态环境、人文环境的保护与建设。《江苏省城镇体系规划（2015～2030年）》要求苏锡常都市圈，要按照“产业转型升级、交通一体构建、设施共建共享、旅游资源整合、生态环境共保”的原则，重点加强都市圈要素整合、分工协作、协调发展，加快该地区进城农民和外来人口的市民化，全面提升城市化质量，推动长三角一体化进程，将苏锡常都市圈建设成为在更高层次上参与国际分工的先导区，全国创新型经济、转型发展、现代化建设的先行区。

（五）宁波都市圈

宁波都市圈包括宁波、舟山、台州三市。《长江三角洲城市群发展规划》指出，宁波都市圈的任务是高起点建设浙江舟山群岛新区和江海联运服务中心、宁波港口经济圈、台州小微企业金融服务改革创新试验区；高效整合三地海港资源和平台，打造全球一流的现代化综合枢纽港、国际航运服务基地和国际贸易物流中心，形成长江经济带龙头龙眼和“一带一路”战略支点。宁波都市圈要全面把握浙江海洋经济发展示范区和舟山群岛新区建设机遇，以港口开发为龙头，以海洋科技创新为支撑，促进海陆联动发展，成为长江经济带海洋新兴产业发展先导区和海洋科技创新引领区[9]；充分发挥港口、开放、产业和功能等组合优势，主动对接苏皖两省沿江城市，谋划推进重大功能性平台、支撑性项目和创新性试点政策，构建“三位一体”港航物流体系，积极创建自贸区，全面提升对外开放水平和层次，立足浙江、服务全国、面向全球，成为长江经济带上对外开放和国际合作交流的重要门户。

四、本章小结

城市群是当今世界城市发展的大趋势，是世界经济的承载体，也是当今世界最具活力和竞争力的核心区。从全球来看，国际竞争越来越表现为城市群的竞争，城市群已成为各个国家参与全球竞争和国际分工的地域单元，成为国与国之间竞争的主阵地，决定着 21 世纪世界政治经济发展的新格局。

随着我国工业化和城镇化快速推进，传统的省域经济和行政区经济逐步向城市群经济过渡，我国的城市化进程已经发展到一个新的阶段，即城市群崛起的阶段。在新的历史时期，城市群成为新型城镇化的主体形态、经济社会发展的重要载体、创新发展的“主引擎”、决定未来地区竞争力的核心。城市群正在重构中国经济新版图，支撑我国未来经济持续发展，特别是长江三角洲、珠江三角洲和京津冀这三大城市群，发展程度较为成熟，综合发展水平占有绝对优势，集聚效应明显，引领作用强，正在崛起成为世界级城市群，代表了我国城市群发展的最高形态和前进方向。

长江三角洲经历了由地理概念到经济概念、由小范围到大范围的发展历程。经济概念上的长江三角洲范围一直是发展变化的。长三角城市群的概念可以溯源到 1982 年，至今已走过了 36 年的历程。这期间，长三角城市群的概念和空间范围一直处于变化和调整之中。当前，长江三角洲城市群包括沪苏浙皖三省一市 26 个城市，覆盖了南京都市圈、杭州都市圈、合肥都市圈、苏锡常都市圈、宁波都市圈。

2018 年 4 月，习近平总书记在上海市委提交的《关于推动长三角地区一体化发展有关情况的报告》上作出重要批示，明确提出“实现更高质量一体化发展”的目标，要求上海发挥“龙头带动作用”、苏浙皖“各扬其长”，更好地引领长江经济带发展，更好地服

9　秦尊文，等. 长江经济带城市群战略研究[M]. 上海：上海人民出版社，2018.

务国家发展大局。以习近平总书记对《关于推动长三角一体化发展有关情况的报告》重要批示为时间节点，长三角一体化进入高质量发展的新时期。所谓高质量发展，就是长三角区域合作在已经走过了区域布局合作和要素合作阶段之后，下一步将迈向体制机制创新融合的深层次阶段。随着长三角一体化进入深水区，长三角城市群也进入新的发展时期。

当前，沪苏浙皖三省一市正在认真贯彻习近平总书记关于推动长三角更高质量一体化发展的重要指示，深入谋划重大规划对接、区域协同创新、基础设施互联互通、生态环境联防联控、民生工程共建共享等重点工作举措，朝着将长三角建设成为全国贯彻新发展理念的引领示范区、全球资源配置的亚太门户、具有全球竞争力的世界级城市群目标迈进。

现阶段长三角城市群的发展特征突出表现在两个方面：①多中心。在长三角一体化的过程中，长三角各地的发展水平正在趋同，长三角已形成多中心巨型城市的空间结构。原来是一个特大型城市带动其他城市，现在则是其他城市与特大型城市共同发展，长三角城市携手打造世界级城市群。多中心城市群通过一体化协调发展，提升长三角整体经济实力和创新活力。②区域分工与合作。在长三角城市群中，上海的强项、地位都是无法撼动的，其他三省也都形成了各自不可替代的特色和地位。长三角三省一市的优势各不相同，这种差异性构成了不同地区合作的基础，一个新的趋势越来越明显，城市功能分工越来越明确，在产业链和价值链的不同环节，各城市正在形成互补分工的合作关系，形成彼此有所差异的网络化空间格局，这在很大程度上改变了过去长三角范围内不少城市呈现出的“大、全、散”的产业同构现象，弱化了由于产业定位同质重复而导致的恶性竞争，越来越转为正向积极的竞争。

总体上，长三角地区间差距不断缩小，各方共识增强，政府互访和协调机制、基础设施、旅游、环境、金融信息等合作共建都走在全国的前列。长三角区域各地在竞争与合作的密切互动中不断发展。

第二章　长三角城市品牌

一、城市品牌概述

（一）城市品牌的概念

“城市品牌”一词出现于20世纪末，是在城市营销理论和城市形象理论的基础上提出来的。城市品牌是对城市经营管理的一种新的观念和意识。城市品牌的内涵比企业品牌、产品品牌更广泛：它是以城市为主体，包含了城市经济实力、城市形象、城市文化、城市营销等各方面[10]。

城市品牌与商品品牌、公司品牌等有许多共同之处，都是竞争的产物，都需要打造知名度、美誉度、满意度、忠诚度，都需要进行品牌定位、营销、管理和评价，都需要提升品牌主体的竞争力，给顾客带来价值。但与一般产品和服务相比，城市品牌也有一些不同的地方：首先，品牌主体没有一般品牌那么明确，虽然城市政府在打造城市品牌中起主要作用，但城市有太多难以被政府管理和控制的因素，太多难以被普通公众感知的特征。例如一个居民、一家企业的行为都会影响到城市品牌，有时甚至会有很大的影响。其次，城市的利益相关者众多，导致顾客的类型众多，而且会发生彼此之间的变迁。城市的每位居民，其言行直接影响城市品牌形象，是城市品牌打造者的一分子；又由于每位居民都要从城市获得许多服务，享受所居住的城市提供的功能性利益和情感性利益，成为城市品牌的顾客中的一分子，可以想象，城市品牌的建设和管理要比产品品牌和服务品牌的建设和管理更为复杂。因此，有人会提出，城市可以当成一个品牌吗？可以像普通商品那样被品牌化吗？

社会各界对此给出了肯定的回答。全球的城市管理者已经开始建设自己的城市品牌，出现了许多优秀的案例和成功的经验。学术界对于城市品牌的研究也有20多年了。

1993年，科特勒（Kotler）等学者在讲到“地点营销”的概念时指出，可以将场所（地区）视为一个市场导向的企业，将地区未来的发展远景确定为一个吸引人的产品，借此

10　杜英姿，常量．为什么进行城市品牌评价[EB/OL]．中国城市网，(2018-05-25)[2018-11-12]．http://www.zgcsb.org.cn/xwzx/bc/2018-05-25/60456.html.

强化地方经济基础，主动营销地区特色，更有效率地满足与吸引既有和潜在的目标市场（主要包括产业、投资者、定居人口、观光客与会议人士等）[11]。城市要实现城市营销目标就必须进行自觉的品牌建设和管理[12]。凯文·莱恩·凯勒（Kevin Lane Keller）在其著作《战略品牌管理》一书中这样描述城市品牌：像产品一样，地理位置或某一空间区域也可以成为品牌[13]。城市品牌化的力量就是让人们了解和知道某一区域并将某种形象和联想与这个城市的存在自然联系在一起，让它的精神融入城市的每一座建筑之中。荷兰学者卡瓦兹（Kavaratzis）认为，阿克（Aaker）对于产品品牌的定义也适用于城市品牌，即城市品牌是关于城市的、在公众头脑中作用并生成一系列独特联想的功能、情感、自我表现等战略性（识别）要素的多维组合[14]。倪鹏飞将城市品牌定义为，城市的功能性、情感性、自我表现性等战略识别要素在公众头脑中共同生产的一系列独特认知和联想。城市品牌是城市消费者对城市的一种心理感受和印象；城市管理者们利用城市所特有的要素，向城市消费者提供持久的印象，以便于城市消费者对该城市与其他城市相区别[15]。在清华大学中国企业研究中心主任赵平看来，塑造城市品牌与塑造企业品牌在本质上是一样的，就是让目标受众在头脑中建立起对品牌的积极、正面、独特的联想[16]。

（二）城市品牌的重要性日益凸显

当前，我国城市发展进入了新时期，城市品牌已经成为助推高质量发展的重要引擎。放眼全球，大部分国际先进城市的基本路径都是从速度竞争到质量竞争，再到品牌竞争。抢占和巩固提升全球城市竞争制高点，必须把打造城市品牌作为重要的战略支撑。

2016 年 6 月，国务院要求设立“中国品牌日”，大力宣传知名自主品牌，讲好中国品牌故事，提高自主品牌影响力和认知度。自 2017 年起，我国确定每年的 5 月 10 日为“中国品牌日”。国家设立中国品牌日，具有里程碑意义，开启了自主品牌发展的新时代。华东师范大学何佳迅教授指出，品牌不局限于产品和企业，品牌管理也适用于

---

11 Kotler P, Haider D H & Rein I. Marketing Places: Attracting investment, industry and tourism to cities, states, and nations[J]. Asia Pacific Journal of Tourism Research, 1993, 7(1): 62-63.

12 Kotler P & Gertner D. Country as brand, product, and beyond: A place marketing and brand management perspective[J]. Journal of brand management. 2002, 9(4): 249-261.

13 凯勒. 战略品牌管理（第 4 版）[M] 吴水龙，等，译. 北京：中国人民大学出版社，2014.

14 倪鹏飞，等. 城市竞争力报告 No. 5——品牌：城市最美的风景[M]. 北京：社会科学文献出版社，2007：199.

15 倪鹏飞，等. 城市竞争力报告 No. 5——品牌：城市最美的风景[M]. 北京：社会科学文献出版社，2007：199.

16 塑造成都城市品牌 2017 城市品牌传播论坛今日举行[EB/OL]. 成都商报，(2017-08-29)[2018-12-06]. https://baijiahao.baidu.com/s?id=1577061838962988317&wfr=spider&for=pc.

城市和国家,落实和推进提升上海品牌的各项工作,就是城市软实力的打造[17]。

世界范围内,在中国政府推动下,第 68 届联合国大会通过决议将 2014 年 10 月 30 日定为首个世界城市日。自此以后,每年的这一天,城市被世界全体民众所关注。城市品牌的重要性日益凸显,城市品牌的关注度日益提升。

世界营销大师菲利普・科特勒曾指出,品牌是城市之魂。城市品牌化是城市化和城市竞争的必然结果。品牌存在于竞争存在的地方。当今社会,全球化与市场化的进程将城市带入全球市场交易平台或网络之中,在吸引高新人才、吸引外来资金、带动经济增长等诸多方面,城市之间出现了竞争。城市品牌成为城市的重要资产,成为城市竞争力乃至国家竞争力的体现。为了在竞争中胜出,城市品牌开始向产品品牌和企业品牌那样被仔细思考、认真经营了。城市品牌成为城市发展中一个特别值得关注的问题,已被世界各国的城市领导者所重视。

周振华等指出,城市应当以城市品牌建设统筹城市软实力建设全局[18]。城市品牌既是城市在其利益相关者,如市民、潜在投资者和游客中的声望,同时也是城市向其利益相关者提供的附加价值或利益,它被用以识别城市,并使之与其竞争对象区别。城市品牌化管理的过程就是塑造城市的正面形象,发掘和创新城市的独特吸引力以满足顾客的需求,并与城市顾客建立长期伙伴关系的过程。好的城市品牌可以为城市带来良好的声誉和忠诚的城市顾客,并帮助城市抵御各种负面影响。因此,城市品牌化管理的过程就是增益城市软实力的过程。

中国社会科学院城市与竞争力研究中心主任倪鹏飞认为,城市在吸引投资、游客、顾客等资源时都存在竞争的情况,而品牌竞争就是城市竞争力的制高点。如果说城市的有形资源是有限的,城市品牌作为城市的无形资产却可以被无限创造,成为城市超越有形资源瓶颈的战略性杠杆。"品牌做得好,付出的成本可以很低,但是获得的收益将是倍数级的。"倪鹏飞还认为,城市品牌也是城市的公共产品,能让城市的企业、居民等获得溢价和增值,从这个层面说,政府、企业、市民都应该参与到城市品牌的塑造中[19]。

上海交通大学余明阳教授认为,目前城市品牌由侧重于品牌战术向侧重品牌战略转变,城市品牌本身普遍朝战略级别上升[20]。一些发达城市和一些城市品牌意识较强的城市,开始布局系统的品牌战略规划,城市品牌已经升级为战略品牌行为,整个城市品牌策划过程也可喜地与城市发展战略紧密连接在一起。城市品牌战略化,而不仅仅

17　张钰芸. 中国品牌有望弯道超车[N/OL]. 新民晚报,(2018-05-10)[2018-11-20]. http://xmwb.xinmin.cn/html/2018-05/10/content_4_3.htm.

18　周振华,等. 上海:城市嬗变及展望(2010～2039 年)(下卷)[M]. 上海:格致出版社,上海人民出版社,2010.

19　全景网. 中国社科院城市与竞争力研究中心主任倪鹏飞:城市品牌能让居民获得溢价和增值[EB/OL]. (2017-08-29)[2018-12-10]. http://www.sohu.com/a/168010820_115124.

20　余明阳,薛可. 中国品牌报告[M]. 上海:上海交通大学出版社,2018.

是为品牌而品牌，这逐渐成为各个城市品牌的理念秉持。城市品牌建设与城市发展战略、国家重大战略紧密挂钩，各城市品牌建设积极谋求利用城市发展战略和战略结构创造品牌红利。

（三）城市品牌与城市竞争力

城市竞争力是一个综合性的社会经济概念，反映了一个城市在竞争中的优势。如果用瑞士洛桑国际管理发展学院（IMD）的国家竞争力概念来阐释城市竞争力，城市竞争力就是城市比竞争对手创造更多财富的能力。国内学者倪鹏飞对城市竞争力的研究较具代表性。他认为，城市竞争力是城市在竞争和发展过程中，凭借以自身要素与环境为基础所形成的外部经济优势与内部组织效率，不断吸引、控制、转化资源及占领、控制市场，更多、更高效、更快地创造价值，获取经济租金，从而不断为其居民提供福利的能力[21]。简单地讲，城市竞争力就是城市当前创造价值并在未来仍能持续创造价值的能力。

1. 城市品牌对城市竞争力的作用

早在10年前，倪鹏飞及其团队就对城市品牌展开了研究。在他看来，全球化竞争的时代，城市品牌作为城市的无形资产，是撬动城市竞争力倍增的战略性杠杆[22]。

一个良好的城市品牌，意味着在公众心中留下了独特而鲜明的良好印象，使其产生了一系列好的认知和联想。在考虑居住、投资、旅游地的时候，就会青睐于首先选择在他心目中具有良好品牌形象的城市，这和产品品牌、企业品牌的道理是一样的。因此，良好的城市品牌能够为城市顾客提供功能、情感、自我表现方面的利益和价值。城市品牌通过定位、营销、传播，深入公众的内心之后，公众选择的结果客观上帮助品牌城市吸引到人流，以及随着人流而来的资金流、信息流、物流。这些要素汇聚在一起，能够提升城市各个方面的实力和影响力。也就是说，城市品牌带来的差异化竞争优势，能够提高城市的竞争力。

2. 城市竞争力对城市品牌的作用

城市竞争力是城市品牌的内在基础，城市品牌是城市竞争力的外在表现。全球城市竞争时代，参与竞争的是城市品牌，背后支撑的基础是各个城市的竞争力。

首先，城市品牌的打造不是空穴来风，是建立在城市本身的特色和实力基础上的。从城市品牌的定位开始，就要考虑城市的竞争力，城市的资源、环境、能力、特色，这在很大程度上决定了城市应该选择什么样的定位，不能选择什么样的定位。许多城市品牌建设没有取得成效，原因就在于从一开始品牌定位就错了。有的定位太超前，当地

---

21 倪鹏飞，等．城市竞争力报告 No. 12——沪苏浙皖：一个世界超级经济区已经浮现[M]．北京：社会科学文献出版社，2014：421.

22 全景网．中国社科院城市与竞争力研究中心主任倪鹏飞：城市品牌能让居民获得溢价和增值[EB/OL]．(2017-08-29) [2018-12-10]．http://www.sohu.com/a/168010820_115124.

的经济发展、社会环境远远达不到所提的定位目标。例如中原某小型城市，人口不过30万，却提出了建设国际一流大都市的定位目标；有的定位偏离城市实际太远，所提的定位、价值观与当地城市精神、城市性格完全不符；还有被大家诟病的“千城一面”现象，根本原因是没有科学地分析自身城市的竞争力，没有突出自身特色，因而没有实现科学的城市定位，在城市宣传上，只能使用一些放之四海而皆准的空话套话，在城市建设上，只能是雷同的建筑、雷同的街区，恐怕除了从方言上还能听出点地方特色外，再也找不到任何特色了。只有在充分认识城市竞争力的基础上，才能制定既有特色又符合当地实际的科学的城市品牌定位。

再从城市品牌的营销和传播来看，城市竞争力也是个支撑因素。城市品牌的打造所需要耗费的人力、物力、财力等各种资源，需要城市来提供，城市品牌传播的内容，是城市实力的反映。城市竞争力为城市品牌的营销和传播提供场所、环境、素材和资源等基础和支撑。离开了城市竞争力，城市品牌就成了无源之水，无本之木，空中楼阁。只有建立在城市竞争力基础上的城市品牌，才具有持久的生命力，才能具有可信度，才能产生长期的、广泛的影响。

综合来看，城市品牌和城市竞争力的交互作用，成为推动城市发展的不竭动力。二者相辅相成，相互联系，相互作用，合力推动城市的发展和进步。城市竞争力是城市品牌建设的基础，城市品牌是提升城市竞争力的战略举措和具体抓手。从一定意义上说，城市品牌本身也是一种城市竞争力；而城市竞争力也是城市无形品牌的一个方面。

二、上海城市品牌

（一）上海城市品牌定位

上海建设卓越全球城市的背景，一方面是全球化进程，另一方面是世界经济重心东移，中国崛起。

早在20世纪30～40年代，上海就曾跻身于“国际大都市”行列，与伦敦、纽约、巴黎、东京、柏林并称为世界六大国际大都市。经过半个世纪的中断，20世纪90年代，上海又重新提出国际化大都市的定位。《上海市城市总体规划(1999～2020年)》确立了“把上海建设成为经济繁荣、社会文明、环境优美的国际大都市，国际经济、金融、贸易、航运中心”的大战略。

2014年3月，上海市政府制定了《关于编制上海新一轮城市总体规划的指导意见》，提出在“社会主义现代化国际大都市的基础上，努力建设成为具有全球资源配置能力、较强国际竞争力和影响力的全球城市”。2014年4月，在中央的要求下，上海又增加了建设具有全球影响力的科技创新中心的战略定位。自2014年起，“全球城市”

成为上海的新定位。

1991年，萨森(Saskia Sassen)基于经济全球化的进一步深化和全球服务经济的迅猛发展，系统阐述了世界城市的全球服务功能，进而提出了“全球城市”(the Global City)的概念。“全球城市”被看作是城市发展的高级阶段和国际化的高端形态，是全球经济系统的中枢或世界城市网络体系中的组织节点，表现出对全球政治经济文化的控制力与影响力，往往是跨国公司和国际机构集中地、世界主要的金融中心和贸易中心，区域级的交通信息枢纽、国际文化的交流中心，具有独特人文精神的城市。

2018年1月，上海市政府发布的《上海市城市总体规划(2017～2035年)》(以下简称“上海2035”规划)将卓越的全球城市定为发展目标。这是从“1946年大上海都市计划”至今上海的第六轮城市总体规划，也是新中国成立以来上海的第三轮城市总体规划[23]。“上海2035”规划指出了上海的城市性质：上海是我国的直辖市之一，是长江三角洲世界级城市群的核心城市，是国际经济、金融、贸易、航运、科技创新中心和文化大都市，是国家历史文化名城，并将建设成为卓越的全球城市、具有世界影响力的社会主义现代化国际大都市。2035年是我国“分两步走”全面建设社会主义现代化国家新目标的一个重要时间节点。党的十九大报告提出，从现在到2020年全面建成小康社会，实现第一个百年奋斗目标；到2035年基本实现社会主义现代化；到本世纪中叶全面建成富强民主文明和谐美丽的社会主义现代化强国。“上海2035”规划所确定的目标愿景的时间节点，也与此保持一致：立足2020年，建成具有全球影响力的科技创新中心基本框架，基本建成国际经济、金融、贸易、航运中心和社会主义现代化国际大都市。展望2035年，基本建成卓越的全球城市，令人向往的创新之城、人文之城、生态之城，具有世界影响力的社会主义现代化国际大都市。梦圆2050年，全面建成卓越的全球城市，令人向往的创新之城、人文之城、生态之城，具有世界影响力的社会主义现代化国际大都市。“上海2035”规划对标的是纽约、伦敦、东京等城市。从创新、人文、生态等维度确定的面向2035年的具体指标，也体现了卓越的标准。到2035年，重要发展指标达到国际领先水平，展望到2050年，各项发展指标要全面达到国际领先水平。

同济大学中国城市治理研究院首席科学家诸大建提出，“上海2035”规划其框架设计可以概括为“一总三分”。一个总目标是建设“卓越的全球城市”以及建设有世界影响力的现代化国际大都市。三个分目标是三个“之城”，经济维度是创新之城，社会维度是人文之城，环境维度是生态之城。三个分目标正好对应联合国2030年可持续发展目标和“人居三”新城市议程的三根支柱——经济支柱、社会支柱、环境支柱[24]。

---

23 胥会云. 新增科技创新中心 上海形成“五个中心”定位[N/OL]. 第一财经日报，(2018-01-05)[2018-12-20]. http://economy.caijing.com.cn/20180105/4389405.shtml.

24 诸大建. 上海建设卓越全球城市的关键问题[M]//上海市人民政府发展研究中心. 全球城市精准治理一联合国第四届世界城市日全球城市论坛实录. 上海：格致出版社，上海人民出版社，2018.

上海城市品牌定位目标体系如图 2－1 所示。

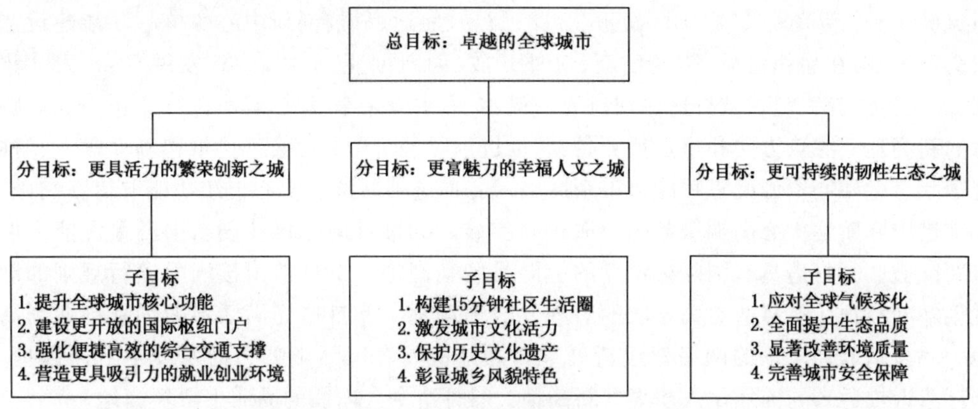

图 2－1　“上海 2035”规划目标体系

资料来源：上海市城市总体规划（2017～2035 年）

2018 年 6 月 27 日，为深入贯彻习近平总书记对上海发展的重要指示要求，进一步推动中央赋予上海的战略定位和战略任务落地落实，加快构筑新时代上海发展的战略优势，更好地服务全国发展大局，更好地代表国家参与国际合作与竞争，中共上海市委审议并通过了《关于面向全球面向未来提升上海城市能级和核心竞争力的意见》（以下简称《意见》）。

《意见》认为，提升城市能级和核心竞争力是实现新时代上海发展战略目标的集中体现。进入新时代，上海肩负着特殊的使命和责任，按照中央对上海的定位和要求，要加快建设国际经济、金融、贸易、航运、科技创新中心和文化大都市，建设卓越的全球城市和具有世界影响力的社会主义现代化国际大都市；要主动服务“一带一路”建设和长江经济带发展等国家重大战略，在深化自由贸易试验区改革上有新作为，当好新时代全国改革开放排头兵、创新发展先行者；要加强与周边城市的分工协作，构建上海大都市圈，打造具有全球影响力的世界级城市群；要进一步发挥龙头带动作用，推动长三角地区实现更高质量一体化发展，更好引领长江经济带发展，更好服务国家发展大局。上海要承担起上述历史使命，必须着力提升城市能级和核心竞争力，这也是实现新时代上海发展战略目标的集中体现、核心任务和必由之路。

对应全球城市进阶的目标，上海设定了一个时间表：经过 5 年的努力，使上海经济、金融、贸易、航运、科技创新“五个中心”的核心功能显著增强，城市能级和核心竞争力大幅提升。在此基础上，再用 5 年左右，使上海“五个中心”的核心功能全面提升，在全球城市体系中具有较大影响力。到 2035 年，把上海基本建成与我国综合国力和国际地位相匹配的卓越全球城市，具有全球影响力世界级城市群的核心引领城市。

《意见》指出，要对标顶级全球城市，提升城市能级和核心竞争力，构筑新时代上海发展的战略优势。必须围绕增强城市核心功能,聚焦关键重点领域。框架性部署是“5个新突破+8个新高地”。在国际经济、金融、贸易、航运、科技创新中心的核心功能建设上取得新突破,在品牌建设、制度创新、对外开放、创新创业、全球网络、发展平台、人才集聚、品质生活等关键领域打造体现世界一流水平、引领未来发展、具有国际竞争力和影响力的新高地。主攻方向和重点任务是:①推进国际经济中心综合实力取得新突破。②推进国际金融中心资源配置功能取得新突破。③推进国际贸易中心枢纽功能取得新突破。④推进国际航运中心高端服务能力取得新突破。⑤推进国际科技创新中心策源能力取得新突破。⑥打造具有国际标识度的上海品牌新高地。⑦打造衔接国际通行规则的制度创新新高地。⑧打造更高层次的对外开放新高地。⑨打造充满活力的创新创业新高地。⑩打造联通全球的网络枢纽新高地。⑪打造具有国际影响力的发展平台新高地。⑫打造近悦远来的国际化人才集聚新高地。⑬打造令人向往的品质生活新高地。

上海建设卓越全球城市的路线图如图2-2所示。

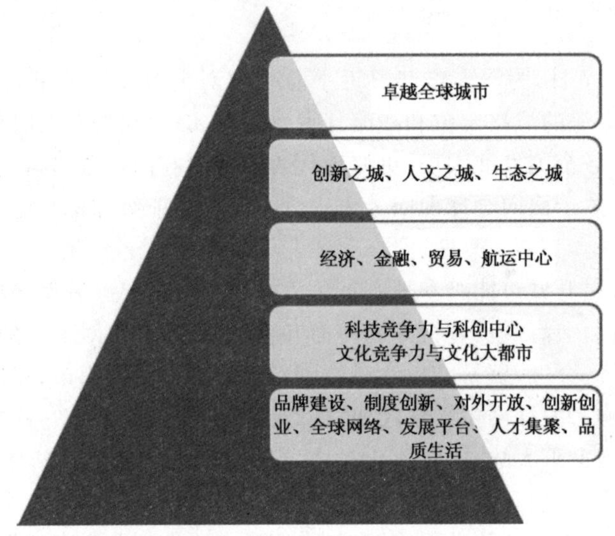

图2-2　上海建设卓越全球城市路线图

资料来源:作者自制

卓越全球城市和创新之城、人文之城、生态之城是发展愿景。其中卓越全球城市是总目标,是战略目标,是城市品牌定位。创新之城、人文之城、生态之城是分目标,是对卓越全球城市的一个说明。

国际经济中心、国际金融中心、国际航运中心、国际贸易中心和科技创新中心,以及文化大都市是竞争维度,是为了达成发展愿景而必须具有核心竞争力的领域,在这些领域具备核心竞争力,才能实现整个城市能级的提升,构筑新时代上海发展的战略优势。在这六个竞争维度中,又可以分为两个层次,科技创新中心和文化大都市是两个更为基础性的维度。对全球城市的经济竞争力，现在更深入的思考是要靠科技创新和文化创意来驱动。上海原来的4个中心建设在实践中要素投入的内容比较重，现在提出建设全球科创中心和国际文化大都市，就是要更加彻底地从要素驱动转向创新驱动[25]。因为科技创新中心代表着城市的科技竞争力，在知识经济时代，科技是一切产业领先的前提，决定了城市的硬实力。这也是2014年中央要求上海的发展目标在4个中心之上加上科技创新中心的原因。这充分体现了中央的高瞻远瞩，对这个时代最重要的发展动力的清醒的认知和准确的把握。而文化大都市的定位，实际上是要求上海成为有影响力的全球文化中心。如果说科技决定了城市的硬实力，那么文化就决定了城市的软实力。国际经济中心、国际金融中心、国际航运中心、国际贸易中心这4个中心是阶段性目标，在未来的几十年中有可能会调整、变化，但科技影响力和文化影响力，在可预见的将来，都是全球城市追求的目标。如果这6个竞争维度的定位能够达成，上海无疑将被建成卓越全球城市。

品牌建设、制度创新、对外开放、创新创业、全球网络、发展平台、人才集聚、品质生活这8个关键领域，其实是上海向着上述诸多目标进军的支撑维度。上述发展愿景和竞争维度，都是在说明不同层次的定位目标，并没有指出怎样做才能达到这些目标，也就是说，都属于战略目标，而不是战略措施。上海市委《关于面向全球面向未来提升上海城市能级和核心竞争力的意见》中提出的8个关键领域，正是上海市品牌定位从战略目标走向战略实施的重大举措，明确提出了应当怎样做才能实现目标，打造这8个方面的新高地是上海建设卓越全球城市的发力点，是抓手，是战略措施，是支撑战略目标实现的关键。

在改革开放40周年之际，重大决策密集出台的背后，反映的是上海这座城市的雄心和决心。

（二）全球视野下的上海

2018年11月，习近平总书记在出席首届中国国际进口博览会开幕式和相关活动后，在上海进行了为期一天的考察。考察路上，习近平在听取汇报时，多次问到一个问题："你们这个在国际上是什么水平？"作为世界第二大经济体，中国有这样的眼界和胸襟，也有这样的勇气和志气，对标国际最高水准，勇创世界一流水平[26]。

上海已经迈入全球城市行列，但在全球城市格局中，上海的位置在哪里？长板在哪里？短板又在哪里？放在全球城市排行的大背景下，我们可以看清在全球城市阵营

---

[25] 诸大建．上海建设卓越全球城市的关键问题[M]//上海市人民政府发展研究中心．全球城市精准治理——联合国第四届世界城市日全球城市论坛实录．上海：格致出版社，上海人民出版社，2018.

[26] 习近平时隔一年再来上海有这五大看点[N/OL]．人民日报，(2018-11-09)[2018-11-20]．https：// mbd. baidu. com/newspage/data/landingshare? context＝%7B%22nid%22：%22news_9463086213364912896%22%7D&pageType＝1&isWiseFrom＝1.

中上海目前所处的位置，尤其是对标顶级全球城市，差距有多大？建成卓越全球城市的路还有多远？

1. 森纪念财团全球城市实力指数

在全球城市评价方面，一个代表性的研究成果是日本城市开发商森大厦株式会社创立的研究机构日本森纪念财团都市战略研究所公布的全球城市实力指数(Global Power City Index，简称 GPCI)[27]。该研究所从 2008 年开始，每年发布全球城市实力指数报告，在城市间的全球竞争背景下，对全球主要城市的吸引力进行评价与排名，即城市吸引全世界的人、资本和企业的综合能力。该研究所主要测量 6 个领域：经济、研发、文化交流、宜居性、环境、交通，提供一个多维的排名(见图 2－3)。为了反映环绕全球城市的变化的环境，其指标和数据收集方法会进行日常的检查和改进(见表 2－1)。

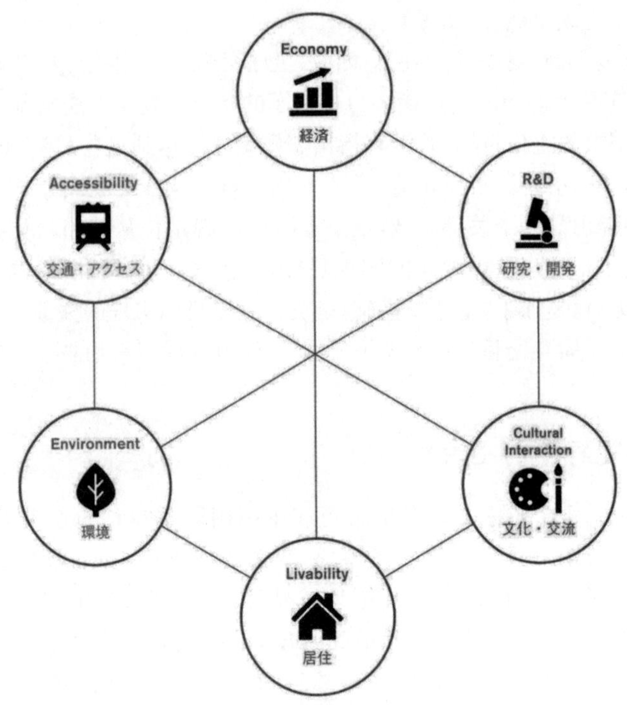

图 2－3　森纪念财团都市战略研究所全球城市实力指数 6 个评价领域

资料来源：Institute for Urban Strategies, THE MORI MEMORIAL FOUNDATION. What is the GPCI? [EB/OL]. [2018-12-16]. http://www.mori-m-foundation.or.jp/english/ius2/gpci2/.

27　Institute for Urban Strategies, THE MORI MEMORIAL FOUNDATION. What is the GPCI? [EB/OL]. [2018-12-16]. http://www.mori-m-foundation.or.jp/english/ius2/gpci2/.

表 2－1　森纪念财团都市战略研究所全球城市实力指数 70 个指标

Functions 领域	Indicator Groups 指标组	No. 序号	Indicator 指标
Economy 经济	Market Size 市场规模	1	Nominal GDP 名义 GDP
		2	GDP per Capita 人均 GDP
	Market Attractiveness 市场吸引力	3	GDP Growth Rate GDP 增长率
		4	Economic Freedom 经济自由度
	Economic Vitality 经济活力	5	Market Capitalization of Stock Exchanges 证券交易所市值
		6	World's Top 500 Companies 世界 500 强企业
	Human Capital 人力资本	7	Total Employment 就业总人数
		8	Employees in Business Support Services 在商业支持服务业工作的员工
	Business Environment 经商环境	9	Wage Level 工资水平
		10	Availability of Skilled Human Resources 熟练人力资源的可得性
		11	Variety of Workplace Options 工作场所选择的多样化
	Ease of Doing Business 经商容易度	12	Corporate Tax Rate 公司税率
		13	Political，Economic and Business Risk 政治、经济和商业风险

（续表）

Functions 领域	Indicator Groups 指标组	No. 序号	Indicator 指标
R&D 研发	Academic Resources 学术资源	14	Number of Researchers 研究人员数量
		15	World's Top Universities 世界顶尖大学
	Research Background 研究环境	16	Academic Performance in Maths and Science 数学和科学上的学术成就
		17	Readiness for Accepting Researchers 接受研究人员的意愿
		18	Research and Development Expenditure 研发支出
	Innovation 创新	19	Number of Patents 专利数
		20	Winners of Prizes in Science and Technology 主要科学技术奖获奖者人数
		21	Startup Environment 创业环境
Cultural Interaction 文化交流	Trendsetting Potential 趋势引领潜力	22	Number of International Conferences 国际会议数
		23	Number of World-Class Cultural Events 世界级文化活动数
		24	Cultural Content Export Value 文化内容出口值
	Cultural Resources 文化资源	25	Environment of Creative Activities 创意活动环境
		26	Proximity to World Heritage Sites 世界遗产地址的接近性
		27	Cultural Interaction Opportunities 文化接触机会

（续表）

Functions 领域	Indicator Groups 指标组	No. 序号	Indicator 指标
Cultural Interaction 文化交流	Facilities for Visitors 游客设施	28	Number of Theaters and Concert Halls 剧院和音乐厅数
		29	Number of Museums 美术馆、博物馆数
		30	Number of Stadiums 体育馆数
	Attractiveness to Visitors 游客吸引力	31	Number of Luxury Hotel Guest Rooms 豪华旅店客房数
		32	Number of Hotels 旅店数
		33	Attractiveness of Shopping Options 购物的吸引力
		34	Attractiveness of Dining Options 餐饮的吸引力
	International Interaction 国际交流	35	Number of Foreign Residents 外国人居住者数
		36	Number of Foreign Visitors 外国人访问者数
		37	Number of International Students 留学生数
Livability 宜居性	Working Environment 就业环境	38	Total Unemployment Rate 总失业率
		39	Total Working Hours 总工作时间
		40	Employee Life Satisfaction 员工生活满意度

(续表)

Functions 领域	Indicator Groups 指标组	No. 序号	Indicator 指标
Livability 宜居性	Cost of Living 生活成本	41	Housing Rent 房租
		42	Price Level 物价水平
	Security and Safety 安全	43	Number of Murders 杀人案件数
		44	Economic Risk of Natural Disaster 自然灾害的经济风险
	Well-Being 康乐	45	Life Expectancy 平均寿命
		46	Social Freedom and Equality 社会自由与平等
		47	Risk to Mental Health 精神健康风险
	Ease of Living 生活便利性	48	Number of Medical Doctors 医师数
		49	ICT(Information Communications Technology) Readiness ICT 充足度
		50	Variety of Retail Shops 零售商店的多样性
		51	Variety of Restaurants 饭店的多样性
Environment 环境	Ecology 生态	52	Commitment to Climate Action 对气候行动的承诺
		53	Renewable Energy Rate 可再生能源比率
		54	Waste Recycle Rate 废物回收率

（续表）

Functions 领域	Indicator Groups 指标组	No. 序号	Indicator 指标
Environment 环境	Air Quality 空气质量	55	CO_2 Emissions CO_2 排放量
		56	SPM Density SPM 密度
		57	SO_2 and NO_2 Density SO_2 和 NO_2 密度
	Natural Environment 自然环境	58	Water Quality 水质
		59	Green Coverage 绿化覆盖
		60	Comfort Level of Temperature 气温舒适度
Accessibility 交通	International Transportation Network 国际交通网络	61	Cities with Direct International Flights 国际直航城市
		62	International Freight Flows 国际货物流通规模
	Transportation Infrastructure 交通基础设施	63	Number of Air Passengers 航空旅客人数
		64	Number of Runways 跑道数量
	Inner-City Transportation Services 市内交通服务	65	Railway Station Density 轨交站密度
		66	Public Transportation Coverage and Punctuality 公共交通覆盖和正点情况
		67	Travel Time to International Airports 到国际机场的路程时间

（续表）

Functions 领域	Indicator Groups 指标组	No. 序号	Indicator 指标
Accessibility 交通	Traffic Convenience 交通便利性	68	Commuting Convenience 通勤便利性
		69	Traffic Congestion 交通拥挤
		70	Taxi Fare 出租车费

资料来源：作者根据《Global Power City Index 2018》有关内容整理

2018 年共评价了 44 个全球城市。2018 年的综合排名显示，前 5 名与 2017 年相同，分别是伦敦、纽约、东京、巴黎、新加坡。这些城市已经连续 10 年位列前 5 名了[28]。前 10 名的城市与 2017 年相比也没有变化。北美的城市排名上升，北京和上海排名却下降[29]了。北京由于交通较差排名从第 13 位降到了第 23 位，上海从第 15 位急剧降到第 26 位，主要是由于在它之前的强项经济领域得分减少。总体来看，那些只在一个领域具有特别优势的城市倾向于排名下降，而那些综合起来得分平衡的城市排名上升。

下面来看各领域的排名。经济领域，纽约和伦敦位列前 2 名，持续显示了它们的经济实力。主要的亚洲城市东京、北京、香港进入前 5。上海在经济领域排名第 16，远低于上一年度的第五名。研发领域，美国的城市占据了前 10 名中的 5 席，显示了该国在此领域的实力。前 5 名分别是：纽约、东京、伦敦、洛杉矶、波士顿。北京位列第 14 名，与上一年持平。上海排名第 16，比上一年前进 2 名。文化交流领域，前 5 名分别是伦敦、纽约、巴黎、东京、新加坡。北京排名第七，与上一年一样。上海排名第 18，比上一年的第 17 下降一位。宜居性领域的佼佼者基本上是欧洲城市，以及加拿大的两个城市，前 10 名中仅有东京一个亚洲城市。上海排名第 30，上一年为第 38。北京排名第 34，上一年为第 32。在环境领域，欧洲城市具有传统的领先优势，北美城市也在迎头赶上。中国的 2 个城市在 2018 年所考察的 44 城市中敬陪末座，上海为第 43 名（2017 年 41 名），北京为第 44 名（2017 年为 43 名）。交通领域的前 5 名是：巴黎、伦敦、纽约、上海、东京。上海 2017 年为第三名，基本稳定在全球前 5。北京排名第 21，

---

[28] Institute for Urban Strategies, THE MORI MEMORIAL FOUNDATION. Global Power City Index 2018[R/OL]. [2018-12-16]. http://www.mori-m-foundation.or.jp/pdf/GPCI2018_summary.pdf.

[29] 上海 2010 年排名第 26 位，2013 年排名第 12 位，2014 年排名第 15 位，2015 年排名第 17 位，2016 年排名第 12 位，2017 年排名第 15 位，2018 年排名第 26 位。

低于上一年的第 15 名。

按照森纪念财团的全球城市实力指数,上海与北京均未进入前 10,而且排名波动较大,在一共 44 个参评城市中,大概处于中游位置。反之,排名靠前的城市则非常稳定,前 10 名的城市与上一年相比没有变化,排名前 5 的城市则已经连续 10 年位列前 5 了。在全球城市阵营中,目前上海综合排名 26,处于中游位置。

从各领域的排名来看,在经济领域,上海的第 16 名不但落后于老牌一流全球城市,而且落后于北京的第四名。在全球城市经济竞争中,上海目前排名仅位于中上游,还未站稳脚跟。在研发领域,美国的城市显现出强劲的实力。上海排名第 16,比上一年前进 2 名。长期趋势有待今后几年连续观察。在文化交流领域,上海排名第 18,与北京的第七名差距较大。在宜居性领域上海排名在 30 名,位于中下游位置。在环境领域,中国的北京和上海近年来基本垫底。在交通领域,上海排名第四,结合上一年的第三,可以认为在交通领域上海已稳居全球城市前列,而且也远超北京。

综合来看,伦敦、纽约、东京、巴黎、新加坡等老牌全球城市实力仍然强劲,在各个领域的表现也比较均衡。美国的城市研发实力强劲,在当今科技成为驱动经济发展的第一推动力的时代,表现出巨大的发展潜力。与顶级全球城市相比,交通是上海目前最为优势的地方,环境是上海目前最为劣势的地方。宜居性排名较为靠后,还须付出很大努力。经济、研发和文化交流方面均排在前 20 名,但没有进入前 10 名,说明还没有形成明显的竞争优势。值得注意的是,在经济和文化交流两个领域,北京均已进入前 10 名,领先于上海,形成了较为明显的竞争优势。

2. 科尔尼全球城市指数、全球潜力城市指数

另一个比较有影响的全球城市评价成果是美国科尔尼管理咨询公司(A. T. Kearney)发布的全球城市报告。科尔尼是一家国际知名的管理咨询公司,1926 年在芝加哥成立,目前在 40 多个国家设有分支机构。科尔尼认为,全球化背景之下,城市比国家更适宜作为关注的焦点。其全球城市报告由顶尖学者和商业顾问设计,分析基于事实和公开可用的数据,它对城市能力和潜力的整体评价备受推崇。在 2008～2014 年,每两年发布一次,从 2014 年起,改为每年发布一次,2018 年是第八份报告。他们每年编写一份报告,更新基本信息并审查新城市是否符合纳入标准。自成立以来,该报告几乎每年增加评价的城市数量。第一份全球城市指数调查了 60 个城市的比较优势,2018 年的报告汇集了 135 个不同的大都市地区的数据。在过去的 10 年里,报告已经很好地反映了影响城市成功的因素。

科尔尼的全球城市报告[30]包括检查城市表现的全球城市指数和评价其潜力的全

[30] A. T. Kearney. 2018 Global Cities Report [R/OL]. [2018-12-20]. https://www.atkearney.com/documents/20152/1136372/2018+Global+Cities+Report.pdf/21839da3-223b-8cec-a8d2-408285d4bb7c.

球城市展望。指数和展望一起为评价世界上最具影响力和最具吸引力的城市提供了一个独特的工具,并确定是什么让它们成为这样的城市。这些信息对于商业领袖在评价新地点或考虑扩大国际业务时尤其重要。

全球城市指数(Global Cities Index,简称 GCI)评价城市的综合实力。相比其他通常只关注商业因素的排名,全球城市指数排名是一项更加综合、更加全面地对城市全球化影响力的评价。评价指标目前有 27 项,归为 5 个维度:商业活动、人力资本、信息交流、文化体验和政治参与(见表 2-2、表 2-3)。

全球潜力城市指数(Global Cities Outlook,简称 GCO)评价城市发展的前景和提升国际地位的可能性,从前瞻的角度来评价最有可能成为拥有全球影响力的新兴城市。评价指标有 13 个,归为 4 个维度:个人幸福、经济、创新和城市治理(见表 2-4)。

表 2-2　科尔尼评价方法

全球城市指数——当前表现 • 5 个维度的 27 个指标 - 商业活动(30%):资金流量、市场活力、大型企业的数量 - 人力资本(30%):教育水平 - 信息交流(15%):互联网信息访问和其他媒体资源 - 文化体验(15%):大型体育赛事、博物馆和其他展览 - 政治参与(10%):政治活动、智库、大使馆 • 排名和得分根据每个维度的加权平均综合确定,分数为 0～100(100=满分) • 资料来源于城市层面的公开数据
全球城市指数——潜在表现 • 4 个维度的 13 个指标 - 个人幸福(25%):安全、健康、平等、环保表现 - 经济(25%):长期投资和 GDP -创新(25%):创业,包括专利、私人投资和孵化器 - 治理(25%):长期稳定性,包括透明度、政府治理质量、经商便利度等 • 排名和分数根据过去 5 年在每个指标上的变化幅度平均值确定,预测到 2028 年,对每个维度进行加权平均,得出 0～100 的分数(100=满分) • 资料来源于城市层面的公开数据

资料来源:作者根据《2018 Global Cities Report》相关内容整理

表 2-3 最佳城市——全球城市的领导者

商业活动	人力资本	信息交流	文化体验	政治参与
纽约	纽约	巴黎	伦敦	华盛顿
财富 500 强-北京；顶尖全球服务企业-香港；资本市场-纽约；空运货物-香港；海运货物-上海；国际会议-巴黎	外国出生的人口-纽约；顶尖大学-波士顿；大专以上学历人口-东京；国际学生人数-墨尔本；国际学校数量-香港；	收看电视新闻人数-日内瓦，布鲁塞尔；新闻机构-伦敦；宽带互联网使用者-日内瓦，苏黎世；言论自由-布鲁塞尔，阿姆斯特丹，斯德哥尔摩；在线状态-新加坡	博物馆-莫斯科；视觉和表演艺术-纽约；体育活动-伦敦；国际旅游者-伦敦；美食-纽约；姐妹城市-圣彼得堡	大使馆和领事馆-布鲁塞尔；智库-华盛顿；国际组织-日内瓦；政治会议-布鲁塞尔；具有全球影响力的当地机构-纽约

资料来源：作者根据《2018 Global Cities Report》相关内容整理

表 2-4 最快城市——全球潜力城市的领导者

个人幸福	经济	创新	治理
墨尔本	纽约	旧金山	日内瓦，苏黎世
稳定和安全-科威特；卫生保健-多个领导者；基尼系数指数-布拉格；环境表现-悉尼，墨尔本	基础设施-法兰克福；人均 GDP-休斯顿；FDI 流入-纽约	人均专利-旧金山；私人投资-伦敦；大学发起的孵化器-莫斯科	官僚机构质量-多个领导者；经商便利性-莫斯科；透明度-伦敦

资料来源：作者根据《2018 Global Cities Report》相关内容整理

表 2-5

城市	2012 排名	2016 排名	2017 排名	2018 排名	2018 得分	2018 潜力排名
纽约	1	2	1	1	62.0	2
伦敦	2	1	2	2	60.1	3
巴黎	3	3	3	3	53.2	4
东京	4	4	4	4	47.2	14
香港	5	5	5	5	44.9	54
北京	14	9	9	9	35.4	47
上海	21	20	19	19	31.2	64

资料来源：作者根据《2018 Global Cities Report》相关内容整理

2018年"全球城市指数"排名前5名依次为纽约、伦敦、巴黎、东京和香港(见表2-5)。这5个城市已经连续多年处在榜单的前5名了。旧金山成为"全球潜力城市指数"榜单中的第一名,紧随其后的是纽约、伦敦、巴黎和新加坡。纽约、伦敦、巴黎和新加坡等城市经常会吸引最好的公司、顶尖人才和大量的投资资金。这些影响力大的城市拥有相得益彰的组合因素,如商业活动、人力资本、信息交流、政治参与和文化体验,这些都有助于组织和人员的繁荣发展。

特别要注意的是纽约和旧金山这两个城市。由于在商业活动和人力资本方面的强劲表现,纽约在全球城市指数中位居第一。纽约在商业活动方面显示出强劲的增长,同时人力资本也领先于全球。当然,纽约仍然是众多行业的中心,包括金融、媒体和时尚。但它也日益成为创业活动和风险投资支持的科技公司的中心。纽约市也获得了有史以来最高的文化体验分数。

旧金山凭借其持续的创新力量在全球潜力城市中位列第一。旧金山在全球潜力城市中名列前茅,其次是纽约、伦敦和巴黎。受硅谷高增长公司的推动,旧金山以专利活动衡量的创新能力继续保持领先。2011年至2015年间,海湾地区公司共申请了34 324件国际专利,谷歌占所有申请的6.5%。

纽约、伦敦和巴黎在两个榜单上全面领先。也就是说,既是当前全球实力最强的城市,也是最强的全球潜力城市,可以预见其顶级全球城市地位还将继续保持。以旧金山为首的美国城市,其创新实力在全球名列前茅,表现出巨大的发展潜力。

上海近年来全球城市指数排名均徘徊在第20名左右,2016年全球城市指数排名为第20,2017、2018年全球城市指数排名为第19。而北京从2016年开始至2018年已经连续3年排名第九了。这显示出上海的全球城市地位与顶级全球城市尚有较大差距,也不如北京。从全球城市指数得分来看,2018年纽约得分为62.0,上海只有31.2,几乎只有纽约的一半。北京虽然位列第九,实际得分只有35.4,可见上海与北京的实际差距并不如排名显现的差距那样大,基本还是处于同一梯队。分指标来看,上海在商业活动维度的海运货物这一个指标上成为全球城市的领导者。

从全球潜力城市指数排行榜来看,上海与顶级全球城市差距就更大了,2018年全球潜力城市指数排名仅为64,而且未能在任何一个具体指标上成为领导者。

森纪念财团都市战略研究所的全球城市实力指数排行榜和科尔尼咨询公司全球城市指数排行榜(当前与展望)采用的评价维度和指标有相似的部分,也有不同的部分,但取得了基本一致的评价结果。纽约、伦敦、巴黎、东京、新加坡等在两个评价体系中都遥遥领先,是名副其实的顶级全球城市。以旧金山为首的一批美国城市在研发(创新)方面表现出色,成为国际上被广为看好的潜力巨大的城市。

在上述两个评价体系中,上海与顶级全球城市都存在明显差距。在环境和宜居性方面是传统弱项,有待于随着社会的发展逐渐进步。在经济、文化交流、研发等方面有待追赶。在交通，尤其是海上货运方面则可以笑傲江湖。总体上来讲，上海在经济发展的硬实力和环境宜居性等软实力上都有待提升。作为今后学习的榜样，纽约、伦敦、巴黎、东京、新加坡等仍然是值得学习的标杆。但是以旧金山为首的美国城市在创新、研发上的出色表现也不容忽视，可以作为新的学习标杆，以提升城市发展的潜力，获得未来的竞争优势。在国内，北京在经济、文化交流上领先于上海，作为有着相似的大环境的同一国家的全球城市，北京的全球城市建设经验也是值得关注和学习的。

理论上的"完美"城市，在现实世界中并不存在。纽约在科尔尼全球城市指数 27 个指标中有 5 个指标位列第一，而布鲁塞尔在 4 个指标中位居榜首，这已经是在单项指标中领先项数最多的全球城市了。这表明，没有哪个城市能在所有方面都拥有全球第一。

诸大建认为，我们应当加强全球城市新版本的指标体系研究与建设。上海要建设卓越的全球城市，从现在起就要加强这方面的独立自主研究。要把世界最好标准和最好水平转为上海自身发展的标杆与北斗星，同时在国际对标中注入中国元素与上海韵味，用来长期引导上海自身发展的战略规划、有效执行、绩效评估，特别是上海建设卓越的全球城市，单纯以现在的纽约、伦敦、东京、巴黎为对标对象，没有自己的创新与超越，难说具有领跑性的意义，搞得好是并跑，搞得不好是跟跑，因此特别需要来自政府与研究机构之间的理论研究与政策创新[31]。

（三）上海的不足之处与对策建议

1. 不足之处

通过上文在全球视野下观察上海，我们发现上海与它卓越全球城市的定位目标相比还有一些不足之处。

首先，经济总量发展不足。2018 年，上海仍然是全国经济总量第一的城市，但和国内其他城市相比优势在逐渐缩小。在经济总量上与国际著名城市相比，也有不少差距。2017 年上海（面积 6 340.5 平方公里）经济规模约合 4 500 亿美元，纽约都市区（面积 8 634 平方公里）的 GDP 达到 17 351 亿美元，相差超过 7 万亿元人民币。上海目前在经济总量上可以说是"前有标兵、后有追兵"。面向全球，面向未来，上海要对标顶级城市，仍要加快做大经济规模[32]。

其次，经济密度发展不足。产生经济规模差距的主要原因是经济密度不高，单位土地的经济承载容量有限。2017 年，上海每平方公里 GDP 是 4.7 亿元，虽然远高于

---

31 诸大建. 上海建设卓越全球城市的关键问题[M]//上海市人民政府发展研究中心. 全球城市精准治理——联合国第四届世界城市日全球城市论坛实录. 上海：格致出版社，上海人民出版社，2018.

32 赵义怀. 提升上海城市能级和核心竞争力的若干思考[J]. 长江经济带研究要报，2018 (17)：58-61.

长三角城市群平均水平，但深圳是11.2亿元，纽约更达到11.4亿美元。从上海内部看，经济密度也分布不均衡，开发区每平方公里产出最高的达154亿元，低的只有30多亿元。在建设用地和人口承载量都存在硬约束的情况下，高质量发展的形势和任务相当严峻。上海市委书记李强表示，必须在提高地均产出、人均产出上下功夫，把提升经济密度的文章做好做足；要更高质量的GDP，树立"以亩产论英雄""以效益论英雄""以能耗论英雄""以环境论英雄"的导向。提高经济密度关键要提高全要素生产率，2006～2015年上海的全要素贡献率是0.03，而同期北京是0.17，相差超过5倍[33]。

第三，城市主要功能能级不高，核心竞争力不突出。上海的各种平台、市场体系比较健全，但是市场能级还不够高，比如上海证券市场，就不如纽约、伦敦那么具有全球影响力。在国际金融中心建设中，上海虽然已经形成了规模巨大、功能多元、开放有序的金融市场体系，但对标国际成熟市场，市场定价权和话语权不足，整体对外开放程度仍显不足，如股票市场外资持有不足5%，债券市场外资持有不足2%。在国际航运中心建设中，高端航运服务配置功能不强。在国际贸易中心建设中，与购物天堂，与买全球卖全球都还有差距。

第四，生产性服务业发展不足。生产性服务业是伴随产业分工细化和新技术加速应用，从制造业内部分离出来并独立发展起来的新兴产业，具有高附加值、高创新活力、强带动作用等特征，逐步成为后工业化时期衡量一个国家或地区综合竞争力和现代化水平的重要标志。能级大的全球城市，生产性服务业尤其是现代生产性服务业占GDP比重接近60%，占服务业比重为70%～80%。2017年上海生产性服务业增加值达13 156.31亿元，占GDP比重为43.66%，占全市服务业增加值比重为63.3%。从这一指标来看，上海还有差距。

2. 对策建议

(1) 强化核心功能

上海目前着力提升城市能级和核心竞争力，以应对上述不足之处。威尼斯、伦敦、纽约等城市的兴起，均在于其核心竞争力的形成。专家学者们目前达成共识，上海追求卓越全球城市，应当聚焦比较优势，有所为有所不为。全球城市不是全能城市。从前面的全球城市评价中我们已经得出结论，没有一个城市是完美的，能够在所有指标上达到全球第一。上海建设卓越全球城市既不必、也不能追求面面俱到，而是应该发挥自己的长板，把长板做长。在有比较优势、长期可持续、不易被模仿的领域，既巩固提升已有的核心功能，又积极打造新的核心功能。比如金融中心建设，着力点就在进一步加快金融市场开放，大幅拓展境外投资者参与范围、渠道和规模，促进与境外金融市场的互联互通，推动"上海金""上海油"等价格信号成为全球资源配置的风向标之

[33] 赵义怀. 提升上海城市能级和核心竞争力的若干思考[J]. 长江经济带研究要报，2018 (17)：58-61.

一。航运中心建设，着力点就放在提升高端服务能力上，包括加快航运服务高端要素集聚，吸引国际知名航运服务企业、国际航运组织和功能性航运机构入驻；开展具有国际竞争力的航运制度创新、航运商业模式创新和航运科技创新，提升全球航运资源的配置能力；推进航运服务业扩大开放，加强航运金融业务创新等。

上海决策咨询委员会副主任周振华认为，全球城市的核心功能，不是财富、资本的积累，不是吸取大量外部资金、人才、资源到这个地方沉淀，而是要构筑功能平台、流量[34]。上海只要保持这个功能，能够为国家战略服务，配置全球资源，就够了。萨斯基娅·萨森(Saskia Sassen)讲的全球城市，其核心就是中介化。

(2) 依托长三角城市群

全球城市并非单打独斗，上海要建设卓越全球城市，眼光不能局限在上海范围内。全球城市的竞争目前已经是以区域作为全球竞争单元，而不是单独的城市。其他主要全球城市，如纽约、伦敦、巴黎、东京等，其发展经验都是依托周边城市群。城市群内部城市各自有明确的功能分工，各自有自己的核心功能和特定强项，彼此能够互补配套。比如，杭州的互联网金融对于上海国际金融中心的建设目标来说是一个互补，甚至是配套。对于上海来说，就是要依托长三角一体化发展，把自己的核心功能做大做强，把长板拉长，其他功能在长三角其他城市去找互补、找配套。

(3) 改善营商环境

在全球城市网络中，城市政府并不能代表城市作为经济活动的主体。城市之间的经济联系主要是公司机构等经济主体之间发生联系，公司机构在全球的经济活动带来了城市的全球连通性。只有具有好的营商环境，才能吸引那些具有全球资源配置功能的机构和公司到上海来。好的营商环境不仅是进入审批快、开工许可时间短，更重要的是市场规范、竞争公平、透明有序，充分保障微观市场主体的权益。

(4) 吸引人才

人才是所有资源中最重要的资源，而高级人才尤其稀缺。全球性机构要靠人才才能运作，吸引不到人才的地方，也很难开设全球性公司和机构。为了吸引人才，城市首先要有优越的人文环境，人文环境对人才具有很强的吸引力。在人文环境方面，上海一直有较好的基础，海派文化是上海得天独厚的优势。但在文化交流、文化产业竞争力、文化的标识度方面与顶级全球城市尚有差距。我们还需要努力提升国际化程度，让多元文化并存交融，让来自不同国家、地区的人才感到亲切，更好地融入上海。其次，吸引人才也离不开良好的生态环境，包括交通、空气、河道、绿化、城市公共空间等。近年来，上海的生态环境不断改善，城市公共空间越来越美，但由于仍处于发展中国家，基础较差，在空气、水、土壤、绿化等的质量方面与全球先进城市如北欧、澳洲、加拿

34　刘玉海．全球城市：上海的雄心与现实[EB/OL]．经济观察网，(2018-06-04)[2018-10-20]．http://www.eeo.com.cn/2018/0604/329594.shtml.

大等地的多个城市相比，还有较大差距。第三方面是城市安全，包括社会治安、食品安全、水电煤等城市生命线的保障，等等。上海城市居民的安全感不断增强，为迈向卓越全球城市打下了基础。在吸引人才方面总的目标是进一步提升上海城市的宜居性。

（5）科技创新

创新驱动是提升城市能级和核心竞争力的不竭动力。在科技创新上，上海的核心竞争力在于基础研究的厚度和关键核心技术的突破。今后，上海要继续增强城市创新策源能力，瞄准世界科技前沿，强化科技创新的前瞻布局和融通发展，使上海努力成为全球学术新思想、科学新发现、技术新发明、产业新方向的重要策源地。

2018年以来，上海在推进科技创新上动作频频，沪嘉杭G60科创走廊、“嘉昆太”协同创新核心圈、张江长三角科技城等逐步推进，放大了上海科技创新的基础优势、高度集聚的资源优势和开放的市场优势。

在科技创新方面，上海的另一个主攻方向是提高科技成果的转化效率，将创新策源能力落实到现代产业集群和创新企业集群上来。目前，上海科技成果转化率仅30%，不到发达国家的一半。上海市委书记李强说，“主管单位和部门要进一步解放思想。成果放在那里不转化，造成机会的丧失和成果的贬值，才是最大的资产流失”。上海的一些区级党委和政府已经在积极创造条件，勇于承担创新风险，助推科研成果转化落地。例如，近年来杨浦区出台新一代人工智能及大数据等扶持政策，发掘出一批双创小巨人企业，形成了双创重点企业储备库。

（四）上海“四大品牌”

2018年4月，上海市委、市政府印发了《关于全力打响上海“四大品牌”率先推动高质量发展的若干意见》，并以市委办公厅、市政府办公厅名义下发关于“上海服务”“上海制造”“上海购物”“上海文化”四大品牌的4份三年行动计划，并召开了高规格的全市推进大会，释放出一个强烈信号：全力打响“四大品牌”的行动征程已经开启[35]。

正如前文在剖析城市品牌与城市竞争力的关系时所说，城市品牌是城市竞争力的外在体现。同时，城市品牌也对城市竞争力有反作用力，是撬动城市竞争力增强的战略杠杆，是构筑上海发展战略优势的抓手。打响“四大品牌”，有助于提升上海城市能级和核心竞争力；有助于加快建设卓越的全球城市和具有世界影响力的社会主义现代化国际大都市；有助于加快建设“五个中心”和国际文化大都市；有助于推动高质量发展、在全国率先破局，创造高品质生活、满足人民日益增长的美好生活需要。在改革开放40周年之际，打响“四大品牌”，是推动改革开放再出发的重要实践。

[35] 上海市人民政府. 站高望远方有行动自觉——论“全力打响上海‘四大品牌’率先推动高质量发展”(一)[EB/OL]. (2018-04-25) [2018-10-02]. http://www.shanghai.gov.cn/nw2/nw2314/nw32419/nw43404/nw43407/u21aw1306315.html.

“上海服务”重在提升城市核心功能和辐射带动能力;“上海制造”重在强化创新驱动和扩大高端产品技术供给;“上海购物”重在满足和引领消费升级需求;“上海文化”重在提升城市文化软实力和影响力。“四大品牌”之间,并不是并列关系,而是以“上海服务”为核心的“1+3”格局。“上海服务”体现了城市的核心功能,在服务长三角、服务全国的过程中,也为“上海制造”“上海购物”和“上海文化”的发展集聚了资源、提供了平台。同时,“四大品牌”都不是独立个体,而是互相渗透、相辅相成的有机整体。比如,上海的服务经济、制造业产品和文化产品,为“上海购物”提供了对象。而“上海文化”的软实力,则能提升“上海服务”和“上海购物”的吸引力[36]。可见,“四大品牌”既各有侧重又有机统一,具有内在联系。上海在全力打响“四大品牌”过程中,应当加强顶层设计和整体规划,实现有分有合的联动发展,在深度融合中,放大品牌建设的协同效应。

上海全力打响“四大品牌”的总体目标是[37]:

经过全社会共同努力,上海“四大品牌”的认知度、美誉度、影响力显著提升,服务国家战略的辐射带动能力显著增强,彰显高质量发展和高品质生活的标杆引领效应显著扩大,经济发展新增长点、新动能加快培育壮大,形成一批具有国际影响力的名企、名家、名师、名校、名医、名院、名胜、名品、名园、名店、名街、名展、名赛、名节、名会等,在全面服务国家战略中,加快构筑新时代上海发展战略优势。

——打响“上海服务”品牌。在持续扩大上海优质服务供给规模的基础上,城市综合服务功能全面增强,全球资源配置能力明显提升,基本确立全球性人民币产品创新、交易、定价和清算中心地位,基本建成全球贸易投资网络的枢纽服务城市,基本确立航运服务全球枢纽节点地位,基本建成全球创新网络的重要枢纽。到2020年,服务经济占全市生产总值比重保持在70%左右,建设形成10个左右服务经济创新发展示范区,服务领域涌现出一批具有国际影响力的品牌企业,“上海服务=优质服务”的感受度和认知度全面加强。

——打响“上海制造”品牌。制造业自主创新能力显著提升,互联网、大数据、人工智能与实体经济深度融合,产业集群发展格局基本形成,基本建成国际高端智造中心,加快迈向全球卓越制造基地。到2020年,战略性新兴产业增加值占全市生产总值比重达到20%以上,战略性新兴产业制造业产值占全市制造业总产值比重达到1/3左右,打造2个、培育4个世界级产业集群,品牌经济贡献率明显提高,打造一批具有核

36　找准主攻方向 聚焦重点发力——论“全力打响上海‘四大品牌’率先推动高质量发展”(三)[N/OL]. 解放日报,(2018-04-27)[2018-10-20]. http://www.shanghai.gov.cn/nw2/nw2314/nw2315/nw4411/u21aw1306445.html.

37　上海市人民政府. 中共上海市委上海市人民政府关于全力打响上海“四大品牌”率先推动高质量发展的若干意见[EB/OL]. (2018-04-26)[2018-10-09]. http://www.shanghai.gov.cn/nw2/nw2314/nw32419/nw43404/nw43405/u21aw1306312.html.

心竞争力的制造领域名品、名企、名家、名园。

——打响“上海购物”品牌。建设面向全球的消费市场，不断扩大国内外消费吸引力，消费新业态、新模式加快涌现，品牌集聚度、时尚引领度、消费创新度全面提升，消费者体验度、获得感、满意度明显增强，基本建成具有全球影响力的国际消费城市。到2020年，消费对经济增长年均贡献率保持在60%以上，打造2条世界级商街、10个国内一流商圈、20个特色商业街区，打响50个具有鲜明上海特色的新品牌和50个老字号。

——打响“上海文化”品牌。大力发展社会主义先进文化，积极培育和践行社会主义核心价值观，上海红色文化品牌、海派文化品牌、江南文化品牌全面打响，城市文化软实力显著增强，城市文化特质更加彰显，文创产业更加发达，文化事业更加繁荣，文化交流更加频繁，文化人才更加集聚。到2020年，文创产业增加值占全市生产总值比重达到13%以上，打造2个以上平台级新媒体、2家以上国内领先的新型主流媒体集团。

1. 上海服务

服务功能是上海的核心功能，是经济中心城市服务国家战略的使命所在。2018年4月22日，上海市委办公厅、市政府办公厅印发了《全力打响“上海服务”品牌加快构筑新时代上海发展战略优势三年行动计划（2018～2020年）》，明确了打响“上海服务”品牌的推进路线图、时间表和任务书。

“上海服务”内涵丰富，包括增强经济中心城市服务功能、提升服务经济能级、提高服务国家战略能力、建设服务型政府等方面。

在品牌培育上，聚焦把握4条标准[38]。

一是服务功能要有辐射度。上海作为全国最大的经济中心城市，要更加注重对外拓展综合服务功能，在全球范围内配置要素资源，在服务长三角、服务长江流域、服务全国、服务“一带一路”和服务全球中切实增强辐射带动能力。比如，为进一步提升上海国际金融中心融通全球的服务能级，重中之重是要形成一批具有国际影响力的金融市场“上海价格”，包括完善上海黄金交易所“上海金”定价机制，增强上海期货交易所铜期货价格全球话语权，拓展上海国际能源交易中心原油期货交易价格发现功能等，着力提升金融要素市场全球定价权。

二是服务水平要有领先度。要坚持质量第一、效益优先，推动服务环节不断向价值链高端汇集，努力做到“人无我有、人有我优、人优我强”。比如，根据全球化与世界城市研究网络（GaWC）发布的2017年度生产性服务业全球最新排名，上海位列世界

[38] 上海市人民政府．市政府新闻发布会介绍全力打响“上海服务”品牌总体情况［EB/OL］．（2018-05-03）［2018-10-20］．http：// www. shanghai. gov. cn/nw2/nw2314/nw32419/nw43404/nw43406/u21aw1307567. html.

城市第九位，反映出上海在生产性服务业领域具有较强的集聚优势和影响力，下一步要进一步发挥上海专业服务业在品牌集聚度、高端人才吸引力、国际化水平等方面的优势，持续提升开放水平和国际影响力，努力打造亚太地区领先、全球知名的专业服务品牌。

三是服务对象要有感受度。服务的核心是人，打响“上海服务”品牌，要坚持社会评价是第一评价、受众感受是第一感受，着力提升服务对象、消费者和市场主体对上海服务的感受度、体验感和获得感。比如，为进一步提升上海国际航运中心覆盖全球的能级水平，将重点建设一批现代航运设施标杆项目，其中除了实施一批基础设施“硬项目”外，更要实施航班正常性工作提升计划、旅客体验提升计划等内涵提升的“软项目”，力争到2020年持续提高浦东、虹桥两国际机场航班的放行正常率，进一步完善“精品洗手间”“母婴室”等候机楼服务示范项目。

四是服务品牌要有美誉度。美誉度好的品牌具有更持久的知名度和影响力，要弘扬追求卓越的服务理念，坚守公平普惠的服务取向，强化改革创新的服务意识，倡导开放包容的服务精神，不断强化“上海服务＝优质服务”的社会认知，使“上海服务”品牌成为恒久响亮的城市名片。

2. 上海制造

制造业是地区综合竞争力的重要体现，也是推动经济高质量发展的主力军。2018年4月22日，上海市委、市政府印发了《全力打响“上海制造”品牌加快迈向全球卓越制造基地2018～2020年行动计划》。

该行动计划主要提出了“四名六创”10个专项行动，其中名品打造、名企培育、名家汇聚、名园塑造这四个行动，是最核心的“标识性动作”。而技术创新、品牌创响、质量创优、融合创智、集群创建以及绿色创先，要集中围绕“四名”来开展工作。

首先，要以名品为抓手，擦亮上海制造新名片。通过深入挖掘市场需求潜力，特别是聚焦健康、时尚、智能等需求，着力打造500项“上海制造”精品。一是放大品牌效应，让上海制造在国内外叫得响。具体分为经典品牌、新锐品牌和优质品牌三个层次，以新技术、新模式和新机制，赋予老凤祥、三枪等经典品牌新的气质，加快培育联影、蔚来等一批新锐品牌。二是加快核心技术攻关，抢占产业制高点。核心技术靠化缘要不来、靠买也买不来，要着力突破集成电路、航空发动机等“卡脖子”瓶颈，解决关键环节受制于人的隐患；要有所为有所不为，形成一批具有核心技术和自主知识产权的品牌产品。三是把质量标准作为第一生命力，树立上海制造的全国质量标杆地位。全面开展质量提升行动，推出一批制造领域的上海品质认证产品和领跑标准。四是实施技改焕新计划，增强产业发展活力。大力推进智能化、服务化等改造提升，扩大品牌产品的新工艺、新材料、新装备应用。

其次，要以名企为引领，培育上海制造新主体。集中优势资源，做好服务企业的

“店小二”，着力培育以世界一流企业、“独角兽”企业、“隐形冠军”为核心的卓越制造企业群体。一是做强世界一流企业，使上海制造辐射面更广。构建根植本地、面向全球布局的创新、生产和服务网络，加快新一代智能制造模式应用；以龙头企业为引领，建设 20 个工业互联网平台，争取 3 家左右制造企业进入世界 500 强。二是做大“独角兽”企业，使上海制造创新力更强；聚焦智能硬件、生物医药、新能源与智能网联汽车等领域，支持企业加强技术创新、商业模式创新，力争培育 8 到 10 家制造领域的“独角兽”企业。三是做优“隐形冠军”，使上海制造专业化更精；开展“隐形冠军”同行业对标，引导企业专注于细分产品的研发制造和市场拓展，打造“百年老店”，形成 200 家国内外细分市场前三的“隐形冠军”企业。

再次，要以名家为纽带，汇聚上海制造新资源。人才是产业发展的第一资源，要着力汇聚以卓越科学家引领、卓越企业家运营、精工巧匠支撑的卓越制造人才队伍。一是加快落实人才高峰工程，汇聚领军人才；面向集成电路与计算科学、脑科学与人工智能等重点领域，坚持引进和培育并举，造就产业高峰人才，实行量身定制、一人一策。二是实施卓越制造人才计划，培育专业人才；打造一批“上海工程师”、“上海师傅”，重点支持面向工程化、产业化应用的高精尖人才，加强住房、落户等人才服务。三是弘扬企业家精神和工匠精神，实现人尽其用；瞄准科技前沿和新兴产业领域，集聚一批卓越科学家，弘扬勇于创新的企业家精神，倡导精益求精的工匠精神，聚天下英才而用之。

最后，要以名园为支撑，打造上海制造新载体。面对空间资源的天花板约束，要瞄准集约化利用、高效化配置，加快建设以世界级品牌园区、特色产业基地为重点的区域性承载体。一是培育世界级品牌园区，促进资源集约，推动临港、漕河泾、张江、化工区、国际汽车城打造世界级品牌园区，优化增量、盘活存量、激活流量，建设一批绿色示范园区。二是打造特色产业地标，形成区域品牌；加快编制全市产业地图，引导差异化精准定位；集中力量推动土地的二次开发、腾笼换鸟，加快吴泾、高桥、南大、吴淞、桃浦 5 个重点区域整体转型升级。三是创建世界级先进制造业集群，实现联动发展；全力打造汽车、电子信息两个世界级产业集群，积极培育民用航空、生物医药、高端装备、绿色化工 4 个世界级产业集群。另外，还要加强长三角产业集群联动，深化智能网联汽车、工业互联网、5G 等产业链对接合作。

3. *上海购物*

消费城市是世界级大都市的共性特征。经济高度发达的卓越全球城市往往都是国际消费大都市。上海原本就是一座因商而兴的城市，商业文明是这座城市优质的基因之一，全力打响“上海购物”品牌有着得天独厚的基础条件。不过，对标公认的国际消费大都市，上海尚存在“外来消费吸引力不足、本土品牌不响、商圈商街的国际影响力不大、消费体验环境有待提升、消费市场的丰富度有待提高、消费市场监管制度有待更好接轨国际规则”等问题[39]。

为此，上海市制定了《全力打响“上海购物”品牌加快国际消费城市建设三年行动计划（2018～2020 年）》，主要概括为“1358”[40]。

“1”就是紧紧咬定 1 个总目标：就是要打造面向全球的消费市场，形成与卓越的全球城市定位相匹配的商业文明，建成具有全球影响力的国际消费城市。

“3”就是突出坚持 3 个导向：就是以满足需求、创造需求、引领需求为导向，着力增强消费对经济发展的基础性作用，抓住举办中国国际进口博览会的契机，主动顺应消费需求升级的大趋势，增强供给结构对需求变化的适应性和灵活性，提高供给质量和效率。大力推动新业态、新模式发展，以供给创新释放消费潜力，创造品质生活。云集全球优质商品和服务，使上海成为全球新品首发地、引领国际消费潮流的风向标和人人向往的“购物天堂”。

“5”就是着力提升“5 个度”：一是体现消费对城市经济社会发展的消费贡献度显著提升，消费贡献率达到 60％以上，外来消费占社会消费品零售总额比重达到 30％以上。二是体现消费业态、模式、技术等创新能力的消费创新度显著提升，新兴消费规模持续扩大。三是体现城市对国际国内知名品牌、创新品牌集聚能力的品牌集聚度显著提升，打造 2 条世界级商街、20 个特色商业街区，打响 50 个老字号、100 家名店。四是体现城市时尚品牌、设计师、活动和媒体等对全球时尚潮流引领能力的时尚引领度显著提升，建设全球新品首发地和上海时尚之都。五是体现消费者对城市消费综合环境的消费满意度显著提升，购物消费环境更好更优，消费体验度明显改善。

“8”就是聚焦 8 个专项行动：一是新消费引领专项行动。二是商业地标重塑专项行动。三是老字号重振专项行动。四是消费品牌集聚专项行动。五是消费名片擦亮专项行动。六是会商旅文体联动专项行动。七是消费总动员专项行动。八是消费环境优化专项行动。

4. 上海文化

文化品牌是一座城市最闪亮、最有魅力的金字招牌，承载着城市的精神品格和理想追求，是增强城市文化软实力的重要依托。“四大品牌”中，“上海文化”起到引领作用，能够赋予其他品牌更多的价值和动能。

2018 年 4 月 22 日，上海市委办公厅、市政府办公厅正式印发了《全力打响“上海文化”品牌加快建成国际文化大都市三年行动计划（2018～2020 年）》，提出了“激发上

39　中国新闻网. 上海：打造具有全球影响力的国际消费城市[EB/OL]. 光明网，(2018-04-29)[2018-10-20]. http://baijiahao.baidu.com/s?id=1599045384922965822&wfr=spider&for=pc.

40　上海市人民政府. 市政府新闻发布会介绍《全力打响"上海购物"品牌加快国际消费城市建设三年行动计划（2018～2020 年）》相关情况[EB/OL]. (2018-05-08)[2018-10-21]. http://www.shanghai.gov.cn/nw2/nw2314/nw32419/nw43404/nw43406/u21aw1308733.html.

海文化的创新创造活力，加快建成更加开放包容、更具时代魅力的国际文化大都市”的目标，突出“内容生产精品迭出、文化活动精彩纷呈、文艺名家群星璀璨、文化地标绽放魅力、文创产业做大做强”5个方面。

同时，该行动计划也列出了5个更清晰具象、市民感受度更高的分目标：①城市特质更加彰显，就是要使上海城市精神全面转化为市民的精神气质、行为习惯，使上海作为党的诞生地和中国革命文化总源头的历史地位充分彰显；②文创产业更加发达，就是要实现文创产业增加值占全市GDP比重13%以上，使上海成为与北京齐头并进的现代文创产业重镇；③文化事业更加繁荣，就是要在全国率先建成现代公共文化服务体系，打造凸显文化源头地位的百部文艺精品，培育两个以上平台级新媒体、两家以上国内领先的新型主流媒体集团；④文化交流更加频繁，全面提升重大节展赛事国际排名，持续扩大城市文化世界影响，使上海进入国际城市权威排行第一阵营；⑤优秀人才更加集聚，培育集聚大批高层次文化人才，使上海成为一流文化人才的汇聚之地、培养之地、事业发展之地、价值实现之地。

该行动计划的落实具体将从5处着力：①推出“上海原创”的文化精品，充分彰显国际文化大都市的文化源头地位；②提升“上海主场”的文化平台能级，充分彰显国际文化大都市的文化码头地位；③做大做强上海文创产业，充分彰显国际文化大都市的产业领军地位；④打造精神标识和文化地标，充分彰显国际文化大都市精气神的独特魅力；⑤加快培育集聚名家大家，充分彰显国际文化大都市的人才高峰地位。

三、长三角城市品牌评价

（一）中国城市品牌评价（地级市）

根据城市品牌国家标准《品牌评价 城市》（GB/T 35779-2017），城市品牌指能够在城市利益相关方意识中形成独特印象和联想的要素组合。其评价指标体系包含五要素，即有形资产、无形资产、质量、服务和技术创新。2017年12月29日，该标准由中国城市报社、中国标准化研究院、中国品牌建设促进会、中央民族大学起草编制，由原国家质检总局、国家标准化委员会发布，并由中国标准化出版社出版。该标准主体内容充分借鉴欧洲品牌研究院、国内外理论界对城市品牌的评价指标和评价方法，经过9次专家论证，17次修改，确立了由5个一级指标，37个二级指标组成的评价体系。

根据此标准，2018年5月26日，在《人民日报》社、中国品牌建设促进会指导下，由《人民日报》社、《中国城市报》社主办的中国城市大会上试发布了中国城市品牌评价（地级市）。项目组根据官方数据，共评价了298个地级市，最后对综合分值前100名城市进行了发布（见表2-6）。

表 2-6　中国城市品牌评价(地级市)长三角城市群部分

序号	城市	所属省
1	苏州	江苏
5	无锡	
11	常州	
14	扬州	
16	南通	
19	镇江	
45	泰州	
7	绍兴	浙江
9	嘉兴	
18	金华	
22	湖州	
28	台州	
48	舟山	
17	芜湖	安徽
49	宣城	
72	安庆	

资料来源:作者根据相关内容整理

从上述中国城市品牌评价(地级市)榜单的长三角城市群部分可以看出,江苏、浙江整体发展良好,安徽尚有差距。总体上来看,此榜单的排名与城市经济发展水平比较相符。

江苏省属于长三角城市群的城市除省会城市南京以外,尚有镇江、扬州、常州、苏州、无锡、南通、泰州、盐城 8 个地级市,其中除盐城外的 7 个地级市均进入全国城市品牌百强,而且排名靠前,均在前 50 名以内,显示了江苏省城市品牌的强大实力。

浙江省属于长三角城市群的城市除杭州、宁波 2 个副省级城市以外,尚有嘉兴、湖州、绍兴、舟山、金华、台州 6 个地级市,这 6 个地级市均进入全国城市品牌前 50 强,显示了浙江省城市品牌的强大实力。

安徽省属于长三角城市群的城市除省会城市合肥以外,尚有芜湖、滁州、马鞍山、铜陵、池州、安庆、宣城 7 个地级市,其中只有芜湖、宣城、安庆 3 个地级市进入全国城市品牌百强,其余滁州、马鞍山、铜陵、池州 4 个地级市均未上榜,可见安徽省属长三角城市群部分在城市品牌方面距离其他兄弟省市整体还有差距。

（二）中国城市品牌发展指数

中国城市品牌发展指数(CBDI)是由中国社会科学院财经战略研究院刘彦平博士领衔的中国城市营销报告课题组开发的。CBDI 指数包括城市文化品牌、城市旅游品牌、城市投资品牌、城市宜居品牌和城市品牌传播 5 个一级指标。

2018 年 10 月 31 日，由中国社会科学院财经战略研究院和中国社会科学出版社共同主办的“中国社会科学院财经战略研究院重大成果发布会——《中国城市营销发展报告(2018)》成果发布”在京举行。会议发布了由中国城市营销报告课题组完成的《中国城市品牌发展指数(CBDI)报告》[41]。报告对我国 289 个城市、30 个省(含自治区和直辖市)及 20 个主要城市群的品牌发展进行评估与测量。长三角城市群的上海、杭州和南京荣登 2018 年度中国城市品牌十强。

中国城市文化品牌发展指数包含文化独特性、文化开放性、文化活力和文化吸引力四方面指标。长三角城市群的上海、杭州和南京荣膺中国城市文化品牌前 10 名。研究发现：我国城市文化品牌发展水平整体偏低，2018 年中国城市文化品牌发展水平依旧延续整体偏低的趋势，均值低于旅游、宜居和传播品牌，仅略高于城市投资品牌均值，得分 0.6 以上的城市仅有北京和上海。总体来看，城市文化品牌与城市品牌发展呈较强正相关关系。文化是城市品牌之魂，提升城市文化品牌，是我国城市品牌发展最重要的任务，也是未来品牌价值提升的空间所在。

中国城市旅游品牌发展指数包含旅游人气、旅游吸引力、旅游发展效益、旅游营销传播 4 个二级指标。2017～2018 年度中国城市旅游品牌发展指数排名前 10 名的包括长三角城市群的上海、杭州和苏州 3 个城市。

中国城市投资品牌发展指数基于要素质量、经济基础、创新创业潜力和投资营销传播等 4 个二级指标。2017～2018 年度中国城市投资品牌发展指数排名前 10 名的，包括长三角城市群的上海、杭州和南京[42]。城市投资品牌是中国城市品牌发展的短板所在。创新创业成为城市投资品牌发展的重要驱动力。数据显示，城市投资品牌发展指数与创新创业潜力相关度最高。

中国城市宜居品牌发展指数包含宜居声望、社会治理、民生质量和生态环境等 4 个二级指标。2017～2018 年度中国城市宜居品牌发展指数排名前 10 名的包括长三角城市群的上海、杭州和南京。

---

41 《中国城市营销发展报告(2018)》成果发布会在京举行[EB/OL]. 中国社会科学网，(2018-10-31) [2018-11-12]. http://ex.cssn.cn/zx/bwyc/201810/t20181031_4767850.shtml.

42 《中国城市营销发展报告(2018)》发布[EB/OL]. 经济参考网，(2018-11-02) [2018-11-12]. http://www.jjckb.cn/2018-11/02/c_137576932.htm.

中国城市品牌传播发展指数包含城市知名度、城市关注度、媒体营销传播和政务新媒体传播等 4 个二级指标，采用纸媒、微信、论坛、博客、微博、APP 新闻、问答、视频、网络新闻等维度的大数据、人民网政务新媒体指数数据、百度指数和谷歌搜索等数据。2017～2018 年度中国城市品牌传播指数排名前 10 名的城市包括长三角城市群的上海、南京、杭州。研究发现：城市品牌传播发展指数与城市品牌呈正相关。城市品牌传播对城市品牌建设具有重要的推动和协同作用。品牌传播能力的均衡性有待提升。指数分析表明，不少城市在城市知名度、城市关注度、媒体营销传播和政务新媒体传播等 4 个指标方面发展不够均衡。

接下来单独分析一下位列城市品牌发展指数（CBDI）五强品牌的长三角城市上海和杭州[43]。这两个城市虽同为五强，但城市品牌之间的差距仍很明显。此外，五强城市品牌的战略均衡性相对不佳，这应成为未来建设的重点之一（见图 2－4）。

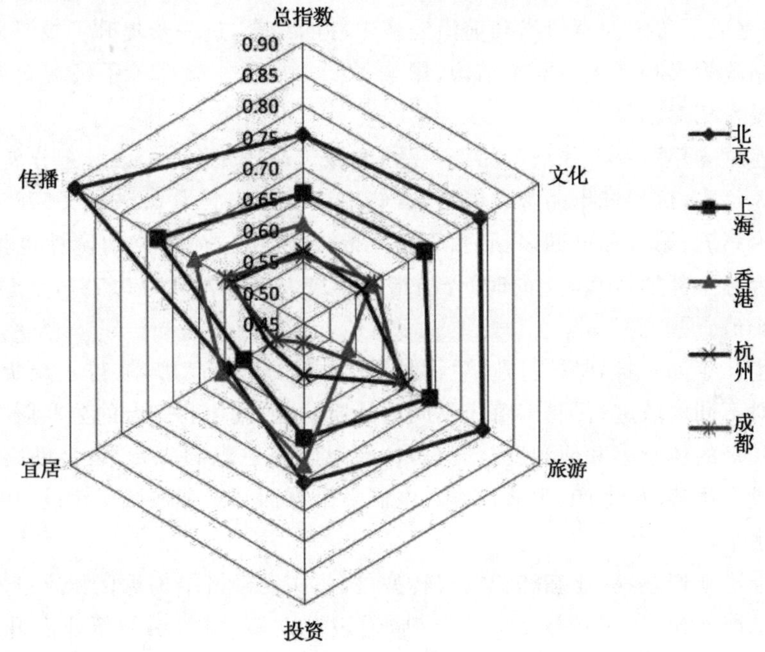

图 2－4　TOP5 城市品牌发展指数情况

图片来源：首都科技发展战略研究院.《中国城市营销发展报告(2018)：创新推动高质量发展》在京发布[EB/OL]. (2018-11-23) [2018-11-25]. http：// www. cistds. org/content/details37_965. html.

43　首都科技发展战略研究院.《中国城市营销发展报告(2018)：创新推动高质量发展》在京发布[EB/OL]. (2018-11-23) [2018-11-25]. http：// www. cistds. org/content/details37_965. html.

不同于其他城市品牌，应不时对城市品牌的功能和定位进行方向性调整，上海的建设重点一直在经济上，随着品牌发展将服务范围从“全国”扩大至“国际”。稳定的传承提高了发展效率，更广阔的视野扩大了消费者可选的集合空间。上海一方面与北京共同构成内地城市品牌的最高地，另一方面又与北京有所不同，在经济、金融、商贸和现代化方面集中发力，整体发展指数超过 0.65，逐步绽放“卓越全球城市”的光芒。

上海城市品牌在国民生产总值、人均收入等经济指标的表现上常常超越北京，睥睨全国，然而在城市品牌发展的综合考量中，上海较像是缩小版的北京。这种情况在 2017～2018 年更为明显。上海是继北京后的最强城市品牌，各项指标都稍逊于北京。两个城市连品牌优势和劣势及不均衡性都保持一致。上海在 2015～2016 年、2016～2017 年分别在文化品牌和宜居品牌上树立最高标准。遗憾的是，该年度则未能在任何分项指标上拔得头筹。其次，上海的投资品牌跌出三强，落到第四名。通过自由贸易区，上海完成了传统商贸口岸和前沿经济中心的结合，进一步提升了投资品牌潜力。但人口限制政策影响了人力资本结构，影响了要素质量。微信等手机端新型信息、社交平台的投入相对不足。

杭州连续 3 年跻身五强城市品牌，在同类城市品牌中独一无二，充分展现了品牌实力。近 3 年中，杭州城市品牌发展指数（CBDI）得分依次为 0.568、0.576 和 0.568，排名分别为第五、第五和第四名，不仅 CBDI 指数表现良好，战略均衡性也得以兼顾，分项指标得分全部超过 0.5。同时，分项指标间最大得分差额为 0.127，是五强城市品牌中的最小值。

杭州十几年如一日，坚持打造“生活品质之城”的城市品牌，取得了众所瞩目的成就。杭州对不同区域进行划分，赋予不同的品质功能，配以相契合的公共服务，提高了城市品牌受众的体验感和便利度。同时，杭州以阿里巴巴为先行军，借助高科技企业的技术和成本优势，从生产、生活、娱乐、度假多个方面开展智慧城市建设，在国内外都达到先进水平。

加速推进新产业、新业态和新模式转型，杭州实现经济结构优化和质量效益提升。通过新旧动能转换，夯实新技术培育基础；通过探索新零售，引领新业态升级浪潮推进；通过“双创”和“互联网＋”，推动新模式形成推广。经过一系列努力，杭州“三新”经济实现增加值 4 251 亿元，增长 20.4％，占 GDP 的 33.9％；信息经济实现增加值3 216 亿元，增长 21.8％，占 GDP 的 25.6％；文化创意产业增加值 3 041 亿元，增长19.0％，占 GDP 的 24.2％。

也要看到，杭州虽为五强城市品牌，但与北京、上海和香港仍存在一定差距。从 CBDI 指数上看，杭州较北京、上海和香港的差距大致分别为 0.2、0.1 和 0.05。如果杭州在未来品牌建设中，坚持“品质”、引入“智慧”，则可能缩小差距，甚至获取城市群核心城市的称号，打开新局面。

（三）中国城市竞争力报告

1. 2017 年长三角各城市竞争力指数排名

《中国城市竞争力报告》是由中国社会科学院财经战略研究院倪鹏飞博士牵头，数十家国内著名高校、地方院校、权威统计部门、企业研发机构的近百名专家参与而形成的系列成果，是国内最具代表性的关于城市竞争力的研究成果。其 2018 年最新出版的报告[44]将城市竞争力分为综合经济竞争力、宜居竞争力和可持续竞争力三部分，对中国 294 个城市的综合竞争力和中国(除台湾省外)289 个城市的宜居竞争力、可持续竞争力进行了衡量。其中，市综合经济竞争力指标包括：经济增长、经济效率、企业本体、当地要素、当地需求、软件环境、硬件环境、全球联系。城市宜居竞争力指标包括：优质的教育环境、健康的医疗环境、安全的社会环境、绿色的生态环境、舒适的居住环境、便捷的基础设施、活跃的经济环境。城市可持续竞争力指标包括：创新驱动的知识城市、公平包容的和谐城市、环境友好的生态城市、多元一体的文化城市、城乡一体的全域城市、开放便捷的信息城市。表 2－7 是长三角地区城市竞争力具体排名。

表 2－7　长三角城市竞争力排名

省/市	城市	综合经济竞争力	可持续竞争力	宜居竞争力
上海		3	3	12
	苏州	8	12	17
江苏	南京	9	7	6
	无锡	14	16	2
	常州	20	34	19
	南通	27	44	5
	镇江	32	36	8
	扬州	37	39	41
	泰州	38	80	55
	盐城	55	87	99

44 倪鹏飞. 中国城市竞争力报告 No.16——40 年：城市星火已燎原[M]. 北京：中国社会科学出版社，2018.

（续表）

省/市	城市	综合经济竞争力	可持续竞争力	宜居竞争力
浙江	杭州	21	6	3
	宁波	24	13	9
	绍兴	44	33	42
	嘉兴	51	29	38
	台州	61	77	106
	金华	63	48	67
	舟山	76	21	13
	湖州	87	51	57
安徽	合肥	31	31	23
	芜湖	59	75	51
	铜陵	117	118	65
	马鞍山	124	99	20
	滁州	170	142	238
	宣城	209	174	155
	安庆	213	83	109
	池州	242	185	138

资料来源：作者根据相关内容整理

2. 改革开放40年来经济发展最成功的40城（长三角城市群部分）

本次遴选的改革开放40年来经济发展最成功的40个城市[45]同时满足以下4个标准：一是以城市统计年鉴的289个地级市（不含港澳台）为基础，选出过去40年人口密度增量排名前80名；二是地均GDP增量排名前80名；三是考虑到资源型城市的不确定性，按国家发改委公布的资源型城市名单，去掉其中的资源型城市；四是去掉人口净流出的城市。选出的40个城市中长三角城市有9个：上海、苏州、常州、南京、无锡、杭州、宁波、合肥、芜湖。

（1）上海：依托中国腹地、汇聚全球资源、成就卓越城市。上海是中国经济最发达

45　倪鹏飞．中国城市竞争力报告No.16——40年：城市星火已燎原[M]．北京：中国社会科学出版社，2018．

的城市，是国际金融、贸易和航运中心之一。上海是中国的经济中心，商贸流通业、金融业、信息产业、房地产业、成套设备制造业、汽车制造业是上海的支柱产业，约占生产总值的一半左右。1992年批准设立的浦东新区，迅速成长为上海经济新的增长极，是中国重要的综合配套改革试验区，也是内地经济产业最发达的地区之一。

(2) 苏州：与时俱进的苏州模式成果辉煌。苏州是长江三角洲经济圈北翼最重要的经济中心，是江苏省经济最发达、现代化程度最高的城市之一，经济总量长期居全省之首。根据联合国报告，苏州被认为是全球最具潜力的新兴城市之一，其人口进入21世纪以来快速增长，在全球500万以上人口的城市中居于首位。“苏州模式”远近闻名，以政府吸引外来资本在本市投资建成苏州工业园，依靠廉价劳动力和较为丰富的土地资源，取得经济快速发展。1994年批准并成立苏州工业园区是苏州经济的增长极，逐步发展成为其商业、金融中心与未来的城市中心。

(3) 常州：借力中心城市发展外向型经济。常州位于江苏省南部，与上海、南京、杭州皆等距相邻，与苏州、无锡构成苏锡常都市圈。常州以“一核八园”建设“国家创新科技园区”：以“科教城”为核心，配之以创意、太阳能、生物医药、新能源汽车、风电、半导体照明、智慧装备和机器人、功能新材料八大新兴产业专题园区。其石墨烯、碳纤维、机器人等战略性新兴产业发展迅猛，传统装备制造业转型加快。

(4) 南京：区域中心城市的综合潜力逐步显现。南京是江苏省省会，长三角重要中心城市之一和内河港航重要城市。“虎踞龙盘今胜昔，天翻地覆慨而慷”，一代伟人毛泽东的两句诗词充分突出了南京在中国古今历史上的重要地位。南京科研院所众多，科技成果丰硕；工业经济及技术基础雄厚，工业门类齐全；基础设施和现代化交通体系完善，通过市场化改革整合优势资源，利用上海都市圈的外部性发展自己，同时辐射苏皖，联动长江中下游城市群整体发展，实现自身快速发展。

(5) 无锡：外向型经济创造苏南模式奇迹。无锡是苏南地区的重要城市之一。得益于能力较强而有为的政府，无锡与时俱进，促进政产学研一体和“530引才计划”等一系列措施，使无锡在探索以科技创新创业推动经济发展方式转变、提升城市综合竞争力的过程中为全国做出了榜样。

(6) 杭州：中小企业商都服务全球。杭州是浙江省省会和长三角三大中心城市之一，并且是G20峰会的举办城市。随着杭州信息化建设的不断深入，电子商务模式为民营企业走向世界开辟了崭新的路径。同时，越来越多的企业享受到电子商务带来的低成本、快速和高效，杭州成了中国的“中小企业商都”，成为中小企业发展和服务中小企业的典型。杭州依托先进的信息基础设施和超前的电子商务发展理念，涌现出了阿里巴巴、网盛科技等B-to-B领域的电子商务企业，同时也培育出了浙江盘石信息技术有限公司这样的跻身于全国网络广告领军行业的第三方服务型电子商务企业。

(7) 宁波：港通天下添制造业虎翼。宁波是世界第四大港口城市和长三角五大都市圈中心城市之一，是中国制造2025试点示范城市。宁波港货物吞吐量在中国排名第一，是集装箱吞吐量全球第四的天然港口，特别是2008年5月1日杭州湾大桥的正式通车，使得宁波经济的发展如虎添翼，也进一步凸显了宁波独特的交通腹地优势，成为推进宁波与长三角经济圈经济联系和跨越发展的永恒翅膀。同时，宁波制造业久负盛名，以产业价值链高端、制造工艺精和技术水平尖的"高精尖"著称于海外。

(8) 合肥：科技创新驱动工业化和城市化。合肥是安徽省省会、长三角城市群副中心、"一带一路"和长江经济带战略节点城市。21世纪初，其经济开始起飞并与全国平均水平的差距逐渐拉大。合肥作为皖江经济带的核心城市，具有良好的产业基础、低廉的要素成本、较好的配套设施、承东启西的基础设施、连接南北的交通枢纽，成为沿海向内地产业转移的重要目的承接地。同时，合肥利用高校和人才优势大力推动科技创新和体制创新，打造办事效率高和服务意识强的有为政府，为合肥的经济发展提供有力的保障。

(9) 芜湖：呼应浦东承接产业转移。芜湖是安徽合肥都市圈城市，在20世纪90年代开始与中国经济平均水平的差距逐渐增大。20世纪90年代初安徽省政府提出"开发皖江，呼应浦东"的经济发展战略，选择和重点培育汽车及零部件、新型建材和电子电器三个产业，全力打造先进制造业基地。由政府参与统筹外部资源和提供贴心服务，使得芜湖经济快速发展，并入选2018年科技部、国家发展改革委员会发布的支持新一批开展创新型城市建设的城市。

四、本章小结

品牌是城市之魂。城市品牌化是城市化和城市竞争的必然结果。当前我国城市发展进入了新时期，城市品牌已经成为助推高质量发展的重要引擎。放眼全球，大部分国际先进城市的基本路径都是从速度竞争到质量竞争，再到品牌竞争。抢占和巩固提升全球城市竞争制高点，必须把打造城市品牌作为重要的战略支撑。

全球化竞争的时代，城市品牌作为城市的无形资产，是撬动城市竞争力倍增的战略性杠杆，是提升城市竞争力的战略举措和具体抓手。

上海城市品牌的定位历经数次发展，最新的定位由《上海市城市总体规划(2017～2035年)》明确，将卓越的全球城市定为发展的总目标，3个分目标是：更具活力的繁荣创新之城、更富魅力的幸福人文之城、更可持续的韧性生态之城。上海的城市性质是：上海是我国的直辖市之一，是长江三角洲世界级城市群的核心城市，是国际经济、金融、贸易、航运、科技创新中心和文化大都市，是国家历史文化名城，并将建设成为卓越的全球城市、具有世界影响力的社会主义现代化国际大都市。

中共上海市委《关于面向全球面向未来提升上海城市能级和核心竞争力的意见》

认为，提升城市能级和核心竞争力是实现新时代上海发展战略目标的集中体现；必须围绕增强城市核心功能，聚焦关键重点领域，框架性部署是“5个新突破＋8个新高地”；在国际经济、金融、贸易、航运、科技创新中心的核心功能建设上取得新突破，在品牌建设、制度创新、对外开放、创新创业、全球网络、发展平台、人才集聚、品质生活等关键领域打造体现世界一流水平、引领未来发展、具有国际竞争力和影响力的新高地。

从上海建设卓越全球城市的路线图来看，卓越全球城市和创新之城、人文之城、生态之城是发展愿景；国际经济中心、国际金融中心、国际航运中心、国际贸易中心和科技创新中心，以及文化大都市是竞争维度。在这6个竞争维度中，又可以细分为两个层次，即科技创新中心和文化大都市是两个更为基础性的维度。品牌建设、制度创新、对外开放、创新创业、全球网络、发展平台、人才集聚、品质生活这8个关键领域，是上海向着上述目标进军的支撑维度，是战略实施的重大举措。

上海已经迈入全球城市行列，放在全球城市排行的大背景下，对标顶级全球城市，可以看出在全球城市阵营中上海目前所处的位置和存在的差距。本章选取了两个代表性的全球城市评价研究成果，来探讨上海在全球城市格局中的位置。第一个是日本城市开发商森大厦株式会社所属的研究机构日本森纪念财团都市战略研究所公布的全球城市实力指数(Global Power City Index，简称GPCI)。另一个比较有影响的全球城市评价成果是美国科尔尼管理咨询公司(A. T. Kearney)发布的全球城市报告，包括检查城市表现的全球城市指数和评价其潜力的全球城市展望。在上述两个评价体系中，上海与顶级全球城市都存在明显差距。在环境和宜居性方面是传统弱项，有待于随着社会的发展逐渐进步。在经济、文化交流、研发等方面有待追赶。在交通，尤其是海上货运方面则可以笑傲江湖。总体上来讲，上海在经济发展的硬实力和环境宜居性等软实力上都有待提升。作为今后学习的榜样，纽约、伦敦、巴黎、东京、新加坡等仍然是值得学习的标杆，但是以旧金山为首的美国城市在创新、研发上的出色表现也不容忽视，可以作为新的学习标杆，以提升城市发展的潜力，获得未来的竞争优势。在国内，北京在经济、文化交流上领先于上海，作为大环境的同一国家的全球城市，北京的全球城市建设经验也是值得关注和学习的。

上海与卓越全球城市的定位目标相比还有一些不足之处，主要表现在：经济总量发展不足；经济密度发展不足；城市主要功能能级不高，核心竞争力不突出；生产性服务业发展不足。相应地应当采取以下对策措施：强化核心功能；依托长三角城市群；改善营商环境；吸引人才；科技创新。

上海市委、市政府认识到城市品牌是构筑上海发展战略优势的抓手，开启了全力打响“四大品牌”的行动。在改革开放40周年之际，打响“四大品牌”，是推动改革开放再出发的重要实践。“上海服务”重在提升城市核心功能和辐射带动能力；“上海制造”重在强化创新驱动和扩大高端产品技术供给；“上海购物”重在满足和引领消费升级需求;“上海文化”重在提升城市文化软实力和影响力。

根据城市品牌国家标准《品牌评价 城市》(GB/T 35779-2017),2018 年 5 月,在由《人民日报》社、中国品牌建设促进会指导下,《人民日报》和《中国城市报》社主办的中国城市大会上试发布了中国城市品牌评价(地级市)。从中国城市品牌评价(地级市)榜单的长三角城市群部分可以看出,江苏、浙江整体发展良好,安徽尚有差距。总体上来看,此榜单的排名与城市经济发展水平比较相关。

中国城市品牌发展指数(CBDI)是由中国社会科学院财经战略研究院刘彦平博士领衔的中国城市营销报告课题组开发的。根据 2018 年的《中国城市品牌发展指数(CBDI)报告》,长三角城市群的上海、杭州和南京荣登 2018 年度中国城市品牌十强。长三角城市群的上海、杭州和南京荣膺中国城市文化品牌前 10 名。中国城市旅游品牌发展指数排名在前 10 名的包括长三角城市群的上海、杭州和苏州 3 个城市。中国城市投资品牌发展指数排名在前 10 名的包括长三角城市群的上海、杭州和南京。中国城市宜居品牌发展指数排名为前 10 名的包括长三角城市群的上海、杭州和南京。中国城市品牌传播指数排名为前 10 名的城市包括长三角城市群的上海、南京、杭州。

根据中国社会科学院财经战略研究院倪鹏飞博士等 2018 年出版的《中国城市竞争力报告》,改革开放 40 年来经济发展最成功的 40 个城市中长三角城市有 9 个,分别是:上海、苏州、常州、南京、无锡、杭州、宁波、合肥、芜湖。这些城市在过去 40 年人口密度增量和地均 GDP 增量上均取得了在全国 289 个地级市中排名前 80 名的好成绩。

城市建设篇

第三章　长三角城市交通设施建设

一、长三角综合交通发展现状

交通是一个城市生命力、竞争力的体现，更是城市安全运营的基础，是一个城市的“血脉”。2017 年 10 月召开的党的十九大提出建设交通强国的宏伟目标，这是以习近平同志为核心的党中央对交通运输工作的充分肯定和殷切期望。长三角城市群处于东亚地理中心和西太平洋的东亚航线要冲上，是长江经济带和“一带一路”的重要交汇地带，在国家现代化建设大局中具有举足轻重的战略地位。2018 年 11 月 5 日，在上海举办的国际进口博览会开幕式上，习近平总书记明确指出，支持长三角地区一体化发展，并将其上升为国家战略。而交通一体化正是长三角城市群一体化发展的基础，加快建设交通强国，需要从安全可靠、便捷畅通、节能环保、经济高效的人民满意的交通着力，打造多方联动、法制健全、治理有效、文明守信、绿色智慧的现代综合交通运输体系。

2016 年 6 月，国务院审批通过《长江三角洲城市群发展规划》，明确提出，创造联动发展新模式，推进都市圈同城化发展，构建综合交通体系，促进基础设施互联互通；发挥上海中心城市作用，推进南京、杭州、合肥、苏锡常、宁波等都市圈同城化发展；构建以铁路、高速公路和长江黄金水道为主通道的综合交通体系，促进交通基础设施互联互通，到 2030 年，全面建成具有全球影响力的世界级城市群，助力实现交通强国使命；城市建设，交通先行，长三角一体化发展首先要实现交通一体化，实现城际和市域之间交通基础设施的互联互通，打通省界“断头路”。长三角城市群自“十三五”以来，交通基础设施不断完善互联互通，尤其上海虹桥综合交通枢纽的规划、建设到投运使得虹桥综合交通枢纽的基础设施与长三角地区交通基础设施有机地衔接在一起，这使得长三角城市群交通一体化成为了可能，进一步推动了长三角城市群交通一体化的发展。上海进口博览会的举办进一步促进江苏、浙江、安徽与上海之间交通网络的全面对接，沪宁高铁、杭州湾大桥和苏通长江大桥等重要项目的建设，进一步缩短了区域城市之间的时空距离，完善了综合交通运输体系。

二、长三角城市群海陆空枢纽建设

推进“一带一路”建设，要求进一步提升长三角地区全球枢纽地位。长三角城市群已经基本建成了健全的国际航运服务功能、航运资源集聚、航运市场环境优良、现代物流服务高效，具有全球航运资源配置能力的国际航运中心，基本形成以上海市为中心，以江苏、浙江为两翼，以长江流域为腹地的现代化港口集疏运体系和国际航空枢纽中心，形成现代航运服务体系。空路联运、空铁联运、空轨联运、空水联运、海空联运、海铁联运以及海空陆联运是未来的发展方向。上海虹桥综合交通枢纽已经实现了空铁联运模式，不仅推动长三角一体化发展，也大幅度地提高了大型机场设施区域共享程度和利用效率。经过多年互联互通发展，长三角城市群已经形成了普通铁路网、高速公路网和普通公路网等支撑长三角城市群发展的交通条件，拥有现代化江海港口群和机场群，形成了立体综合交通网络。航空机场网和高速铁路网不仅可以加强长三角城市群内联系而且扩大了长三角城市群的范围。

（一）长三角城市群航空机场群建设

1. 长三角机场群发展现状

长三角城市群航空运输发达，旅客吞吐量与粤港澳大湾区水平接近，明显领先于京津冀区域，15座机场数超过粤港澳大湾区和京津冀的机场数总和。长三角地区密集的机场群使得地区交通更加便利，对内对外的连通度都得到明显提升。根据民航部门公布的各机场历年航空客货运量数据，2017年上海浦东机场完成货邮吞吐量382.4万吨，连续10年位居世界第三。2018年1～8月，长三角城市群机场群的旅客吞吐总量约为1.52亿人次，是2006年（全年0.728亿人次）的3.12倍，年平均增长率为7.75%；货邮吞吐量为362.82万吨，是2006年的1.8倍，年平均增长率为6.7%；起降架次为112.06万次（见图3-1）。其中，上海浦东国际机场、虹桥国际机场旅客吞吐量为0.79亿人次，约占长三角城市旅客总吞吐量的51.97%。浦东机场的旅客吞吐量占比为32.79%，居长三角城市群首位，同比累计增长6.8%；其次为虹桥机场，旅客吞吐量占比为19.18%，同比累计增长4.6%；位居第三的是杭州萧山机场，占比为16.83%，仅次于上海虹桥机场，同比累计增长8.9%。就同比增长率来说，盐城/南洋、南通/兴东、台州/路桥、扬州/泰州、常州/奔牛、宁波/栎社、合肥/新桥、舟山/普陀山分别为54%、44.5%、34.6%、31.7%、30.6%、25.3%、23.1%、20.7%，均高于20%，其中盐城/南洋同比增长率高达44.5%，只有安庆的旅客吞吐量同比增长率为－2.6%（见图3-2）。就长三角城市群货邮吞吐量来看，上海浦东、虹桥两国际机场货邮吞吐量为274.04万吨，约占长三角城市群货邮吞吐总量的75.53%。其中，上海浦东机场货邮吞吐量为248.41万吨，约占长三角城市群吞吐总量的68.47%，承担了长三角城市群 2/3 以上的货邮吞吐量，同比增长了 1.2%（见图 3－3）。在长江经济带和“一带一路”建设中，以上海为龙头的长三角城市群一体化高质量发展正在快速推进中，其中长三角城市群中的江苏省区域城市在旅客吞吐量和货邮吞吐量方面有着快速增长的势头，无论是从旅客吞吐量还是从货邮吞吐量来看，同比增长比例远远高于上海、浙江、安徽相应的城市。江苏省机场群旅客吞吐量平均增长率为 42.85%，是浙江（22.38%）的 1.91 倍，是上海市（5.7%）的 7.52 倍，是安徽（8.9%）的 4.81 倍；此外，从机场群货邮吞吐量指标来看，浙江同比增长率为－21.98%，呈现出明显降低的趋势，而安徽、江苏分别保持 44.27%、34.15% 的增长率，而上海则表现出稳中有进的态势，一直是长三角城市群货邮吞吐的领头羊（见表 3－1）。

表 3－1　长三角城市群 2018 年 1～8 月累计航运总量统计

2018 年 1～8 月	旅客吞吐量/人		货邮吞吐量/吨		起降架次/次	
	本年累计	同比/%	本年累计	同比/%	本年累计	同比/%
长三角城市群合计	152 072 096		3 628 197.9		1 120 619	
上海合计	78 680 195		2 740 376.4		512 495	
上海/浦东	49 864 566	6.8	2 484 054.8	1.2	336 338	2.2
上海/虹桥	28 815 629	4.6	256 321.6	0.9	176 157	1.3
浙江	34 827 068		481 371		267 114	
杭州/萧山	25 592 418	8.9	412 910	15.1	189 634	6.2
宁波/栎社	7 708 856	25.3	63 618	－18.5	55 859	15.4
台州/路桥	723 349	34.6	4 828.5	5.5	5 336	26
舟山/普陀山	802 445	20.7	14.5	－90	16 285	10.1
江苏	30 641 848		363 325.2		276 651	
南京/禄口	19 084 307	12.6	232 772.9	－1.7	146 351	5.8
无锡/硕放	4 757 558	6.9	75 345.7	16.9	36 929	6.8
常州/奔牛	2 149 788	30.6	17 231.3	89.7	29 147	14.9
南通/兴东	1 843 145	44.5	27 247.3	18.1	21 518	19.2
扬州/泰州	1 595 638	31.7	6 989.8	28.2	31 593	－9.1
盐城/南洋	1 211 412	54	3 738.2	53.7	11 113	37.1
安徽	7 922 985		43 125.3		64 359	
合肥/新桥	7 294 409	23.1	41 475	5.3	57 827	17.3
安庆	310 751	－2.6	1 113.5	13.7	3 114	－10
池州/九华山	317 825	6.2	536.8	113.8	3 418	－2.8

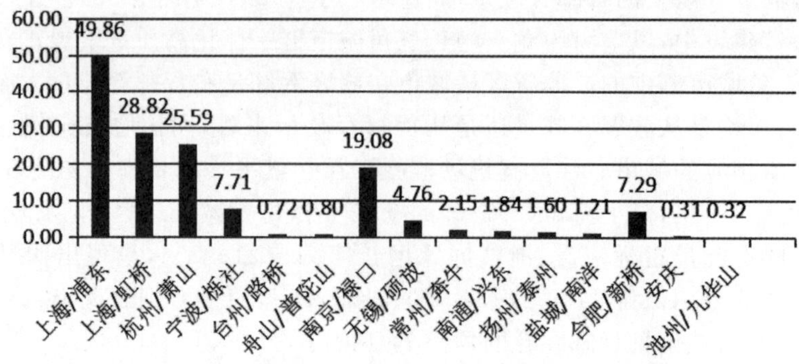

图 3-1　2018 年 1～8 月长三角城市群机场群旅客吞吐量(百万人)

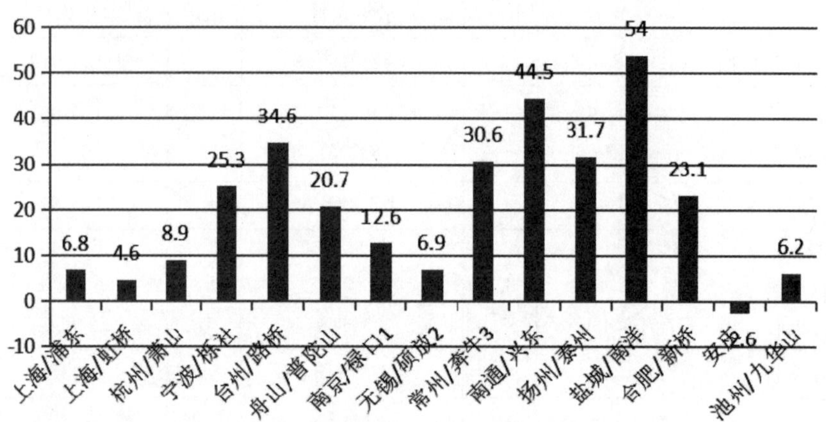

图 3-2　2018 年 1～8 月长三角城市群机场群旅客吞吐量同比增长率(%)

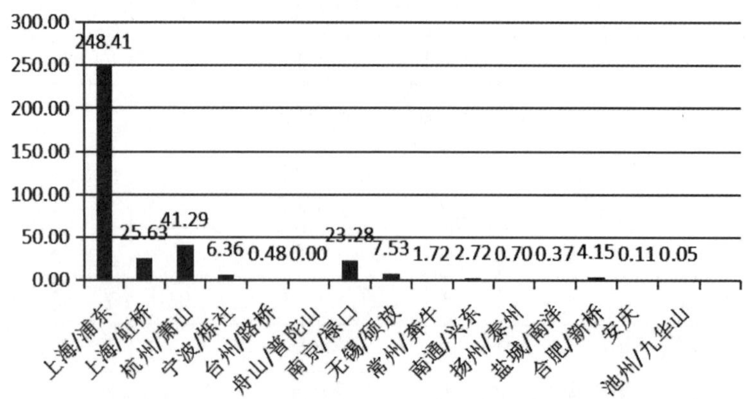

图 3-3　2018 年 1～8 月长三角城市群机场群货邮吞吐量(万吨)同比增长率

2. 长三角机场群发展趋势

长三角城市群的航空需求仍有很大的发展潜力，长三角城市群(按16个主要地级市统计口径计算)航空人均出行次数仅为1.24次每年，与美国平均每人每年2.2次的水平差距还很大[46]。依据国民经济弹性系数和国际经验类比法估算，至2030年，预计长三角城市群航空旅客运输需求将达3.54亿人次，为2018年的1.55倍；航空货运需求将达1 146.0万吨，为2018年的2.11倍。近年来，长三角城市群着手打造航空机场网，立足于将长三角打造成为世界航运枢纽中心。以上海为中心，上海浦东、虹桥两大国际机场客流量趋于饱和，2000～2015年，两大机场的旅游吞吐量、货运量在长三角城市群中所占比例分别下降12.4和5.1个百分点；而区域外围机场比例提升相对较快，例如杭州萧山机场、无锡苏南机场、南京禄口机场客运比例提升幅度达1.5%～6.6%，货运比例提高达1.8%～1.9%。浙江在长三角一体化发展的进程中，其航运也得到了较快的发展。

从国家层面的总体规划来看，长三角城市群现正处于扩容或建设配套机场的关键时刻，2013年上海国际机场与嘉兴市签订了沪嘉合作协议，2016年上海浦东机场货运站有限公司与南通兴东机场正式签约，双方将合资组建南通沪通空港物流发展有限公司。嘉兴市分别从四个方面与上海加强合作：一是加快编制《嘉兴军民合用机场发展战略规划(2016～2030年)》，衔接上海市《上海市城市总体规划(2040)——上海市航空运输发展规划》及《上海市航空运输“十三五”规划》等规划，力争将嘉兴军民合用机场建设纳入上海航空运输规划；二是争取《嘉兴机场新建第二跑道项目可研报告》(修编)尽快获批；三是规划建设嘉兴机场至嘉兴高铁南站的轨道交通，或连接规划中的沪嘉城际轻轨，将嘉兴军民合用机场尽快纳入浙沪轨道交通网络系统中；四是深化嘉兴机场与上海机场(集团)在航线开发、运营管理等方面的合作，推进嘉兴机场升级扩建。

上海和嘉兴正在机场建设方面进行深度合作，嘉兴在建设过程中要充分借鉴上海虹桥综合交通枢纽的规划建设、运营管理方面的经验和创新举措，再结合自己的地理位置和经济基础，从区域与城市、区域航空网络以及地面交通网络三个方面，做好机场的功能定位和运输组织，进而建设一个高效运营的交通平台。长三角城市群亟需构建以上海为核心的、分工协作的具有差异化发展的多层级机场体系，拓展上海虹桥国际机场国际辐射能级，提高上海浦东、杭州、南京等枢纽机场能力，强化宁波、无锡、合肥等干线机场能力，改扩建上海浦东、上海虹桥、杭州萧山、宁波栎社机场、合肥新桥机场，新建设蚌埠、滁州、芜湖等支线机场，推进实施嘉兴军民合用机场建设，大力发展和建设通用航空，合理布局通用机场，构建覆盖全球各大区域主要国家和城市的长三角航线网络，使之能够联通国内省会城市、重要枢纽以及干支线民用运输基础，深入融合

[46] 蔡润林，张聪. 长三角城市群交通发展新趋势与路径导向[J]. 城市交通，2017，15(4)：35-48.

机场群和综合交通运输体系,积极推进以枢纽机场为核心的临空经济区发展。

(二)长三角现代化港口群建设

长三角地区港口群依托上海国际航运中心,以上海、宁波、连云港为主,充分发挥舟山、温州、南京、镇江、南通、苏州港等沿海和长江下游港口的作用,推进长三角城市群区域内港口资源整合,优化码头布局,深化区域港口合作机制,研究国家战略背景下各港口的定位,探索适应船舶大型化发展趋势,完善深水港布局规划,服务于长三角以及长江沿线地区的社会经济发展,打造上海港转型与港口群协作发展的格局。上海国际航运中心与美国、欧盟、亚洲、非洲等多个国家政府、国际组织、企业等保持良好关系,成为中国向世界展现海运业的门户,已具有维护航运市场公平、规范航运交易行为、沟通航运动态信息三大基本功能,实现了运价备案、运价指数、运价交易三大主要业务,外加船舶交易、航运动态信息发布、举办航运峰会、国际交流等服务业务,国际航运枢纽港亚太地位日益凸显。未来上海国际航运中心要维护"上海规则"、强化"上海标准"、编制"上海合约"、塑造"上海品牌"等,助力长三角城市群区域内港口资源整合,布局优化。长三角城市群现代化港口群要整体提高港口国际、国内中转能级,培育航运金融、船舶经纪、海事法律等高端航运服务功能,拓展国际邮轮航线,建成亚太地区规模最大的邮轮母港群,打造成一个具有国际话语权的国际空海运枢纽中心,能够定价和支配全球货运、执行海洋纠纷等软实力。

1. 航运的地位与作用

航运在城市化进程中具有举足轻重的作用。第一,航运促进了城市化、中心化发展,从全球的夜间灯光指数看得出来,全世界 70%的人口聚集在离海洋或大河不到 100 英里的范围内,因此,城市化与海洋、海运贸易息息相关。第二,航运为经济全球化、贸易全球化建立了衔接。从表 3-2 和图 3-4 可以看出,全球货物贸易出口增长率与全球 GDP 增长率相关关系为 0.842,属于强正相关关系,而航运正是为经济全球化和贸易全球化建立起了链接。繁忙的航运连接五大洲,是国际贸易的重要实现方式,全球 90%以上的货物贸易都是通过航运来实现的。第三,航运加速了中国参与全球化分工,从表 3-3 可以看出,航运承担了中国进口量 90%以上的运输,加快了中国参与全球化分工进程。第四,航运指数是表征全球经济贸易变化的先行指标。金融危机之前,需求端主导市场,CCFI 的三起三落真实地反映出了全球货物贸易的发展,也反映出了集装箱运输需求的变化对市场的作用,金融危机之后,需求增长的驱动力明显减弱,供给侧改革对市场的提振发挥了主导作用。第五,航运是资源节约型社会的重要实现方式,主要表现为:①成本低,我国物流业成本占 GDP 的比重为 15%。我国物流成本高于发达国家的一大原因在于货物运输结构不合理,本应通过铁路和水路进行中长距离运输的货物却由公路运输来承担,从而抬高了物流成本,中国产业信息网分析测算的 3 种运输方式中，如表 3－4 所示的公路运输煤炭的成本是水路的 10 倍。②产出高。表 3－5 列出的 2013 年的经济普查中，航运及航空业每万人从业人员的行业营业收入为 92 亿元，是铁路、公路运输的 3 倍，与高回报的支柱产业房地产业相当，就连服务业排名第一的金融业也仅比航运业高 49％。③效能高、环境友好。如表 3－6 所示，1 艘 2 万 TEU 集装箱船所运输的货物需要 1 万辆集装箱卡车(40 英尺箱)来同时运输，20 人可以管理的 2 万标准集装箱船所运输的货物，却需要 2 万人来开卡车运输，不管是从人力资源、能耗、环境污染方面考虑，还是从其他方面考虑，道路运输都远远高于水路运输。

表 3－2　全球货物贸易出口增长率与全球 GDP 增长率相关关系

年份	全球货物贸易出口增长率/％	全球 GDP 增长率/％
2002	4.92	2.791
2003	16.77	4.287
2004	21.53	5.417
2005	13.86	4.863
2006	15.48	5.478
2007	15.61	5.651
2008	15.18	3.025
2009	－22.25	－0.094
2010	21.87	5.448
2011	19.85	4.194
2012	0.86	3.492
2013	2.47	3.338
2014	0.28	3.418
2015	－13.24	3.196
2016	－3.24	3.081
相关系数	0.842	

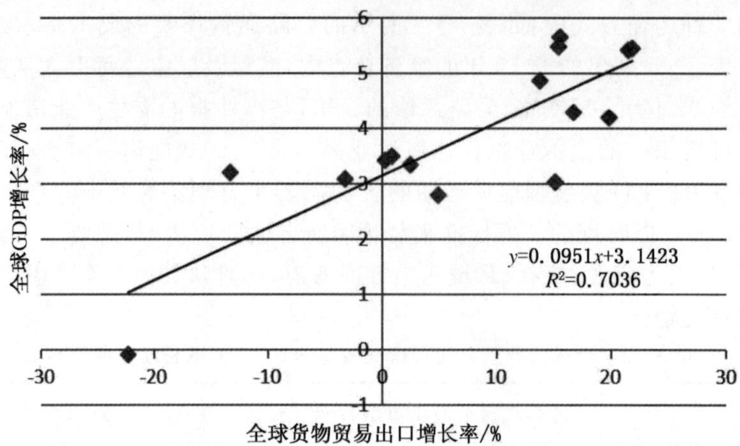

图 3-4　全球货物贸易出口增长率与全球 GDP 增长率相关关系

表 3-3　我国进口煤炭、金属矿石在多种运输方式中所占的比重

货物名称	水路运输/%	铁路运输/%	公路运输/%	航空/%	其他运输/%
煤炭	89	1	10	0	0
金属矿石	99	1	0	0	0
原油	93	0	0	0	7
集装箱运输	99	0	0	1	0

数据来源:航运交易所

表 3-4　水路、铁路、公路运输的理论成本对比(水路成本为 1)

	水路	铁路	公路
煤炭	1	1.75	10
集装箱	1	1.5	3

数据来源:中国产业信息

表 3-5　每万从业人员营业收入(亿元/万人)

运输方式	航运航空业	铁路运输业	道路运输业	房地产业	金融业
营业收入	92	32	29	95	137

数据来源:经济普查

表 3-6　水路运输与公路运输的对比

	1艘2万TEU集装箱船	1万辆集装箱卡车(40英尺箱)
尺寸	船长400米 船宽58.6米 船深30.7米	1辆车16米×2.5米×3.5米；1万辆车首尾相连160公里，相当于上海到无锡。
资产价值	1.6亿美元=11亿人民币	52万元×1万=52亿人民币
运输工具人员配备	20人	2万人

2. 长三角现代化港口群功能布局

长三角地区港口集装箱布局以上海、宁波、苏州港为干线，包括南京、南通、镇江等长江下游港口共同组成的上海国际航运中心集装箱运输系统，相应布局为连云港、嘉兴、温州、台州等支线和喂给港口；以上海、南京港为主布局商品汽车运输系统，以宁波、舟山、温州等港口为主布局陆岛滚装运输系统；以上海港为主布局国内外旅客中转及邮轮运输设施；进口铁矿石中转运输系统以宁波、舟山、连云港为主，相应布局为上海；苏州、南通、镇江、南京等港口；进口石油、天然气接卸中转运输系统以上海、南通、宁波、舟山港为主，相应布局为南京等港口；粮食中转储运系统由上海、南通、连云港、舟山和嘉兴等港口组成；煤炭接卸及转运系统以连云港为主布局的煤炭装卸港和由该地区公用码头、能源企业等自用码头共同组成。依据地区经济发展需要，在连云港适当布局进口原油接卸设施。从港口的陆域和水域面积大小、港口的吞吐能力、港口泊位数、港口货种比例、岸线长度，以及港口对区域经济的贡献大小等方面考虑，主要介绍长三角城市群最大的两个港口——上海港和宁波-舟山港。

上海港：是中国最大的港口，也是世界大港，是水路运输的重要枢纽，地处中国海岸线中部，长江入海门户。上海港是沿江和沿海的“T”字型的交叉点，朝里可以沿江，朝外可以通海。上海港的经济腹地是中国经济最发达的地区，具有服务于长三角城市群发展的自然地理优势和经济条件。上海港独特的地理优势令当代地理学者把上海市空间要素概括为“背靠陆地、面向海洋、依临长江、内怀黄浦”。上海港在地理位置上的三大优势：①紧临长江，使得其具有独特的优势，上海港可以通过长江及其支流向广大的长江流域辐射，成为长江流域各港口货物进出的中转中心。上海港通过长江联系地域广大的长江流域是上海港崛起的重要原因之一。②上海港在港口位置上与苏州接近，承担起苏州的外港功能是上海的又一个独特的区位优势。③上海港所在的太湖流域是平水区，行船较为方便；而宁波-舟山港所在区域是有上下差别的，上水特别困难，费用较高，不利于宁波-舟山港对内陆的辐射。目前上海港航线众多，已达296条，开辟了遍布全球、国际直达的美洲、欧洲、大洋洲、非洲以及东北亚、东南亚等地的航线200多条。集装箱月航班密度已达1 967班，内支线集装箱航班大道1 007班，成为中国集装箱航线最多、航班密度最高、覆盖面最广的港口。随着洋山港的进一步发展，上海港国际集装箱航线的增加，逐步成为世界物流链上的重要枢纽。未来上海港要发展成为能够超越香港、新加波等港口，主要靠二个途径：一是对标国际一流港口中心，比如对标香港港、新加波港，借鉴其成功经验；二是依靠上海科技创新中心来实现弯道超车，突破发展。

宁波-舟山港：浙江近年来经济快速发展，对外开放进一步加大，外贸物流运输量大幅增长，港口名称叠加的宁波-舟山港已成为浙江省港口的重要经济支柱，也是上海国际航运中心南翼的主要组成成分。宁波港是长三角除上海港之外唯一具有远洋航线的港口。宁波港共有 500 吨级以上生产泊位 59 座，其中万吨以上泊位 22 座，设计全港年吞吐能力为 5 700 万吨，最大的泊位能力为 20 万吨级，仓库面积为 14.7 万平方米，堆场面积为 78 万平方米。依托舟山群岛，宁波港拥有世界罕见的建港条件，目前开发程度不到 10%，未来还有非常大的潜力。舟山群岛位于长江、钱塘江、甬江入海口，处于我国南北海运大通道中部，与亚太新型港形成等距离海运网络，是我国东部地区重要的海上开放门户，是国际物流与长三角国内物流结合的区域。舟山群岛拥有丰富的岸线资源，深水岸线有 282 千米，水深大于 15 米的深水岸线 198 千米，水深大于 20 米以上的岸线 108 千米，可满足 41 万吨船舶通航、靠泊。舟山港已经凭借其深水岸线资源优势，从一个地方小港跻身为华东沿海重要的区域性港口。2017 年，舟山港已经突破集装箱吞吐量 2 461 万标准箱，同比增长了14.1%，相当于上海港集装箱吞吐量的 61.17%，位于长三角城市群港口群第二，仅次于上海港，位于世界第四。但由于舟山港资金短缺，港口资源有待加强开发，而宁波港有资金、有技术，宁波与舟山合并已产生 1+1>2 的效果。舟山跨海大桥的全线建成并通车，为宁波-舟山港的加速融合奠定了基础。宁波-舟山港一体化有利于缓解长三角水路运输需求与现状之间的矛盾，促进长三角综合交通运输网发展，推动区域内各港口在功能上错位发展，形成长三角港口群，进而有利于长三角地区综合竞争力的提高，促进长三角地区进一步加强经济合作。

基于长三角港口群“一体两翼”的发展格局，上海港作为海航航运核心，在上海北外滩、洋山一临港、陆家嘴、外高桥、吴淞等区域形成高能级航运服务集聚区，构建以外高桥港、洋山深水港为核心港区，以崇明三岛、杭州湾等港区为补充的总体格局。洋山深水港区是上海港国际航运中心集装箱深水枢纽港区、国际远洋集装箱班轮的主靠港。上海港依靠其依江傍海的地理优势，货运吞吐量、集装箱吞吐量得到充分提升。现随着上海港吞吐量增长瓶颈和集疏运压力日益凸显以及周边港口群建设规模扩大，其增速逐年趋缓，区域分担率下降。图 3-5 展示了长三角港口群的货运吞吐量近 20 年来的变化趋势，其中上海港集装箱吞吐量占比由 2000 年的 76.9 个百分点，降至 2015 年的 51.6 个百分点；货运吞吐总量的比例由 2000 年的 31.2%降至 2015 年的

16.7%。上海港的市场份额主要转移至宁波-舟山港，促使其超越上海港，成为长三角地区货物吞吐规模第一大港。上海需要不断强化与区域港口的合作，更为积极地参与区域港口投资运营，提升股权比例、扩大控股港口范围，促进长三角城市群港口群协调发展机制的改革，强调以市场为主体来配置资源。2014 年 4 月，上海港和太仓港成立正和码头公司，上海港将外高桥至洋山港的中转平台移至太仓港，引导苏锡常以及长江中上游地区的集装箱货物运输放弃以往通过陆路运输至洋山港再装箱的出海模式，直接经太仓港水路中转出海，极大地降低了外贸货物的运输成本。

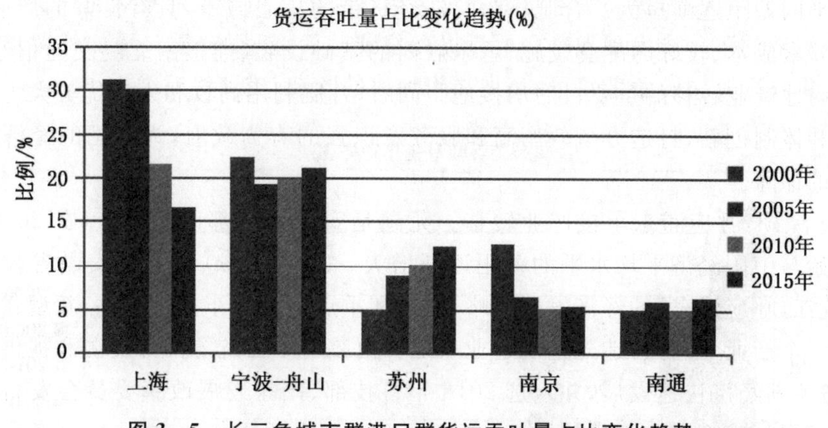

图 3-5　长三角城市群港口群货运吞吐量占比变化趋势

在打造长三角国际化航运中心建设过程中，要促进上海国际航运中心建设，引导芜湖充分利用上海的出海口功能。芜湖生产的工业产品可通过长江上行借道中欧铁路，又可通过江海联运由上海洋山港出海到世界各国。上海作为国际航运中心，既是生产性服务业密集区，更是“一带一路”的重要出海口，芜湖选择从上海出海的服务质量更高、服务成本更低；上海在承接芜湖工业产品转运的过程中，将促进上海航运经济进一步发展。以上海国际航运为中心，优化整合沿海沿江港口，构筑分工合理、军民融合、协同发展的长三角现代化港口群。

3. 集疏运系统现状与未来趋势

2017 年，以上海为中心，以浙江、江苏为两翼的上海国际航运中心一长三角城市群现代化港口群建设取得重大突破，其中上海港集装箱年吞吐量突破 4 000 万标准箱，为 4 023 万标准箱，同比增长 8.4%，连续 8 年全球第一。舟山港集装箱吞吐量为 2 461 万标准箱，同比增长 14.1%，全球排列第四。借助依江傍海的天然地理环境优势，上海综合交通枢纽、苏州的内河航运、浙江宁波的舟山港口的发展居全国领先水平，集装箱运输形成了区域内联动发展[47]，以上海为龙头的长三角城市群航空枢纽和

47　蔡润林，祁玥. 面向区域的苏州综合交通发展策略研究[J]. 综合运输，2018，40(7)：115-119.

现代化港口群体系正在加速形成。《上海市城市总体规划(2017～2035 年)》提出，到2035 年，上海港集装箱年吞吐量要保持在 4 000 万～4 500 万标准集装箱，国际集装箱中转比例要达到 13%，年客运吞吐量要达到 450 万人次。从量上来看，2035 年的集装箱发展目标已在 2017 年提前完成，预计上海港水水中转比例达到 55%以上。上海港的发展主要受益于：①上海港同步增长内外贸集装箱，不断推进水水中转业务，进而实现上海港集装箱吞吐量的快速增长。②2017 年 12 月，上海洋山港四期的开港(全球最大的单体全自动化码头)将明显提高上海港的集装箱装卸效率，在一定程度上缓解了上海港的拥堵问题，提高了上海港的集装箱吞吐量。由于上海集装箱码头岸线资源有限，上海港的下一步发展战略主要是提高集装箱吞吐量的“质”，增加外贸集装箱所占比重，提高国际中转集装箱量，拓展高附加值的欧洲、美洲等航线。

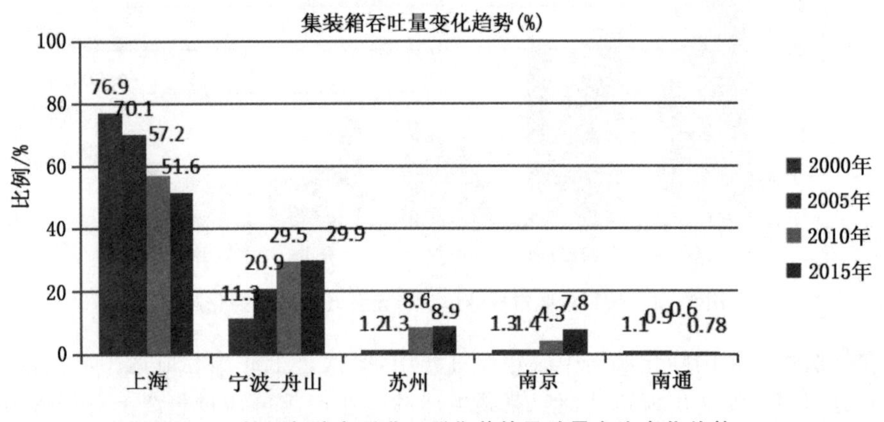

图 3-6　长三角城市群港口群集装箱吞吐量占比变化趋势

除了上海港的集装箱吞吐量再创新高之外，长三角城市群另外一个集装箱中转的“黑马”是宁波-舟山港，近 20 年以来，其集装箱吞吐量在长三角城市群中的占比持续上升(见图 3-6)，2017 年宁波-舟山港完成了集装箱吞吐量 2 461 万标准箱，同比增长 14.1%，相当于上海港集装箱吞吐量的 61.17%，位于长三角城市群港口群第二，仅次于上海港，领跑于全球二十大集装箱港口。2012～2017 年间，宁波-舟山港集装箱吞吐量以平均 8.8%的年增长率增长，尤其是在 2008 年金融危机后，宁波-舟山港抓住航运市场低迷的机遇，以年均近两位数的增速发展成为长三角城市群集装箱中转的“黑马”。2013 年，集装箱吞吐量为 1 735 万标准箱，全球排名第六，长三角城市群排名第二。宁波-舟山港一方面不断对内扩充腹地，不断拓展无水港，增加货源，实现“南通北达、海陆共进”的良好格局；另一方面，不断拓展海铁联运业务，积极对接“一带一路”建设，开通连至中亚、北亚和东欧国家班列，强化与马士基、地中海、中远海运等大型轮船公司的战略合作，不断开辟新的航线支撑水水中转业务。在不到 5 年时间内，宁波-舟山港先后超越香港港和釜山港，成为全球第四大集装箱港口。

为贯彻落实长江经济带发展战略，推动交通物流融合发展，加快长江港口集疏运体系建设，提升货物中转能力和效率，提高运输服务质量，2016 年 12 月国家发展改革委联合交通运输部、中国铁路总公司出台了《“十三五”长江经济带港口多式联运建设实施方案》(以下简称《长江港口多式联运方案》)。该方案的出台，为推动长江经济带建设和港口多式联运系统的建设发展指明了方向，提出要以长江航运中心和枢纽港口为重点，强化集疏运服务功能，提升货物中转能力和效率，提高多式联运服务质量，促进交通物流融合发展，为构建便捷高效的综合立体交通走廊提供有力支撑。《长江港口多式联运方案》要求统筹考虑各种运输方式的有效衔接及功能匹配，加快铁路、高等级公路等重要港区的联系线建设，有效解决“最后一公里”的问题，实现港口与铁路、公路运输的衔接互通，提升运输服务一体化水平。到 2020 年，我国将建成便捷高效的长江经济带港口多式联运系统，使长江经济带航运中心、航运物流中心具备完善的多式联运功能，显著提高重要港口、一般港口多式联运功能；公水联运、铁水联运、水水联运等多种模式协同发展，集装箱和大宗货物铁水联运比重持续提升；以港口为中心的铁、公、水联运信息共享更加顺畅，服务质量明显改善；提升长江黄金水道的水运能力，推进江海联运，加快建设长三角城市群高等级航道和配套港区。

随着高铁时代的到来，积极发展海铁联运是未来的发展方向，依托沪通、沪乍杭铁路来构建多式联运枢纽中心。要完善洋山深水港、外高桥港区域的疏港通道，预控浦东与大洋山的联通通道；要进一步建设洋山深水港区集装箱码头，推进舟山-宁波港煤炭、集装箱、矿石专用码头建设；推进苏州港太仓港区集装箱四期建设、嵊泗港马迹山矿石中转码头三期建设；推进马鞍山港郑浦港区二期、芜湖港三山港区中外运码头二期建设；推进铜陵港江北煤炭储配中心、池州港牛头山港区公用码头二期、安庆港中心港皖河农场作业区、合肥港派河港中派综合码头工程建设，打造长三角城市群协同发展的现代化港口群。

（三）增强长三角铁路枢纽辐射服务能力

随着高铁时代到来，长三角地区城际铁路客运规模均获得大幅增长。2000 年到 2017 年之间，上海、杭州、宁波、南京、合肥等长三角城市群主要城市铁路客运吞吐量年均增长率均为 10%～30%。长三角城市群各枢纽站日均发送铁路班次不断增加。例如，杭州东站、南京南站平均每天发送列车班次超过 450 车次，上海虹桥火车站接近 300 车次，合肥、宁波高铁站大于 100 车次[48]。然而，与个体枢纽集聚发展相对应，铁路网络整体均衡性和沿线车站利用率仍不足。例如，上海铁路北线承担了 80%的运量，南北极不平衡，因此上海市这几年将重点构筑沿海铁路大通道，重点加强东线、南线建

[48] 蔡润林，张聪．长三角城市群交通发展新趋势与路径导向[J]．城市交通，2017，15(4)：35-48.

设，向西重点推进沪乍铁路建设，加快铁路对外通道和铁路枢纽建设，推进沪通（南通至安亭段和太仓至四团段）铁路建设、浦东铁路复线电气化改造，新建沪杭客专三四线（莘庄一上海南站）、沪苏湖、沪乍杭铁路；建设铁路上海东站，形成虹桥火车站、上海站、上海南站、上海东站的铁路客运主枢纽格局；建设铁路外高桥集装箱中心站，为海铁联运发展创造条件。此外，为了更加均衡地发展铁路，增强铁路辐射范围和能级，长三角城市群加快推进建设上海东站、合肥南站、安庆西站、芜湖站、蚌埠南站、黄山北站等客运铁路枢纽、宁波梅山集装箱综合场站、合肥北站、阜阳北站等货运枢纽，改建义乌站，建设南京铁路南站、盐城站、南通西站、扬州东站等综合客运枢纽。

伴随长三角城市群一体化发展战略的提出，长三角城市群从“十二五”至“十三五”期间，不断加强铁路建设。依据相关公开资料统计，长三角最早开通高铁的时间是2010 年。开通的沪宁高铁，目前已建成线路有 20 条（见表 3－7），苏南和浙江（舟山除外）以及安徽的大部分城市都开通了高铁，在建的线路有 9 条，主要其中在苏北和安徽境内，规划中的线路条数有 16 条，属于八纵八横的线路有 5 条，如图 3－7 所示。

表 3－7　长三角城市群铁路建设情况

<table>
<tr><th colspan="3">建成铁路</th><th colspan="3">在建铁路</th></tr>
<tr><th>高铁线</th><th>通车时间</th><th>八纵八横</th><th>高铁线</th><th>通车时间</th><th>八纵八横</th></tr>
<tr><td>宁杭高铁</td><td>2013.7</td><td></td><td>沪通铁路</td><td>2021</td><td>是</td></tr>
<tr><td>沪宁高铁</td><td>2010.7</td><td>是</td><td>沪黄</td><td>2018.1</td><td></td></tr>
<tr><td>合福高铁</td><td>2015.6</td><td>是</td><td>徐宿淮盐铁路</td><td>2019.12</td><td></td></tr>
<tr><td>宁安高铁</td><td>2015.12</td><td></td><td>商合杭高铁</td><td>2020</td><td></td></tr>
<tr><td>沪昆高铁</td><td>2016.12</td><td>是</td><td>杭温铁路</td><td>2021</td><td>是</td></tr>
<tr><td>宁启铁路</td><td>2018.6</td><td></td><td>盐通铁路</td><td>2022</td><td>是</td></tr>
<tr><td>沪杭铁路</td><td></td><td>是</td><td>沪苏湖</td><td>2022</td><td></td></tr>
<tr><td>金温铁路</td><td>2015.12</td><td></td><td>杭绍台</td><td>2022</td><td>是</td></tr>
<tr><td>浙赣铁路</td><td></td><td>是</td><td>杭衢高铁</td><td>2022</td><td>是</td></tr>
<tr><td>合宁客运专线</td><td></td><td>是</td><td colspan="3">未来规划线路</td></tr>
<tr><td>合武客运专线</td><td></td><td>是</td><td colspan="2">北沿江高铁</td><td>沿江城际铁路</td></tr>
<tr><td>合九铁路</td><td></td><td></td><td colspan="2">合马城际铁路</td><td>通苏嘉城际铁路</td></tr>
<tr><td>铜九铁路</td><td></td><td>是</td><td colspan="2">镇宣铁路</td><td>阜宿淮徐城际铁路</td></tr>
<tr><td>甬台温铁路</td><td>2009.9</td><td>是</td><td colspan="2">盐泰锡常宜城际铁路</td><td>宁淮城际铁路</td></tr>
</table>

（续表）

建成铁路			在建铁路		
高铁线	通车时间	八纵八横	高铁线	通车时间	八纵八横
新金温铁路	2015.12		合连高铁	甬舟铁路	
温福铁路		是	合淮铁路	宁西铁路	
陇海铁路		是	扬马城际铁路	合宁高铁	
杭长高铁	2014.12	是	滁宁城际铁路	合六城际铁路	
杭甬客运专线	2013.7	是	洋口港－启动铁路	南通至洋口港	
金丽温	2015.12		南通至洋口港	宁仪扬城际铁路	

长三角城市群铁路建设情况如下：①“十二五”期间已经建成的铁路有南京-马鞍山-芜湖-铜陵-池州-安庆（宁庆城际线）、南京-湖州-杭州（宁杭客运专线）、南京-镇江-上海、海安-洋口港（海洋铁路）、上海-嘉兴-杭州（沪乍杭铁路）；②“十二五”规划期间开工，“十三五”续建的铁路有南通（启动）-泰州-扬州-南京（宁启铁路复线电气化工程）、南通-海门-启动（宁启铁路二期）、镇江-扬州（连淮扬镇铁路）、南通-上海安亭（沪通铁路一期）；③“十三五”期间开工建设的铁路，盐城-南通（盐城至南通铁路）、南京-合肥（宁合客专）、南京-芜湖（宁芜铁路扩能）、马鞍山-镇江（扬马城际）、南京-淮安（南京至淮安铁路）、南京-常州-上海（南沿江）、南通-苏州-嘉兴（通苏嘉铁路）、上海-湖州（上海至湖州铁路）、太仓-上海四团（沪通铁路二期）；④未来规划建设的铁路有洋口港-启动（洋口港-启动铁路）、南通至洋口港、南京港-扬州港（宁仪扬城际铁路）等铁路（见图3－7）。长三角城市群不断加强城际间铁路建设，不断加强基础设施的互联互通，增强长三角城市群铁路枢纽辐射服务能力。2018年，长三角地区铁路基建投资预计高达805.84亿元，加上即将推进的盐城-南通铁路、沪苏湖铁路等新的项目，预计开通新线里程600公里。截至2017年年底，上海局集团公司营业里程已经突破1万公里，其中高铁3 667.8公里，位居全国第一。根据《中长期铁路网规划》和《铁路“十三五”发展规划》，预计到2020年末，长三角铁路营业里程达1.3万公里，其中高铁5 300公里以上，较2017年年底分别增长29.1％和44.5％，在长三角区域内率先建成发达完善的快速铁路网，运营铁路覆盖“三省一市”范围内除舟山市以外所有地级以上城市。

未来的发展是空铁、海铁、陆铁、空路等多式联运方式的发展，虹桥机场目前已实现空铁联运模式，给长三角一体化发展带来了巨大贡献，也大大提升了大型机场设施的共享度和利用率。虹桥机场现在每天约有10万人次的客流量，大约10％的旅客在空、铁之间换乘，换乘的旅客超过了10 000人次/日。至今，已经在无锡、昆山、南通、嘉兴等地开通了异地航站楼，可接受旅客托运行李，这是与珠三角地区空路联运的不同之处。

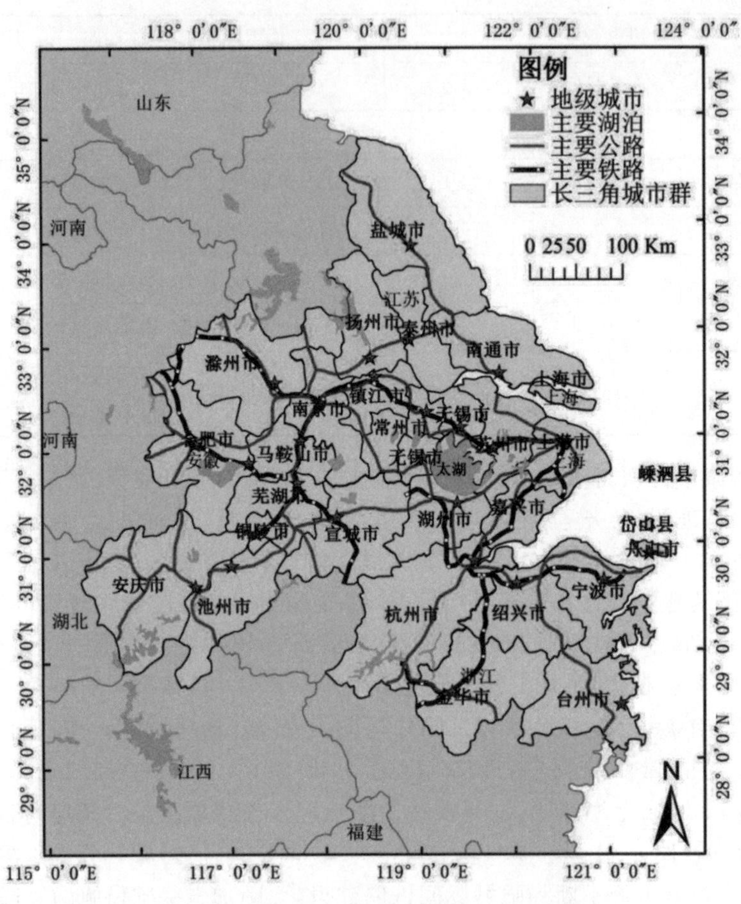

图 3－7　长三角城市群铁路和公路示意图

三、以轨道交通为主的区域综合交通网络建设

长三角城市群综合交通网络建设要坚持协调发展，力争实现交通有序引导区域发展，有序推进区域性通道、综合枢纽等设施建设，发挥新城节点城市作用。同时，发挥交通支撑和引导城乡空间布局作用，进而引导城市人口合理分布。长江经济带和长三角一体化进程加快，要求不断地改善交通法制、体制、机制，进一步提升区域综合交通运输服务能力，提高交通综合管理水平。

（一）完善城际综合交通网络，促进区域交通一体化

长三角城市群依托国家综合运输大通道，完善构建以上海为核心，杭州、南京、合

肥为副中心，以高速铁路、高速公路、城际铁路和长江黄金水道为主通道的多层次区域综合交通网络。交通建设，尤其是轨道交通建设是加快城市群构建的重中之重。根据《国家新型城镇化规划（2014～2020年）》，长三角城镇化建设需围绕城市群、交通运输线和交通站点来建设，体现出交通引导城市空间布局的理念。其中，上海必须成为长三角区域的交通枢纽中心，且要实现与区域市县的高铁互联互通。李瑞昌提出上海需采用“推拉思路”[49]推动长三角世界级城市群建设，即上海要保持与长三角城市群中任何一个城市存在一种张力，而这种张力就需要高铁和高速公路连接起来。随着长三角城市群城市间的经济水平不断提高，城市间的产业分工协作和区域治理日趋完善，不论是从长三角城市群层面，还是从城市层面，在交通需求、交通发展理念、设施供给和技术等领域都呈现出诸多新格局和新趋势，要求区域交通和城市交通规划在既有的发展路径上进行调整和及时应对。总体来说，目前长三角地区缺乏区域统筹的综合性交通规划，各地交通基础设施缺乏有效衔接，如省界断头路、城际铁路建设滞后问题，各类交通运输方式尚未实现无缝互通，若要加快交通基础设施的互联互通，需要从长三角城市群区域内的铁路一体化、公路一体化和水路一体化3个途径来实现一体化发展，同时也要加强长三角城市间公交、地铁和城铁等公共交通设施的互联互通建设。

1. 铁路一体化

进入新时代，以上海为中心的高铁网正将上海与长三角的地级市、县联通起来，交通一体化已基本成熟。未来要打造城市群高铁网，上海如要进一步建设辐射长三角的城际交通网络通道，就需要从5个主要方向建设九大通道。上海要积极调整普速铁路功能，新建城际铁路和铁路客运专线，分别在南京、湖州、杭州、南通、乍浦5个方向上，建成沪通铁路、京沪高速铁路、沪苏湖铁路、沪宁城际铁路、沪杭普快铁路、沪杭城际铁路、沪杭客运专线、沪乍铁路等九大通道，加快构建多功能、多层次、复合型的铁路网络。

高速铁路的崛起和城际铁路带来的区域出行便利，导致了城市空间功能格局在更广的范围内、甚至在城际间进行再组织。社会经济紧密联系的地区间高频出行迅速增加，大量的商务、通勤、休闲客流往返于城际之间，城际间出行需求日趋旺盛，初步显现出区域交通城市化特征，而这部分客流量的激增主要由高铁和城际铁路来承担。依据《2017年上海市综合交通运行年报》，长三角交通一体化加快推进，2017年，上海铁路客运到发总量为2.12亿人次（不含金山铁路），同比增长9.7%，较2010年增长94.44%，依然是对外客运的主力军。而上海与浙江、江苏、安徽铁路旅客到发量约为1.45亿人次，同比增长约8.5个百分点，相当于上海铁路旅客到发总量的68%，中短距离城际出行逐渐成为铁路客运增长主体。依据对铁路客运站的调查，苏州火车站到长三角城市群其他城市铁路的旅客中，以上班、商贸洽谈、公务出差、上学为目的的城

[49] 李瑞昌. 上海在推进长三角区域一体化进程中发挥中心城市作用研究[J]. 科学发展，2018,2(111)：42-48.

际铁路客流已经成为主体，约占 53.2%（不含回家出行）[50]。其中，具有商贸洽谈、公务出差每周一次及以上特征的分别占比 41.5%和 37.1%。毗邻城市的交通联系逐步突破行政区域界线，体现经济联系的深度发展。据对 2014 年江苏与上海接壤处的太仓、昆山地区调查得到如图 3－8 所示的结果，两地最主要的对外联系地区均为上海，而非南京、苏州。太仓到苏州和上海的全方式客运量分别约为每天 0.66 万人次和 0.76 万人次；昆山到苏州和上海的全方式客运量分别约为每天 3.1 万人次和 4.7 万人次。另外，在江苏、浙江两省毗邻地区，如南浔－吴江、南浔－桐乡交界区域也出现类似特征。

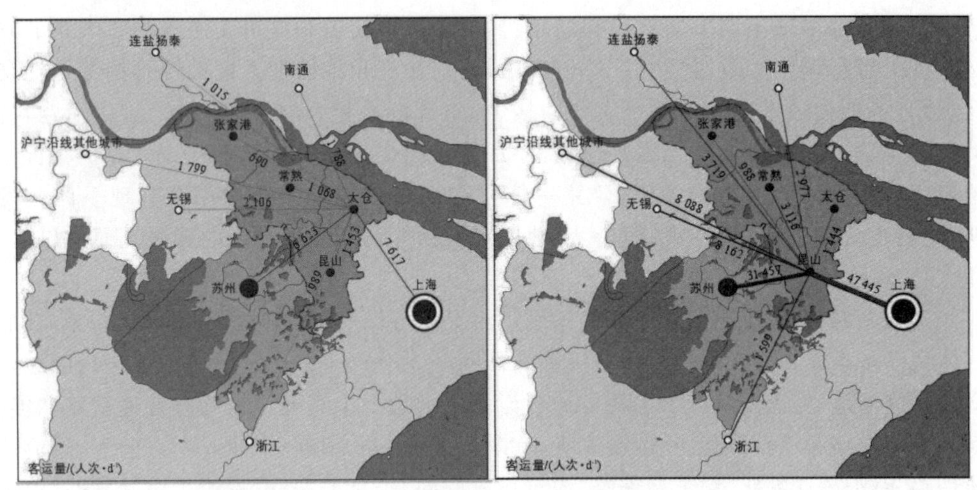

图 3－8 太仓（左）和昆山（右）每天客运量空间分布图[51]

长三角城市群交通系统在城际交通需求快速增长的背景下进入了新时代一体化发展阶段，区域交通通道逐步呈现网络化、复合化发展态势（见图 3－9）。宁沪杭甬传统通道依然是长三角发展的主轴，而次级中心间的直接联系通道也在快速发展，在高速铁路和高速公路的双重支撑下构成了长三角城市群新兴运输走廊，包含南京－湖州－杭州、南通－苏州－嘉兴－杭州、南通－上海浦东－舟山－宁波、上海－苏州－湖州－合肥通道。这些新兴的通道在很大程度上缓解和突破了传统之字形通道的运输能级限制，将均衡长三角区域发展，转移发展重心，带动具有潜力的相关地区发展。

50　蔡润林，张聪．长三角城市群交通发展新趋势与路径导向[J]．城市交通，2017，15(4)：35-48.

51　蔡润林，张聪．长三角城市群交通发展新趋势与路径导向[J]．城市交通，2017，15(4)：35-48.

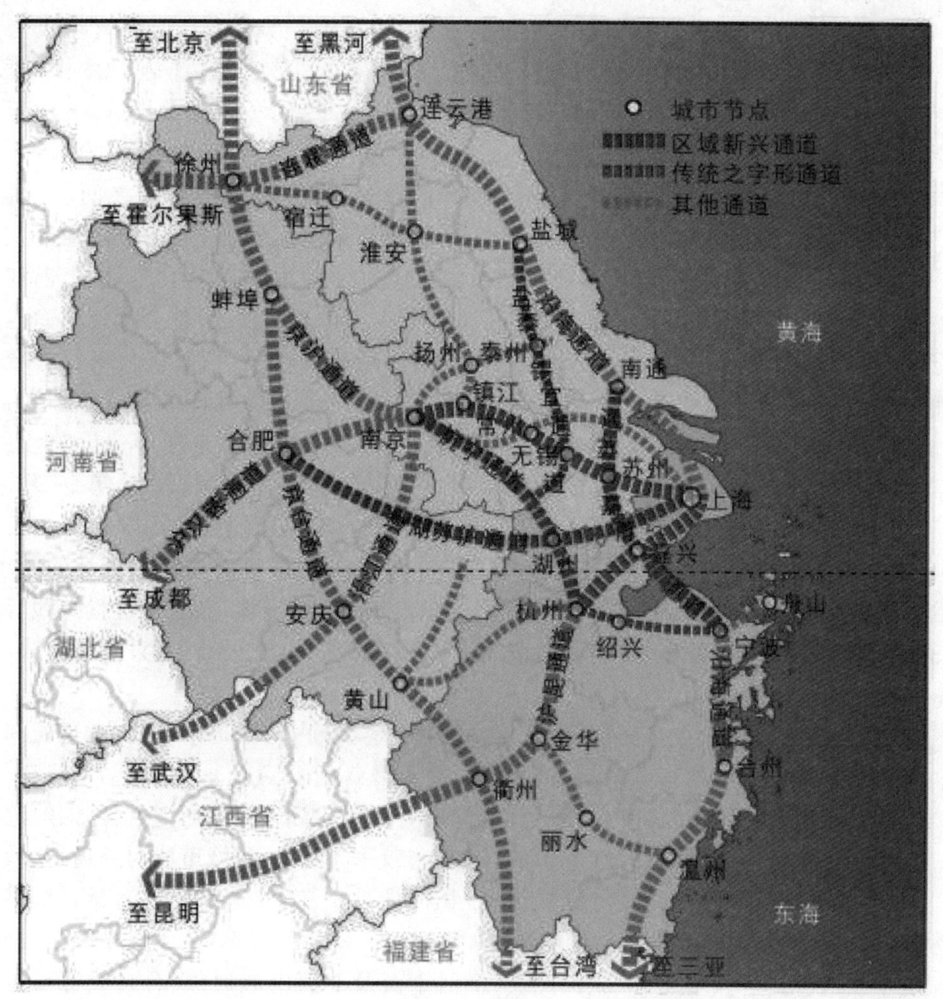

图 3－9　长三角城市群新兴交通通道示意图[52]

2. 公路一体化

公路是综合交通体系的重要组成部分，公路运输具有机动、方便、灵活、直达的特点，在综合交通体系中起到了衔接和骨干的作用。公路、铁路和航空 3 种客运方式分工明确，公路主要承担短距离运输。长三角城市群要从更高的层次上去优化区域高速公路布局，健全区域协作机制，加强高速公路管理设施与安全防护设施建设，提升沪宁

[52] 蔡润林，张聪. 长三角城市群交通发展新趋势与路径导向[J]. 城市交通，2017，15(4)：35-48.

合、宁杭、合芜等高速公路的通行能力、应急保障能力和安全防护水平，积极建设G15W2昆山—吴江高速公路、G3W公路安徽段、G15W3公路甬台温高速复线三门湾、台州湾、乐清湾大桥、杭绍段等国家高速公路G92N高速公路，实施G25浙江段、G40安徽段和江都—广陵段、G5011芜合高速公路、G4212合安高速公路、G42沪蓉高速南京—苏皖界段、G2新沂—江都段、G4211南京至马鞍山段等国家高速公路。

我们要进一步优化和建设长三角城市群区域公路网，打通各区域之间的"断头路"，实现区域内交通基础设施的互联互通；完善公路集疏运通道布局，强化提升宝山—外高桥区域路网能力；提高高速公路网络服务能力级别，加强和优化与江苏、浙江两省的道路衔接，加强新城与周边城镇、郊区城镇干线公路之间联通；整合优化长途客运站点布局，积极推进综合货运枢纽和货运通道的规划建设，发展各城市与毗邻区域之间的公路客运班线公交化运营。在公路建设中，要从三个方面实现绿色建筑理念：一是能源消耗最小；二是对环境污染最小；三是用以人为本的理念来指导建设"生态公路"，实现对生态环境影响最小化的目标。以上海崇明岛建设为例，2016年11月，正式颁布了崇明世界级生态岛发展"十三五"规划[53,54]，要求努力把崇明岛建设成为长三角生态环境保护的典范与标杆，并对崇明岛的交通设施项目建设提出了更高的要求，崇启通道(上海段)作为崇明岛迄今为止最大的带状人工构筑物，在建设过程中践行的理念是"对生态的最小破坏，对环境的最大保护"，探索了"生态公路"建设的新模式。

3. 水路一体化

长三角各级政府正在全面推进长三角城市群高等级内河航道网布局，推进长湖申线、平申线等长三角内湖高等级航道网建设，充分发挥长江黄金水道运量大、能耗小、成本低的优势，大力发展长江内支线运输，扩大上海港、南京港、南通港、江苏港等港口的服务范围，更好地满足沿江地区的运输需求；统筹协调长三角城市群对外通道建设，打造长江黄金水道及长三角高等级航道网，积极推进长江干线、京杭运河、锡澄运河、湖西航道、连申线、丹金溧漕河、锡溧漕河常州段、杭平申线、钱塘江、湖嘉申线、长湖申线、杭申线、杭甬运河、乍嘉苏线、大芦线、淮河干流及淮河出海通道、合裕线等航道整治，推进引江济淮通航工程建设；发挥长三角高等级航道作用，提升城际货运能力。以上海为例，完善港口集疏运基础设施，强化海铁联运，江海直达运输，结合沪通铁路建设，争取同步建设外高桥铁路货场和进港铁路，充分发挥和利用长江黄金水道，加快发展内河运输，提高集装箱水水中转比例；加快推进内河高等级航道的整治和建设，实现四级及以上内河航道通航里程达到260公里，加快建设外高桥、芦潮港内河集装箱港区，实实在在解决内外港运输衔接的问题，积极推进内河船型标准化建设，培育内河水运市场，完善水水中转软环境，完善长三角区域内利益共享的内河外港一体化运营。

53 上海市人民政府. 崇明世界级生态岛发展"十三五"规划[Z]. 2016.

54 金华. 长三角地区雾霾府际协作治理路径研究[D]. 苏州：江苏师范大学，2017.

（二）打造都市圈交通网络，强化综合交通运营管理

1. 打造都市群交通网络

进入21世纪后，最大的特征是高铁时代带来的深度“同城效应”。2010年7月，沪宁城际铁路开通运营，上海、江苏“2小时交通圈”正式形成；2010年10月，沪杭高铁开通运营，实现上海、浙江主要城市的“同城效应”；2013年7月，宁杭、杭甬高铁同步开通，以上海、南京、杭州为中心城市的“高铁都市圈”正式形成。据调查，苏沪之间的交通联系频率和强度都持续增加，且沪苏间铁路客流以通勤、商务为主，规律性出行人群占比高达40%，并且具有早晚高峰的规律和特征，“都市群交通城市化”特征初步呈现[55]，未来城市交通建设，需要充分考虑都市群交通通勤、商务方面的需求。

目前，上海高铁网呈现出带状结构，即以上海为始发站点，长三角另外一个城市为终点站，如同扇子的骨架，呈放射性结构布局，而这种扇形放射型的高铁网络结构不利于上海集散流动人口。上海要解决人口流动和土地短缺的困境就要打造高铁圈，将上海与周边城市都联结起来，例如打造“上海—南京—合肥—芜湖—湖州—上海”高铁圈。这样，一是加快了构建沪苏湖高铁，使其成为一条客运专线，对上海非核心功能和上海旅游业转移将产生重要影响。更为主要的是，该高铁圈具有巩固上海在长三角城市群中核心节点城市的作用，并会成为上海与杭州都市圈和苏锡常都市圈互动的“推拉杆”。二是尽快推动沪苏湖高铁延伸到芜湖的国家铁路网建设。沪苏湖高铁带动的是生活性服务业，目前对生产性服务业和制造业发展拉动价值不大。如果要发挥沪苏湖高铁更强大的带动效应，就需要推动沪苏湖高铁延伸到芜湖，增设宣城和芜湖两站。一旦沪苏湖高铁发展成为“沪苏芜高铁”，不仅可推动申湖芜智能制造产业带的形成，而且可带动宣城、芜湖加入到沪苏浙旅游业经济带发展中。更加具有长远价值的是，沪苏芜高铁与沪宁合芜高铁对接合拢，可形成泛长三角城市群高铁环，将打造出以上海为核心城市的超大城市圈，改变上海目前“孤核点无都市圈”的状态。

长三角城市群同城效应的不断显现，要求长三角各城市积极参与跨区域综合交通走廊建设，充分考虑各毗邻地区之间通勤客流和交通商务圈特征趋势。随着新型城镇化加快推进，要求长三角城市群进一步推动城乡统筹和紧凑发展，尽快构建与周边区域联动、城乡一体化的综合交通体系，有效引导和应对与周边毗邻地区、新城与中心城、新城之间、新城和新市镇之间的各种交通出行需求，构建适应长三角一体化发展的城际交通和市域交通网络，实现长三角城市群主要城市间90分钟内通勤，优化长三角城市群综合客货运交通枢纽布局，促进内外交通无缝衔接。

55　蔡润林，张聪. 长三角城市群交通发展新趋势与路径导向[J]. 城市交通，2017，15(4)：35-48.

2. 提高综合交通运营管理水平

要提高综合交通运营管理水平，一个关键举措是建立一体化信息交互平台，这是一个难度非常大的工程。其原因在于即便是在同一个城市，不同的交通方式属于不同的行政管理部门，要把这些交通信息完全整合起来非常困难，更别提不同的省市，难度更大。比如在上海，这些主要交通方式有交通部、铁道部、建设部、民航局管的，也有上海市政府、国营企业、民营企业管的，甚至由于各种历史原因，导致这些交通具有不同的法规体系和投融资模式。比如虹桥机场 2 号航站楼和交通枢纽的治安管理就相当复杂，涉及机场民航公安局、长宁公安局、闵行公安局、地铁公安局、铁路公安局等 5 家公安部门，如何把他们融合成一体化运作，这中间需要有一个很好的运行管理体制和机制。虹桥机场的做法就是将陆侧各种交通方式的车站和航站楼整合在一个建筑里面，并利用一个综合运营平台进行运营管理，把运营信息系统都整合在一起，实现各种交通基础设施的有机融合，以提高换乘效率和旅客的舒适度，而不是简单地将各种交通方式拼凑在一起。虹桥机场通过精心组织和富有成效的工作，将民航、高速铁路、城际铁路、磁浮交通、长途巴士、公交巴士、轨道交通、停车库场，以及城市高架道路、应急救援、气象、地震等信息系统纳入到一个统一的平台上来，建立起运营(应急)指挥中心。在这个综合信息平台上，可以掌握交通枢纽的全部运营信息，统一指挥交通枢纽的运营和应急救援。要实现交通信息一体化发展，建设长三角城市群各城市、各类型交通信息一体化交互平台，把各种交通方式的运营信息都收集在一起，必须加强顶层设计，在规划之处，做好对接工作，以期达到一体化运营的目标。

(三)提升综合交通枢纽辐射能力，提高运输服务水平

1. 提升综合交通枢纽辐射能力

随着长江经济带、"一带一路"建设以及长三角一体化进程的推进，需要进一步全面提升区域综合运输能力，着力打造上海国际性综合交通枢纽，加快建设南京、合肥、杭州、宁波等全国性综合交通枢纽，以及南通、金华、芜湖等区域性综合交通枢纽，提升辐射能力与水平；依据"零距离换乘，无缝化衔接"的要求，着力打造集铁路、公路、民航、城市交通于一体的综合性客运枢纽，大力推进综合货运枢纽和物流园区建设。长三角各城市要积极主动推进长三角地区的协同发展，着力打造服务长三角、辐射全国的综合交通体系，积极推进长三角一体化和长江经济带整体发展，更好地服务与支撑国家发展战略。上海虹桥机场在旅客运输组织方面，就体现出"枢纽－辐射"方式，主要针对比较远的地区，比如东北、西北、西南地区，通过在对方区域的枢纽机场开通干线航班把旅客运到上海来，然后再从上海运出去。另一种是针对离上海比较近的区域，主要是长三角城市群区域，直接开通"点对点"航班来服务旅客量比较大的周边城市，尽可能地把目的地为上海的航班安排在虹桥机场。

随着长江经济带、“一带一路”建设的推进，以及全球枢纽地位进一步提升，长三角城市群航运枢纽中心的发展面临新的机遇和挑战，长三角现代化的港口群和长三角航空枢纽运输需求将保持快速增长态势，需要进一步巩固和提升港口群和机场群对外辐射能力、交通运输能力和集疏运保障能力。按照绿色循环低碳的理念规划和建设城市基础设施，进一步完善铁路、港口、机场、公路等交通基础设施，发挥综合交通枢纽功能，促进区域交通设施互联互通，上海申通地铁集团有限公司董事长俞光耀认为，目前城市地铁的线路布局在上海中心城区还不能满足大客流出行需求，依靠延长城市地铁线路来服务长三角效率不高，应该借鉴纽约和旧金山市郊线路的做法，在上海市郊和省市对接城市要加快建设城市快轨。城市快轨站间距大、速度更快，可以有效提高市郊和长三角城市间的交通效率。根据《上海市城市总体规划（2017～2035 年）》，上海将形成城际线、市区线、局域线“3 个 1 000 公里”的轨道交通网络，城市快轨是其中重要的一环。俞光耀建议，应尽早启动城市快轨建设，并在嘉定、青浦、松江等地布局对接，将快轨系统和铁路城际系统结合来促进长三角一体化发展[56]。

2. 提升运输服务能力与水平

近年来，长三角城市群交通运输发展取得显著成就，有力地支撑了区域经济社会发展和人民生活条件改善，但仍然存在薄弱环节和发展短板。2016 年 6 月，国家发展改革委和交通运输部印发的《关于推动交通提质增效提升供给服务能力的实施方案》（以下简称《交通提质增效方案》）明确指出，要加快完善综合交通运输体系，提升综合交通质量和效率，增强交通供给服务能力，方便大众出行和降低物流成本，更好地发挥交通运输对社会经济发展的支撑引领作用。《交通提质增效方案》要求在“十三五”期间，在完善交通基础设施网络的同时，围绕综合枢纽衔接、城际交通建设、推广联程联运、发展智能交通、提升快速服务、支撑服务消费、绿色安全发展等七大领域，到 2020 年，形成内涵更丰富、服务更优质、管理更高效的综合交通运输体系，更好地服务经济社会发展全局。同时，《交通提质增效方案》要求畅通城市内外，打通枢纽“梗阻”，便捷中转换乘，大幅提升旅客集疏散效率，方便群众出行；构建以轨道交通和干线公路为骨干的多层次、高质量、一体化城际交通网；推广多式联运，发挥不同运输方式的组合优势，实现运输组织无缝衔接，降低社会物流成本，提高运输效率；加强互联网等现代信息技术在交通领域的应用，进而提高交通资源的利用效率，提升运输组织管理水平；拓展交通运输服务范围，延伸产业链和价值链，创新服务模式和培育新兴业态，支撑推广新消费；提升交通设施设备低碳、节能、安全水平，推动技术创新，增强交通运输绿色发展能力。

长三角城市群要积极加快实施交通提质增效项目，加大投入，以科技驱动推进交

[56] 陈抒怡，黄尖尖，等. 高质量合作，对标世界级城市群[N/OL]. 解放日报，2018-01-28.

通资源整合，发挥集成优势，实现联动发展；向社会资本全面开放交通建设新领域，创新投资建设模式，推动政府与社会资本合作，深化改革投融资体制机制。长三角城市群要从国家层面牵头沪苏浙皖四地，尽快研究过江通道方案并启动北沿江高铁建设，加快推动沿江高铁交通路网的衔接、成网、贯通；促进浙江、江苏、港口群与江海联运的合作，共同打造长三角区域现代化港口物流体系，提升客货运输能力和水平；统筹协调长三角城市群对外通道建设，打造长江黄金水道及长三角高等级航道网，规划建设沿江高速铁路，构筑与长江中游、成渝、滇中和黔中城市群间的大能力、高速运输通道；建设沿海铁路，强化与海峡西岸、山东半岛等地区的联系，打通跨区域高速公路主通道、普通国省干线通道“断头路”。

四、城市交通建设

依据《国家新型城镇化规划(2014～2020年)》的要求，要建设以铁路、公路客运站和机场为主的综合客运枢纽，以及以铁路、公路货运站、港口等为主的综合货运枢纽，优化调整布局，提升功能。长三角各城市在建设综合交通枢纽时，在前期调研、规划理念、规划设计和建设过程中，始终贯穿“以运营为导向”“节约用地”“优先发展公共交通”的设计理念和思想，力求从区域和城市、航空网络、地面交通网络等多个方面讨论综合交通枢纽的功能定位和运输组织。在总体规划当中，应该明确把功能分区、高效的土地利用和优良的环境策略作为总体规划的重点；充分做好运营需求的前期调研工作，把每一个综合交通枢纽都建设成高效运营的平台，在规划建设过程中结合运营需求不断地调整完善，使之成为一个“以运营为导向”的、动态的、持续改进的综合交通枢纽规划，通过综合交通枢纽来加强铁路、公路、民航、水运与城市轨道交通、地面公共交通等多种交通方式的高效衔接，完善集疏运系统与配送系统，实现客运“零距离”换乘和货运无缝衔接的大好局面。同时，在未来的城市规划中，要充分考虑职住均衡问题，争取从源头减少交通需求，从而缓解城市交通拥堵等问题。要充分发展水路货运，减少公路货运，提高水水中转比例。

(一)优先发展城市公共交通，完善城市交通功能体系

长三角城市应坚持把公共交通放在城市交通发展的首要位置，加快构建以公共交通为主体的城市机动化出行系统，积极发展快速公共汽车、现代有轨电车等大容量地面公共交通工具，科学有序地推进城市轨道交通建设，形成公共交通优先通行网络，优化公共交通站点和线路设置，提高覆盖率、准点率和运行速度；强化交通综合管理，有

效调控、合理引导个体机动化交通需求；推动各种交通方式、城市道路交通管理系统的信息共享和资源整合。公共交通是最高效的交通方式，解决城市交通要靠公共交通，这是城市交通发展的战略问题。以往经验表明，几乎所有的国家和地区都是经历了痛苦曲折之后，才鲜明地选择城市公共交通优先发展的政策。尤其在中国，人口密度高，城市用地紧张，更加适合优先发展公共交通。公共交通线路开设、准点运营和提高舒适度等，是优先发展公共交通的重要举措。如果城市公共交通能够在现有的基础上增加15%～20%运力，达到城市公共交通运送总量的25%～30%，将能形成适合中国国情的较为理想的大城市公共交通结构。

长三角各城市公共交通基础设施建设情况如下。

1. 城市轨道交通建设与运营情况

2017年，长三角城市群轨道交通发展呈现运营规模持续增长、设施装备逐步完善、客流量屡创新高，网络化运营、系统制度多元化趋势越发明显的特征。长三角城市群轨道交通主要包括城际线（城际铁路一市域铁路一轨道快线）：服务于主城区与新城区及毗邻城镇、新城之间的快速交通和中长距离联系，并兼顾服务主要新市镇，设计速度为100～250公里/小时，平均站距为3.0～20.0公里，设计运能≥1.0万人/小时。市域线包括地铁和轻轨，其中地铁主要服务于高密度发展的主城区，满足大运量、高频率和高可靠性的公交需求，速度设计为80公里/小时，平均站距为1.0～2.0公里，设计运能2.5～7.0万人/小时。轻轨主要服务于以较高程度发展的主城区次级客运走廊，与地铁共同构成城市轨道网络，设计速度为60～80公里/小时，平均站距为0.6～1.2公里，设计运能1.0～3.0万人/小时。局域线包括现代有轨电车和胶轮运输车辆，作为大容量的快速轨道交通的补充和接驳手段，服务于局部地区普通客流、中等客流走廊，提升地区公交服务水平，平均站距为0.5～0.8公里，设计运能0.5～1.5万人/小时。以上海为例，至2035年，主城区、新城轨道交通站点600米用地覆盖率分别达到40%、30%，全市公交交通占全方式交通的比例达到40%左右，中心城平均通勤时间不超过40分钟。

截至2017年底，长三角城市群共有8个城市开通轨道交通，分别为上海、南京、无锡、苏州、昆山、杭州、宁波、合肥。其主要发展状态为：①运营线路长度和条数呈现双增态势，截至2017年底，长三角城市群运营线路总共有40条，比2016年新增7条，同比增长21.21%，低于全国平均水平23.4%（见表3-8）；②运营线路长度为1 454.4公里，占全国总运营线路长度比例为31.73%，比2016年增长了261.5公里，比2016年增长了21.92%（见表3-9）。

表 3-8　长三角城市群运营线路条数情况表

城市	运营线路条数/条						
	小计	地铁	轻轨	单轨	有轨电车	磁悬浮	同比增长率/%
合计	40						
上海	16(升 1)	15(升 1)				1	6.7
南京	11(升 4)	9(升 3)			2(升 1)		57.1
无锡	2	2					0
苏州	4(升 1)	3(升 1)			1		33.3
昆山							
杭州	3	3					0
宁波	2	2					0
合肥	2(升 1)	2(升 1)					100

数据来源:2017 年《城市(县城)客运统计资料》

表 3-9　长三角城市群运营线路长度

城市	运营线路长度/公里				
	小计	地铁	有轨电车	磁悬浮	同比增长率/%
合计	1454.4(升 261.5)	1392.2(升 252.6)	34.9(升 8.9)	29.1	
上海	664.6(升 48.9)	637.3(升 48.9)		29.1	7.9
南京	364.3(升 132.5)	347.6(升 123.6)	16.7(升 8.9)	57.2	
无锡	55	55			0
苏州	138.5(升 52.4)	120.3(升 52.4)	18.2		60.9
杭州	105.2	105.2			29.1
宁波	74.5	74.5			0
合肥	52.3(升 27.7)	52.3(升 27.7)			112.6

数据来源:2017 年《城市(县城)客运统计资料》

表 3-8、表 3-9 显示,截至 2017 年底,上海总共有 16 条轨道交通线路,其中 15 条是地铁线,比 2016 年新增了一条地铁线路,一条磁悬浮线路。运营线路总长度为 664.6 公里,比 2016 年增长了 48.9 公里,同比增长了 7.9%。南京城市轨道运营线路

条数为11条，比2016年增加了4条，其中有9条线路是地铁线路，2条为有轨电车线路，分别比2016年增加了3条和1条；运营线路364.3公里，新增132.5公里，增长率为57.1%，其中地铁运营线路总长为347.6公里，新增123.6公里，有轨电车运营总线路长度为16.7公里，新增8.9公里。苏州城市轨道总运营条数为4条，包括3条为地铁线路和1条为有轨电车线路，比2016年增加了1条路线；运营线路总长度为138.5公里，新增52.4公里，增长了60.9%，包括120.3公里的地铁运营线路和18.2公里的有轨电车运营线路。杭州和宁波分别为3条地铁线路和2条地铁线路，运营线路总长度分别为105.2公里和74.5公里，同比2016年都没有增长。合肥市轨道线路条数为2条，都是地铁，运营线路长度为27.7公里，增长率为112.6%，位于长三角城市群首位。上海、南京、苏州、合肥4个城市在2017年实现运营线路长度和条数双增态势。其中，南京轨道交通线路增长最多，同比增长了4条，增长率为57.1%，运营里程增加了132.5公里，同比增长率为57.2%，位居长三角城市前列，其次为苏州，城市轨道线路长度同比增长率为60.9%。近年来苏州在城市轨道交通方面的进步显著。

据统计，截至2017年底，长三角城市群城市轨道交通车站数量为901个，新增226个，同比增长率为33.48%，显著高于全国平均水平的23.5%。其中，换乘车站数量为90个，比2016年增加了14个，同比增长率为18.42%，是全国平均水平(7.1%)的2.59倍。其中，上海、南京的车站数分别位于全国前五。长三角城市群中，宁波的换乘车站数占比最高，为21.6%，其次为上海，换乘车站占比为14.1%(见表3-10)。

表3-10　长三角城市群城市轨道交通车站数量情况

城市名称	车站数/个	比2016新增	换乘车站数/个	比2016新增	换乘车站数占车站数比例/%	车站数同比增长率/%
合计	901	226	90	14	18.42	33.48
上海	389	25	55	1	14.1	6
南京	190	56	12	5	6.3	41.8
无锡	45	45	1	1	2.2	
苏州	107	48	5	4	4.7	81.4
杭州	72	19	5	1	6.9	35.8
宁波	51	9	11	1	21.6	21.4
合肥	47	24	1	1	2.1	104.3

数据来源：2017年《城市(县城)客运统计资料》

长三角城市群总的轨道交通运营车辆总数为8 626辆(编组列车1 481列)，转换为21 269标台，其中包括8 444辆地铁，165辆有轨电车和17列磁悬浮列车。其中，上海、南京位居全国前五，分别占我国城市轨道交通运营车辆总数的16.6%和5.3%

(见表 3－11)。

上面从城市轨道交通的基础设施运营线路以及运营里程,分析了长三角城市群的城市轨道交通发展状况,下面从城市轨道交通客运量来分析其城市轨道交通的状况。

截至 2017 年年底,长三角城市群城市轨道交通客运量为 53.52 亿人次(见表 3－12),同比增长 5.17 亿人次,增长率为 10.7%。其中,上海的客运量最大,为 35.38 亿人次,高于全国平均水平 59 451.61 万人次,位于全国第二,仅次于北京。南京的客运量位于全国第五。

表 3－11　长三角城市群轨道交通运营车辆数量情况

城市名称	运营车辆数/辆					
	小计	地铁	有轨电车	磁悬浮	运营车辆/标台	编组列车/列
合计	8 626	8 444	165	17	21 269	1 481
上海	4 753	4 736		17	11 883	799
南京	1 517	1 442	75		3 658	267
无锡	276	276			690	46
苏州	682	592	90		1 543	136
杭州	726	726			1 815	121
宁波	366	366			915	61
合肥	306	306			765	51

数据来源:2017 年《城市(县城)客运统计资料》

表 3－12　2017 年长三角城市群城市轨道客运量

城市	客运量/万人次	比 2016 年新增客运量/万人次	同比增长率/%	运营里程/万列公里	比 2016 年新增/万列公里	同比增长率/%
合计	535 228.8	51 730.8	10.7	15 806.7	1 733.3	12.32
上海	353 769	13 663	4	8 647.8	217.7	2.6
南京	97 892.3	14 739.3	17.7	3 010.1	464.4	18.2
无锡	9 233.6	966.6	11.7	523.5	10	1.9
苏州	24 842.6	9 785.6	65	1 403.7	537.1	62
杭州	33 985.9	7 108.9	48.9	1 178	207	21.3
宁波	11 233.4	1 265.4	12.7	810.1	67.1	9
合肥	4 272	4 202	—	233.5	230	—

数据来源:2017 年《城市(县城)客运统计资料》

长三角城市群 2017 年完成城市轨道运营里程 1.58 亿列公里，同比 2016 年增长 0.17 亿列公里，增长率为 12.32%(见表 3-13)。其中，上海位于全国第二，其轨道交通运营里程在 8 000 万列公里以上，为 8 648 万列公里，显著高于全国平均水平，增长里程 1 654.19 万列公里。全国总共有 8 个城市高于全国平均水平，而长三角城市群就有两个城市高于该水平。其中，苏州城市轨道交通运营里程增长得最快，增长率为 62.0%，全国排名第四，长三角地区排名第一。

截至 2017 年底，长三角城市群全年城市轨道交通客运周转量 465.57 亿人公里，同比增长了 42.23 亿人公里，同比增长率为 9.98%。其中上海年客运周转量为 319.03亿人公里，全国领先，远远超过全国平均水平 49.61 亿人公里。超过全国平均的还有南京市，客运周转量为 77.87 亿人公里，如表 3-14 所示。

表 3-13 长三角城市群城市轨道交通运营里程情况表

城市名称	运营里程/万列公里	比 2016 新增运营里程/万列公里	同比增长率/%
合计	15 806.7	1 733.3	12.32
上海	8 647.8	217.7	2.6
南京	3 010.1	464.4	18.2
无锡	523.5	10	1.9
苏州	1 403.7	537.1	62
杭州	1 178	207	21.3
宁波	810.1	67.1	9
合肥	233.5	230	

数据来源：2017 年《城市(县城)客运统计资料》

表 3-14 2017 年长三角城市轨道交通客运周转量

城市	客运周转量/万人公里	比 2016 年新增/万人公里	同比增长率/%
合计	4 655 650.5	422 325.7	9.98
上海	3 190 324.6	139 343.2	4.6
南京	778 696.8	96 193.2	14.1
无锡	67 223.3	8 306.3	14.1
苏州	180 063.6	71 504.6	65.9
杭州	303 691.8	52 409.9	20.9
宁波	98 734.4	18 301.5	22.8
合肥	36 916	36 267	—

数据来源：2017 年《城市(县城)客运统计资料》

鼓励绿色出行，坚持公共交通优先策略，加强城市轨道交通网络和城市路网的建设，进一步完善以公共交通为主体，各种交通方式相结合的多层次、多类型的城市综合交通体系。长三角正处于蓬勃发展时期，努力建设成为具有全球竞争力、影响力的世界级城市群，长三角一体化和新型城镇化对长三角综合交通的发展提出了更新、更高的要求。同时，随着经济水平的提高，城市交通需求和机动车增长的趋势仍在延续，如何在有限的交通设施建设用地上，发展高效的长三角城市群综合交通网络体系，就需要构建由铁路、城市轨道、常规公交和辅助公交等构成的多模式公共交通系统，形成城际线、市区线、局域线等 3 个层次的轨道交通网络。同时，预控研发若干轨道交通通道。

2. 城市道路建设与交通运营情况

如表 3 - 15 所示，截至 2017 年底，长三角城市群(泛长三角地区)城市公共汽电车运营车辆为 12.38 万辆(折合 14.42 万标台)，比 2016 年同比增长了 8 679 辆，增长率为 7.54%。其中，新能源运营车辆数(包括纯电动客车、混合电动客车)4.77 万辆，占长三角城市公共汽电车运营车辆总数的 38.39%，比 2016 年增长了 1.81 万辆。总体来说，长三角城市群公共汽电车车辆运营数是持续增长，新能源运营车辆所占比例也在不断提高。其中，江苏、浙江省高于我国 31 个省(包括自治区、直辖市)城市公共汽电车平均运营车辆数 21 007 辆，分别为 44 909、39 021 辆，分别排在全国第三和第四。2017 年，长三角城市群各城市继续大力推广应用新能源公交车，加大新能源公交车辆的购买力度，加快传统燃烧类公交车辆的更新置换力度，各城市公共汽电车运营车辆总数总体得到提升。

表 3 - 15　城市公共汽车运营车辆发展情况

泛长三角城市群	运营车辆数/辆	比 2016 年新增/辆	运营车辆数(标台)	新能源运营车辆/辆	比 2016 年新增/辆	新能源车所占比例/%
合计	123 804	8 679	144 154.8	47 651	18 069	38.39
上海	17 461	768	21 834.6	7 043	4 230	40.3
江苏	44 909	2 388	53 179	19 428	5 867	43.3
浙江	39 021	3 254	42 818.6	12 061	4 040	30.9
安徽	22 413	2 269	26 322.6	9 119	3 932	40.7

数据来源:2017 年《城市(县城)客运统计资料》

近年来长三角城市群新能源车辆推广应用步伐加快(见表 3 - 15)，截至 2017 年，新能源公交汽车车辆为 47 651 辆，占公共汽电车车辆总数的 38.39%，比 2016 年增长了 18 069 辆，同比增长了 61.08%，高于全国平均水平 56.2%。其中，上海市新能源汽车总数为 7 043 辆，比 2016 年增加了 4 223 辆，增长了 150.37%，几乎翻了 2.5 倍，增速为全国第一，可见，上海推广新能源公交汽车的力度还是很大的。江苏省新能源公交汽车为 19 428 辆，占江苏省公交车总数的 43.3%，是整个长三角区域占比最高的地区，比 2016 年增长了 5 867 辆，也是长三角城市群中增量最大的省市。安徽省新能源汽车车辆为 9 119 辆，占总公交车辆的 40.7%，在长三角城市群中排名第二，可见安徽最近几年以来在环境保护、绿色发展方面做得比较到位。浙江省新能源公交汽车车辆为 12 061 辆，比 2016 年增长了 4 040 辆，占比为 30.9%，是整个长三角城市群里占比最低的省份，但是杭州市主城区新能源和清洁能源公交车辆比例已经达到 100%，长三角城市群的交通运输行业已成为国家新能源汽车推广应用的主战场和排头兵，为推动新能源汽车技术进步和防治空气污染做出了重要贡献。

表 3-16 长三角城市群主要城市公共汽车运营车辆数量情况

长三角城市群核心城市	运营车辆数/辆		新能源运营车辆/辆		新能源车所占比例/%
	比 2016 年新增数/辆		比 2016 年新增数/辆		
合计	47 075	2 679	19 250	7 863	40.89
上海	17 461	768	7 043	4 230	40.3
南京	8 765	−142	4 192	1 528	47.8
杭州	9 087	317	3 921	470	43.1
宁波	6 000	890	1 844	834	30.7
合肥	5 762	846	2 250	801	39.0

数据来源：2017 年《城市(县城)客运统计资料》

如表 3-16 所示，截至 2017 年底，长三角城市群主要城市公共汽车运营数上海为 17 461 万辆，比 2016 年增长了 768 辆，新能源运营车辆为 7 043 辆，增长了 4 230 辆，同比增长率为 150.37%。上海新能源公共汽车运营车辆占总量的 40.3%，位于长三角城市群主要城市之首。新能源公共汽车占比最高的为南京，占南京市公共汽车运营车辆总数的 47.8%，同比增加了 1 528 辆，增长率为 57.36%。

长三角城市群城市公共交通的运营线路发展如表 3-17 所示，截至 2017 年底，长三角城市群共有城市公共汽电车运营线路 12 565 条，比 2016 年增长了 1 096 条，同比增长了 9.56%，高于全国平均水平 7.6%。运营线路长度为 222 354 公里，比 2016 年增长了 19 130 公里，增长率为 9.41%，高于全国平均水平 9.0%。其中，公交专用车道长度为 2 522.9 公里，比 2016 年增长了 207.9 公里，增长率为 9.0%，低于全国平均水平 11.6%。其中，浙江公交专用车道呈负增长趋势，就公交运营线路条数来讲，浙江、江苏分别为全国第二和第四。就公交运营线路长度来说，浙江和江苏分别位于全国第三和第四。

表 3-17　长三角地区运营线路长度、条数、公交专用车道数情况

长三角地区	运营线路长度/公里	比2016年新增长度/公里	公交专用车道/公里	比2016年新增长度/公里	运营线路条数/条	比2016年新增数/条
合计	222 354	19 130	2 522.9	207.9	12 565	1 096
上海	24 161	−8	350	25	1 496	39
江苏	74 722	6 235	1 146.8	111.8	4 048	279
浙江	91 990	9 807	777.1	−27.9	5 268	665
安徽	31 481	3 096	249	99	1 753	113

数据来源:2017年《城市(县城)客运统计资料》

表 3-18　长三角主要城市公交运营线路长度、条数、公交专用车道情况

长三角地区	运营线路长度/公里	比2016年新增/公里	公交专用车道/公里	比2016年新增/公里	运营线路条数/条	比2016年新增/条
合计	63 981	3 396	990.5	170.5	3 806	293
上海	24 161	−8	350	25	1 496	39
南京	11 112	1 269	197.5	45.5	714	102
杭州	13 557	−309	164.2	0.2	784	26
宁波	11 377	1 910	132.2	15.2	578	103
合肥	3 774	534	146.6	84.6	234	23

数据来源:2017年《城市(县城)客运统计资料》

为了推进长三角城市群各城市公共交通优先发展,有效改善城市交通出行,梳理了长三角主要城市上海、南京、杭州、宁波、合肥5个城市关于城市公交运营线路条数、线路长度、公交专用车道长度,梳理结果如表3-18所示。截至2017年底,上海公交运营线路长度为24 161公里,比2018年减少了8公里,公交运营线路条数为3 806条,比往年增长了293条,公交专用车道990.5公里,比2016年增长了170.5公里,同比增长率为20.79%,居长三角地区首位;其次为杭州,运营线路长度为13 557公里,比2016年减少了309公里,运营线路条数为784条,比2016年新增26条,另外,公交专用车道有164.2公里,比2016年新增了0.2公里;南京和宁波两个城市公交运营条数同比2016年增长率较高,分别为16.67%,21.68%。上海和南京公交运营线路长度同比2016年有所下降。

公交场站也是道路交通的一个非常重要的硬件指标。如表3-19所示,截至2017年,长三角城市群城市公共汽电车场站面积为1 911.5万平方米,比2016年增长

了 195.9 万平方米。其主要呈现以下特征：一是场站面积平稳增长，2017 年新增公共汽电车场站面积为 195.9 万平方米，同比增长率为 11.42%，高于全国平均增长水平 11.2%；二是车均场站面积进一步增加，公共汽电车车均场站面积从 2016 年的126.02 平方米/标台增长到 2017 年的 130 平方米/标台，高于全国城市公共汽电车车均场站面积 116 平方米/标台，同比增长 3.16%，低于全国平均增长水平 3.3%。其中，江苏省场站面积最高，为 731.7 万平方米，比 2016 年增长了 76.3 万平方米；第二为浙江省，场站面积为 558.9 万平方米，比 2016 年增加了 36.3 万平方米。

就长三角地区车均场站面积来说，其中最高的为安徽省，车均场站面积为 158.3 平方米/标台，比 2016 年增长了 12.1 平方米/标台；其次为江苏省，为 137.6 平方米/标台，比 2016 年增长了 8.4 平方米/标台；排名第三的是浙江省，为 130.5 平方米/标台；上海由于城市快速扩张，城市用地紧张，其用于公交站场的实际面积较少，车均场站面积为 93.6 平方米/标台，同比减少了 2 平方米/标台。

通过用长三角城市群主要城市来分析城市公交场站面积和车均场站面积可以研究长三角的城市公交发展现状，如表 3 - 20 所示。

表 3 - 19　长三角区域公交场站面积、车均场站面积一览表

城市名称	场站面积/万平方米		车均场站面积/平方米/标台	
	比 2016 年新增数		比 2016 新增数	
合计	1 911.5	195.9	130	3.98
上海	204.3	6.8	93.6	−2
江苏	731.7	76.3	137.6	8.4
浙江	558.9	36.3	130.5	−2.6
安徽	416.6	76.5	158.3	12.1

表 3 - 20　长三角主要城市公交场站面积、车均场站面积统计表

城市名称	场站面积/万平方米		车站场站面积/平方米/标台	
	比 2016 年新增数		比 2016 新增数	
合计	687.6	68.5	130.04	17.3
上海	204.3	6.8	93.6	−2
南京	82.2	2.4	76.5	4.9
杭州	142.5	25.3	128.2	19.5
宁波	144.7	4.3	199	−24.5
合肥	113.9	29.7	152.9	19.4

数据来源：表 3 - 19 和表 3 - 20 均为 2017 年《城市(县城)客运统计资料》

长三角城市群主要城市上海、南京、杭州、宁波、合肥的场站总面积为687.6万平方米，车均场站面积为130.04平方米/标台。场站总面积同比增长了68.5万平方米，同比增长率为11.06%，微低于全国平均水平11.2%。其中，宁波的车均场站面积为199平方米/标台，同比减少了24.5平方米/标台，仍居全国第一，是全国城市平均车均场站面积水平116平方米/标台的1.72倍，高于全国平均水平的有宁波、杭州、合肥3个城市，分别为199平方米/标台、128.2平方米/标台、152.9平方米/标台。

截至2017年底，长三角城市群中的盐城、杭州、绍兴、温州、金华、义乌、舟山、合肥等8个城市开通了BRT快速公交系统运营线路。义乌市是2017年新开设BRT的城市。

长三角城市群公共汽电车客运量情况，如表3-21所示。

表3-21　长三角城市群公共汽电车运营情况

城市名称	运营里程/万公里	客运量/万人次		使用一卡通的公共汽车客运量	使用一卡通的公共汽电车客运量占比/%	单位运营里程载客数/人/公里
			比2016新增数			
上海	105 237	220 072	－19 040	171 709	78	2.1
江苏	257 252	467 839	3 275	259 493	55.5	1.8
浙江	230 518	383 846	3 391	222 542	58	1.7
安徽	108 616	207 278	－17 604	96 207	46.4	1.9
合计	701 623	1 279 035	－29 978	749 951	59.48	1.88

数据来源:2017年《城市(县城)客运统计资料》

截至2017年底，长三角区域总运营里程为701 623万公里，客运总量为1 279 035万人次，比2016年减少了29 978万人次。其中，有7 499 511万人次是使用一卡通的，使用一卡通R比例为58.48%，单位运营里程载客数为1.88人每公里。其中，上海、安徽等区域的客运量是减少的，江苏、浙江则有所增加。

如表3-22所示，截至2017年底，长三角城市群主要的5个城市上海、南京、杭州、宁波、合肥运营总里程为271 021万公里，客运总量为558 622万人次，比2016年减少了16 887万人次。其中，公共交通使用一卡通的客运量为427 849万人次，占比为74.42%。车均年客流量为11.28万人次/辆，单位运营里程载客数为2.06人/公里。不管是从运营里程、客运量来看，还是从使用一卡通的客运量情况来看，上海都是位于首位。南京的一卡通使用率最高，为86.6%，其次为上海，一卡通使用率为78%。城市公共汽电车客运是为社会公众提供的最基本的出行方式之一，主城区完善公交专用道系统，整合、提升常规公交线网服务水平，常规公交站点 500 米用地覆盖率为 100%，并发展辅助公交模式，例如班车、轮渡、定制公交等，整体提高公共交通管理运营水平，建立水上公共交通及旅游观光交通网络；优化城镇圈常规公交线网，提高对内部客流走廊的覆盖率，构建新城、核心镇和中心镇镇区的公交专用道网络，实现常规公交站点 500 米用地覆盖率达到 90%，居民 15 分钟以内接驳进入市域轨道交通网络。

表 3-22　长三角城市群主要城市公共汽电车运营情况

城市名称	运营里程/万公里	客运量/万人次		使用一卡通的公共汽车客运量	使用一卡通的公共汽电车客运量占比/%	车均年客流量/万人次/辆	单位运营里程载客数/人/公里
			比 2016 新增数				
合计	271 021	558 622	－16 887	427 849	74.42	11.28	2.06
上海	105 237	220 072	－19 040	171 709	78	12.6	2.1
南京	53 240	89 802	－2 921	77 804	86.6	10.25	1.7
杭州	57 891	147 076	5 635	112 702	76.6	16.19	2.5
宁波	32 512	44 434	2 471	32 411	72.9	7.41	1.4
合肥	22 141	57 238	－3 032	33 223	58	9.93	2.6

数据来源：2017 年《城市(县城)客运统计资料》

3. 货运交通建设与运营状况

按照“口岸物流互通、工业物流集中、城市物流分散”的原则，完善货运交通基础设施，优化、调整物流运输结构，采用海路、铁路等联运方式提高物流效率。

建立集疏运通道，强化沪通、沪乍杭铁路货运功能，形成以沿湾、沿江、沿海为主，以沪宁、沪杭为辅的货运通道布局；加强公路运输专用化、集约化发展，充分利用内河航运服务城市的功能；服务产业基地，构建以港口群为主、铁路为辅、公路承担门到门服务的综合货运体系。

建设以港口群、机场群、铁路货站为核心，形成外高桥、虹桥、浦东、四团等以服务口岸物流为主，以徐行(西北)、新浜(西南)、陆家浜(昆山)等以生活物资流通为辅的综合货运枢纽。长三角专业物流中心应结合铁路货站、内河港区以及公路运输通道，形成金山、安亭(嘉定)、宝山、长兴(崇明)、祝桥(浦东)、芦潮港(浦东)等以服务为主运输的系统，以松江、青浦、康桥(浦东)等服务产业园区为辅的物流中心。而物流配送中心应结合铁路货站、公路运输通道，规划布局服务城市物流集散的物流配送，并结合社区建立配送终端服务网点。

(二)提升综合交通服务水平,强化交通综合运营管理

不断完善交通体制机制,强化城市交通信息化建设,构建市级交通综合信息平台;不断强化交通综合管理,有效调控、合理引导个体机动化交通需求,提高中心城区公共交通服务能力和水平,增强城市交通综合运营管理水平。

1. 提高中心城市公共交通服务能力与水平

坚持共享发展,提供多样化的交通服务。一是要适应市民高品质、多元化的交通需求和“互联网+”等创新发展要求,为大众提供多元化的交通服务选择;二是发挥不同交通方式的各自优势,合理组织、衔接各种交通方式,加强功能整合,提高整体运输效率;三是依据中心城、新城、周边毗邻地区的区位差异和交通特征,制定差别化的交通发展策略,因地制宜,提高中心城市公共交通出行比例,缩短居民到达公共交通站点距离,提高公共交通出行便利性。另外,还应进行产业调整、居住调整,在城市规划初期就要充分考虑职住均衡,从源头减少城市出行矛盾,降低人们的通勤需求,缩短乘车时间和距离,缓解城市道路拥堵现象。

在城市综合交通枢纽规划设计过程中,要从旅客出行的角度来思考问题。现在很多规划设计师主要思考的都是设施问题,较少从旅客出行的角度来思考问题,这也是一些交通枢纽中心规划设计失败的根本原因。此外,由于行政部门各自为政,各管各的,不同的交通方式属于不同的部门管理,如管民航的只管坐飞机,管地铁的只管地铁,管道路的只管汽车运输。事实上旅客出行可能要组合几种交通方式才能完成一次出行,除非一种交通方式可以直达目的地,那么,在这种组合交通方式的出行过程中,如何有效地衔接各种交通基础设施就显得尤其重要。因此,做交通规划时,其本质是规划“出行”,而非设施。上海虹桥综合交通枢纽就很好地体现了从旅客出行的视角来规划整个交通枢纽,成为中国第一个汇集高速铁路、城际铁路、磁悬浮交通、城市轨道交通、长途巴士、空港巴士等各种交通方式的完整体系,并很好地组织航空与它们之间的联运。虹桥综合交通枢纽规划成功的一个重要原因就是一体化,不仅是各种交通设施和运输工具的一体化,而且是运营管理的一体化。其成功的具体表现为人性化设计,充分考虑旅客出行便利、换乘便捷,在指导思想上采用公交优先,实行彻彻底底的人车分离。

2. 强化交通综合运营管理

在不断完善城市交通法制、体制、机制和交通信息化建设方面,长三角城市群城市取得了显著成效,基本建成了市级交通综合信息平台。比如,通过实施非经营性客车额度拍卖政策,小客车保有量过快增长势头得到了有效控制。同时,率先实施机动车更高排放标准,持续淘汰高污染车辆。城市的交通安全管理水平不断提高,比如上海

全年道路交通事故万车死亡率下降至 2.6 人;做好重大节假日或重大活动交通保障工作,不断完善收费高速公路免收小型客车通行费等一系列管理措施,保障了高速公路网的平稳运行;持续加强交通动态研判分析,引导市民有序出行。

要提高综合交通运营管理水平,其中一个主要途径就是对各种交通运输方式的信息化系统实行一体化管理,这是提高一个城市综合交通运营管理水平的重要举措。但是目前存在的问题是,即便是在同一个城市,不同枢纽的交通方式属于不同的行政管理部门,要把这些交通信息完全融合起来非常困难。以上海虹桥综合枢纽中心为例,主要交通运输方式的管理部门有交通部、铁道部、建设部、民航局等,还有上海市政府、国营企业、民营企业管理部门,甚至由于各种历史原因,导致这些交通工具属于不同的法规体系、采用不同的投融资模式,如何把他们融合一体化运作,这中间需要一个很好的运行管理体制和机制,利用综合运营平台进行运营管理,把运营信息系统都整合在一起,实现各种交通基础设施的有机融合,以提高旅客的换乘效率和旅行的舒适度,而不是简单地将各种交通方式拼凑一起,这样,才能真正地实现综合交通枢纽的一体化运营。我们应将民航、高速铁路、城际铁路、磁悬浮交通、长途巴士、公交巴士、轨道交通、停车库场,以及城市高架道路、应急救援、气象、地震等信息系统纳入到一个统一的平台上来,建立起运营(应急)指挥中心。在这个综合信息平台上,可以掌握交通枢纽全部运营信息,统一指挥交通枢纽的运营和应急救援。通过这个综合平台,旅客可以提高换乘效率,例如旅客还没有到达机场就可以从手机中获得他需要的交通信息,也可以利用这个平台开展多式联运。

(三)强化交通转型创新,发展绿色智能交通

改革开放 40 年以来,为顺应时代要求,长三角城市建立了一系列与之相适应的运营管理模式和制度机制,但是它们都具有明显的扩张性,汽车运输业最大的特征就是靠投资拉动,但这是不可持续的;坚持创新发展,适应城市发展和交通发展新要求,转变交通发展方式,提升交通体系的功能和服务水平才是根本;体现生态文明建设的政治导向,从单纯缓解交通供需矛盾转向为追求资源集约利用、营造宜人宜居的交通环境,促进科技创新与交通发展紧密结合;坚持协调发展,实现交通有序引导区域发展,发挥交通支撑和引导城乡空间布局的作用,引导城市人口的合理分布,贯彻公共交通导向开发(TOD)理念,以轨道交通为主的站点周边紧凑型、高密度开发,实现与地区开发功能紧密衔接。

1. 城市交通转型发展

中国已经进入新时代,需要创造新的发展模式,建立新的体制机制。以虹桥机场为例来归纳总结,需要从以下三个方面实现转型创新发展。

一是从“扩张型”向“内生型”转型,即从“把蛋糕做大”向“把蛋糕做精”转型。虹桥

机场已经从过去的以投资拉动为特征的扩张型发展模式，向以内需拉动和消费拉动为特征的“内生型”发展模式转变，真正走上了可持续发展的道路。二是从“外向型”向“内需型”转型。过去的40年，为保障上海市的经济发展，推动国际航运中心建设，上海建设了一系列机场设施。2010年前，上海虹桥综合交通枢纽借助上海世博会顺利完成建设投运，支撑国家拉动内需和服务长三角的需要。上海虹桥综合交通枢纽不仅保障了上海世博会的运输，也为上海经济转型发展搭建了一个良好的平台，确立了上海两大国际机场在中国城市与区域中的定位和地位，搭建起了与上海城市结构一体化的机场设施体系。上海虹桥综合交通枢纽不仅使虹桥机场的机场设施与长三角的交通设施连为一体，更使得长三角综合交通一体化运营成为可能。如今，以“空铁通”和城市航站楼为代表的新的运营服务模式已经显露端倪。三是从“设施设备升级型”“技术创新型”向“商业模式创新型”“体制机制创新型”转型。过去的20多年，上海主要把大量的资源投入到对“两场”设施设备的建设和改造升级上。上海两大机场的硬件水平已经进入了世界最先进行列，同时，在技术创新方面也取得了巨大突破，荣获一系列科技进步奖和发明奖。但是在商业运营模式和制度机制方面，却远远落后于发达国家。长三角城市群急需商业模式创新和制度机制创新，需要不断地寻找新的商业模式和体制机制，才能在经济社会转型中生存下来。随着上海城市服务业的发展，商务旅客对航空运输的要求不断变化，针对细分市场的要求，虹桥机场开发了商务快线。商务快线就是每天有10个以上的航班航线，基本保证了每个小时一个航班，这能够让旅客随到随走，实现3 000～5 000公里的航程范围内当天来返，真正把枢纽运作的好处发挥出来，达到公交式运营的标准。

城市空间格局是支撑国际化大都市发展的重要载体，借鉴大伦敦圈及区域卫星城规划建设经验，未来上海应以大区域为单位，形成多轴带、多核心的集聚城市体系；确定“多组团、多轴、多中心”的上海大都市总体规划空间格局，构建多心型城市布局，分散、均衡、协调交通压力。上海还应突出交通骨架引导城镇空间布局，形成“枢纽型功能引领、网络化基础设施支撑、多种方式紧密衔接”的交通网络。以区域交通廊道引导空间布局，沿沪宁、沪杭、沪湖等廊道，提升上海嘉定、青浦、松江等地区城镇的综合性服务能力和对近沪地区的辐射服务能力，依托沿江、沿海、沿沪通、沿沪甬廊道，优化调整外高桥、空港、临港等地区的产业功能，增强奉贤新城、南汇新城的综合性功能和门户作用。以公共交通提升空间组织效能，构建城际线、市区线、局域线等多层次的轨道交通网络；以公共交通为主导，实现上海市域交通1小时即可抵达目的地。在区域规划时，就考虑职住均衡，整体降低市民出行需求，有效解决城市交通拥堵等相关问题。

2. 绿色智能发展

要持续推进城市交通创新发展，从发展绿色交通、智能共享交通等方面推进城市交通创新发展，全面提升智慧交通服务，营造低碳交通环境，提供公平共享的交通资源，满足多元化的交通需求，进一步突出“智慧、低碳、共享”的交通发展理念，发展绿色、智能、共享的交通体系。

党的十九大明确提出“绿色发展”“开展绿色出行等行动”。习近平总书记多次强调要“推动形成绿色发展方式和生活方式”，“加快构建绿色循环低碳发展的产业结构”。2017 年，长三角城市群大力推动绿色出行体系建设，取得了显著成效。坚持绿色可持续发展方式，坚决贯彻公交优先发展的战略，是时代的要求，也是未来的走向，更是解决城市交通拥堵问题的唯一举措。如何发展绿色交通：一是通过推广使用新能源交通工具，鼓励采用低碳绿色出行方式，推动低碳交通方式普及应用，重点完善大容量的轨道交通网络，以“增能、扩能、增效”为核心，不仅要关注建设规模，更要提升管理水平，全面提升运行能力和效率。二是抓服务短板，构筑便捷、高效的公共交通网络，全面提升交通服务品质和吸引力，进一步完善公共交通的功能层次。三是通过结构优化促节能、新技术应用促节能、管理创新促节能、加大交通运输节能减排力度，继续调控小客车保有量，加强引导个体机动交通合理使用，坚决坚持交通需求管理。四是节约集约利用交通资源，加强资源综合循环利用，加强交通与环境、安全等要素的协调发展，充分考虑到城市资源约束与环境保护要求，积极推进基础实施养护，保障长期高效使用，全过程全周期加强生态保护，强化大气、水污染防治，加强动态监测，加强生态保护与污染治理。

坚持绿色出行的理念可以凝聚更多共识。2017 年 9 月 18～24 日，交通运输部、公安部、中华全国总工会联合举办了以“优选公交、绿色出行”为主题的“公交出行宣传周”等活动。在这期间，各地组织开展“百城市长乘公交”、集中宣传展览、关爱残疾人无障碍出行、公交出行等研讨活动；积极倡导社会公众优先选择城市轨道交通、公交、自行车出行等绿色交通出行方式；鼓励组织举办公交文化、“互联网＋”公交等相关公益展览；鼓励和邀请学生、市民走进公交企业、公交枢纽、调度中心等地参观体验公交运营环节，进一步扩大公众参与度，拉近城市公交和公众的距离。江苏省各级政府以及交通运输、公安、工会等部门领导高度重视“公交出行宣传周”活动，政府领导同志主动参与活动，带头乘坐公共交通。活动期间，江苏省各地先后共走进了 135 个社区，开展了 203 个主题宣传活动，张贴了大约 2 万张公交出行宣传海报，大量发放绿色出行倡导书。

鼓励和推动新能源汽车的发展。大力发展新能源汽车是长三角城市群城市实现绿色交通的重要手段之一。在政府政策的倡导和大力支持下，长三角城市群新能源车辆推广应用步伐加快，截至 2017 年，长三角城市群新能源公交汽车车辆为 47 651 辆，比 2016 年增加了 18 069 辆，同比增长了 61.08%，高于全国平均水平56.2%，详见表 3－23。

表 3-23　城市公共汽车运营车辆发展一览表

长三角城市群核心城市	运营车辆数/辆	比 2016 年新增数/辆	新能源运营车辆数/辆	比 2016 年新增数/辆	新能源车所占比例/%
合计	47 075	2 679	19 250	7 863	40.89
上海	17 461	768	7 043	4 230	40.3
南京	8 765	−142	4 192	1 528	47.8
杭州	9 087	317	3 921	470	43.1
宁波	6 000	890	1 844	834	30.7
合肥	5 762	846	2 250	801	39.0

数据来源:2017 年《城市(县城)客运统计资料》

表 3-23 分析了长三角城市主要城市上海、南京、杭州、宁波、合肥 5 个城市的公共汽车运营车辆和新能源运营车辆(辆)的发展情况,从中可以看出,五大城市新能源运营车辆为 19 250 辆,占总运营车辆的 40.89%。其中,南京新能源运营车辆占比最高,高达 47.8%;其次为杭州,占比为 43.1%,而上海新能源运营车辆数最多,为 4 230 辆,占五大城市总新能源运营车辆数的大半以上,占比为 53.8%。

完善慢行交通设施,保护慢行交通的通行空间。以共享经济为主要驱动力的共享单车已经成为风头最盛的产业现象。共享单车不仅可以疏解交通、绿色出行、产业升级甚至是承担了人与城市和谐共处的新使命,更是解决交通最后一公里的有效措施。不断完善自行车和步行出行条件,长三角城市群各地积极引导公众选择自行车出行方式,加快了自行车车道和步行道系统建设。比如,厦门市已经建成了中国首条、全球最长的空中自行车"高速公路",有效疏解了城市交通,推动了绿色出行。为进一步规范互联网租凭自行车的发展,各地陆续出台管理实施细则及停放导则等配套制度文件,进一步完善自行车发展环境。

要推动智能交通发展,必须借助移动互联网、云计算、大数据、物联网等先进技术,交通运输行业也在抓住全球科技革命和产业变革这个契机,发动"互联网＋交通"运动,以"智慧交通"为主战场,积极推动互联网与传统运输服务业的有机融合和创新,大大推进了交通运输由传统产业转型为现代化服务业。城市客运行业则成为推进"互联网＋"行动的重要应用领域,比如涌现出来的基于移动互联网技术的网络预约出租车(简称为网约车)、互联网租凭自行车(简称为共享单车)、汽车分时租凭、地面红绿灯等城市交通新业态、新模式,有效激发了交通运输产业发展的新动能。全国城市客运行业以创新发展为动力,以智能化作为改善公众出行新体验,提高公众出行获得感;围绕城市客运服务有效供给,提升城市客运供给效率和品质,强化多种运输方式的高效衔接，促进行业转型升级、“互联网＋”城市客运深入融合，发展高品质、多样化、个性化客运服务，更好地适应都市圈和城市群的新要求；积极推进“互联网＋公交”定制服务模式，探索新型服务产品，推动运输组织模式创新和运营效率提升。同时，进一步完善相关政策环境，包容审慎、改革创新、坚守底线的原则，鼓励和规范交通运输新业态的发展。

构筑科技创新引领、信息深度整合的智慧交通。智慧交通是随着智慧城市概念的提出而应运而生的，更是智慧城市建设中的一个重要组成部分。交通是经济发展的动脉，智慧交通是智慧城市的重要构成部分。随着社会经济和科技的快速发展，城市化水平越来越高，汽车保有量迅速增加，交通拥挤、交通事故救援、交通管理、环境污染、资源短缺等问题已经成为世界各国面临的共同难题，无论是发达国家，还是发展中国家，都毫无例外地承受着这些问题的困扰。在该背景下，如何把交通基础设施、交通运输载体和交通参与者结合起来系统考虑，充分利用数据通信传输技术、电子传感技术、卫星导航技术与定位技术、计算机技术、信息技术和交通工程等多项高新技术，使得人、车、路之间的相互关系以新的方式呈现，这就是智慧交通系统。《2012～2020 年智能交通发展战略》提出，到 2020 年，中国智能交通发展的总体目标是：基本形成适应现代交通运输业发展要求的智能交通体系，实现跨区域、大规模的智能交通集成应用和协同运行，提供便利的出行服务和高效的物流服务，为 21 世纪中叶实现交通运输现代化打下坚实的基础[57]。交通运输部党委书记杨传堂在 2014 年全国交通运输工作会议上所作的报告《深化改革务实创新加快推进“四个交通”发展》中提出，将“四个交通”（综合交通、智慧交通、绿色交通、平安交通）作为当前和今后一段时间交通运输发展的主旋律。2015 年，杨传堂书记在全国交通运输工作会议上的讲话中也两次提到“以智慧交通为主战场”。近年来，一个个全新的“互联网＋交通”模式竞相出现，新技术带来了新的手段，更改变了理念和创新模式，极大地改善了交通运输效率。高速铁路、快速公交、网约用车平台、共享单车、地面红绿灯等相继出现，给市民带来了新的体验。当然，在方便出行的同时对交通管理模式提出了挑战，如何将先进的信息技术、电子传感技术、数据通信传输技术、卫星导航与定位技术、自动控制技术以及计算机处理技术有效地集成和运用于整个交通运输管理体系，使人、车和路密切配合达到和谐统一，从而建立起一种实时准确而高效的运输综合管理系统是“互联网＋交通”的发展方向。

发展共享交通，坚持共享发展，借助现代快速发展起来的共享平台，为大众提供多元化的交通服务，这样不仅能够适应市民多样化的、高品质的交通需求和“互联网＋”等创新发展要求，也可以为市民提供多样化的交通选择。同时，可以结合不同交通方式各自的服务优势，合理组织衔接，加强功能整合，提高运输效率。共享单车的出现，

57　蔡文海．智慧交通实践［M］．北京：人民邮电出版社，2018．

彻底解决了公共交通“最后一公里”的问题，而共享汽车是未来的发展方向，不仅可以减少私有汽车保有量，缓解城市道路拥堵问题，同时也可降低对空气的污染。随着共享平台的出现，比如滴滴平台、滴达平台、优步等“互联网＋交通”新平台的盛行，汽车共享比例增加，有利于城市交通绿色发展、可持续发展。未来要实现共享汽车的有序发展，一是政府应该确定汽车共享平台合理的定位和作用，二是在政府财政补贴政策上向电动汽车共享平台、运营使用方面倾斜。未来的交通发展呈现出电气化、自动化和共享化的趋势。在美国乃至全球范围，高度自动化的车辆、共享汽车或共享二手车被视为加速推广电动汽车的重要突破口，自动化汽车尤其是共享自动驾驶车辆的优点是，这些车的年行驶里程要比普通汽车高得多。由于电动车辆的运营成本低，非常适用于政府公共用车和企业用车。加州大学戴维斯分校交通研究所最近做了一项有趣的建模分析，他们通过对城市交通三次革命——电气化、自动化和共享化带来的变化做了一些预测，预测结果表明，到 2050 年，如果我们依旧使用现在的技术和内燃汽车，则全球将出现 21 亿辆汽车，CO_2 排放总量将达 46 亿吨。如果实现汽车自动化和电气化交通革命，但未实现第三次革命——共享化，道路上同样将出现 21 亿辆汽车，但是 CO_2 排放量将会降低很多。假如我们实现了汽车共享化，即实现城市交通的第三次革命，则全球车辆总数将大幅度减少，CO_2 的排放量也将达到历史最低水平。

（四）典型案例分析——上海虹桥综合交通枢纽

上海虹桥综合交通枢纽作为国内一个标杆性的综合交通枢纽，是上海面向长三角的窗口，是区域现代化服务业的集聚地，是上海的新名片，同时也是长三角城市群的新名片。虹桥综合交通枢纽地处沪宁和沪杭两个交通通道的交汇处，是上海最主要对外交通通道。因此，虹桥综合交通枢纽是上海建立面向长三角门户的最佳交通枢纽，是上海乃至长三角地区面向世界的窗口和桥梁，以它为节点来连接长三角地区各个城市，对推进长三角城市群交通一体化建设具有重大意义。虹桥综合交通枢纽将高铁车站、磁浮车站、机场航站楼，以及城市轨道交通、城市地面公交、出租车、停车楼等设施结合在一起，大大提高了交通换乘效率，提高了土地资源的利用率。虹桥机场设计时充分考虑了毗邻地区通勤客流和交通商务圈的需求，将其打造成为点对点的以商务快线为主体的、辐射全国和东亚地区的商务机场，是国内第一个提出并正在实施建设的功能定位，同时也是上海城市功能发展、长三角城市群一体化发展的客观要求。虹桥综合交通枢纽从功能定位、设计理念、运营管理等方面都具有前瞻性。

1. 虹桥综合交通枢纽的功能定位

虹桥综合交通枢纽的定位是一个以航空和高铁、磁悬浮为主体的对外交通与起集疏运作用的地铁、公交、出租车、社会车辆等多种城市交通方式共同构成的综合交通枢纽。虹桥综合交通枢纽是长三角区域和上海城市交通对接航空网络的节点，与磁浮交通、高速铁路和高速公路实现无缝衔接。虹桥机场规划结合了国内外机场的实践经验，提出了运输组织最高境界——多式联运的要求。虹桥机场集高速铁路、城际铁路、磁浮交通、城市轨道交通、长途巴士、空港巴士等各种交通方式为一体，组织好航空与它们之间的联运，这是机场交通运输组织中的一大创举。虹桥机场的旅客很大部分来自于长三角地区，虹桥综合交通枢纽的高速铁路、城际铁路开通之后，进一步提高了这个比重。虹桥综合交通枢纽是从区域与城市、航空网络、地面交通网络三个方面来考虑自己的功能定位和运输组织的。

虹桥综合交通枢纽管理部门经过研究、筛选、讨论、优化，得出的结论是自己在航空网络中的定位是以国内点对点的航班运营为主，以国内与国内(D-D)中转为辅的基本格局，同时承担城市和区域的包机、专机任务，以及商务航空、警务航空等任务，并保留国际航班的备降功能。在区域规划中，是这样定位的：①虹桥机场是虹桥综合交通枢纽的最主要组成部分。②虹桥机场是一个点对点的以国内商务航班为主的机场，紧邻它的就是面向长三角的中心商务区，虹桥机场将成为国内第一个以“商务快线”为特征、以商务旅客为主的“商务机场”。③虹桥综合交通枢纽将成为整个长三角地区最活跃的交通和经济枢纽，成为一个时代的形象代表，成为长三角和上海市的新名片。在地面综合交通网络中，虹桥综合交通枢纽的规划建设使得虹桥机场成为长三角城市群中综合交通网络中的最关键节点。虹桥综合交通枢纽处在沪宁、沪杭和上海东西交通走廊的转换节点上，这三大交通都具备公路(道路)、高速公路、铁路(地铁)和高速铁路、磁浮等诸多交通要素，是上海最大的地面交通枢纽，也是长三角城市群最大的地面交通枢纽。

2. 虹桥综合交通枢纽设计理念与原则

上海虹桥综合交通枢纽“以运营为导向”“节约用地”“公交优先、人车分离”为设计理念，以创新为指导思想。“以运营为导向”的功能定位理念引导整个虹桥综合交通枢纽的规划建设和投运。同时，坚持“以运营为导向”来规划和建设虹桥机场，而这个过程是一个动态的、持续改进的过程，其目的是为了提供一个高效运营的平台。

虹桥综合交通枢纽的规划适应新时代的要求，适应保护生态环境的要求，它建设中坚持节约用地，克服了土地资源和空域资源紧张、噪声影响等困难，采用了365间距的平行近距离跑道系统，同时结合京沪高铁车站和市内综合交通换乘系统来整体设计和规划，实现多个方面的突破。通过平行近距离跑道方案，办公用房集中规划建设，消防站和灯光变电站集中布设，高铁车站、磁浮车站、机场航站楼和城市轨道交通、城市地面公交、出租车、停车楼等设施结合在一起进行规划和设计大大节约了建设用地，使得虹桥机场成为中国最紧凑的机场，提高了虹桥机场的综合效益。

在综合交通枢纽规划方面采取的是公共交通优先发展的原则，充分发挥公共交通的魅力，实现各种公共交通方式的无缝衔接，提高了旅客换乘率和换乘方便程度，进而提高了公共交通使用效率，真正发挥公共交通的作用。在规划、设计和实施过程中，进行了充分的市场调研，使得规划有了科学依据，通过换乘数据来设计规划各种交通方式。

虹桥综合交通枢纽规划布局的唯一依据如表 3－24 所示，根据虹桥综合交通枢纽换乘客流预测来布局基础设施，真正体现了以"运营为导向"，以旅客换乘便捷为目标的设计理念。根据上海交通研所对虹桥综合交通枢纽各种类型交通方式之间的换乘客流预测，得出的结论是：换乘量最大的是城际铁路、高速铁路和城市轨道交通；第二大换乘量是在虹桥机场和轨道交通之间；第三大换乘量是在磁浮交通和轨道交通之间；第四大为磁浮交通和铁路交通之间的换乘量。这里的铁路包括城际铁路和高速铁路，磁浮包括机场磁浮和沪杭磁浮。

表 3－24　虹桥综合交通枢纽换乘客流预测

	高铁	城际线	虹桥	机场间磁浮	磁浮沪杭	高速巴士	高速公路	城市交通
高铁		1 000～2 000	2 000～3 000	7 000～8 000	1 000～2 000	500～1 000	6 000～7 000	65 000～66 000
城际线	1 000～2 000		3 000～4 000	7 000～8 000	400～1 000	500～1 000	1 000～2 000	68 000～69 000
虹桥	2 000～3 000	3 000～4 000		2 000～3 000	400～1 000	3 000～4 000	7 000～8 000	34 000～35 000
机场间磁浮	7 000～8 000	7 000～8 000	2 000～3 000		0	1 000～2 000	0	
磁浮沪杭	1 000～2 000	400～1 000	400～1 000	0		1 000～2 000	1 000～2 000	24 000～25 000
高速巴士	500～1 000	500～1 000	3 000～4 000	1 000～2 000	1 000～2 000		0	3 000～4 000
高速公路	6 000～7 000	1 000～2 000	7 000～8 000	0	1 000～2 000	0		0
城市交通（以地铁为主）	65 000～66 000	68 000～69 000	34 000～35 000		24 000～25 000	3 000～4 000	0	

数据来源：上海交通研究所

依据换乘的客流量，虹桥综合交通枢纽就可以依据旅客需求来布置基础设施。因为铁路和地铁的换乘量最大，虹桥综合交通枢纽单独安排一个车站为高铁服务，专门来服务往返于铁路和地铁之间的旅客。地铁车站有一半就在高铁车站下面，另一半在外边的交通中心下面。依据换乘客流量来合理布置机场设施，使虹桥综合交通枢纽形成最东面是机场航站楼，其西侧是东交通换乘中心，其下面是地铁车站，地铁车站上面是公交车站，公交车站的两边是车库。从机场设施的布局可以看出规划者们的另一个良苦用心——提高公交的便捷度，提升公交的利用率。目前，虹桥综合交通枢纽的公交利用率为50%，在全国遥遥领先。国内没有任何一个其他城市能够达到这个水平的，国内多数机场的公交利用率都在10%～20%之间，美国大多数机场都在15%以下。能够与虹桥综合交通枢纽相媲美的只有日本东京的两个机场，而这两个机场也是得益于其轨道交通非常便利。因此，规划前期调研非常重要，以换乘功能为导向的枢纽布局，确立了虹桥综合交通枢纽的规划设计原则就是以换乘功能为导向。

虹桥综合交通枢纽开通运营后，城市道路系统的拥堵程度并没有增加，反而减少了，这就是虹桥综合交通枢纽对上海市交通发展的最大贡献，这就是公交优先的魅力。2009年，虹桥机场1号航道楼完成了2 500万人次的旅客吞吐量，旅客几乎都是开车来的，没有乘地铁，乘公交车的比例也极低。现在，虹桥机场已经达到3 800万人次的年吞吐量，它给道路交通的压力仅为2 000万人次，比当年的还少，有一半的旅客是通过铁路和地铁进出的。这就是采用“公交优先”原则来解决城市越来越挤、车子越来越多、道路越来越堵的城市交通问题的成果。虹桥综合交通枢纽是如何落实“公交优先”的原则的呢？一是让线路巴士、专线巴士、长途巴士等公共交通工具都可以开到航站楼和车站门口，在地铁车站直接进航站楼；二是为公共交通提供舒适的候车空间；三是提供充分的运输资源，提供高频率的交通服务，并让旅客得到一个宽敞、舒适的车内空间，可以西装革履地乘坐公共交通[58]。

虹桥综合交通枢纽集高速铁路、高速公路等交通基础设施为一体，使长三角城市群的交通基础设施实现互联互通。虹桥综合交通枢纽的规划建设使得虹桥机场成为长三角综合交通网络中的最关键节点。处在沪宁、沪杭和上海东西交通走廊的转换节点上的虹桥综合交通枢纽是长三角城市群最大的地面交通枢纽中心，已经开始朝着高端细分市场、中转市场和高质量旅客服务的方向转型发展，虹桥综合交通枢纽的目标就是要成为长三角的商务客运枢纽，未来，虹桥机场还需要不断创新服务模式，提高运营效率。

五、本章小结

依据交通历史发展脉络，长三角城市群的交通发展从运河时代→高速公路时代→高铁时代。由于长三角区域地理位置优势，使得该区域的城市在区域竞争中抢占先

---

[58] 刘武君．虹桥国际机场规划[M]．上海：上海科学技术出版社，2016．

机。沪宁城际、京沪高铁等率先通车，使得长三角城市群主要城市上海、苏州、南京等区域中心城市的交通便利性进一步提升，助力城市社会经济发展进入了快车道。现在，长三角城市群拥有现代化江海港口群和机场群、健全的高速公路网、密度全国领先的公路铁路交通干线，初步形成了集铁路、公路、水路的立体综合交通网络。区域交通一体化的发展，助力着交通强国宏伟目标的实现。交通一体化发展带来了市场要素的大流通，降低了交通发展的不均衡性，城市间需要通过更高层次的良性竞争才能形成更高质量的发展。高铁的到来，使得人们出行更加便利、快捷，缩短了城市间的时空距离，使得各个区域发展更公平、公正和均衡。上海首届中国国际进口博览会的成功举办促进了长三角地区三省一市之间综合交通网络的全面对接，使得地区空间联系更为紧密。苏通长江大桥、杭州湾大桥和沪宁高铁等重点项目的顺利建成，进一步缩短了长三角城市间的时空距离，完善了综合交通运输体系。长三角区域构筑完善的现代化区域交通网络，进一步解决了交通"瓶颈"对区域发展带来的障碍，促进了长三角区域一体化高质量发展。

未来诸多变化对长三角城市综合交通系统规划和建设都提出了新的要求；如火如荼的高速铁路的建设正在改变着城际出行模式，并构筑着新的区域关系；多式联运是交通运输的发展趋势，空路联运、空铁联运、空轨联运、空水联运、海空联运、海铁联运以及海空陆联运是未来的发展方向。近年来，长三角城市群立足于城市本身建设功能，服务于长三角地区发展，服务国家长三角经济带发展战略，正在打造航空机场网和高速铁路网，并逐步与城市内部轨道交通网连接起来，形成把航空、高铁、磁浮为主体的对外交通与起集疏运作用的地铁、公交、出租车、社会车辆等多种城市交通方式有机衔接起来的综合交通枢纽。长三角城市群一体化发展的首要任务是要解决区域交通发展不均衡、沟通不对称、交通运输体系规划缺少统筹协调机制等关键问题。如要促进长三角区域交通网络合理布局，实现长三角城市群交通一体化，就需要进一步加强区域发展的顶层设计，打破原先的壁垒，实现高层次的交通规划对接。长三角城市群交通基础设施要实现一体化发展，形成水、陆、空三位一体的长三角立体综合运输格局，就需要落实长三角城市间公交、城铁和地铁等公共交通设施的互联互通规划，尤其需要实现城际铁路的衔接、成网、贯通；加强推动浙江、江苏港口群与江海联运的协作，打造一体化的长三角现代化港口物流体系，强化航空港的共建共享；全面提升长三角城市群国际航运话语权，包括定价、处理纠纷事务等，实现长三角城市群枢纽航线通达全球，具有齐全完备的基础设施，高效易达的交通网络。

第四章　长三角城市生态环境建设

一、生态环境总体情况

长三角地区是我国“一带一路”和长江经济带建设的重要组成部分，也是长江流域绿色发展、长江生态保护的重要一环(见图 4－1)。该地区坚持生态文明建设指导思想，以改善生态环境质量为核心，以加快建设生态文明标志性举措为突破口，全力以赴推进生态环境保护工作，并取得了积极进展和成效，生态环境总体上向好的方向发展。2017 年，长三角地区城市空气质量达标天数比例范围在 48.2%～94.2%之间，平均为 74.8%，比 2016 年上升了 2.7%，平均超标天数比例为 25.2%。其中，重度污染占比 0.9%，中度污染占比 4.4%，轻度污染占比 19.9%，同比 2016 年，空气质量有所改善。长三角城市群国控地表水质优良率为 61.94%(≤Ⅲ类)，低于全国水平 5.96%；轻度污染地表水占比为 22.12%(Ⅳ)；中度污染占比为 13.27(Ⅴ)；重度污染占比为2.65%(Ⅵ)，低于全国水平 8.3%。长三角区域内陆河湖众多，水网密布，主要湖泊太湖、巢湖、洪泽湖等的富营养化严重，蓝藻频发，差不多有大半数的内河流监测断面水质低于Ⅲ类地表水标准，内陆河湖水质趋于恶化；近岸海域水质呈下降趋势，海域水体呈中度富营养化状态。此外，城市生活垃圾和工业固体废弃物急剧增加，土壤复合污染加剧，部分农田土壤多环芳烃或重金属污染严重。

面对严峻的城市生态环境问题，长三角城市群区域内各城市积极响应中央对长三角城市群发展的定位，探索区域合作机制，推动对口支援和产业转移。从 2013 年 3 月到 2018 年 11 月，长三角三省一市环境相关主要领导、负责人已召开 8 次联席会议，就区域生态共保，环境共治等跨界合作、技术扩散与技术转移进行了积极探索，着力推动长三角区域资源整合、优势互补，促进长三角区域生态环境联防联治，在生态保护创新方面取得了显著成效。例如，先行先试的制度创新，探索生态环境损害责任终身追究[59]，对水、耕地、森林、滩涂四类自然资源资产负债表也进行了编制，进一步加强和创新了最严格水资源管理制度考核、河湖健康评估制度，推动饮用水源地管理机制、环境

---

[59] 全国两会特别报道. 共商共治共享，高质量推进生态建设[N/OL]. 解放日报，(2018-03-19)[2018-12-28]. http：// kns. cnki. net/KCMS/detail/detail. aspx? QueryID = 2&CurRec = 1&recid = &FileName = JFRB201803190040&DbName = CCNDLAST2018&DbCode = CCND&yx=&pr=&URLID=.

综合整治与河道综合治理模式创新等；鼓励支持社会第三方治理，完善了生态补偿制度；积极推进环境共治共享，完善有奖举报制度等。长三角区域在环保投入方面也是持续增长，环境设施能力显著提升。以上海为例，环境保护资金投入从 2007 年 366.1 亿元增长到 2016 年的 823.6 亿元，年均增长率为 8.59%，占 GDP 比重也从 2007 年的 2.9%增长到 2016 年的 3.1%。10 年期间，上海城市排水管道长度从 8 120 公里增长至21 397公里，增长了 1.64 倍，污水处理能力从 556 万吨/日提升到 815 万吨/日，增长了 46.6%。长三角城市群不断增长城市环保资金、技术和人员的投入，提升环境基础设施，为改善区域环境质量奠定了非常好的基础。

2016 年 5 月 11 日，李克强总理主持国务院常务会议通过了《长江三角洲城市群发展规划》，提出培育更高水平的经济增长极，为生态保护提供发展新支撑，实施生态建设与修复工程，深化大气、土壤和水污染跨区域联防联治，建立地区间生态保护补偿机制，到 2030 年，要将长三角城市群全面建设成为具有全球影响力的世界级城市群。长三角城市群需要坚持区域联防联控、全民共治、源头防治、标本兼治、统筹兼顾、系统谋划、精准施策，综合运用法律、经济、技术和必要的行政手段来优化调整能源结构、产业结构、运输结构和用地结构以达到城市绿色、生态、可持续发展，而开展能力建设、提高环保标准、生产环保产品、发展清洁技术、开发生态资源、普及环保意识，成为促进区域绿色发展和改善民生的重要方式之一。

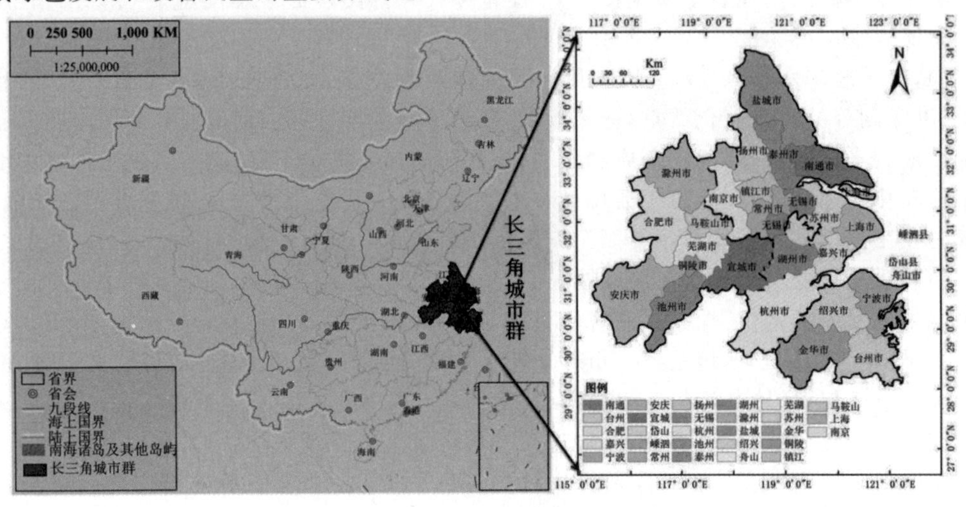

图 4－1　长三角城市群示意图

二、资源环境情况

近年来，长三角城市群经济快速发展，带来了巨大的资源消耗，加上人口高度密集，土地承载压力非常大，使得长三角地区的环境负荷逐年加重，水资源短缺和水质污染、大气污染、土壤污染、生物多样性损失、固体废弃物污染等生态环境问题频繁出现，主要体现为环境污染加剧、生态结构改变、生态功能退化、河口生态环境问题加剧等。城市化进程改变自然生态结构，使得区域生态功能严重退化，区域环境污染加剧。

（一）水环境质量

改革开放40年以来，长三角城市群各城市由于地理位置的优势，得到了长足的发展，长三角城市群已经成为中国经济最发达、人口最密集的区域之一，但也存在着严重的水污染，主要表现为近海污染、跨界污染、支流污染和湖泊污染等，水环境不断恶化，水生态功能严重退化。近年来，在党中央的领导下，加强区域水环境治理，尤其是2015年4月国务院印发《水污染防治行动计划》（以下简称《水十条》）之后，长三角区域各水域的水质有一定的改善，但距人民对美好生态环境的期望还有很长的路要走。

1. 水环境质量现状

长三角城市群水环境质量继续改善，主要污染物浓度下降，但有一些流域水质有所反弹。2017年，长三角城市群境内的全国地表水113（不包括境内长江支流和淮河流域支流水质断面）个水质断面（点位）中，无Ⅰ类水质断面，Ⅱ类水质断面（点位）为22个，占比为17.6%。Ⅰ～Ⅲ类水质断面（点位）70个，占比为61.94%，低于全国水平的67.9%。Ⅳ类水质断面（点位）25个，占比为22.12%；Ⅴ类水质断面（点位）15个，占比为13.27%；Ⅳ～Ⅴ类水质断面（点位）40个，占比为35.4%，显著高于全国水平23.8%；劣Ⅴ水质断面（点位）3个，占比为2.65%，低于全国水平8.3%。长三角区域内河湖众多，水网密布，其中太湖、巢湖、洪泽湖等主要湖泊富营养化问题严重，蓝藻频发。2017年，太湖总体水质为Ⅳ类水质，在2017年4～10月蓝藻预警监测期间，通过卫星遥感监测到太湖发生蓝藻水华集聚现象113次，较2015年增长了24.18%。巢湖总体水质为Ⅴ类水质，中度污染，呈轻度富营养化状态。此外，长三角城市群区域有大半数的内河流监测断面水质受到不同程度的污染，内陆河湖水质日益恶化，近岸水体富营养化严重。例如，东海近岸海域污染严重，主要受无机氮和活性磷酸盐污染。其中，Ⅰ类水质占比为15.9%，同比上升了3.5%；Ⅱ、Ⅲ类水质分别占比31.0%，12.4%，同比分别下降了0.9和2.6个百分点；Ⅳ类水质为9.7%，同比上升6.2个百分点；劣Ⅳ类水质为31.0%，同比下降6.2%。长江口和杭州湾水质极差，其中杭州湾的水质全低于劣Ⅳ类水质，长江口劣Ⅳ类水质所占比例大约为75%，Ⅲ类水质占比为20%，Ⅱ类水质占比为5%。

地下水污染造成的环境问题同样突出，上海、苏锡常地区、杭嘉湖区域因地下水超采，导致大面积的地下水位降落漏斗，危及地下水的可持续利用，水源水质污染延续，复合水环境污染问题凸显。随着区域环境污染治理力度的加强，区域水环境有所改善。2018年8月，对江苏省境内的81个县级及以上城市的集中饮用水水源地进行水质监测，达标比例达到97.5%，其中只有常州武进区滆湖应急水源地、南通海安县新通扬运河三里闸应急水源地的水质不达标。常州武进区滆湖应急水源地是高锰酸盐指数超标0.28倍和五日生化需氧量超标0.25倍，南通海安县新通扬运河三里闸应急水源地水质不达标，总磷超标0.2倍，其余的饮用水水源地水质均达标，水质状况良好。安徽省境内的8个城市地表水源地水质全部达标。2017年，长三角地区主要湖泊(水库)污染指标主要指总磷、化学需氧量和高锰酸盐指数。其中，巢湖、淀山湖、洪泽湖为Ⅴ类水质，为中度污染；太湖、高邮湖、阳澄湖为Ⅳ类水质，为轻度污染；西湖、升金湖、东钱湖、骆马湖等湖泊的水质为Ⅲ类水质，水体状况为良好；花亭湖、高唐湖、太平湖、里石门水库、千岛湖、湖南镇水库等湖泊(水库)水质优良，处于Ⅰ～Ⅱ类水平。从湖泊(水库)的富营养化指标来看，江苏的太湖、高邮湖、洪泽湖、阳澄湖，上海的淀山湖，安徽的巢湖、升金湖、太平湖和浙江的西湖、鉴湖处于轻度富营养化污染水平；浙江的东钱湖、千岛湖、高唐湖、花亭湖处于中营养水平(见表4-1)。

表4-1　2017年长三角区域重要湖泊(水库)水质状况

水质类别	三湖	重要湖泊	重要水库
Ⅰ类，Ⅱ类	—	花亭湖、高唐湖	太平湖、里石门水库、千岛湖、湖南镇水库
Ⅲ类	—	西湖、升金湖、东钱湖、骆马湖	—
Ⅳ类	太湖	高邮湖、阳澄湖	—
Ⅴ类	巢湖	淀山湖、洪泽湖	—

资料来源：作者整理

长三角城市群区域内主要流域和湖泊的水质状况：①长江流域，2017年长三角城市群境内长江流域干线上10个断面监测(点位)，水质全部达到Ⅱ类水质，Ⅲ类水质站点所占比例从2006年的40%下降到0，到2018年全部断面水质都为Ⅱ类优质水。②淮河流域，2017年淮河干流江苏段水质较好，4个监测断面年均水质均符合Ⅲ类标准，与2016年相比水质保持稳定。主要支流水质总体处于轻度污染状态，符合Ⅲ类、Ⅳ类、Ⅴ类和劣Ⅴ类水质断面分别占64.8%、24.2%、5.0%和6.0%，影响水质的主要污染物为总磷、化学需氧量和氨氮。与2016年相比，符合Ⅲ类标准的水质断面比例上升了1.5个百分点，劣Ⅴ类断面比例下降了2.1个百分点，南水北调东线江苏段15个控制断面年均水质均达到Ⅲ类标准要求。③太湖，2017年太湖湖体总体水质处于Ⅳ类(不计总氮)，主要污染指标为总磷。17个水质点位中，没有Ⅰ类、Ⅱ类；其中Ⅲ类水质点位2个，占比为11.8%；Ⅳ类9个，占比为52.9%；Ⅴ类水质点位6个，占比为

35.3%；没有劣Ⅴ类水质点位。对比2016年，Ⅲ类水质点位所占比例下降了11.7%，Ⅳ类水质点位所占比例下降了17.7%，Ⅴ类水质点位上升了29.4%，其他类均持平，全湖平均为轻度富营养化状态，湖体高锰酸盐指数和氨氮年均浓度分别处于Ⅱ类和Ⅰ类；总磷年均浓度为0.081毫克/升，处于Ⅳ类；总氮年均浓度为1.65毫克/升，处于Ⅴ类，与2016年相比，高锰酸盐指数、氨氮浓度稳定在Ⅱ类以上，总氮浓度下降5.2%，总磷浓度上升26.6%；湖体综合营养状态指数为56.8，同比上升2.2，总体处于轻度富营养状态。在2017年4～10月蓝藻预警监测期间，通过卫星遥感监测共计发现蓝藻水华聚集现象113次，与2016年同期相比，发生次数有所增加，最大和平均发生面积分别增加48.3%和78.4%。15条主要入湖河流中，主要为轻度污染，其主要污染指标为化学需氧、氨氮和总磷。有11条年均水质符合Ⅲ类标准，占73.3%，其余4条河流水质为Ⅳ类。与2016年相比，符合Ⅲ类水质河流数增加6条，占比上升了33.3个百分点；列入省政府目标考核的太湖流域137个重点断面水质达标率为88.3%，较2016年上升了5.2个百分点。55个水质断面中，没有Ⅰ类和劣Ⅴ类水质断面；其中9个水质断面为Ⅱ类水质，占比为16.4%；30个水质断面的水质为Ⅲ类，占比为54.5%；Ⅳ类水质断面有12个，占比为21.8%；有4个水质断面的水质为Ⅴ类，占比为7.3%。与2016年相比，Ⅱ类水质断面占比下降了5.4%，Ⅲ类水质断面占比上升了7.2%，Ⅳ类水质断面占比下降了3.7%，Ⅴ类水质断面占比上升了1.8%，其他类均持平。④巢湖，湖体为中度污染，主要污染指标为总磷。8个水质点位中，Ⅳ类水质点位3个，占比为37.5%；Ⅴ类水质点位5个，占比为62.5%；无Ⅰ类、Ⅱ类、Ⅲ类和劣Ⅴ类。与2016年相比，Ⅳ类水质点位占比下降了25.0个百分点，Ⅴ类占比上升了25.0个百分点，其他类均持平。全湖平均为轻度富营养状态。环湖河流为中度污染，主要污染指标为氨氮、总磷和五日生化需氧量。14个水质断面中，Ⅱ类水质断面1个，占比为7.1%；Ⅲ类9个，占比为64.3%；Ⅳ类1个，占比为7.1%；劣Ⅴ类3个，占比为21.4%；无Ⅰ类和Ⅴ类。同比2016年，Ⅳ类水质断面占比上升了7.1个百分点，劣Ⅴ类占比下降了7.2个百分点，其他类均持平[60]。

水资源方面，长三角区域2017年废水总排放量为147.49亿吨，约占全国21.08%，同比下降了0.14%。日益加剧的水环境污染导致长三角区域成为中国水环境问题最为突出的地区之一[61]。2017年长三角区域人均水资源量为870.9立方米，远远低于全国人均水平的2 074.5立方米，水资源供需紧张，水环境问题已经是制约长三角地区持续发展的一个主要因素(见图4－2)。

60　中国环境保护部. 中国生态环境状况公报[Z]. 2018.

61　林兰. 长三角地区水污染现状评价及治理思路[J]. 环境保护，2016，44(17)：41-45.

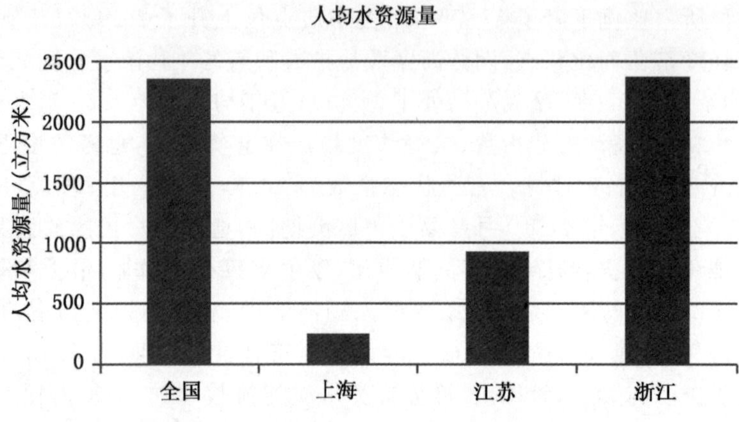

图 4-2　2017 年长三角地区人均水资源量

为此，应加强长三角地区生态功能区划分和空间管控，促进产业结构调整和优化，尽快构建健全的长三角水环境联防联控机制，推动生态修复和污染控制相结合的机制，形成污染治理的激励机制和倒逼机制。

2. 长三角城市群水环境污染时空演变过程

依照现有数据记录，1989 年的中国环境报告显示长三角城市群由于受到不同程度的点状或者面状污染，导致多数城市地下水局部水质恶化，污染物主要为硫酸盐、氯化物和挥发性酚。1990 年，上海、苏州、常州等城市由于地下水开采过度，导致不同程度的点源污染，而杭州、南京等地下水水质良好。此外，长江干流水质总体良好，只是在沿岸城市排污口附近存在面积不等的岸边污染带，主要污染物为悬浮物、挥发性酚和耗氧有机物。1995 年，巢湖污染开始严重，6 项指标超标，主要污染物为总氮、总磷，均值分别超标 2.73 倍、8.22 倍。东海长江口、杭州湾和舟山渔场海域内的无机氮超标率为 100%，无机磷超标率为 87%，沿岸水域富营养化的形成正是由于无机氮和无机磷的严重超标所致。

2006～2018 年间，长三角城市群区域境内的长江流域干线上的 10 个监测断面(上海朝阳、南通姚港、镇江焦山尾、南京江宁、南京九乡、马鞍山江宁县三兴村、芜湖东西梁山、铜陵洪家湾、安庆皖河口、安庆前江口)水质数据显示，在 2006 年 10 个监测断面有 6 个水质为Ⅱ类水质，占比为 60%，4 个断面水质为Ⅲ类水质；2018 年，全部断面的水质都为Ⅱ类水质。从表 4-2 中可看出，长江流域长三角城市群区域境内的干流水质在近 12 年内总体变好。

表 4-2　长三角城市群区域长江流域干流断面水质变化趋势

断面名称	所在地区	2006 年	2009 年	2013 年	2018 年
皖河口	安庆市	Ⅱ	Ⅱ	Ⅱ	Ⅱ
前江口	安庆市	Ⅱ	Ⅱ	Ⅱ	Ⅱ
洪家湾	铜陵市	Ⅲ	Ⅲ	Ⅱ	Ⅱ
东西梁山	芜湖市	Ⅱ	Ⅱ	Ⅱ	Ⅱ
江宁县三兴村	马鞍山市	Ⅱ	Ⅱ	Ⅱ	Ⅱ
江宁河口	南京市	Ⅲ	Ⅱ	Ⅱ	Ⅱ
九乡河口	南京市	Ⅲ	Ⅱ	Ⅱ	Ⅱ
焦山尾	镇江	Ⅱ	Ⅱ	Ⅱ	Ⅱ
姚港	南通市	Ⅱ	Ⅱ	Ⅱ	Ⅱ
朝阳	上海	Ⅲ	Ⅱ	Ⅲ	Ⅱ

资料来源:作者整理

淮河流域,依照中国环境状况公报得出,2006 年,淮河干流属于重度污染,14 个监测断面中,有两个监测断面属于长三角城市群范围内的,即滁州市小柳港断面站点和淮河大桥(盱眙县)断面站点,前者属于Ⅴ类水质,主要污染物为 BOD_5,后者的水质为Ⅱ类。到 2017 年,淮河干流江苏段水质较好,4 个监测断面年均水质均符合Ⅲ类标准,与 2016 年相比,水质保持稳定,较 2006 年的Ⅴ类水质改善了非常多。2017 年,淮河流域主要支流水质总体处于轻度污染,符合Ⅲ类、Ⅳ类、Ⅴ类和劣Ⅴ类水质断面分别占 64.8%、24.2%、5.0%和 6.0%,影响水质的主要污染物为总磷、化学需氧量和氨氮,与 2016 年相比,符合Ⅲ类标准的水质断面比例上升了 1.5 个百分点,劣Ⅴ类断面比例下降了 2.1 个百分点。

长三角城市群主要湖泊有江苏省的太湖、玄武湖、洪泽湖、金牛湖、石臼湖、固城湖、登月湖、高邮湖、骆马湖、邵伯湖,浙江省的西湖、南湖、东湖、东钱湖、千岛湖和安徽省的巢湖、太平湖、花亭湖、升金湖、天井湖、平天湖、雨山湖,上海的淀山湖等湖泊;主要的水库有梅山水库(安徽淮河)、花亭水库(安徽)、响洪甸水库(安徽)、新安江水库(浙江钱塘江)。结合 2000 年、2006 年、2013 年、2016 年、2018 年全国地表水水质报告,分析总结得出长三角城市群重点湖泊(库)水质演变状况(见表 4-3)。2018 年 8 月,全国水质报告显示,上海淀山湖由 2016 年重度污染状况转为中度污染,长三角城市群无重度污染湖泊。此外,高邮湖、洪泽湖、巢湖等 5 个湖库为中度污染,阳澄湖、太湖、西湖等 3 个湖库为轻度污染;主要污染指标为总磷、化学需氧量、高锰酸盐指数、pH 和五日生化需氧量;其余湖库水质优良。单独评价总氮时,淀山湖、高唐湖等两个水库为劣Ⅴ类水质；洪泽湖为Ⅴ类水质；高邮湖、千岛湖等两个湖库为Ⅳ类水质；其余湖库均满足Ⅲ类水质标准。依据营养状态指标，所有湖库都没有重点富营养状态，高邮湖为中度富营养化水平；淀山湖、洪泽湖、阳澄湖、巢湖、太湖、西湖等 6 个湖库为中度富营养或贫度富营养状态。

表 4－3　2000～2018 年长三角城市群区域主要湖库水污染发展变化趋势

污染程度	2000 年	2006	2013	2016	2018
重度污染(劣Ⅴ类)	巢湖 、	东湖、玄武湖、洪泽湖	淀山湖	淀山湖	—
中度污染（Ⅴ类）	—	巢湖、太湖	洪泽湖	洪泽湖	巢湖、高邮湖、白洋淀、淀山湖、洪泽湖
轻度污染（Ⅳ类）	太湖、洪泽湖	西湖	太湖、巢湖、高邮湖	太湖、巢湖、西湖、阳澄湖、东钱湖、高唐湖	阳澄湖、太湖、西湖
优良（Ⅰ～Ⅲ类）	其余湖泊	其余湖泊	骆马湖、升金湖	其余湖泊	骆马湖

资料来源：作者整理

下面阐述一下长三角城市群的两个大型湖泊——太湖、巢湖的水质情况，分别从湖体水质和环湖河流水质两个方面来加以介绍。

(1) 太湖。湖体水质：对 2018 年 8 月的监测数据统计分析得出，太湖湖体共监测 17 个点位，全湖整体为轻度污染，主要污染指标为总磷。其中，西部沿岸区为重度污染，北部沿岸区为轻度污染；湖心区和东部沿岸区水质良好；总氮单独评价，全湖整体为Ⅲ类水质；营养状态评价表明，全湖整体为轻度富营养状态，湖心区和东部沿岸区为中度富营养，北部沿岸区为轻度富营养，西部沿岸区为中度富营养。

环湖河流水质：2018 年 8 月，主要环湖河流总体为轻度污染，主要污染指标为溶解氧、总磷和化学需氧量。监测的 39 条河流的 55 个断面中，Ⅱ类水质断面占比为 18.2％，Ⅲ类占比为 40.0％，Ⅳ类占比为 32.7％，Ⅴ类占比为 9.1％，无Ⅰ类和劣Ⅴ类水质断面，与 2006 相比，水质有所好转，Ⅲ类水质断面比例上升了 29％，Ⅳ～Ⅴ类水质断面比例下降了 5.2％，劣Ⅴ类水质占比从 42％降为 0。由此可见，太湖主要环湖河流的水质总体上有所好转，这对太湖湖体污染的治理具有非常重大的作用。入湖河流的污染情况为：百渎港为中度污染，殷村港和梁溪河为轻度污染，武进港、汤溇、望虞河、大港河、东苕溪、大浦港和南溪河水质良好，西苕溪、泗安溪和杨家浦港水质为优。出湖河流的污染情况为：胥江和苏东河水质良好。主要环湖河流的污染情况是：海盐塘和上海塘为中度污染，白屈港、枫泾塘、朱厍港、京杭运河、长山河、吴淞江、俞汇塘、澜溪塘、新兴塘河一九里河、梅溧河、红旗塘、千灯浦和广陈塘为轻度污染，頔塘、木光河、湘家荡、新夏港河、德胜河、胥河、丹金溧漕河和浏河水质良好，九曲河水质为优。

(2) 巢湖。湖体水质：2018 年，巢湖湖体共监测 8 个点位，全湖整体为中度污染（Ⅴ类水质），主要污染指标为总磷。其中，西半湖为重度污染（劣Ⅴ类水质），东半湖为中度污染（Ⅴ类水质）。总氮单独评价，全湖整体为Ⅲ类水质。其中，西半湖为Ⅱ类水质，东半湖为Ⅲ类水质。营养状态评价表明，全湖整体为轻度富营养状态，东半湖和西半湖为轻度富营养。

巢湖环湖河流水质：2018 年巢湖环湖河流总体水质为轻度污染，主要污染指标为化学需氧量、溶解氧和氨氮。监测的 10 条河流的 14 个断面中，Ⅱ类水质断面占比为 21.4%，Ⅲ类占比 42.9%，Ⅳ类占比为 21.4%，劣Ⅴ类占比为 14.3%，无Ⅰ类和Ⅴ类水质断面。主要入湖河流的污染情况是：派河和南淝河为重度污染，十五里河和白石天河为轻度污染，柘皋河、双桥河和兆河水质良好，杭埠河水质为优。主要出湖河流的污染情况是：裕溪河水质良好。主要环湖河流的污染情况是：丰乐河为轻度污染。

3. 水环境治理创新举措

2016 年 11 月 15 日，国务院常务会议通过《“十三五”生态环境保护规划》，“十三五”规划明确提出了 2020 年的目标以及总体思路，将坚持以改善水环境质量为核心，以落实“水十条”为抓手，要求各区域：第一要坚持问题导向，解决人民群众最关心和反应强烈的突出水污染问题；第二是做好源头预防，严守空间总量准入红线；第三是突出重点领域，强化治理措施；第四是创新管理方式，提升水环境质量管理能力；第五是严格落实地方和企业的责任。长三角城市群在水环境治理方面，现在要持续加大治理力度，未来要深化跨区域水环境污染协同防治，以保护水系、改善水质为目标，建立水污染防治倒逼机制；加强对长江、京杭大运河、钱塘江、太湖、巢湖等的水环境综合治理，完善区域水污染协作防治长效机制；执行河(湖)长制，以严格考核、直接问责的方式来治理区域水环境；对长江口、杭州湾进行全面整治，消除非法和设置不合理的入海排污口，基本消除入海河流劣Ⅴ类水体，总体控制沿海地级市以上城市的总氮、总磷、重金属污染物排放量。

具体跨区域水体联合治理行动方案为：①淀山湖，以上海为头，结合苏州、嘉兴共同保护和治理淀山湖水环境，推动环湖地区原有不规范的企业逐步退出，严禁城镇新扩张和工业污染进入湖体，通过治理工农业和城乡污染源、修复水生态环境、综合治理河网体系、梳通各种河流的清淤等一系列综合治理工程手段，提高淀山湖水域综合生态环境质量，从而保障上海重要的水源地水质安全，共同打造江南水乡。②长江口，协同上海、南通、苏州共同保护和治理长江口水环境，优化协调产业布局，严禁新增重化工业进入，公保青草沙水源地、中华鲟自然保护区、东滩候鸟保护区以及候鸟迁徙通道，进一步有效改善海洋和河口交汇区域的生态环境，打造世界级生态文明崇明岛。③杭州湾，综合上海、宁波、舟山、杭州、嘉兴、绍兴等城市共同防治杭州湾水环境，协调优化沿湾地区的重化工业布局，严格控制围垦规模，加强湿地和岸线保护，进一步提升入湾河流和排污口的水环境质量，重点保护海洋生态环境，打造世界级生态海湾。④太湖，联合苏州、常州、无锡、嘉兴、湖州共同保护与治理太湖，优化调整环太湖流域的工业布局和产业结构，重点治理农村和农业面源污染以及工业点源污染，从源头开始防控，加快开展小流域水环境整治工作，保护与修复湖滨湿地，防治太湖蓝藻大规模爆发，推进太湖清淤疏通和生态修复。⑤太浦河，联合苏州、湖州、嘉兴、上海等城市合力保护与治理太浦河水环境，调整产业结构，建立太浦河上下游水资源保护协作机制，保障上海饮用水源安全；加强污染源综合防治机制，大力推进周边及沿岸地区开展工业点源污染治理。⑥长江沿岸地区，联合江苏、安徽等沿江城市共同治理长江沿岸地区水环境污染，科学布局沿江产业结构，严禁高污染产业进入，协调沿江排污口和取水口布局，防范有毒化学品运输船舶进入所引起的环境风险，以确保集中式饮用水源地水质的安全，共同保护长江黄金水道，推动长江干支流水质保持稳定。

下面重点分析中国塑料制品对长三角城市群区域内河流水质的污染。长三角城市群塑料制品消费水平居全国前列，集聚了中国最多的塑料生产企业，又由于地区内河网水系发达，微塑料垃圾和塑料垃圾极其容易排入河流，最终进入海洋。由于塑料等材料不易降解，最终聚集在水体里，进而导致水污染产生，并对河流的生物多样性产生很大的影响。近几年来，国内外学者们开始关注塑料垃圾和微塑料垃圾的污染，过去因疏于防范，区域内工业、居民生活、渔业养殖、农业的面源和点源污染严重，流域塑料垃圾排放量非常大。以浙江省为例，其海洋资源丰富，海岸线总长达 6 486.24 公里，占全国的 20.3%，位居全国前列，是中国海洋资源最为发达的省份之一。而浙江省的橡胶和塑料制品业产值达 2 832.4 亿元人民币，居全国首位。依据对该省主要入海河流塑料监测，得出 7 条主要入海河流的塑料密度在 0.8～13.6 个/升[62]，曹娥江最上游站位的密度最小，而钱塘江的最上游站位密度最大。此外，长山闸、金清新闸、四灶浦和南台头闸污染水平相对较高。上海市政协委员李道季建议，加强长三角区域塑料垃圾和微塑料河流治理与长三角水环境治理领域的衔接，确定长三角区域人类活动产生的塑料垃圾和微塑料进入海洋陆海交界的主要河口和河流系统中的类型、来源、程度，率先建立长三角区域消减塑料垃圾的管控法规，推动“河长制”“湖长制”与“湾长制”有机衔接，强调其塑料垃圾的管控职责，构建源汇双截流的塑料垃圾管控防治机制，建立完善的塑料垃圾污染公共环境意识教育体系，唤起公众对海洋、河流塑料垃圾污染的关注，激发公众的环保意识，进而改变消费行为，自觉养成垃圾分类的习惯，循

[62] 李道季. 长三角水环境治理切莫忽视“微塑料污染”[N/OL]. 联合时报. 2018-7-3.

环利用，有助于从源头上解决塑料污染问题。

（二）区域空气质量

1. 空气质量现状

长三角区域大气污染一体化和同步化趋势突出。依据环境保护部发布的《2017年中国环境状况公报》[63]，2017年长三角地区平均PM2.5浓度为44μg/m³，同比降低了4.3%；PM_{10}为71μg/m³，同比降低5.3%；SO_2为14μg/m³，同比降低了17.6%；CO为1.3 mg/m³，同比降低了13.3%；而O_3为170μg/m³，同比增长了6.9%；NO_2年平均值为37μg/m³，同比增长了2.8%。2017年，长三角地区城市空气质量达标天数比例为48.2%～94.2%之间，平均为74.8%，比2015年上升了2.7%，平均超标天数比例为25.2%，其中重度污染占比为0.9%，中度污染占比为4.4%，轻度污染占比为19.9%。26个城市中，仅有6个城市达标天数比例在80%～100%之间，18个城市达标天数比例为50%～80%之间，2个城市优良天数比例小于50%。超标天数中以O_3为首要污染的天数最多，占比为50.4%，其次为$PM_{2.5}$，占比为44.5%。PM_{10}和NO_2为首要污染物的天数占比较低，分别为2.3%和3.0%。长三角区域的大气污染已随着城市群的发展扩张由局部地区污染演变为具有区域性、复合型特征的污染。秋冬季节灰霾污染事件频发。由于长三角城市群区域具有较高的废气排放量，2017年长三角区域废气排放总量中，二氧化硫排放总量为85.51万吨，约占全国排放总量的9.77%，同比降低了32.59%；氮氧化物总排放量为202.31万吨，同比增长了4.12万吨，约占全国排放总量的16.07%；烟（粉）尘总排放量为87.2万吨，约占全国排放总量的10.95%，同比增长了18.28万吨。长三角城市群主要污染排放物来源于工业排放，工业排放占总排放量的90%以上，治理大气污染，主要是要调整产业结构，推动低碳节能绿色发展。区域$PM_{2.5}$浓度水平总体偏高，在秋冬季节不利的气象条件下，大气灰霾污染事情频发。2017年，蓝天保卫战成效显著，长三角地区细颗粒物（$PM_{2.5}$）平均浓度比2013年下降了34.3%，《大气污染防治行动计划》空气质量重点工作任务和改善目标全面完成，但仍然低于全国平均水平67.44%，因此，长三角城市群大气污染治理的道路还很长。依据中国生态环境状况公报，长三角地区2017年污染物浓度变化情况如表4-4所示。

---

[63] 中国环境保护部. 中国生态环境状况公报[Z]. 2018.

表 4-4 长三角城市群 2017 年空气质量综合指数变化表

城市	2017 年	2016 年	同比变化率/%	主要污染物
上海	4.63	4.8	−3.54	O_3
苏州	4.97	5.32	−6.58	NO_2、$PM_{2.5}$
南京	5.18	5.58	−7.17	NO_2
泰州	5.22	5.4	−3.33	$PM_{2.5}$
盐城	4.58	4.53	1.10	$PM_{2.5}$
南通	4.79	5.04	−4.96	O_3
无锡	5.28	5.79	−8.81	$PM_{2.5}$
常州	5.41	5.71	−5.25	$PM_{2.5}$
镇江	5.63	5.28	6.63	$PM_{2.5}$
扬州	5.72	5.3	7.92	$PM_{2.5}$
杭州	5.02	5.24	−4.20	$PM_{2.5}$
绍兴	4.73	4.76	−0.63	$PM_{2.5}$
湖州	4.8	5.02	−4.38	$PM_{2.5}$
嘉兴	4.72	4.85	−2.68	$PM_{2.5}$
台州	3.65	3.81	−4.20	$PM_{2.5}$
舟山	3.18	3.05	4.26	O_3
宁波	4.31	4.41	−2.27	$PM_{2.5}$
金华	4.44	4.61	−3.69	$PM_{2.5}$
合肥	5.65	5.56	1.6	$PM_{2.5}$
芜湖	5.55	5.22	6.3	$PM_{2.5}$
马鞍山	5.51	5.14	7.2	$PM_{2.5}$
铜陵	5.93	5.76	3	$PM_{2.5}$
安庆	5.01	5.03	−0.4	$PM_{2.5}$
宣城	4.86	4.63	5	$PM_{2.5}$
池州	5.35	4.55	17.6	$PM_{2.5}$
滁州	5.39	5.43	−0.7	$PM_{2.5}$

数据说明:指数越高,污染越重

从 2017 年长三角城市群空气质量综合指数变化表可以得出,$PM_{2.5}$仍然是长三角城市群首要污染物，约占 84.62%。舟山、上海、南通的首要污染物为 O_3，南京为 NO_2。2017 年，长三角城市群的 26 个城市中，17 个城市的空气质量变好，9 个城市的空气质量变差。其中，空气质量变差的城市主要集中在安徽省，有 6 个城市（合肥、芜湖、马鞍山、铜陵、宣城、池州）的空气质量变差，其中池州质量变差最严重，变化率为 17.6%，其次为马鞍山（7.2%），再次为芜湖（6.3%）；浙江省只有舟山市空气质量变差，综合指数增长了 4.26%，其余 7 个城市空气质量均为变好。江苏省的镇江、扬州、盐城的空气质量变差，其他城市均为变好。夏秋季节臭氧污染现象突出。高速的城市化进程中，大量的工业废气排放、机动车废气排放、秸秆燃烧废气排放等原因导致长三角城市群在夏秋季节出现以高浓度臭氧为典型特征的光化学污染问题。从《2017 中国环境状况公报》看出，长三角区域以臭氧为首要污染物的天数比例最高，占 50.4%，约占一半多，O_3 年平均值为 170$\mu g/m^3$，是世界卫生组织空气质量标准二级水平的 1.7 倍。

长三角城市群地区也出现严重酸雨现象，较大面积是属于国家酸雨控制区。2017 年，江苏省辖城市降水年均 pH 值为 5.59，酸雨平均发生概率为 15.6%，较 2013 年降低了 11.1%，酸雨年均 pH 值为 4.93，比 2013 年提升了 0.29，13 个设区市中有 8 个市监测到不同程度的酸雨污染，酸雨发生概率介于 2.9%～35.5%之间；安徽省全省平均酸雨发生频率为 7.4%，马鞍山、滁州、铜陵、芜湖、安庆、黄山等 6 个城市均有酸雨发生，全省酸雨年平均 pH 值为 5.83（安徽省环境保护厅，2017）；上海市发生酸雨频率为 47.6%，同比下降 2.9%，较 2013 年下降了 27.6%左右，全市降雨 pH 平均值为 5.12，比 2013 年提升了 0.31，近五年来，上海酸雨污染总体呈下降趋势（上海市环境保护局，2017）。浙江省 69 个县级以上城市中 66 个城市酸雨污染严重（浙江省环保厅，2017）。

2. *大气污染防治*

未来要联手打好大气污染防治攻坚战。2013 年 9 月，国务院印发了《大气污染防治行动计划》（以下简称《大气十条》），明确要求建立京津冀、长三角区域大气污染防治协作机制，协调解决区域突出的环境问题。同年 12 月，环境保护部向国务院上报《关于成立长三角区域大气污染防治协作小组的请示》获批通过。2018 年 7 月，中国政府又出台了新版空气污染整治目标和计划。总体来说，在“一带一路”建设、长江经济带建设、长三角一体化发展的国家战略指引下，长三角城市群以习近平新时代中国特色社会主义思想为指导，坚持新发展理念，坚持全民共治、源头防治、标本兼治，持续开展大气防治行动，综合运用经济、技术、法律和行政手段，大力优化调整区域能源结构、运输结构、产业结构，加强交通、能源、建设、工农业生产和社会生活等领域的大气污染控制，强化区域联防联治、区域协同减排，长三角城市群空气质量处于变好趋势。但是距离目标还有很长的路要走，未来要解决城市空气质量问题，首先要完善长三角城市群大气污染防治协作长效机制，统筹协调解决长三角城市群大气环境问题，积极推进资源全面节约和循环利用，倡导简约适度、绿色低碳的生活方式。以上海为例，《上海市城市总体规划（2017～2035年）》要求上海全市碳排放总量与人均碳排放量到2025年前达到峰值，到2035年，碳排放总量要控制在比峰值减少5%左右，万元地区生产总值能耗控制在0.22吨标准煤以下，要求加强区域环境保护共保、环境共治的联合机制，构建以政府为主导、企业为主体、社会组织和公众共同参与的环境治理体系，治理大气污染。

第一，要加快调整能源结构，构建清洁低碳高效的能源体系结构。各城市坚持守住生态环境底线，调整产业结构，逐步淘汰低效落后的产业，加快发展低排放低能耗的生态创新产业，调整优化能源结构，严格控制煤炭消费总量，大力发展绿色节能低碳能源、绿色工业、绿色建筑，积极推进污染治理力度，实施减排工程，从而实现多措并举地加大生态环境建设和资源节约循环利用力度，扎扎实实地推进节能减排降碳，深入推进低碳循环绿色发展。以上海为例，上海市能源消费总量从2007年的9 375万吨标准煤增长到2016年的11 677万吨标准煤，能源消费强度从0.75吨标准煤/万元下降到0.43吨标准煤/万元，大大提升了能源利用效率。第二，要调整优化产业结构，推进产业绿色创新发展，根据城市资源环境承载能力、要素禀赋和比较优势，培育发展各具特色的城市产业体系，改造提升传统产业，淘汰落后产能，壮大先进制造业和节能环保产业、新一代信息技术、生物、新能源、新材料、新能源汽车等战略性新兴产业；适应制造业转型升级要求，推动生产性服务业专业化、市场化、社会化发展，引导生产性服务业在中心城市、制造业密集区域集聚；适应居民消费需求多样化，提升生活性服务业水平，扩大服务供给，提高服务质量，推动特大城市和大城市形成以服务经济为主的产业结构。第三，要积极调整运输结构，发展绿色交通体系，合理控制机动车保有量，加快新能源汽车推广应用，改善步行、自行车出行条件，倡导绿色出行，以减缓交通运输对空气质量造成的影响。

（三）土壤污染

1. 土壤污染现状

长三角城市群土壤污染主要是农药化肥以及工业污染超标排放，导致各类农产品时常检出有毒物质含量超标。工业污染是长三角城市群区域土壤重金属污染的主要污染源，特别是那些典型工业污染源排放的重金属污染物，比如工矿、电子、医药、油漆、电镀、冶炼等行业产生的重金属污染物，导致局部地区重金属污染严重，污染程度随着时间的推移呈上升趋势，进而引起部分农业产品中重金属含量超标。

长三角城市群经济快速发展，人口众多，但是由于土地资源有限，为了满足日益增长的人们对粮食的需求，不得不开展高强度耕作，大量使用化肥和农药来提高农产品产量，从而带来了土壤重金属严重的问题。近年来，长三角城市群一体化发展，道路密集，交通发达，无论是车流量还是车数量都呈现大幅增长趋势，从而引起土壤重金属污染严重。长三角城市群重金属污染已经由局部点状污染发展为区域性的面状污染，主要是受到镉(Cd)、铅(Pb)、铳(Cr)、铜(Cu)和锌(Zn)等重金属污染，其中镉(Cd)污染最为严重。长三角城市群土壤污染程度依次为：环太湖地区＞浙江南部地区＞沿江地区，以及城市直辖市＞县级城镇及农村。继国家出台的《水十条》《大气十条》提出的治理目标之后，相对应的《土十条》也在积极制定中，预计不久的将来会上报国务院获批。2017 年，江苏省根据国家要求，已经开始对土壤监测基础点和背景点中的历史点位开展了监测，共监测 758 个土壤环境质量国控点位(基础点位 690 个、背景点位 68 个)。758 个点位中，有 684 个达到《土壤环境质量标准》(GB 15618-1995)二级标准，达标率为 90.2％。超标点位中，处于轻微污染、轻度污染、中度污染和重度污染的点位分别占 8.5％、0.5％、0.4％和 0.4％。无机超标项目主要为镍、镉、汞、铅和砷，有机超标项目主要为多环芳烃总量和滴滴涕。

2. 土壤污染防治措施

我们必须坚持土壤以防为主、点治片控面防相结合的方式，推进加快治理耕地污染和场地污染；制定长三角土壤环境质量标准体系，建立污染土地管控治理清单，推进规划管控，严格控制矿产资源开发、产业项目的环境准入，立足从源头上解决产业项目和矿产资源开发导致的土壤环境污染问题，对水、大气、土壤实行协同污染治理，防止产生新的土壤污染；在全面开展土壤污染状况详查基础上，着力防止固体废物非法转移、处置、倾倒等违法行为发生，推进土壤污染治理与修复。以安徽省为例，安徽省积极响应国家对土壤污染治理的号召，根据《国家土壤环境质量例行监测工作实施方案》要求，在全省范围内布设了土壤环境质量监测基础点位 724 个(耕地点位 703 个，林地点位 21 个)，风险点位 420 个，背景点位 61 个，覆盖了该省主要土壤类型，基本建成全省土壤环境质量例行监测网络。安徽省积极组织实施《安徽省土壤污染防治工作方案》，省政府与各市政府签订《土壤污染防治目标责任书》，明确土壤污染防治工作目标、任务和措施。同时，开展全省土壤污染状况详查。2017 年，安徽省采集农产品样品 600 余件、农用地表层土壤样品 6 200 余件，稳步推进分析测试工作。《安徽省土壤污染治理与修复规划》首先建立起土壤污染治理与修复项目库，推进污染地块治理与修复，并组织对 28 个疑似污染地块开展调查评估，其中 5 个污染场地完成环境调查和风险评估，并发布土壤环境重点监管企业名单，对纳入名单的全省 243 家重点企业提出环境监管要求，要求未来各城市加快完善废旧商品回收体系和垃圾分类处理系统，加强城市固体废弃物循环利用和无害化处置。

（四）建设绿色生态城区

1. 长三角城市群绿色空间现状

长三角城市群平均林地比例呈先降低后增加的趋势，1980 年到 1990 年，林地比例从 19.4 个百分点降至 18.5 个百分点，1990 年到 2018 年，林地比例有所增加。长三角区域的耕地所占比例持续下降，从 1984 年到 2010 年，所占比例从 63%下降到 40.9%。浙江（6 市）的林地比例大于 40%，明显高于江苏（8 市）和上海（都低于 8%），不同区域城市林地比例差异明显。1980～2010 年，长三角区域的林地斑块整体趋于更加破碎，耕地的斑块密度也是明显增加，这说明了长三角区域城市化过程中对耕地、林地覆盖的干扰较大，使其越来越破碎[64、65]。

2. 增加绿色空间措施

实施屋顶增加绿色植被的措施，采取土地节约利用，严格保护耕地，重点增加林地，严格控制建设用地规模，使得城市建设开发过程尽可能降低对生态环境的影响。以上海为例，加快形成桃浦、东沟、北蔡、三岔港、三林、吴中路、张家浜等 7 片楔形绿地，拓展大场楔形绿地，在吴淞江工业区和沿线新增 2 片楔形绿地，结合重要转型地区，增加若干个面积在 100 公顷以上的城市公园；按照地区公园 2 公里、社区公园 500 米的服务半径推进公园建设，构建完善的绿地系统，构建沿骨干河道两侧 20 米连续开放的公共空间，形成以黄浦江、川杨河、苏州河、淀浦河、蕰藻浜等为骨架的 13 条浜水廊道。至 2035 年，中心城新增 3 平方公里以上的公园绿地，人均公园绿地面积从 3.8 平方米提高到 7.6 平方米；完善废旧商品回收体系和垃圾分类处理系统，加强城市固体废弃物循环利用和无害化处置；合理划定生态保护红线，扩大城市生态空间，增加森林、湖泊、湿地面积，将农村废弃地、其他污染土地、工矿用地转化为生态用地，在城镇化地区合理建设绿色生态廊道。

3. 建设绿色生态城区

绿色生态城市（区）建设方兴未艾，已成为新型城镇化转型发展的必由之路和新常态。建设绿色生态城区是上海建设全球卓越城市的大势所趋，也是长三角城市群建设成世界级城市群的大势所趋。未来的城区建设应该是“以人为本”的需求导向，实现新时代“以人为本” 目标的绿色生态策略。对于未来规划的新建城区需要更加注重绿色生态城市建设及运营，重视绿色生态规划建设；对于老城区要加快更新升级，倡导功

64 国务院. 国务院关于印发打赢蓝天保卫战三年行动计划的通知[Z]. 2018.

65 付奇，王海燕，翁杰. 打通对接"通道"，共写"协同"文章[N/OL]. 新华日报，(2018-3-16)[2018-12-28]. http://kns.cnki.net/KCMS/detail/detail.aspx? QueryID=2&CurRec=20&recid=&FileName=XHRB201803160051&DbName=CCNDLAST2018&DbCode=CCND&yx=&pr=&URLID=.

能、空间、建筑、环境、交通的绿色生态品质提升。为了实现未来愿景，长三角地区应结合现行标准建设引导，重点实施以人需求为导向的绿色生态策略。

针对上海作为高密度超大城市所面临的资源浪费、生态退化、环境污染、交通拥堵、土地紧缺、利用低效、文化趋同、特色消失等现实问题，上海从2008年起作为全国首批低碳试点城市，积极开展了低碳、绿色、生态城市实践。2011年，上海设立了8个低碳发展实践区、探索绿色低碳发展的有效途径。2014年，上海市《绿色建筑发展三年行动计划(2014～2016年)》发布，明确了创建绿色建筑示范区的目标和要求。2015～2016年，上海开启区域城市更新行动，编制《上海城市更新办法》及四大城市更新行动计划，设立第二批低碳发展实践区，并在《上海市绿色建筑"十三五"专项规划》中，明确提出要积极创建绿色生态城区，推动以"绿色生态低碳"为发展目标的新一轮城区建设。2018年1月30日，上海市《绿色生态城区评价标准》(DG/TJ08-2253-2018)正式发布(2018年5月1日开始实施)，同年9月29日，市住建委、规土局、发改委、财政局4个部门联合发布了《关于推进本市绿色生态城区建设指导意见的通知》(以下简称《意见》)，作为下阶段推进上海市绿色生态城区建设的纲领性文件，标志着上海市绿色生态城区的发展将驶入快车道。该《意见》的核心内容如下。

基本要求：对于新开发城区用地规模要控制在1～10km^{2}之内；二是对于更新城区的用地规模要大于0.5km^2，并结合旧区改造、工业用地转型、城中村改造等计划，逐步开展旧城区的绿色更新实践。

主要内容：将绿色生态城区创建的主要工作聚集于开发区域规划、建设、运营全过程，落实绿色、生态、低碳要求。

工作目标：到2018年底，各区、特定地区管委会要完成绿色生态城区试点区域梳理储备；到2019年底，各区、特定地区管委会至少选定一个新开发城区或更新城区启动创建并完成其绿色生态专业规划编制；到"十三五"期末，各区、特定地区管委会至少创建一个绿色生态城区，全市形成一批可推广、可复制的试点、示范城区，形成以点带面、推进本市绿色生态城区建设新局面。

目前，上海已涌现出了一批以生态规划引领、绿色技术支撑的绿色生态城区典范，如上海虹桥商务区已于2018年11月获评中国绿色生态城区三星级运营标识，上海国际旅游度假区、世博园区、崇明陈家镇国际生态社区等都在积极打造绿色生态城区。在新建城区方面，上海的绿色生态城区更加注重在土地利用、绿色建筑、绿色交通、资源与碳排放、生态环境、智慧管理等方面规划、建设与运营；在老旧城区方面，面对建设用地"负增长"，为了确保总量锁定、减少增量、开发存量、优化土地结构的目标，中心城区未来更新规模体量达1.5亿方，其中工业用地转型空间为9 000万方、旧住区占6 000万方，急需注重更新升级，倡导功能、空间、建筑、环境、文化、交通方面的绿色生态品质提升。下阶段，建设绿色生态城区是上海建设卓越全球城市的大势所趋，将成为上海各区域的工作重点。上海市《绿色生态城区评价标准》(DG/TJ08-2253-2018)已明确了“选址与土地利用、绿色交通与建筑、生态建设与环境保护、低碳能源与资源、智慧管理与人文、产业与绿色经济”六大指标体系，全方位提出并引导绿色生态城区建设应该达到的技术指标。如何把这些硬性指标与2035年的总体规划需求和定位相结合，形成因地制宜又各具特色的“以人为本、需求导向”的绿色生态城区建设方案？此为当务之急。

三、绿色循环低碳发展

在长三角城市群建设、管理、服务的过程中要始终贯穿优先考虑资源节约和环境友好的原则，整体设计和规划发展中始终贯穿和渗透生态文明和绿色发展理念，将生态文明理念全面融入城市建设、管理、服务和发展中，构建绿色生产方式、生活方式和消费模式；严格控制高耗能、高排放行业发展，节约集约利用土地、水和能源等资源，促进资源循环利用，控制总量，提高效率；不管是经济贸易还是基础设施建设都应该绿色化、低碳化、生态化，发展应该是绿色、低碳的发展模式，遵循资源节约和环境友好的原则；要全面推进资源节约循环利用，倡导绿色低碳、简约舒适的生活方式，把生态环境要求作为城市建设、管理与服务的底线和红线；建设循环、低碳、节能、绿色发展的长三角城市群，要聚焦生态文明和绿色发展理念，努力把生态环保作为长三角城市群建设的重要支撑和坚实保障。目前，生态环保方面的交流合作、风险防范和服务支撑三大体系建设已初见成效。国家生态环境部部长李干杰在长三角区域大气污染防治协作小组第六次工作会议暨长三角区域水污染防治协作小组第三次工作会议上强调，坚持区域共商、共享、共治，密切协作，充分发挥协助机制平台作用，探索出一套跨区域污染联防联控工作模式，推动区域环境空气质量明显改善，严格考核压实责任；推进资源全面节约和循环利用，倡导简约适度、绿色低碳的生活方式；在深化供给侧结构性改革、迈向高质量一体化发展的政策导向下，坚持源头防治、全民共治、标本兼治，持续展开大气污染防治行动，综合利用经济、技术、法律和必要的行政手段，大力调整优化能源结构、产业结构、交通运输结构和用地结构[66]，强化区域联防联控[67]。

(一)加快调整能源结构，构建清洁低碳高效能源体系

1. 推进能源基础设施互联互通

长三角城市群发展首先要积极推进能源基础设施互联互通，完善长三角主干网架

66 国务院. 国务院关于印发打赢蓝天保卫战三年行动计划的通知[Z]. 2018.

67 余新江. 打好污染防治攻坚战 建设绿色美丽长三角[N/OL]. 中国产经新闻，(2018-06-08)[2018-12-28]. http: // kns. cnki. net/KCMS/detail/detail. aspx? QueryID = 0&CurRec = 153&recid = &FileName = CJXW201806080011&DbName = CCNDLAST2018&DbCode = CCND&yx=&pr=&URLID=.

结构，在苏北沿海、浙江沿海等地区布局核电，推进三门核电二期、三期和象山核电一期项目建设，加快皖电东输，要加强建设淮东—皖南±1 100千伏特高压直流、淮南—南京—上海特高压交流等线路，加强长三角主干网架，实现皖电东送、浙江沿海东电西送，江苏北电南送电力输送通道建设，实现与“西电东输”“北电南送”主要通道的互联互通；推进舟山、宁波（二期）、上海（扩建、二期）等液化天然气（LNG）接收站项目，加快完善天然气主干管网布局，推进天然气管网互联互通，配套建设天然气门站和大型LNG调峰站，增强主干线管道双向输送功能，增加天然气管道及储备设施；建设中石油中俄东线江苏段（含过江通道、中石化青宁线及滨海LNG外输管线）；在芜湖开展内河LNG接收站试点工作；加快建设宁波－台州－温州和金华－丽水－温州天然气管网，推进如东－海门－崇明过江、冀宁联络线徐州－皖北、金湖－天长等天然气管道项目建设，加快浙沪、苏沪、浙苏、浙皖、浙闽、浙赣天然气联络线建设，谋划建设豫皖、苏皖天然气联络线；加快形成并完善环太湖天然气管网，完善苏中、苏北天然气管网，安徽“三纵四横一环”省级主干管网，推进金坛大型天然气储气库建设，扩建上海号沟应急事故站等；积极推动完善沿长江清洁能源供应通道建设，在苏北沿海地区、上海浅近海、浙江陆上和浅近海布局风电，加快把光伏发电布设在上海、江苏、浙江、安徽等地区，建设安吉长龙、宁海、缙云、宁国等抽水蓄能电站。在优化整合现有产业布局和能力的基础上，适时建设江苏连云港、上海漕泾、浙江宁波、浙江舟山石化产业基地，研究大榭、镇海、连云港、漕泾等石化炼油能力扩建，创建国家级石油储备中心，加快区域内石油管网建设，积极推进舟山、宁波等原油储备基地建设，构建清洁快速便捷的油品供应体系；推进日照（连云港）－仪征、舟山－上海原油管道项目及连云港、仪征等大型原油储油设施建设，推动怀宁原油储备库项目开工建设，开展安徽含山原油储备库项目论证，在浙江沿海和海岛选址建设原油、成品油中转储运管网设施；建设环杭州湾、沿海、内陆主干管网，科学规划安徽沿江成品油管道项目，配套若干支线和成品油油库；加快建设长三角大型煤炭储备基地，在沿海沿江地区重点建设一批煤炭物流园区，进而完善煤炭应急储备体系建设；加快建设长三角大型煤炭储备基地，在沿海沿江地区重点建设一批煤炭物流园区，进而完善煤炭应急储备体系建设。

2. 加快能源利用方式变革

长三角城市群要严格控制能源消费总量，降低能源消费强度；强化工业领域节能，争取工业领域主要产品能耗达到并优于世界先进水平；推进交通运输节能，提升车用燃油品质，加快发展LNG车辆、船舶，积极发展纯电动汽车和插电式混合动力汽车；在建筑用能绿色化发展，推进建筑节能改造，提高建筑节能设计标准，极力推广被动式超低能耗建筑，政府投资的公共建筑、大型公共建筑应当至少利用一种可再生能源，加快节能产品推广，进而建立健全用能初始分配制度，培育发展交易市场。

3. 优化调整能源结构和布局

长三角地区群应加快建设可再生能源体系，推动分布式太阳能、风能、生物能、地热能多元化、规模化应用，提高新能源和可再生能源利用比例；调整优化能源结构和布局，构建清洁低碳、安全高效的能源结构，积极推进清洁能源天然气替代煤、油等能源，发展风能、浅层地温能、太阳能、潮汐能等可再生能源；促进行业产能利用和经营效益提升；淘汰一批能耗高、污染重、技术水平低的企业，进一步规范市场秩序，明显提高达标企业生产负荷；充分利用浙江沿海深水岸线和港口资源，统筹推进液化天然气接收站建设，布局大型液化天然气接收、储运和贸易基地，谋划建设国家级液化天然气储运基地；充分利用国内外资源，加强油气输送通道建设，促进油源、气源多元化发展；新增天然气应优先用于替代燃煤，优化天然气使用方式，鼓励发展天然气分布式能源等高效利用项目，限制发展天然气化工项目，有序发展天然气调峰电站；积极推进杭州湾、长江口等海域海上风电开发，有序扩展陆上风电规模，例如在崇明三岛、南汇等地区推进风能利用；在宝山、嘉定、松江、崇明、奉贤、老港等地区建设与固废综合利用相结合的生物质发电项目；提高可再生能源的供应比例，推进能源基础设施互联互通，加快能源利用方式变革，优化能源利用结构；按照“炼化存一体化”发展的原则，优化炼油产业结构和布局，统筹新炼油厂建设和既有炼油厂的升级改造，集约化发展炼油加工产业；积极推进浙江沿海、苏北沿海、安徽南部核电站规划建设，积极开发利用清洁能源，推动沿海地区发展海洋能发电，大力发展浅近海、陆上风电和光伏发电，拓展生物能利用方式，科学利用地热能。

（二）调整优化产业结构，推进产业绿色发展

长三角区域各城市坚持守住生态环境底线，调整产业结构，逐步淘汰低效落后的产业，加快发展低排放低能耗的生态创新产业；改造提升传统产业，淘汰落后产能，壮大先进制造业和节能环保、新一代信息技术、生物、新能源、新材料、新能源汽车等战略性新兴产业；适应制造业转型升级要求，推动生产性服务业专业化、市场化、社会化发展，引导生产性服务业在中心城市、制造业密集区域集聚；适应居民消费需求多样化，提升生活性服务业水平，扩大服务供给，提高服务质量，推动特大型城市和大城市形成以服务经济为主的产业结构；强化城市间专业化分工协作，增强中小城市产业承接能力，构建大中小城市和小城镇特色鲜明、优势互补的产业发展格局；推进城市污染企业治理改造和环保搬迁，支持资源枯竭城市发展接续替代产业；实施绿色建筑行动计划，完善绿色建筑标准及认证体系，扩大强制执行范围，加快既有建筑节能改造，大力发展绿色建材，强力推进装配式建筑。

2012 年，国务院发布《“十二五”国家战略性新兴产业规划》，把节能环保产业列为七大战略性新兴产业之一，环保产业成为新的经济增长点，加快环保产业园区的建设，是促进“十三五”产业转型升级、支撑绿色长三角城市群建设的重要载体。长三角地区经济优势较为明显，环保产业基础较好，是我国环保产业集聚地区之一。比如，中国宜

兴环保科技工业园是1992年经国务院批准设立的国家级高新技术产业开发区，是我国唯一以发展环保产业为特色的国家级高新技术产业园区，园区面积由原来的44km^2增加到212km^2，2014年环保部批复同意在宜兴环保科技园设立中国—东盟环保技术和产业合作交流示范基地。园区具有1 400多家环保企业，占无锡环保企业总数的89%，吸引了美国、日本、德国等20多个国家和地区的企业。园区与哈工大、清华、南大等80多所高等院校形成了紧密型的产学研合作，设立了环保技术研究院、研发中心和产业化基地，初步形成了水处理、大气污染防治和固体废弃物处理等共同发展的产业格局，形成了集研发设计、生产制造、工程施工、运营服务为一体的产业集群。此外，还有苏州国家环保产业园、上海国际节能环保园、常州国家环保产业园、诸暨现代环保装备高新技术产业园等。

长三角地区由于地域文化相似，产业分工合作受限于竞争模式而难以统筹布局，导致地区产业同构化明显，市场壁垒是造成长三角区域产业合作不力的主要因素[68]。世界另外五大城市群中，各个城市都是主导唯一产业的，没有明显的产业集群聚集特征，然而通过调整和协作城市群内的产业，在城市群区域内能够总体上形成高层面上多元化产业群落。若要长三角城市群促进区域内的资源合理布局、要素充分流动，需要进一步强化区域发展的顶层设计，打破原先的壁垒，实现城市顶层规划对接；严格控制高排放、高能耗的落后产业发展，敲定工业污染物排放的阶段减排目标，进而推动区域绿色生态产业示范区建设。

长三角地区需要促进产业结构调整和公平竞争市场环境形成，启动长江经济带环境评价“三线一单”编制，强化总量、空间和准入环境管理；发布《船舶水污染物排放控制标准》等10项国家环境保护标准，“2+26”城市实施大气污染物排放限值，调节企业环境行为，开征环境保护税，促进经济发展方式转型，以生态环境保护优化市场公平竞争秩序的态势正逐步形成；推动绿色产业投资和环保产业壮大；坚持绿色生态城区发展理念，推进绿色建筑高星级、规模化发展，推广装配式建筑与市政基础设施的新技术应用，全面推进绿色建筑，强化现有建筑的节能改造，到2035年，实施装配式建筑100%覆盖，绿色建筑达标率达到100%。

推动产业转型创新，主要是以产业、行业为主，涵盖供应链、服务体系、商业模式创新，主要途径为产业转型和企业创新。产业转型是不同行业因其创新速率、投资强度、创新类型等不同而呈现出不同的生态创新模式，为实现产业的结构调整与环保转型，将渐进式的生态创新和突破性的生态创新结合起来，融合末端治理、模块改造和整体

68　付奇，王海燕，翁杰．打通对接“通道”，共写“协同”文章[N/OL]．新华日报，(2018-03-16)[2018-12-28]．http://kns.cnki.net/KCMS/detail/detail.aspx?QueryID=2&CurRec=20&recid=&FileName=XHRB201803160051&DbName=CCNDLAST2018&DbCode=CCND&yx=&pr=&URLID=.

优化,关注工艺流程的生态环保改造,重视产品服务的生态环境责任,构建具有长远竞争力的产业结构和行业实力。企业创新是以增强竞争力为目标的,要提高企业参与生态创新的积极性,营造公平竞争的外部环境,为企业在研发、融资、人力资源等方面创造良好条件,鼓励在生态创新上表现优异的企业,充分发挥市场的决定性作用,让企业在生态创新中分享利益,最终形成企业自发、自觉参与生态创新的大好局面。

(三)积极调整运输结构,发展绿色交通体系

依据《国家新型城镇化规划(2014～2020年)》的要求,要建设以铁路、公路客运站和机场为主的综合客运枢纽,以及以铁路、公路 货运站、港口等为主的综合货运枢纽,优化调整布局,提升功能;合理控制机动车保有量,加快新能源汽车推广应用,改善步行、自行车出行条件,倡导绿色出行。

1. 坚持公共交通第一,注重职住均衡

长三角城市群已经意识到公共交通是最高效的交通方式,解决城市交通还是要靠公共交通,这是城市交通发展的战略问题。公共交通线路开设、准点运营和提高舒适度等是提高公众选择公交出行的重要举措,城市公共交通如果能够在现有的基础上增加15%～20%运力,能够达到城市交通总量的25%～30%,将能形成适合中国国情的较为理想的大城市交通结构;鼓励绿色出行,坚持公共交通优先策略,加强城市轨道交通网络和城市路网的建设,进一步完善以公共交通为主,以其他交通为副的,各种交通方式相结合的多层次、多类型的城市综合交通体系。同时,随着经济水平的提高,城市交通需求和机动车增长的趋势仍在延续,要在有限的交通设施建设土地的基础上,优化由铁路、城市轨道、常规公交和辅助公交等构成的多模式公交交通系统,形成城际线、市区线、局域线等3个层次的轨道交通网络,同时,预控研发若干轨道交通通道。

在未来的城市发展规划中,长三角区域要充分考虑职住均衡等关键问题,从源头上减少交通需求,减缓城市交通拥堵。进入新时期,城市发展开始出现了城市系统性问题,中国用了40年的时间完成了西方国家100年,甚至200年的城市化发展过程,这样的快速发展速度严重打破了自然资源平衡,导致了城市理念、城市文化、城市标准都不能与当前的城市化水平相匹配,尤其是交通标准,现在唯一的方法就是构建科学防治、有效施救、及时防控的体系架构。在未来的城市交通规划中,要充分体现出职住均衡,减少源头的交通需求。以上海为例,交通的发展要与城市发展相匹配,上海2020年的综合交通水平相当于东京2014年的水平。为此上海需要向东京学习,满足城市发展对交通的需求。

2. 优化调整运输结构

长三角城市群要优化交通运输结构,鼓励发展铁路、水路和城市公共交通等运输方式,优化发展航空、公路等运输方式;加快新能源汽车充电设施建设,推进新能源运

输工具模块化应用；鼓励淘汰老旧新能耗车船，提高运输工具和港站等节能环保的技术水平；科学规划，设立公交专用道，完善城市步行和自行车等慢行服务系统，积极探索合乘、拼车等共享交通发展；科学制定、发布交通运输行业重点节能低碳技术和产品推广目录，健全监督考核机制。

长三角区域应充分发展水路运输的比例。水路运输是资源节约型社会的重要运输方式，航运不仅成本低，产出也高，通常，公路运输煤炭的成本是水路运输的10倍。水路的另外一个重要优势是效能高、环境友好。例如，1艘2万TEU集装箱船所运输的货物需用1万辆集装箱卡车(40英尺箱)来运输，那么，20人就可以管理2万标准集装箱的船，而用卡车运输就需要2万人来开卡车。显然，无论从人力资源、能耗方面看，还是从环境污染方面看，道路运输成本都远远高于水路运输成本(见表4-5)。

表4-5　水路、铁路、公路运输的理论成本对比(水路成本为1)

货名	水路	铁路	公路
煤炭	1	1.75	10
集装箱	1	1.5	3

资料来源：中国产业信息

因此，城市化发展中，要积极调整运输结构，城市配送中心的货物实现基本走水路运输，提高水水中转水平，争取到2035年，实现水水中转比例达到55%以上，力争实现货运基本不用走公路而走水路的格局，尽可能地把公路空间腾出来用于输送旅客，减少公路货运比例，增加水路货运比例，增加货物水水中转的比例。

（四）优化调整用地结构，推进面源污染治理

1. 长三角城市群城市化格局演变

改革开放40年以来，中国城镇化水平显著提高，从1978年的18%上升到2017年的57.4%，预计到2035年，城镇化水平将达到71%～73%[69]。城市景观格局也会发生翻天覆地的变化，城市化进程具有人口城市化、经济城市化、土地城市化三大最显著的特征[70]。其中，从土地城市化特征来看，1985年长三角区域(25市)建成区面积约227km^2，到2005年增加到1 031km^2，增长率为354.19%。进入21世纪，长三角区域形成了网络化、多中心的格局，无锡、宁波、苏州等中心城市集聚，而上海的目标是“四个中心”的建设，上海在区域中的核心地位进一步得到了提升。进入新时代，长三角区域要打造成具有世界影响力的世界级城市群，就要凸显生态文明建设，始终贯穿绿色发展理念，能够主动服务于长江经济带和国家“一带一路”建设；高速铁路等新一代的

69　乔文怡. 2016—2050年中国城镇化水平预测[J]. 经济地理，2018，38(2)：51-58.

70　周伟奇，等. 中国典型区域城市化过程及其生态环境效应[M]. 北京：科学出版社，2017.

区域交通的兴起，使得区域的空间联系更加紧密。其中，杭州湾大桥、沪宁高铁和苏通长江大桥等重点项目的建设，进一步缩短了城市之间的时空距离，完善了综合交通运输体系，区域内人流、资金流、物流和信息流实现了更加高效便捷的流动和优化配置。

2. 土地城市化的生态环境问题

在长三角地区快速的城市化进程中，不透水地表不断地取代自然地表，直接改变了城市下垫面结构，改变了城市地表径流产生和汇聚的规律，阻碍了雨水的下渗，阻断了雨水对地下水的补充，导致了城市综合径流系数增加，使得传统城市的排水系统不堪重负，暴雨后受灾地区不断扩大、城市内涝灾害频发，而暴雨内涝后由雨水冲刷带来的面源污染也使得城市水环境污染更加严重[71]。城市群快速的大规模的扩张侵占了长三角地区大量的耕地和自然生态用地，改变了原本自然或半自然的下垫面景观格局和类型，改变了自然生态系统。例如，水涝过程中，还向区域内及周边排放大量污染物，使得区域环境质量下降，如水污染和大气污染、土壤污染等。然而，长三角地区城市化进程与环境问题，不是必然的对立关系，关键在于城市化进程中要发挥其积极的作用，做到人与自然和谐相处，形成可持续发展的生态环境。三省一市合理地布局城市用地规模对科学合理地规划城市用地和控制城市用地开发规模具有实际意义。合理地布局不透水地表和科学地控制不透水地表规模，能够帮助协调城市建设与水环境的关系，恢复甚至增强城市水系统的抵御力和修复力，形成安全的可自我修复的城市水系统。总体上，当前环境治理形势仍然错综复杂，环境质量改善的压力依然较大，要加强长三角地区环境经济形势研判，及时改进和优化城市生态环境，提高污染防治的科学性、系统性和针对性，确保污染防治攻坚战取得扎实进展。

四、区域生态环境治理体系构建

长三角要紧扣“关停淘汰、集聚入园、整治提升”3个环节，狠抓产业转型升级，构建“政府主导、企业治理、群众监督”的生态环保治理格局，巩固长三角城市群生态基本格局，保护区域水、林、田相互融合的生态基底，建设多层次、功能复合、成网络的生态空间体系；构建政府主导、企业、社会组织和公众共同参与的环境治理体系，加强治理区域水环境污染、大气污染、土壤污染等。为了加强绿色长三角城市群建设，建议加强区域生态环保顶层设计；围绕长三角城市群生态环保开展项目及研究合作，加强区域环境保护能力建设；提高企业环境保护意识；利用多边环境保护合作机制，加强长三角城市群生态环保对话交流。区域生态环保合作具体步骤如下。

---

71 周冯琦，胡静. 上海资源环境发展报告——2018：上海对接推进长江经济带生态共同体建设[M]. 北京：社会科学文献出版社，2018.

（一）做好总体谋划，强化顶层设计，构建生态安全格局

为了构建全局的生态安全格局，长三角城市群各城市就未来发展规划进行对接，在守护生态保护红线、构建生态安全格局上，需要加强省际总体统筹，加强城市群内外生态建设联动，共筑长江生态屏障，依托淮河—洪泽湖、黄海、东海共建长三角区域北部和东部蓝色生态屏障；依托黄山—天目山—武夷山、四明山—雁荡山、大别山、江淮丘陵共建长三角区域南部和西部绿色生态屏障。围绕长三角城市群 26 个城市的生态屏障建设有滨海生态保护带、长江生态廊道、淮河—洪泽湖生态廊道、皖西大别山生态屏障、皖南—浙西—浙南生态屏障。各个城市要共同严守重要生态屏障和生态廊道不被破坏。特大型城市和大城市的建设用地规模需严格控制。特大型城市上海已经在《上海市总体规划（2017～2035 年）》中要求建设用地“负增长”，充分发挥永久基本农田作为城市开发的边界作用；重要的生态空间要严格保护，依据国家主体功能制度严格界定长三角区域生态保护红线，以确保不减少生态红线区域面积，不改变其生态性质，能够提高其生态功能；加强治理崇明东滩互花米草和优化崇明岛鸟类栖息地，修复杭州湾国家湿地公园生态系统和保护杭州湾鸟类，保护和修复勺嘴鹬、黑嘴鸥、丹顶鹤、野生麋鹿等国家重点保护或珍稀濒危动物栖息的滨海湿地，维护生物多样性；严格保护沿江、湖泊、山区水库等饮用水水源保护区和清水通道，推进太湖、里下河沼泽、滨海湿地、长江、淮河等湿地类型自然保护区的建设，修复太湖、高邮湖等重要湖泊湿地，建立太湖流域生态保护补偿机制，保障饮用水安全。

建立长三角城市群生态安全格局对于系统推进长三角城市群一体化发展中的大保护具有重要意义，区域间共担生态环境风险、共治生态环境退化、共享生态文明利益，从而形成生态要素间有机融合，生态环境保护与经济发展良性互动、区域间共生共利共荣的地域性共同体。

（二）开展对话交流，强化政策沟通，推动区域环境联防联控联治

依托区域环境合作机制，围绕相关主题开展对话交流活动，促进加深各方对绿色发展以及区域协同发展的理解和共识。环境问题发生后，要进行科学探索，明确环境问题产生的原因，制定可行的解决方案。长三角城市群各城市山水相连，有着密切的自然地理和生态环境联系，各城市都面临着经济发展的机遇和绿色转型的挑战，加强环保合作，有利于改善本地区环境状况，降低经济发展的自然资源和生态环境成本，实现互利共赢的局面。

打好环境防治攻坚战是建设世界级城市群的重要举措，更是满足人民美好生活需求的必由之路。但是，提升环境质量的难度很大，需要更多的精准举措、创新举措。2018 年 6 月 2 日，在上海召开的长三角区域大气污染防治协作小组第六次工作会议

暨长三角区域水污染防治协作小组第三次工作会议上，上海市委书记李强强调：要聚焦重点，合理打好污染防治攻坚战，加大力度优化用能结构，提高用能效率，下大力气推动产业结构调整，淘汰过剩落后产能。他还强调，要坚持问题导向，对症下药，精准发力，以更加精准更加高效的减排措施，拿出专项治理方案；要加强区域协同保护，上下游联动，采取水岸联治模式，有效治理水污染，加强水源地协同保护，确保流域水体水质持续改善；要强化区域污染防治协作与交通、能源、产业、科技、信息等专题合作的有机衔接，更好地开展源头治理，推动绿色发展和绿色生活方式；要根据港口岸电、重污染天气联动应对等共性问题进行联合突破，有序推进标准统一，深化区域环境信息共享；要强化中国国际进口博览会等重大活动区域联防联控，抓细节抓落实，共同保障好环境质量[72]。长三角区域污染防治协作机制会议是长三角城市群各城市之间开展环境政策高层对话，推进交流和推动务实合作的重要平台，主要是三省一市围绕环境合作，具体领域包括大气防治、水防治、土防治等开展对话和交流对接。从 2013 年开始，长三角区域就大气和水污染问题召开了 9 次会议，具体如表 4－6 所示。

表 4－6　长三角区域污染防治协作机制会议召开情况表

届次	会议时间	地点	会议名称	事件
第一次	2014 年 1 月 7 日	上海	长三角区域大气污染防治协作小组第一次工作会议	长三角大气污染防治协作机制正式启动。
第二次	—	—	—	—
第三次	—	—	—	—
第四次	2016 年 12 月 7 日	杭州	长三角区域大气污染防治协作小组第四次工作会议暨长三角区域水污染防治协作小组第一次工作会议	—
第五次	2018 年 1 月 13 日	苏州	长三角区域大气污染防治协作小组第五次工作会议暨长三角区域水污染防治协作小组第二次工作会议	—

72　余新江. 打好污染防治攻坚战　建设绿色美丽长三角[N/OL]. 中国产经新闻，(2018-06-08)[2018-12-28]. http://kns.cnki.net/KCMS/detail/detail.aspx?QueryID=0&CurRec=153&recid=&FileName=CJXW201806080011&DbName=CCNDLAST2018&DbCode=CCND&yx=&pr=&URLID=.

（续表）

届次	会议时间	地点	会议名称	事件
关于建立长三角区域生态环境保护司法协作机制的意见	2018 年 5 月 17 日	上海	长三角区域生态环境保护司法协助机制构建	研讨“长三角区域生态环境保护司法协作机制构建”，共同签署了《关于建立长三角区域生态环境保护司法协作机制的意见》
沪苏浙皖构建长三角环境资源司法协作机制	2018 年 6 月 1 日	上海	长三角环境资源司法保护论坛	沪苏浙皖构建长三角环境资源司法协作机制
第六次	2018 年 6 月 2 日	上海	长三角区域大气污染防治协作小组第六次工作会议暨长三角区域水污染防治协作小组第三次工作会议	—
第七次	2018 年 10 月 12 日	上海	长三角区域大气污染防治协作小组第七次工作会议暨长三角区域水污染防治协作小组第四次工作会议	审议通过《长三角区域大气污染防治协作小组工作章程》(修订草案)和《长三角区域水污染防治协作小组工作章程》(修订草案)，重点部署区域秋冬季大气污染综合治理攻坚行动和重污染天气应急联动等工作

从 2013 年开始，长三角城市群三省一市就长三角区域生态环境保护合作机制、环境保护司法协作机制构建等问题进行了交流，先后召开了 9 次会议，就“长三角区域生态环境保护司法协助机制构建”问题[73]，三省一市四地检察机关商定，建立日常工作联络、案件办理、信息资源共享、研讨交流以及新闻宣传等五项司法协作机制，进一步加强了长三角区域生态环境保护法治屏障。长三角区域生态保护合作中，主要问题是生态环境协同保护治理机制缺乏包容性，具体表现在资源要素短缺，环境问题突出，地区

73　吴贻伙. 开展跨区域司法协作 保护长三角生态环境[N/OL]. 检察日报，(2018-05-19)[2018-12-28]. http://kns.cnki.net/KCMS/detail/detail.aspx?QueryID=2&CurRec=2&recid=&FileName=JCRB201805190011&DbName=CCNDLAST2018&DbCode=CCND&yx=&pr=&URLID=.

间环境纠纷较多，缺乏有效的协调机制。进入新时代，开启新征程，长三角地区一体化的引领示范作用更应该被充分地发挥出来，要先行制定长三角区域协同法，在国际层面建设强有力的推进一体化的协调机构，积极推进建设长三角地区生态保护长效机制，建立全流域的山、林、湖、河、气等生态资源的统一调度平台。2018 年 11 月 5 日上海首届中国国际进口博览会的举办，给长三角城市群区域环保合作带来了机遇。要解决区域生态环境联防联控联治问题，长三角城市群必须进一步深化改革，破除体制障碍机制障碍，从制度层面为城市群生态共保环境共治提供保障。

（三）开展务实合作，加强信息支撑，防范生态环境风险

依托上海合作机制组织环保信息共享平台，启动长三角城市群区域环保信息共享平台的建设工作，发布区域生态环保大数据服务平台网络，推动区域环保信息的互连、互通、互用，推进实现“互联网＋环保合作”的新局面；梳理长三角城市群区域 26 个城市环保合作机制、生态环保信息，推动区域能源、交通、制造、环保等多个领域的“走出去”；对重点企业发布《履行企业环境责任共建生态绿色长三角城市群》的倡议，要求参与企业宣誓将在对内对外投资和国内国际产能合作中遵守环保法规，加强环境管理，助力绿色发展建设。此外，积极主动防范生态环境风险，推动生态环保为长三角城市群一体化发展提供服务支撑，为此需要共同制定环境保护合作战略和行动计划，共同保护好区域生态环境。

长三角城市群要根据国家战略要求，启动区域生态友好城市发展伙伴关系；结合相关地区在城市群建设中的功能定位，充分发挥区位优势，以环保技术和产业国际合作为载体，积极探索环保技术产业“走出去”和“引进来”新模式；积极打造区域环境技术交流合作中心、环境技术成果转移交易中心、区域环境大数据中心、全球先进环保产业育成孵化加速中心、高水平环境领域咨询和技术支撑中心五大平台。长三角地区要力争成为带动全国乃至世界环保产业优势资源集聚、推动环保产业国际交流和合作的重要基地，为建设世界级城市群提供有效支撑。同时，加快建设区域环保技术和产业合作交流示范基地，共同搭建环境保护“走出去”的平台并开展务实合作，如借助 2014 年 5 月正式启动的中国—东盟环保技术和产业合作示范基地(宜兴)，加强建设中国宜兴环保科技工业园，搭建环保企业与金融机构交流合作平台，以重点生态环保合作机制为载体，加强政策沟通交流，为长三角城市群绿色发展奠定合作基础。

充分发挥环保合作平台作用，推动长三角区域环保标准互联互通。第一，推进区域标准统一。比如，一些重点行业的挥发性有机物排放标准可以相互借鉴，涂料等绿色产品的标准可以共同制定，这样有利于防止落后产能的转移和拓展清洁产品的市场。第二，开展影响环境质量的关键污染物的减排对策研究。长三角将以大气中氮氧化物、挥发性有机物等臭氧前体物，以及造成水体富营养化的磷为重点，研究提出可操

作性的减排对策与实施方案。第三，组织开展转型发展重点领域基础调研。各省市可根据各自的“十三五”规划和目标，对影响区域环境质量的电力、钢铁、石化、化工等产业，以及内河航运、城市货运物流等，开展基础调研，为今后区域污染防治与绿色转型发展紧密结合打好基础。第四，区域协同推进环保产业发展。环保服务业是长三角在全国的一个优势产业，电厂脱硫脱硝、挥发性有机物治理、污水处理、土壤修复、产业园区环保管家等环保产业和环保服务业在长三角有良好的发展基础和技术力量。长三角地区要积极引入市场主体、地方政府等多元力量参与治理和协调，建立相对统一的产业准入标准和行业规范，与长三角信用平台、绿色信贷、绿色金融等政策相衔接，加快构建开放、公平、竞争的环境污染第三方治理市场，把环保服务业发展成为长三角的支柱产业，并向全国推广。

（四）紧随民心所向，坚持生态创新，落实改革举措

新常态是生态创新的重要语境，只有在这种语境下才会发挥更重要的作用。这是因为：①必须加快绿色转型才能适应新常态，生态创新在其中大有作为，步入经济转型新常态的当下中国，唯有创新思路才能加快破解发展难题。②生态创新能够助力国家治理能力与治理体系现代化，助力聚焦新民意、新态势，紧随民心所向、增进民生福祉。③中国发展进入升级版，环境承载力已达到或接近上限，生态创新是主动适应新常态的关键之举。④中国环境与发展正在面临从环境污染“临界点”走向环境质量全面改善“转折点”的重要窗口机遇期，生态创新，时不我待。新时代要求环保工作将创新思路、创新理念、创新方式，全面衔接生态文明建设与创新驱动发展战略，用生态创新战略整体推进制度创新、科技进步、严格执法来保护生态环境，深化环保领域改革，通过未来15年的坚持不懈的努力，避开“临界点”的下线，走向环境质量全面改善的转折点[74]。

然而，生态创新面临市场外部性和技术性的双重制约，一旦突破重重阻力，将会带来巨大的社会效益、经济效益、环境效益，它将帮助社会以环境可持续的方式发展与繁荣，有助于创造新的市场、新的工业和新的就业机会，可能成为企业的招牌。长三角城市群生态创新可以分为三个层面：

1. 宏观层面

宏观层面是指国家、区域以及全球。而其创新的重点是系统创新和制度创新。目前，长三角城市群政府宏观层面生态创新的重要举措如下：

一是倡导建立长江流域排污权交易机制。首先，国家环境保护局牵头对长江经济带全流域进行环境承载力核算，严格限定长江经济带主要污染物排放总量，从污染物排放总量来遏制长江经济带重化工业快速扩张的趋势。其次，依据主体功能区要求划

---

[74] 中国—东盟环境保护合作中心，中国—上海合作组织环境保护合作中心. “一带一路”沿线重点国家生态环境状况报告—生态环境蓝皮书[M]. 北京：中国环境出版社，2017.

分长江经济带水功能区，实行分类管制，严禁任何破坏水体的行为发生在禁止开发区和保护区域内，从而引导重化工业的逐步退出。最后，由国家牵头制定、长三角城市群各城市积极响应，建立长江流域排污权交易机制，逐步采用倒逼机制促使上游区域的化工产业退出。

二是尽快建立长三角城市群生态补偿机制。首先，由上海牵头建立长三角城市群中下游生态补偿机制，这是鉴于当前生态补偿意识已形成但是可操作性弱。其次，建立生态补偿资金分配标准，并适度向中上游倾斜，加大对长江上游地区转移支付力度。再次，设立长三角城市群水环境保护专项资金，积极引导社会资本以PPP等多种社会力量，参与长三角城市群的水环境治理，上下游地区政府分别按照污染排放量占比出资。最后，拓宽生态补偿通道，建立资金补偿、技术援助、产业扶持、共建园区、人才培育、生态发展基金等多种形式的补偿通道。以安徽省为例，安徽省已经开始先行先试地区间横向生态保护补偿机制，积极推广新安江流域水环境补偿点经验，界定流域生态保护区和生态服务收益区，合理确定转移支付标准，严格监督转移支付资金使用，促进生态补偿横向转移支付制度化、常态化。长三角城市群需要进一步加大生态补偿力度，良好生态的受益人要向地处偏远、环境较好、发展较慢的地方支付更多费用，使那些地方保留住一方净土。同时，需要打破传统以GDP为重点的考核模式，在对党政领导的考核中加大生态文明建设成果的比重，形成鼓励绿色发展的鲜明导向。

三是生态发展模式创新、生态保护制度创新。以上海为例，2018年1月，上海市人民政府发布《上海市城市总体规划(2017～2035年)》，定位要把上海建设成“令人向往的生态之城”，打造全球卓越现代化大都市[75]，以改善生态环境质量为核心，严格城市生态格局管控，形成有利于自然生态健康、产业生态高端、人居生态和谐的生态空间格局。目前，上海已经花大力气围绕饮用水安全保障、环境基础设施、面源污染治理、黑臭水体综合治理等重点领域，切实加强水环境综合整治，持续推进河湖水生态保护，加强近海岸污染防治，加快推进海绵城市建设，持续推进崇明世界级生态岛建设，为国家“一带一路”、长江经济带沿岸城市共抓大保护、共建生态提供实践经验，争取成为中国乃至世界环境改善最佳的经济转型绿色发展的样板城市。在治理水环境方面，上海探索出了一些创新治理措施，比如先行先试的制度创新，探索生态环境损害责任终身追究制，即以领导干部自然资源资产离任审计为重点，将环境保护、节能降耗等元素纳入常规审计事项，以此来鞭策领导干部在生态建设方面能有所作为。与此同时，对水、耕地、森林、滩涂四类自然资源资产负债表也进行了编制，加强了生态环境监测评估。

四是全面推行河湖长制。推行河长制对提升政府执行能力、河道水质和水环境的改善及提高群众满意度具有显著成效[76]。河长制是各地依据现行法律法规，坚持问题

[75] 上海市人民政府. 上海市城市总体规划(2017～2035年)[Z]. 2018.

[76] 姚炜. 江苏省河长制推行的现状分析及对策[J]. 陕西水利，2018，23(5)：7-8.

导向，实施一河一策，是一项落实地方党政领导管理保护河湖主体责任的制度创新，旨在改善流域水环境、降低流域水污染、恢复水生态功能。河长制是浙江长兴县于2003年10月率先在城区河流管理中试行的；国家在2016年12月开始全面推行河长制，以确保在2018年年底全面建立河长制。目前，长三角区域河长制的领导组织体系已初步形成，已经在长三角地区城市群范围内基本建立河长制，初步实现河流河长全覆盖的目标，基本建立省、市、县、乡、村五级河长管理体系。

2. 中观层面

中观层面主要指产业、行业，其涵盖长三角地区供应链、服务体系、商业模式的创新，而实现的主要途径为产业转型和企业创新。产业转型是不同行业因其创新速率、投资强度、创新类型等不同而呈现出不同的生态创新模式，为实现产业的结构调整与环保转型，将渐进式的生态创新和突破性的生态创新结合起来，融合末端治理、模块改造和整体优化，既关注工艺流程的生态环保改造，又重视产品服务的生态环境责任，构建具有长远竞争力的产业结构和行业实力。为此，长三角城市群的企业创新要以增强竞争力为目标，要提高企业参与生态创新的积极性，一方面要营造公平竞争的外部环境，同时要为企业在研发、融资、人力资源等方面创造良好条件，鼓励在生态创新上表现优异的企业，充分发挥市场的决定性作用，让企业在生态创新中分享利益，最终形成企业自发、自觉参与创建生态创新的大好局面。

3. 微观层面

微观层面主要指个人或者家庭为主的创新，包括产品创新、就业技能改进等，充分调动个体参与生态创新、关注生态创新的积极性与主动性，这将对生态创新的成功与传播起到至关重要的作用。在微观层面，需要形成大众创业，万众创新的大好局面，以加强组织领导、明确落实各方责任，严格考核问责，加强环境信息公开，构建全民行动格局。这里，以江苏省宜兴市西渚镇白塔村——“江苏最美乡村”为例介绍一下微观创新带来的强劲动力。白塔村藏在半山，隐在竹林，远在城外。20年前，白塔村就开始划定不开发区域，把张戴公路以南作为原生态保护区，坚守总有回报。党的十八大开始，白塔村在“绿水青山就是金山银山”的理念指引下，做起生态休闲旅游和高效观光农业大文章，在保护好生态环境的基础上，为更高质量发展注入了强劲动力，实现了高质量发展。白塔人现在已经形成了一个共识，那就是将生态环境当作生命一样去保护，留青山、守净土、保绿水，实现在发展中保护、在保护中发展。近年来，白塔人已经利用生态环境优势，引进了2.8亿的乡村旅游项目。当然，白塔人坚决不要影响生态环境、不利于长远高质量发展的旅游项目，仅2017年他们就回绝8个这样的项目，每个项目的投资都有数千万元。白塔村还先后获得“全国文明村”“全国生态文化村”“中国最美宜居奖”等12个国字号金字招牌。白塔村只是宜兴的一个缩影，对地处太湖上游的宜兴市来说，这几年生态保护的力度不断加大，关闭了太湖沿线众多的矿山、化工厂、制砖厂，所有养猪场、养鸡场也全部关停，同时花大力气对河道进行了清淤、治理。只有全社会共同关注、人人参与环境保护，良好的生态才能保持下去；一个地方生态破坏了，相邻区域也难以幸免。生态保护不是一个地方、一个区域能做好的，树立大局意识、加强区域联动尤其重要。比如，太湖流域治理，就要上海、江苏、浙江共同行动。

不仅要生态创新，同时也要坚持推进体制机制改革，健全法制法规体系，“更重要的是，增强法治意识，用法律手段来保护环境。”江苏省人大代表欧阳华在全国“两会”上指出，对违规排污、破坏生态的，包括对别的地方环境带来不良影响的，法律都应给予严厉制裁，让他们的违法成本大大高于违法所得，“只有这样，才能真正实现长治久安”。长三角城市群就各个地方性环境立法前，为了避免地方性法规相互冲突，应充分征询相关方意见，加快推进重点领域、关键环节的体制改革，形成生态环境保护共抓、共管、共享的体制机制。

五、本章小结

随着长三角地区经济的快速发展，跨区域生态环境问题日益突出，以上海、杭州、南京、合肥为例，一方面快速的经济增长带来了环境污染、资源消耗的巨大压力；另一方面随着生产方式的转型调整以及对污染物排放量控制和处理，资源利用效率得到了很大的提高[77]。快速的城市化进程不断地占用生态保护用地，重要生态空间被建设用地大量蚕食，使得区域碳的吸排平衡能力日益下降，导致长三角城市群区域生态系统功能退化，生态环境质量日益恶化。把生态环境作为城市建设、管理与服务的底线和红线，锚固城市生态基底，确保生态空间只增不减，既要加强城市生态空间的保育、修复和拓展，又要从城乡一体化和区域协同的视角来加强生态环境联防联治联控。长三角生态环境保护亟需更多创新举措，亟需共商共治共享，高质量地推进生态建设[78]，以实现环境效益、经济效益和社会效益多赢。总之，面对严峻的水环境、空气环境、土壤环境问题和日益频发的强降雨、台风、高温、雾霾等极端气候事件以及人民对更优美环境需求的不断增长，长三角城市群各大城市要加大对城市环保资金、人员和技术投入。近年来，长三角城市群主要污染物排放总量持续下降，环境质量得到了进一步改善，但是长三角城市群环境问题依然严峻，环境质量还有待提升。将生态文明理念融入长三角城市群建设，加强生态环保对长三角城市群建设的服务和支撑，发挥环保合作的交

---

77 李伟峰，等. 长三角区域城市化过程及其生态环境效应[M]. 北京：科学出版社，2017.

78 全国两会特别报道. 共商共治共享，高质量推进生态建设[N/OL]. 解放日报，(2018-03-19)[2018-12-28]. http://kns.cnki.net/KCMS/detail/detail.aspx?QueryID=2&CurRec=1&recid=&FileName=JFRB201803190040&DbName=CCNDLAST2018&DbCode=CCND&yx=&pr=&URLID=.

流平台作用,为长三角城市群发展赋予新的时代内涵,为区域合作注入新的活力。长三角地区要坚决扛起生态文明建设的责任,持续深化环保领域改革,立足构建齐抓共管的大环保工作格局,为推进长三角环境质量协同改善、建设美丽中国作出长三角城市群的贡献。在长江经济带建设、"一带一路"建设的浪潮中,长三角城市群必须坚持把生态环境放在首位,共抓大保护,不搞大开发,坚持在制度上和法制上促进生态文明建设。

生态环境问题已经成为国家经济社会发展,甚至影响区域稳定的主要障碍之一。党的十八大以来,习近平总书记高度重视生态文明建设,将生态文明建设作为我国"五位一体"总体布局和"四个全面"战略布局的重要内容,标志着我国新生态文明观的形成和建立,更意味着生态文明建设进入新阶段、新高度。紧跟党中央的步伐,长三角生态环境保护已经进入三省一市的政府工作报告,倡导生态建设、绿色发展已经进入了新时代,积极改善生态环境质量,加快生态文明建设,全力推进生态环境保护,加强区域协同合作,共守区域生态红线,确保环境共保共治。在新时代生态文明背景下,长三角城市群急需重新定位城市发展与城市生态环境保护的关系,坚持守住生态环境底线,调整产业结构,逐步淘汰低效落后的产业,加快发展低排放低能耗的创新产业,调整优化能源结构,严格控制煤炭消费总量,大力发展绿色节能低碳能源、绿色工业,绿色建筑,积极加强污染治理力度,实施减排工程,多措并举地加大生态环境建设和资源节约循环利用力度,扎扎实实地推进节能减排降碳工作,深入推进低碳循环绿色发展,恢复甚至增强生态系统的抵御力和修复力,形成安全的可自我修复的城市生态系统,为区域可持续发展奠定良好的基础。

第五章 长三角文化软实力建设

一、长三角文化建设发展现状

文化范畴极广，其广义是指人类所有知识活学活用及根植心脑的修养。文化的狭义即人类生活中衣、冠、文、物、食、住、行等。故给文化一个精准的定义实属不易。由于各区域之间的条件差异，使得文化成为某个区域人民因长期共同生活而形成的一种文化环境，这种与环境息息相关的文化最终成为当地自然、社会以及人民最基本的生活理念，也是一个区域的文化观念与信念。换言之，文化与人类生活有着密切关系，体现于人类生活的每一个角度与层面。因此，文化是一个民族的灵魂和血脉，是体现民族生命力、凝聚力、创新力的重要标志。文化也是城市建设中的软实力，是提升城市综合竞争力的基本保障和核心动力。

习近平总书记高度重视文化自信，并将文化兴国提升到国家战略的高度，他在十九大报告中指出，“文化兴国运兴，文化强民族强”，“没有高度的文化自信，没有文化的繁荣兴盛，就没有中华民族伟大复兴。要坚持中国特色社会主义文化发展道路，激发全民族文化创新创造活力，建设社会主义文化强国”。在 2018 年 12 月 18 日庆祝改革开放 40 周年大会上，习近平书记同样讲到：“40 年来，我们始终坚持发展社会主义先进文化，加强社会主义精神文明建设，培育和践行社会主义核心价值观，传承和弘扬中华优秀传统文化，坚持以科学理论引路指向，以正确舆论凝心聚力，以先进文化塑造灵魂，以优秀作品鼓舞斗志，爱国主义、集体主义、社会主义精神广为弘扬，时代楷模、英雄模范不断涌现，文化艺术日益繁荣，网信事业快速发展，全民族理想信念和文化自信不断增强，国家文化软实力和中华文化影响力大幅提升”[79]。习近平总书记的文化思想，是对发展中国特色文化的肯定，也是对建设文化强国的理论指导。

以长三角文化软实力建设而论，文化的传承及其创意，在城市建设中发挥着不可忽视的作用，以下将对长三角地区的文化产业发展情况进行分析。

长三角城市群以不到 5%的国土面积，承载了接近六分之一的人口。优越的地理位置和突出的经济优势，使其文化产业呈现朝气蓬勃的发展态势，体现出文化消费动

---

79 习近平：40 年来始终坚持发展社会主义先进文化[EB/OL].（2018-12-20）[2019-02-24]. http://www.xinhuanet.com/video/2018-12/20/c_1210020120.htm.

力旺盛、文化组织高度集聚、产业结构日趋“服务化”、骨干企业竞争力较强、产业规模与地方经济高度关联、文化科技异常活跃等特点。整体而言，长三角文化产业发展近年来巩固了在全国的领先地位，并且稳中有升。

区域文化产业增加值从 2012 年的 5 707 亿元增至 2017 年的 12 157 亿元，占全国文化产业增加值总量的比重始终维持在 30%左右（见图 5－1），年均增速达 28.7%，略低于全国 1.9 个百分点。就区域内部而言，报告期内长三角文化产业规模的格局基本未变。江苏继续在产业规模上处于绝对优势，2017 年底江苏省文化产业增加值达到 4 976亿元，位列全国第二，占 GDP 比重 6.0%，首次突破 5%的“天花板”；浙江文化产业增加值由 2012 年的 1 582 亿元增加到 2017 年的 3 618 亿元，年均增长31.8%，比全国高出 1.2 个百分点，产业增加值占 GDP 比重由 2012 年的 4.6%提高到 2017 年的 7.0%；上海文化产业发展态势较缓，年均增速在四省市中最低，仅为 20.42%，比全国低 10.1 个百分点，但早已成长为该市支柱产业之一，2017 年产业增加值占 GDP 比重更是达 7.4%；安徽文化产业规模在四省市中相对薄弱，即使年均增速高达 33.5%，比全国高出 2.9 个百分点，但 2017 年文化产业增加值仅为 1 302 亿元，占 GDP 比重也是四省市中最低的（4.7%）[80]。

图 5－1　2012～2017 年长三角和全国文化产业增加值/亿元

资料来源：《中国文化及相关产业统计年鉴 2017》

近年来，长三角地区充分发挥了创新驱动力，在推动文化与科技融合、促进跨界联动、扩大对外文化贸易、壮大优势产业集群等方面对国家文化软实力做出了突出贡献。长三角的会展服务、演艺娱乐、出版印刷、新闻媒体、文化装备广播影视、动漫游戏等门

80　胡慧源. 文化蓝皮书 · 区域文化产业[M]. 北京：社会科学文献出版社. 2018：40-41.

类的发展水平和产业规模均在全国居于前列。2016 年,全国文化及相关产业增加值 30 785 亿元,占全国 GDP 的比重为 4.14%。而长三角文化产业增加值达到 9 934.86 亿元,占全国总量的 32%,占 GDP 比重达到 5.69%,在发展规模和发展质量上居于全国前列。其中,2016 年江苏省文化产业实现增加值 3 863.9 亿元,占江苏省 GDP 的比重为 5%;浙江省文化及相关特色产业实现增加值 3 232.98 亿元,占浙江省 GDP 比重为 6.84%;安徽省文化产业实现增加值 976.31 亿元,占安徽省 GDP 的比重为 4%;上海文化产业实现增加值 1 861.67 亿元,占上海市 GDP 的比重为 6.61%。

长三角地区文化产业集群实力强大,文化产业增加值占全国总量的三分之一。在连续十届颁布的全国文化企业 30 强中,长三角占全国总数的 34%,在全国遥遥领先(见图 5-2)。在中国十大文化产业上市公司中,长三角地区企业占 40%。此外,长三角地区拥有的联合国全球创意城市占全国总数的 1/4。长三角地区拥有名列世界前三、雄踞中国第一的会展中心城市,拥有全国文化产业园区 100 强中的第一名;拥有全国规模最大的网络文学集群、网络电台和网络教育基地、数字出版产业集群、对外文化贸易集群、影视生产综合基地和电视剧生产与流通平台,同时也是全国主要的动画电视生产基地之一。长三角在全国范围内的文化产业优势参见表 5-1。

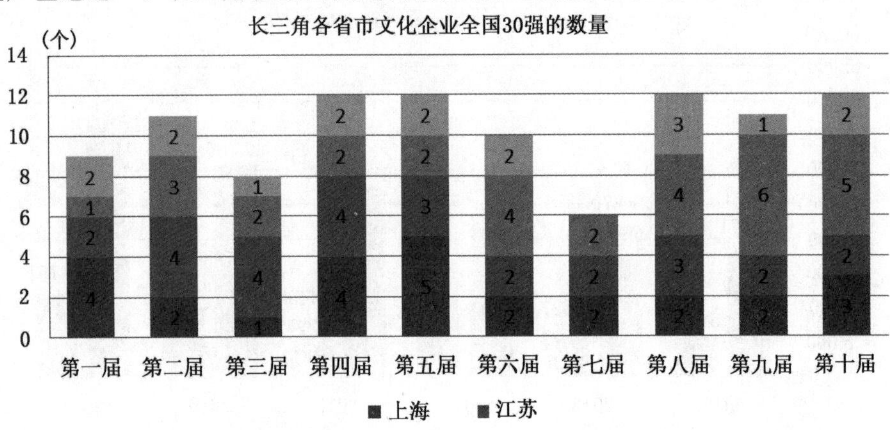

图 5-2 长三角各省市所拥有的第一届到第十届全国文化企业 30 强的数量

资料来源:长三角地区总体概况[EB/OL].(2018-12-16)[2019-02-24]. http://www.yrdicie.com/channel.aspx? id=2&site=cn.

表 5-1 长三角在全国范围内拥有的文化产业优势

世界前三、中国第一的——会展中心城市
全国规模最大的——数字出版产业集群
全国规模最大的——网络电台和网络教育基地
全国规模最大的——网络文学集群

（续表）

全国规模最大的——对外文化贸易集群
全国规模最大的——影视生产综合基地
全国规模最大的——电视剧生产与流通平台
全国主要的——动画电视生产基地之一

资料来源：长三角地区总体概况[EB/OL].(2018-12-16)[2019-02-24]. http://www.yrdicie.com/channel.aspx? id=2&site=cn.

在文化产业国际合作方面，长三角地区是我国对外贸易最发达、对外交流最广泛的地区之一。这里形成了全国领先的文化出口重点项目集群和国家对外文化出口重点企业集群，并连续10年保持了优势。有史以来投资额最大的中美合资文化产业项目、中国第一个国家对外文化贸易基地、全国唯一以出口为导向的国家级影视产业园区（中国浙江影视产业国际合作实验区）等众多国际合作项目落户长三角，使长三角成为中外文化产业合作最有成效的地区之一。

总之，在实现长三角更高质量一体化发展过程中，长三角地区的文化产业无论从活跃度、影响力，还是从规模化和创新力角度看，都在充分发挥文化优势，将文化作为源源不断的动力和支持，为中华文化走出去作出了不可或缺的贡献。

但是，随着中国城镇化的不断深化和现代化进程的加快发展，传统文化保护与城市建设之间的矛盾日益凸显，文化的传承与发展既面临着机遇，也面临着挑战。在旧城改造、新城开发，以及现代科技发展过程中，仍然存在着一些问题：

（一）物质文化遗产遭到破坏

现在，长三角地区的物质文化遗产保护工作任务十分紧迫，在城镇化的浪潮中，大建设与大破坏现象最为突出，历史文化遗产面临着严重破坏，一些城市在建设过程中，重视经济效益而忽视文化的保护，对珍贵的文化遗产价值认识不足、关注不够。在具体工作中，保护措施难以实施，历史文化遗产与城市改造发生冲突，往往是历史遗存妥协，最终造成一去不复返的物质文化遗产日渐稀薄。同时，在物质文化遗产保护中，缺乏整体保护和活态保护的意识，导致大小城市呈现“千城一面”的现象，使得各地文化遗产不断同质化，缺乏文化个性和特色。

（二）非物质文化遗产逐步衰微

长三角地区的部分非物质文化遗产呈现逐步消亡的态势：一方面表现为非遗生存空间受到挤压，原有的生态场正在丧失；依附于物质形态存在的非遗文化，失去了物质承载的依托，便形同虚设。吴歌田山歌缺少稻田，灶头画没有了老灶头，手工棉纺织没有了棉田,庙会失去了活动场域……另一方面表现为美丽城市空壳下精神灵魂的流失。民众对非遗文化的淡漠,使得几千年流传下来的民间生活法则、生存智慧、地方性知识等影响中国人根的精神财富荡然无存。城镇化解决了“居有所安”,却失去了“神有所托”的精神慰藉。

(三)科技创新和文化创意发展空间仍然很大

长三角地区的科技创新和文化创意均已进入新阶段,但是仍然存在以下几方面的问题:缺乏完善、系统的政策框架,区域行政壁垒仍然存在,资源共享缺乏长效机制,软环境的高要求无法满足,巨大的经济和社会效益还没得到有效释放等。

长三角地区的文化软实力建设与发展中存在的一些问题,同样是其他城市在文化建设过程中不可避免的共性问题。因此,本章节主要针对长三角地区的文化建设进行探究,寻找解决问题的依据,也为有关方面提供参考和借鉴。

二、作为城市肌理的物质文化建设

2017年4月19日,习近平总书记在广西考察时强调,“要让文物说话,让历史说话,让文化说话。要加强文物保护和利用,加强历史研究和传承,使中华优秀传统文化不断发扬光大。要增强文化自信,在传承中华优秀传统文化基础上发展社会主义先进文化,加快建设社会主义文化强国”[81]。

物质文化遗产又称“有形文化遗产”,即传统意义上的“文化遗产”。根据《保护世界文化和自然遗产公约》[82](简称《世界遗产公约》),文化遗产包括历史文物、历史建筑、人类文化遗址。《世界遗产公约》规定,属于下列各类内容之一者,可列为文化遗产:①文物:从历史、艺术或科学角度看,具有突出、普遍价值的建筑物、雕刻和绘画,具有考古意义的成分或结构,铭文、洞穴、住区及各类文物的综合体;②建筑群:从历史、艺术或科学角度看,因其建筑的形式、同一性及其在景观中的地位,具有突出、普遍价值的单独或相互联系的建筑群;③遗址:从历史学、美学、人种学或人类学角度看,具有突出、普遍价值的人造工程或人与自然的共同杰作以及考古遗址地带[83]。

2017年1月25日,中共中央办公厅、国务院办公厅发布了《关于实施中华优秀传统文化传承发展工程的意见(2017)》,提出“加强历史文化名城名镇名村、历史文化街

---

81 习近平.让文物说话 让历史说话 让文化说话[EB/OL].(2018-06-19)[2019-02-24]. http://gov.163.com/18/0619/10/DKLGPUT8002398HK.html.

82 1972年11月16日,联合国教科文组织大会第17届会议在巴黎通过了《保护世界文化和自然遗产公约》。

83 物质文化遗产[EB/OL].(2018-10-16)[2019-02-24]. https://baike.so.com/doc/5578885-5792253.html.

区、名人故居保护和城市特色风貌管理，实施中国传统村落保护工程，做好传统民居、历史建筑、革命文化纪念地、农业遗产、工业遗产保护工作，规划建设一批国家文化公园，成为中华文化重要标识”[84]。

长三角地区历史积淀深厚、文化资料丰富。到目前为止，拥有中国历史文化名城26个，占全国总数的20%；中国历史文化名镇名村124个，占全国总数的23%；中国历史文化街区13个，占全国总数的32%；国家重点文物保护单位622处，省级文物保护单位2 300处以上。相比，长三角中小城市历史文化遗产的密集度和知名度，虽不及大城市，但在总量上更占优势，呈现分布广、数量多、多元化的特征。

（一）历史文化名城的保护与发展

历史文化名城是因历史文化而闻名的城市。习近平总书记曾经提出，“历史文化是城市的灵魂，要像爱惜自己的生命一样保护好城市历史文化遗产”[85]。2018年5月25日，第十三届全国政协第三次双周协商座谈会上，中共中央政治局常委、全国政协主席汪洋强调，历史文化名城名镇是培育文化自信和文化认同的重要物质基础，要深入学习领会习近平总书记关于做好历史文化遗产保护的一系列重要指示精神，本着对历史负责、对人民负责的精神，强化保护优先、合理利用的理念，处理好城市改造开发和历史文化遗产保护的关系，切实做到在保护中发展、在发展中保护。长三角城市群进入第一批的国家历史文化名城参见表5-2。

表5-2 长三角第一批国家历史文化名城

城市名称	历史文化遗产
南京	中山陵、明孝陵、明城墙、玄武湖、夫子庙、紫金山、鸡鸣寺等
苏州	太湖、拙政园、狮子林、沧浪亭、留园、周庄、虎丘、寒山寺等
扬州	瘦西湖、盂城驿、枣林湾、大明寺、个园、何园、凤凰岛、东关街等
杭州	西湖、京杭大运河、西溪湿地、灵隐寺、六和塔、良渚遗址等
绍兴	鉴湖、兰亭、沈园、禹陵、鲁迅故里等

第二批有：上海、宁波、镇江。第三批有金华、无锡、嘉兴、泰州、南通。全国122个文化名城按省域分布，最多的是江苏。

上海、南京、苏州、扬州、镇江、杭州、绍兴、宁波都将建设历史文化名城列入城市定位之中。同时，历史文化名城也是旅游业发展的主力军，旅游更是历史文化名城保护

84 中共中央办公厅 国务院办公厅印发《关于实施中华优秀传统文化传承发展工程的意见》[EB/OL].(2017-01-25)[2019-02-24].http://www.gov.cn/zhengce/2017-01/25/content_5163472.htm.

85 习近平.像爱惜自己的生命一样保护好文化遗产[EB/OL].(2015-01-06)[2019-02-24].http://www.xinhuanet.com//politics/2015-01/06/c_1113897353.htm.

与发展的着力点，进入文旅结合的时代，首先要把握好历史文化名城的保护与发展之间的关系，取得良性的综合效益；其次要以旅游业为主导，整合历史文化名城的其他相关内容，实现名城与旅游之间相互影响和良性互动；最后通过旅游产业效应，既带动历史文化名城旅游业的综合消费，又提升名城的知名度和影响力，以及延伸相关产业链，实现相互之间的相融与共荣。

长三角地区作为中国旅游的聚集地，在推进文化和旅游融合发展的工作中做出了很多努力和探索。2018 年 12 月 16 日，上海市文化和旅游局就开创上海文化旅游工作新局面召开会议，会议上指出，调整组建上海市文化和旅游局，推进文化和旅游融合发展，是文化旅游工作发展繁荣的重大机遇。坚持"宜融尽融、能融则融"，推进文化和旅游理念、方法、载体、平台等各方面的有机融合，真正实现全方位融合、一体化发展；扎实推进"文创 50 条"[86]"旅游 30 条"[87]和各项规划、意见的落实，在狠抓落地见效中开创文化旅游工作新局面。同时提出，2019 年文化旅游工作要聚焦建设国际文化大都市和世界著名旅游城市两个目标，牢牢把握推进落实习总书记给上海的"三项重大任务"[88]、促进文化和旅游有机融合、深化"放管服"[89]改革等三大机遇，创新突破政策机制，提升公共服务能级，提高上海文化旅游影响力、标识度、辐射力，强化市场监管、促进产业发展，坚持抓创新、抓协同、抓服务、抓管理、抓落实，以勤恳敬业、攻坚突破的实际行动，努力创造新业绩、取得新作为。

---

86 2017 年上海市委、上海市人民政府出台了《关于加快本市文化创意产业创新发展的若干意见》，该"若干意见"被简称为"上海文创 50 条"。"上海文创 50 条"提出上海将建设全球影视创制中心，打造亚洲演艺之都，建设全球动漫游戏原创中心，巩固国内网络文化龙头地位，深化国际创意设计高地建设，构建出版产业新格局，构建国际重要艺术品交易中心，加快实施文化装备产业链布局等。资料来源：上海文创 50 条[EB/OL].(2017-12-14)[2019-02-24]. https://www.sohu.com/a/210487462_391474.

87 上海市政府新闻办 2018 年 9 月 6 日举行新闻发布会，市旅游局局长徐未晚介绍了《关于促进上海旅游高品质发展加快建成世界著名旅游城市的若干意见》(以下简称《意见》)，以及 2018 年上海旅游节筹备进展情况。《意见》提出，将大力实施全域旅游发展战略，加快旅游供给侧结构性改革，放大旅游产业的综合效应，促进上海旅游高品质发展，加快建成世界著名旅游城市。《意见》由总体要求、打造更具吸引力的旅游目的地、推动上海旅游转型升级、营造良好旅游环境、提高上海旅游辐射力影响力和保障措施等六方面共 30 条构成(简称"上海旅游 30 条")。资料来源：上海：大力实施全域旅游发展战略[EB/OL].(2018-09-07)[2019-02-24]. http://www.chinaidr.com/news/2018-09/122241.html.

88 习近平总书记还交付给上海三项新的重大任务：一是将增设中国上海自由贸易试验区的新片区；二是将在上海证券交易所设立科创板并试点注册制；三是将支持长江三角洲区域一体化发展并上升为国家战略。资料来源：上海外资 40 年蓬勃发展的辉煌篇章[EB/OL].(2018-11-29)[2019-02-24]. http://www.shanghai.gov.cn/nw2/nw2314/nw2315/nw18454/u21aw1351867.html.

89 市政府关于印发《2017 年上海市深化简政放权放管结合优化服务改革工作方案》的通知[EB/OL].(2017-09-30)[2019-02-24]. http://www.shanghai.gov.cn/nw2/nw2314/nw2319/nw12344/u26aw53765.html.

文旅共融发展是历史文化名城在保护与发展中的工作倾向，但是在实际工作中，保护与发展会不可避免地产生对立，如何既保护好历史文化名城的风貌又能反哺城市向前发展，成为时代的难题。

从长三角地区来看，江苏是较早探索历史文化名城保护的省份，2001 年就出台了《江苏省历史文化名城名镇保护条例》。2018 年 11 月 27 日，南京市召开城乡规划委员会暨历史文化名城保护委员会会议，审议《南京市城乡规划委员会工作规则(修订)》和《南京市历史文化名城保护委员会工作规则》。会议要求，立足“创新名城、美丽古都”[90]的城市定位，规划好、保护好、利用好、管理好南京这座历史文化名城，努力让空间规划、发展规划和城市需求更紧密对接，不断提升规划决策的专业化、科学化、民主化水平；落实文物保护工作“保护为主，抢救第一，合理利用，加强管理”的方针，深入探索、研究文物的原真保护、活化利用，切实让文物价值得到更大体现、让文物保护实现更可持续。

因此，在长三角历史文化名城的保护与发展中，尽量避免重开发轻保护、破坏历史格局完整性的情况发生，将当地最精华的历史文化放进去，充分反映出当地的历史脉络与文化精髓，同时在具体项目中不能过于简单化、市场化，应遵循其独特性和综合性，在分析研究、策划定位、规划设计、项目评估、建设施工、资金运营、业态招商、后期管理等环节，作出全方位的系统实施要求，使历史文化名城的保护更科学、合理、有效。

（二）历史文化名镇名村的风貌

中国历史文化名镇名村，是由建设部和国家文物局从 2003 年起共同组织评选的、保存的文物特别丰富且具有重大历史价值或纪念意义的、能较完整地反映一些历史时期传统风貌和地方民族特色的镇和村[91]。

长三角地区入选中国历史文化名镇的有：江苏省昆山市周庄镇、江苏省吴江市同里镇、江苏省苏州市吴中区甪直镇、浙江省嘉善县西塘镇、浙江省桐乡市乌镇、江苏省苏州市吴中区木渎镇、江苏省姜堰市溱潼镇、浙江省湖州市南浔区南浔镇、浙江省宁波市江北区慈城镇、上海市金山区枫泾镇、江苏省太仓市沙溪镇、江苏省泰兴市黄桥镇、浙江省绍兴县安昌镇、浙江省象山县石浦镇。入选历史文化名村的有：浙江省武义县俞源乡俞源村、浙江省武义县武阳镇郭洞村、安徽省黟县西递镇西递村、安徽省黟县宏村镇宏村、安徽省歙县徽城镇渔梁村、安徽省旌德县白地镇江村。

苏浙沪三省市行政村与江南传统村落的数量对比情况为：在经济越发达和城市化

90 南京市城乡规划委员会暨历史文化名城保护委员会举行会议[EB/OL].(2018-11-27)[2019-02-24]. http://news.longhoo.net/2018/ywnj_1127/319545.html.

91 中国历史文化名镇名村[EB/OL].(2018-12-16)[2019-02-24]. https://baike.so.com/doc/5198844-5430579.html.

水平越高的地方,传统村落的传承、保护更加困难。与中国其他地区相比,苏浙沪的传统村落与各自的行政村相比,所占比例都偏低,其中上海为3.01‰,浙江为7.14‰,江苏则低至1.54‰。从横向比对上看,江苏和浙江城市化率、经济增速相当,但两省传统村落数量差别明显,达到13比88。“苏南模式”使原本数量众多的江南传统村落迅速消失。而侧重发展旅游的浙江,传统村落的保护和发展要好得多。其中,江苏省在江南传统村落保护上最落后。这主要表现在申报和入选的数量过少:浙江省的24 666个行政村中,入选传统村落目录的为176个;上海市的1 661个行政村中,入选的为5个;而拥有16 861个行政村的江苏省,入选的仅为16个[92]。

习近平总书记强调,“符合农村的自然风貌,具有江南水乡、古城特点的文化风貌要保护下来”[93],“像枫泾古镇以及农村自然村落等,这些都是极为宝贵的历史文脉”[94],“在推进新农村建设过程中,要倍加珍惜,切实加以保护”[95]。

长三角地区的乌镇作为全国古镇开发的经典案例,成为被推崇的“乌镇经验”或“乌镇模式”。乌镇经历了观光旅游、度假休闲、文化小镇、轻奢乡村度假四个发展阶段(见表5-3)。

表5-3 乌镇四个发展阶段

第一阶段	观光旅游(东栅)	1999年,乌镇启动古镇保护工程。唯一现成的旅游资源是东栅的接待3万人次的茅盾故居以“一片破房子、一片老房子、一片旧房子”的东栅为起点,从观光旅游起步,“一年起步,二年成形,三年初见成效”。目前,东栅有超过20个文化景点,4场民俗表演,总计2～3小时的经典观光旅游
第二阶段	度假休闲(西栅)	2003年底,投资10亿的西栅启动建设。与东栅旅游观光为主题不同,西栅是商务旅游、休闲度假为主,完全颠覆了古镇观光旅游思维,以居民全部搬迁的方式保证了古镇经营开发的自主权,探索从观光景点向度假休闲中心转型
第三阶段	文化小镇(西栅)	2013年,乌镇大剧院竣工,首届戏剧节成功举办,2015互联网大会召开,乌镇在向新型文化小镇转型的路上越走越精彩

92 长三角“中国传统村落”:再不保护就悔之莫及了[EB/OL].(2015-02-27)[2019-02-24]. http://www.ce.cn/culture/gd/201502/27/t20150227_4657727.shtm.

93 习近平总书记2007年8月9日在南汇区调研时的讲话。

94 习近平总书记2007年6月12日在金山区调研时的讲话。

95 习近平总书记2007年6月12日在金山区调研时的讲话。

（续表）

第四阶段	轻奢乡村度假（乌村）	2016年1月9日，乌镇的第三个旅游项目——投资2.5亿、占地450亩的乌村低调揭幕，乌村以田园风光为主题，却又颠覆了传统的乡村游模式，采用一价全包的套餐式体验模式——集吃、住、行、游、购、娱活动为一体，一价打包吃住行和30多项免费体验项目，用“休闲度假村落”的方法打造新型、高端乡村旅游度假区

资料来源：下一站，乌村－坚守＋探索，解密乌镇风雨18年[EB/OL].(2016-08-08)[2019-02-24]. https://wenku.baidu.com/view/f956d2eda6c30c2258019e3d.html.

乌镇从一个小镇成长为名镇，文化导入为其注入了新鲜血液和发展活力。在城镇化进程中，古村古镇“千城一面”的同质化成为发展的重要问题摆在我们面前。而“乌镇模式”充分重视文化个性，深入挖掘文化特征，曾有句“一样的古镇，不一样的乌镇”口号，便是对其最好的诠释。乌镇结合自己的特点，举办“乌镇过大年”、“童玩节”，以戏剧为切入点，举办戏剧节。上海办进博会，杭州办G20峰会，南京办青奥会，乌镇插上了互联网的翅膀，最终，世界互联网大会落户乌镇。乌镇从上海世博会开始紧抓长三角一体化的机遇，发挥核心优势，向世界尽展乌镇风采。然而，为了紧跟新时代新科技的脚步，乌镇无人管理应运而生，如无人驾驶、无人诊所、无人值守刷脸入住语音操控……新科技开始大规模取代传统存在，久而久之，一切均由“现代化”取代，人所创造出来的“文化”将付之一炬。科技来自于人性，这样的发展会给人带来什么？乌镇走在中国古镇发展的前沿，它的发展模式可以为其他古镇提供借鉴和示范，但是它在未来即将面临的问题，也值得引发我们思考并预先规避。

（三）文化展示和体验空间

文化部于2017年2月23日印发的《文化部“十三五”时期文化发展改革规划(2017)》指出，“推进博物馆建设，贯彻实施《博物馆条例》[96]，提高博物馆公共服务水平；优化博物馆布局，提升彰显国家名片和地方形象的博物馆的综合实力，建设具有行业和地域特色的专题博物馆，发展智慧博物馆；加强革命老区、民族地区、边疆地区、贫困地区博物馆建设；积极支持引导非国有博物馆的发展；健全文物陈列展览交流平台，建立国家一级博物馆与基层博物馆借展、联展、巡展合作机制”[97]。

博物馆的发展离不开资源的聚集，区域合作将成为今后发展的趋势。2017年11

[96] 国家文物局博物馆条例[EB/OL].(2015-02-09)[2019-02-24]. http://www.sach.gov.cn/col/col1805/index.html.

[97] 文化部“十三五”时期文化发展改革规划[EB/OL].(2017-05-02)[2019-02-24]. https://wenku.baidu.com/view/4eff4dd7b9f67c1cfad6195f312b3169a451ea05.html.

月 12～14 日，由《博物院》杂志社、南京博物院、北京博物馆学会、广东省博物馆主办的“让文物活起来——京津冀、长三角、珠三角博物馆高峰论坛”在中国园林博物馆召开。会议分为“跨区域合作”“博物馆文创”“博物馆数字化”“馆校合作”4 个专题。该会议的三地区博物馆充分发挥了带头作用，推动了其他地区乃至全国博物馆建设的发展。2017 年 12 月，上海博物馆与南京博物院、苏州博物馆共同推出了“艺游江南”展览教育联动项目。2018 年 5 月 19 日，上海博物馆、浙江博物馆、南京博物院、安徽博物馆等 29 家单位启动了“长三角博物馆教育联盟”，通过举办教育主题博览会、学术研讨会、培训工作坊等形式，搭建了博物馆资源共享平台，大力推动了长三角地区博物馆的区域合作。

上海市历史博物馆馆长胡江在 2017 年 11 月“让文物活起来——京津冀、长三角、珠三角博物馆高峰论坛”的“博物馆跨区域合作的实践与展望”中指出：“博物馆跨区域合作具有三大新理念与三大新思路，即资源共享、平衡发展；区域特色、取长补短；联盟推进、国际影响的新理念。跨区域的展览合作新机制与模式；跨区域的文物研究、保护与利用；跨区域互联网数字博物馆联盟的新思路。对于新展望，上历博在未来将努力实现上历博博物馆群的共建共享共创共赢体系，建成三三角跨区域的互联网数字博物馆新体系，建立‘一带一路’中卓越的全球城市合作体系”[98]。

“长三角美术馆协作机制”于 2007 年在刘海粟美术馆的牵头下成立，坚持“资源共享、学术交流、展览策划、人才培训、文明共建”的发展理念，已有苏州美术馆、宁波美术馆、昆山侯北人美术馆、潘天寿艺术中心、傅抱石纪念馆、常熟美术馆、张家港美术馆、宋文治纪念馆、亚明艺术馆等 20 多家美术馆加入，并已为长三角地区美术馆大发展、大繁荣提供了一个合作交流平台。2017 年 11 月 11 日，《英华内蕴——长三角美术馆协作机制美术作品学术提名展》在三角洲腹地佛山举办。该展览是 2017 年长三角地区美术馆协助机制的重要展览，参展的 16 位艺术家[99]均为艺术界翘楚，参展的 64 件作品也展现出长三角美术创作的生命力。2018 年 11 月 21 日，长三角区域整体创新再度升级，沪苏浙皖的美术馆又极力促成了“风生水起逐浪高——纪念改革开放四十周年长三角美术作品展”。

2018 年 10 月 26 日，长三角文化馆联盟成立，上海市浦东新区文化艺术指导中心(浦东新区群众文化艺术馆)、嘉兴市文化馆，绍兴市文化馆、南通市文化馆、盐城市文化馆等 18 个文化馆共同签署了合作协议，将本着“平台共建，资源共享”的原则，实现长三角地区文化资源整合，共同繁荣长三角文化。

---

98 当京津冀、长三角、珠三角博物馆聚在一起，我们要讨论什么？[EB/OL].(2017-11-20)[2019-02-24]. http://www.sohu.com/a/205418043_426335.

99 16 位艺术家分别为：陈九、陈军、陈三石、丁懂、戴超、黄戈、江可群、李庆、凌加春、陆小和、徐善、张进、张小祥、赵宗概、朱刚、朱文林。

长三角地区除了博物馆、美术馆、文化馆，还有很多展览馆、科技馆、纪念馆、艺术馆、音乐馆、图书馆、体育馆、剧院、影视基地等，都在努力构建更紧密的合作机制，共同打造更大的平台，实现资源共建共享、优势互补，开创长三角地区文化建设一体化新局面。

近年来，长三角地区借众多文化展示和体验空间，举办了丰富的会展。“2018上海青年艺术博览会”上，“东流潮音”长三角艺术联盟联展项目“现身”；2018年11月15日，“世博演艺资源开发利用活动”在上海美琪大戏院启动，2019年持续推进，将8年来的世博演艺资源重新挖掘和整理，建立与国际接轨的新文化平台。2018年11月30日，首届长三角国际文化产业博览会在上海展览中心拉开帷幕，展览、论坛、“区城联动”活动共同呈现，三省一市在会期间构建了多个联盟，有长三角动漫产业合作联盟、长三角文创特展产业联盟、长三角红色文化旅游区域联盟、长三角文旅产业联盟、长三角文化装备产业协会联盟、长三角影视制作基地联盟、长三角电子竞技产教协同创新中心、长三角文化金融合作服务平台和环淀山湖战略协同区文化一体化发展合作备忘录等。

2018年11月，首届中国国际进口博览会落户上海，这次博览会是世界上第一个以进口为主题的国家级展会，共吸引了来自172个国家、地区和国际组织参会，展览总面积达30万平方米，3 600多家企业参展。作为演艺活力聚集区的黄浦“演艺大世界”，为上海市民的新春佳节准备了丰富的“文化盛宴”，通过演艺资源将浓浓的年味辐射至16个区，让看戏的风俗成为都市人不可或缺的生活方式。据官方统计，2019年春节假日前四天，上海市对外开放的73家博物馆累计接待游客29.19万人次；全市各图书馆累计接待读者7.63万人次；全市对外开放的22家美术馆累计接待观众6.29万人次，全市各公共文化场所(非遗传习所、社区文化活动中心、群艺馆、图书馆)累计接待游客41.78万人次，同比去年都有所增长，可见，不断丰富的文化展示活动和精彩纷呈的文化体验空间越来越成为民众的选择……这些都只是长三角以文化为媒、促进区域一体化发展的一个缩影。它充分说明了一个不争的事实：今天的长三角不仅是全国经济最为发达的地区，也已经成为全国文化最为繁荣、合作最为紧密的地区之一。

长三角文化联动，最终将带来文化产业创新、发展的集聚，通过建立长效合作机制，实现区域内文化合作共赢、相互促进，发挥联动的最大积极效应，充分展现长三角地区文化发展的整体实力，为朝着更高质量一体化发展的目标不断迈进。

三、作为城市脉搏的非物质文化遗产建设

党的十九大报告指出，“非遗对传递民族文化、凝聚民族认同、重塑民族精神、增强文化自信具有重要意义”。

联合国教科文组织于2003年10月通过的《保护非物质文化遗产公约》明确界定了非物质文化遗产的定义："'非物质文化遗产'指被各社区、群体，有时为个人，视为其文化遗产组成部分的各种社会实践、观念表述、表达形式、知识、技能及相关的工具、实物、手工艺品和文化场所。这种非物质文化遗产世代相传，在各社区和群体适应周围环境以及与自然和历史的互动中，被不断地再创造，为这些社区和群体提供持续的认同感，从而增强对文化多样性和人类创造力的尊重。在本公约中，只考虑符合现有的国际人权文件，各社区、群体和个人之间相互尊重的需要和顺应可持续发展的非物质文化遗产。"[100]由国务院办公厅颁布的、代表了中国政府意见的、具有权威性的《关于加强我国非物质文化遗产保护工作的意见》的附件《国家级非物质文化遗产代表作申报评定暂行办法》对非物质文化遗产作了这样的界定：非物质文化遗产是指各族人民世代相承的、与群众生活密切相关的各种传统文化表现形式(如民俗活动、表演艺术、传统知识和技能，以及与之相关的器具、实物、手工制品等)和文化空间。这里的"文化空间"即定期举行传统文化活动或集中展现传统文化表现形式的场所(兼具空间性和时间性)。非物质文化遗产的范围包括：①口头传统，包括作为文化载体的语言；②传统表演艺术；③风俗活动、礼仪、节庆；④有关自然界和宇宙的民间传统知识和实践；⑤传统手工艺技能；⑥与上述表现形式相关的文化空间[101]。

政府从2004年开始，通过10多年的努力，连续出台了许多非遗保护政策，包括申报评定、专项资金、管理办法、代表性传承人等，不断推动中国的政策体系走向完善。尤其是2011年颁布的《中华人民共和国非物质文化遗产法》，首次以法律形式对非遗保护进行规范，使其步入法制轨道。政策列举如表5-4所示[102]。

表5-4 2004～2014年非遗相关政策

时间	政策
2004年8月28日	正式加入联合国《保护非物质文化遗产公约》
2005年3月26日	《国务院办公厅关于加强我国非物质文化遗产保护工作的意见》《国家级非物质文化遗产代表作申报评定暂行办法》
2005年12月20日	《国务院关于加强文化遗产保护的通知》

100 中国非物质文化遗产网. 中国非物质文化遗产数字博物馆网站法规文件的联合国教科文组织文件《保护非物质文化遗产公约》(2003)[EB/OL]. (2016-10-08)[2019-02-24]. http://www.ihchina.cn/3/18945.html.

101 国务院办公厅《关于加强我国非物质文化遗产保护工作的意见》(国办发〔2005〕18号)的[附件1]《国家级非物质文化遗产代表作申报评定暂行办法》[EB/OL]. (2014-04-10)[2019-02-24]. http://www.ihchina.cn/3/10322.html.

102 表格资料来源：中国非物质文化遗产网. 中国非物质文化遗产数字博物馆网站的法规文件[EB/OL]. (2016-10-16)[2019-02-24]. http://www.ihchina.cn/3/3_1.html.

（续表）

时间	政策
2006 年 5 月 20 日	国务院公布第一批国家级非物质文化遗产名录
2006 年 7 月	《国家非物质文化遗产保护专项资金管理暂行规定》
2006 年 11 月	《国家级非物质文化遗产保护与管理暂行办法》
2007 年 2 月	《关于加强老字号非物质文化遗产保护工作的通知》
2008 年 5 月	《国家级非物质文化遗产项目代表性传承人认定与管理暂行办法》
2008 年 6 月 14 日	国务院公布第二批国家级非物质文化遗产名录
2011 年 2 月 25 日	《中华人民共和国非物质文化遗产法》
2011 年 6 月 10 日	国务院公布第三批国家级非物质文化遗产名录
2014 年 11 月 11 日	国务院关于公布第四批国家级非物质文化遗产代表性项目名录的通知

资料来源：中国非物质文化遗产网. 中国非物质文化遗产数字博物馆网站的法规文件[EB/OL]. (2016-10-16)[2019-02-24]. http://www.ihchina.cn/3/3_1.html.

《文化部"十三五"时期文化发展改革规划(2017)》指出，"坚持'保护为主、抢救第一、合理利用、传承发展'的工作方针，进一步完善非物质文化遗产保护制度，以人的培养为核心，以融入现代生活为导向，切实加强能力建设，提高保护传承水平，推动非物质文化遗产保护事业深入发展"[103]。在民族非遗研究院成立座谈会上，民族非遗研究院院长刘东昌表示："研究院将以立足保护，传承之本为宗旨，抢救、挖掘、保护民族非物质文化遗产。以基础研究为核心，重构民族非遗文化产权及评估体系，最终建立民族非遗的产、学、研、金为一体的智库。同时以互联网为传播平台，把非遗与公益、扶贫、教育相融合，推动非遗的生活化、品牌化和产业化，普惠大众"[104]。

长三角地区的非物质文化遗产历史悠久、种类丰富，从云锦织造、无锡泥人、苏州玉雕、苏州制扇，到青田石雕、徽墨制作、乐清细纹刻纸、朵云轩木版水印、歙砚制作等国家级非物质文化遗产。还有一些流传深广、影响颇大的著名非物质文化遗产，如白蛇传传说、梁祝传说、田螺姑娘传说(吴越三大传说)、宣卷、江南丝竹，阿婆茶、灶花，稻作生产习俗、蚕桑生产习俗乃至顾绣、苏绣、昆曲、越剧等，共同演绎江南文化的交互影响和丰富多彩。长三角地区四批次进入国家级非遗保护名录的有 420 项。其中，上海

103　文化部"十三五"时期文化发展改革规划[EB/OL].(2017-05-02)[2019-02-24]. https://wenku.baidu.com/view/4eff4dd7b9f67c1cfad6195f312b3169a451ea05.html.

104　见人见物见生活 民族非遗研究院在京成立[EB/OL].(2018-12-18)[2019-02-24]. http://www.tibet.cn/cn/culture/wx/201812/t20181218_6465935.html.

有 51 项，江苏有 112 项，浙江有 184 项，安徽有 73 项[105]。2018 年 1 月 19 日发布的《国务院关于印发国家教育事业发展“十三五”规划的通知》(国发〔2017〕4 号)，鼓励“非物质文化遗产进校园”，“充分利用图书馆、博物馆、文化馆等各类文化资源，广泛开展中华民族优秀传统文化、革命文化、社会主义先进文化教育，培育青少年学生文化认同和文化自信”。长三角地区在非遗的传承与保护方面做了极大的努力和探索。

(一) 传承人群研习培训卓有成效

《文化部“十三五”时期文化发展改革规划(2017)》指出，“增强非物质文化遗产传承活力，加大对非物质文化遗产代表性传承人的扶持力度，加强传承人梯队建设，实施中国非物质文化遗产传承人群研修研习培训计划，帮助非物质文化遗产传承人群提高学习和传承能力，增强传承后劲，推动非物质文化遗产传承与现代教育体系深度融合”[106]。

2015 年起，文化和旅游部、教育部共同启动实施中国非物质文化遗产传承人群研培计划。“该计划以传统工艺为重点，通过组织经过选拔的非遗传承人群到高校学习专业知识，开展讨论与技术、技艺交流，帮助传承人群‘强基础、拓眼界、增学养’，促进非遗‘可持续发展’”[107]。上海市是首批参加该计划的省市，截至 2017 年年底，上海共有华东师范大学、复旦大学、同济大学、上海大学、东华大学、上海戏剧学院、上海工艺美术职业学院、上海视觉艺术学院 8 所院校入选研培计划，数量位列全国第一。2018 年 7 月 19 日，中国非物质文化遗产传承人群研习培训计划上海高校优秀成果展在上海大世界亮相。作为 2018 年“文化和自然遗产日”的重要项目，集中展现 2015 年以来上海市研培计划的实施历程、教学经验和取得的成果，展示品共计 312 件。目前为止，上海共承接研培任务 44 期，涵盖竹刻、锡雕、竹艺、版画、金属锻制、建筑彩绘、青瓷烧制、织绣创新、玉石雕刻掐丝唐卡、藏香制作、木雕、皮影戏、木偶戏等各门类。依托研培计划平台，上海市政府部门、院校、传承人群和社会各界培养了千余名学员，开展了众多研培项目，为非遗传承发展提供了更广阔的平台。

浙江省非遗传承人群的年度研习培训班于 2018 年 11 月 21 日结束了 20 天的学习，吸引了天津杨柳青年画、苏州桃花坞年画和四川绵竹年画这三大著名年画制作技艺的非遗传承人听课。如此种种，非遗培训活动在长三角地区不胜枚举。

江苏南通大学入选文化部办公厅公布的 2017 年度参与中国非物质文化遗产传承

---

105 国务院印发第四批国家级非遗代表性项目名录[EB/OL].(2014-12-03)[2019-02-24]. http://politics.people.com.cn/n/2014/1203/c1001-26140975.html.

106 文化部"十三五"时期文化发展改革规划[EB/OL].(2017-05-02)[2019-02-24]. https://wenku.baidu.com/view/4eff4dd7b9f67c1cfad6195f312b3169a451ea05.html.

107 非遗传承人群研习培训计划上海高校成果展亮相上海大世界[EB/OL].(2019-02-27)[2019-02-24]. https://m-news.artron.net/20180728/n1013753.html.

人群研培计划的高校名单。它自 2009 年成立蓝印花布艺术研究所以来，承担了国家社科基金艺术学重点课题，多次获得国家级民间工艺最高奖“山花奖”。蓝印花布研究所在非物质文化遗产方面拥有丰硕的学术成果和产、学、研的宝贵经验。继而，集中纺织服装学院的学科优势，选调全校相关师资力量以及优秀的非遗传承人，协同继续教育学院、非物质文化遗产研究院一起承担两到三期全国范围内的蓝印花布、扎染、蜡染、刺绣等非遗传承人群研习班。2018 年 8 月，江苏汉唐织锦科技有限公司等 4 家企业被认定为南京云锦市级保护单位，江宁织造博物馆等 6 家单位获评市级宣传展示基地。为了不断推广云锦技艺，江宁织造博物馆开办了云锦研习班，邀请非遗传承人担任指导老师，以公益培训的形式免费向社会招收学员。为了让学员们更快更好地掌握云锦技艺，传承人授课老师和策划团队共用了 8 个月时间制定学习课程。5 天的教学课程以云锦织造流程为主线，学员们围绕云锦的“织金小团龙”标准性纹样，在传承人的指导下学习纹样设计、意匠填色、挑花结本等完整流程。最后，还将让学员们坐上大花楼织机，两人合作织造“织金小团龙”纹样，完成自己的“毕业成果”。

长三角地区作为非遗培训的先行地，非遗培训工作已卓有成效。传承人的综合文化修养、创意创新能力直接影响着非遗的传承与市场竞争力，通过搭建非遗与学术、当代教育的桥梁，提高了传承人的学习能力、创新能力、传承能力，进而提高了非遗品质，扩大了非遗市场，让非遗真正走进民众的现代生活。

（二）非遗进校园如火如荼

2017 年，中共中央办公厅、国务院办公厅印发《关于实施中华优秀传统文化传承发展工程的意见》，明确提出非遗传承和传统文化传承要全方位、全学段、全过程融入从幼儿园到大学直至继续教育，并要“以幼儿园、小学、中学教材为重点，构建中华文化课程和教材体系”[108]。

《国务院办公厅关于转发文化部等部门中国传统工艺振兴计划的通知(2017)》指出，“继续开展非物质文化遗产进校园等活动，支持各地将传统工艺纳入高校人文素质课程和中小学相关教育教学活动；支持大中小学校组织开展体现地域特色、民族特色的传统工艺体验和比赛，提高青少年的动手能力和创造能力，加深对传统文化的认知”[109]。

2018 年 3 月 21 日，长三角非物质文化遗产校园传承工作研讨会暨江南丝竹音乐赏读会在杭州市文海实验学校举行，会议主要探讨了如何将民间之乐还于民间，如何

108　中共中央办公厅、国务院办公厅. 关于实施中华优秀传统文化传承发展工程的意见[EB/OL]. (2017-01-25)[2019-02-24]. http://www.gov.cn/zhengce/2017-01/25/content_5163472.htm.

109　国务院办公厅关于转发文化部等部门中国传统工艺振兴计划的通知[EB/OL]. (2017-03-12)[2019-02-24]. https://baike.so.com/doc/25711918-26800314.html.

为非遗项目进校园并为非遗扎根校园打下坚实基础。

浙江省杭州市的非遗进校园活动，覆盖7个主城区(上城区、下城区、西湖区、拱墅区、江干区、滨江区、西湖风景名胜区)的所有小学。通过对7个主城区小学的近600名中小学美术老师进行非遗知识普及和技艺培训，引导她们在校开展非遗特色课程，把非遗体验活动转变成常态化的传习教学工作。2019年1月11日，浙江省嘉善县大云镇举办了一场“2019江浙沪非遗民俗进校园活动”。现场，嘉善的泥塑、农民画、传统糕点等非遗项目与来自江苏芦墟、上海金山等地的非遗展示项目同时亮相。

安徽省各地非遗进校园活动丰富多彩：2018年5月21日，由蚌埠市龙子湖区文广旅局、文化馆主办的“龙子湖区2018年非物质文化遗产进校园”活动在龙子湖区张台小学举行。古琴、泗州戏、花鼓灯、猜灯谜等非遗项目相继上演；2018年5月31日，黄山市龙门乡文化站邀请民间剪纸传承人走进龙门中学小学，为师生们上剪纸课；2018年6月1日，全椒县委宣传部、县教体局、县文广新局主办的非遗进校园活动启动仪式在第二实验小学举办，活动现场为5位非遗传承人颁发乡村少年宫校外辅导员聘书，并组织非遗项目展演和宣传展板展示；2018年6月1日上午，定远县文化馆组织非遗传承人及文化志愿者走进该县实验小学教育集团，为全校师生表演了传统戏曲黄梅戏《树上的鸟儿成双对》《打猪草》等经典唱段。

江苏省2018年度高雅艺术进校园面向社会进行招标，共采购节目77个，其中大型音乐会类8个，中小型音乐会类12个，歌舞、综艺类20个，大型戏剧类6个，中小型戏剧、曲艺类12个，大型美术设计、展览类4个，中小型美术设计、展览类5个，传统艺术校园传承专项展览类5个，传统艺术校园传承专项表演类5个，计划演出170余场，另有专家讲座177场。所有演展节目免费送进大中小学，学校负责提供合适的场地和组织在校师生观看[110]。

上海几乎每所中小学都有各自特色的“非遗”传习项目，海派面塑、上海剪纸、灯彩等非遗项目进入课堂。经过数年推行，上海多区已实现“非遗进校园”全覆盖，如杨氏太极、形意拳等十余个项目进入华理学区各个学校传承；嘉定外冈小学、浦东联营小学、清华中学每周有一堂由“何氏灯彩”第三代传人何伟福开设的灯彩制作课程等。2019元旦由浦东新区金桥镇团委、中致社、张桥中心小学合作开展的主题为“小小庙会在身边，非遗文化进校园”庙会游园活动在张桥中心小学开展，多名非遗老师、家长志愿者和近400名学生参加了活动，棕编、糖画、剪纸、皮影戏、画脸谱、做油纸伞、年画等让学生领略了民间非遗文化的乐趣和魅力。值得注意的是，上海已经运用数字手段助力非遗进校园，借助现代科技、传媒、数字化、信息化等手段，在当代寻找非遗新的传承方式，也想通过这种方式在现代语境中拓展非遗的传承空间。

110 关于2018年度江苏省高雅艺术进校园演展活动的公告[EB/OL].(2018-03-22)[2019-02-24].http://jyt.jiangsu.gov.cn/art/2018/3/22/art_38765_7541747.html.

上海师范大学中国非物质文化遗产传承研究中心有一份《上海非遗传习地图》，该地图展示了上海非遗进校园所取得的成绩。通过地图，可以了解到各个非遗项目在上海的传承情况、普及度及受欢迎程度，进而为非遗学习、传承和研究提供重要参考。作为上海市非遗进校园优秀传习基地之一的上海市嘉定封浜高级中学，建立了一个非遗博物馆，以嘉定区非物质文化遗产为主题，从“衣、食、住、行、乐”等多维度、多视角介绍嘉定的非遗文化。馆内以数字化形式呈现的方式很受学生们喜欢。通过参观和体验，课堂效果是传统教学无法比拟的。

非遗进校园活动是将非遗融入教育教学过程中，推动“非遗”在学校的传承和普及，更推进了非遗在青少年心中发芽生根，让学生在感受到中国传统文化魅力的同时，也逐渐形成保护和传承非遗的意识。其真正目的是弘扬中华民族传统文化，促进文化的传承与发展，进一步增强民族文化自信。值得注意的是，非遗活动进校园不应只停留在展现的层面，而应让学生通过对传统文化的学习，将文化精髓和智慧植入心脑，让他们发自内心地喜欢，从而帮助学生树立正确的审美观，陶冶性情和艺术情操，增强民族认同感和凝聚力，让非遗文化在现代的传承中彰显力量和价值。

（三）开展非物质文化遗产展示、展演活动

《文化部“十三五”时期文化发展改革规划（2017）》指出，“加强宣传展示与交流，办好中国非物质文化遗产博览会、中国国际非物质文化遗产节、文化和自然遗产日，以及传统节日文化活动，支持各地举办具有区域特色的非物质文化遗产展览展示活动，鼓励图书馆、文化馆、博物馆等公共文化机构和非物质文化遗产展示馆、传习所开展非物质文化遗产宣传展示活动，推动非物质文化遗产领域的国际交流与合作”[111]。《关于实施中华优秀传统文化传承发展工程的意见（2017）》[112]提出加强对外文化交流合作，创新人文交流方式，丰富文化交流内容，不断提高文化交流水平；充分运用海外中国文化中心、孔子学院和文化节展、文物展览、博览会、书展、电影节、体育活动、旅游推介和各类品牌活动，助推中华优秀传统文化的国际传播；积极宣传推介戏曲、民乐、书法、国画等我国优秀传统文化艺术，让国外民众在审美过程中获得愉悦、感受魅力；加强“一带一路”沿线国家文化交流合作。

为了推动长三角更高质量一体化发展，加强长三角非遗保护工作的区域联动，2016 年 2 月 19 日，首届长三角非物质文化遗产博览会于上海朵云轩艺术中心举行。该博览会系统展示了长三角地区的丰富非遗成果，也是首次长三角地区举办的非遗大

111 文化部"十三五"时期文化发展改革规划[EB/OL].（2017-05-02）[2019-02-24]. https://wenku.baidu.com/view/4eff4dd7b9f67c1cfad6195f312b3169a451ea05.html.

112 关于实施中华优秀传统文化传承发展工程的意见[EB/OL].（2017-01-25）[2019-02-24]. https://baike.so.com/doc/24407967-25235668.html.

型综合性会展,有长三角地区近百个国家级、省(市)级非遗项目入选参展。苏州制扇、苏州玉雕、龙泉青瓷、宜兴紫砂、云锦织造、乐清细纹刻纸、无锡泥人、青田石雕、海派剪纸、海派盘扣、温州彩石镶嵌、舟山船模、宣纸制作、徽州漆器髹饰、徽墨制作、歙砚制作、朵云轩木版水印等非遗项目同台展示,此次博览会成立了“长三角非遗联盟”,为长三角优秀的非遗和传承人打造了集聚展示和交流合作平台。2018 年 11 月 15 日至 21 日,上海非物质文化遗产保护中心联合江、浙、皖三省非物质文化遗产保护中心举办了首届长三角非物质文化遗产节。展演分为上海专场、江苏专场、安徽专场和浙江专场,每天演 5 场。上海的国家级非遗代表《码头号子》、江苏的苏绣云锦、安徽的徽墨宣纸、浙江的龙泉青瓷同台展示。除此之外,还有上海沪剧、江南丝竹,浙江的姚剧、甬剧,江苏的海门山歌、童子戏,安徽的花鼓戏、黄梅戏,宁波骨木镶嵌、宝山罗店彩灯等国家级、市级非遗,共同展现了长三角非遗的独特魅力。2018 年 9 月 7 日,由上海、江苏、浙江、安徽非遗中心联合举办的 2018 第四届“巴城杯”长三角民歌邀请赛在昆山巴城镇举行,14 支来自长三角地区的民歌队伍共同展现了一场“艺术盛会”。10 年前,位于浙苏皖三省交界的浙江省湖州市正式下文在全市开展“文化走亲”,开全国先河。而如今,文化走亲拯救濒危民间非遗,长三角跨省走亲成新时尚。长三角地脉相连、文化相近、人缘相亲,剧团跨省交流演出、相邻地区合庆节日、非遗传人互换互访等多种文化走亲方式相继呈现,文化融合的脚步也越来越快。

近年来,长三角地区文化部门优势互补、整合资源,打通彼此联结的通道,为增强文化集群影响力,搭建了很多文化交流合作平台。非物质文化遗产展现的是地域文化的精髓,充分体现了技艺、经验、精神等文化品格,并且是处于活态流变中的一种表现形式。活动是非遗发展的载体,由政府主办的一些重大的活动,既是对非遗的扶持,又是对它的形象的宣传,并且通过活动展现了长三角地区非遗的文化特色和人文情怀。作为负有非遗项目保护传承重大责任的长三角地区,有责任为中国优秀文化的发展倾尽全力,一如既往地为非物质文化遗产提供学术支撑和实践的平台,为繁荣长三角非物质文化遗产做出贡献。

四、融合科技创新,推动城市文化发展

文化与科技的融合是一个很强的实践性问题。现如今,科技的发展与融入已经成为当代文化发展不可忽视的主流文化形态,并且深度影响着当代文化结构以及价值取向。文化与科技的发展同人类社会的进步息息相关,是人类社会进步的阶梯。科技的进步推动着人类文化的革新,从古代的造纸术、印刷术等四大发明到如今的互联网、人工智能的应用,一次次的科学技术变革,都使人类文化迈向了新的里程。而文化作为人类的价值观系统、制度文化和生活方式的统一体,我们对科技的认识,不能仅仅从工

具理性的角度认知，因为科技本身也是文化的组成部分，科技创新对文化发展具有引领的作用。按照国家对文化建设的二分法原则，从文化事业上，涉及科技力量对文化资源的共享、公共文化服务的有效性、精准性的有效提升。从文化产业上，分为两个层面，一是科技对传统文化产业的改造升级，涉及文化制造装备、新闻出版、广播影视、演艺、艺术品等传统文化产业的技术革新；二是科技革命催生的新兴文化产业业态，包括与互联网相关的泛娱乐产业、流媒体音乐等相关文化产业、数字内容产业、VR、大数据、云计算、人工智能等新技术在文化产业上的应用等。

作为全国经济发展最为繁荣的地区之一，长三角也是中国科技力量最集中、科技研发投入比例最高、科研成果最丰饶的地区之一，拥有全国数量最多的国家级文化和科技融合示范基地，一大批互联网平台企业在长三角布局，“科技＋文化”成为促进长三角区域文化建设加速发展的新动力。

（一）“互联网＋文化”的文化科技形态

从目前的趋势来看，互联网技术作为一项人类科技革命史上具有里程碑意义的技术革命，对文化领域的颠覆性影响正在向纵深推进，分享经济、粉丝经济、社群经济等正在深刻影响和改造着文化的生产、传播和消费流程，颠覆着传统对于文化事业和文化产业的边界划分，拓展了文化创意产业的边界，一些新的泛文化创意产业正在蓬勃发展。

今天的人们已经完全生活在一种数字化、互联网化的世界中，科技成为一种生活方式。如果说文化是当代人的一种生活方式，那么科技已成为当代文化生活方式的核心。而如今，“互联网＋文化”成为了长三角文化产业科技创新能力提升的重要载体。在“互联网＋”时代，伴随着长三角文化产业政策支持力度的增大、体制改革配套措施的优化以及文化企业科技创新意识的增强、文化人才的聚集、文化产业科技创新能力总体呈现稳步提升态势。

近年来，随着网络游戏、网络视听、网络出版、文化创意和设计等新兴的文化行业发展速度加快，互联网类文化企业的主营收入持续增加，科技型文化产业园区聚集与协同创新效应凸显，新兴文化产业的科技创新能力逐渐增强。自 2015 年“互联网＋”上升至国家战略，以互联网为基础和创新要素的创新成果不断涌现，对长三角文化建设产生了战略性和全局性的影响，科技创新渗透到了长三角文化的各个领域。以上海为例，“互联网＋”近年来的发展，逐渐形成了一个包括综合类、试听类、文本类、功能类等多个表现形态的全新文化产业发展链条（见图 5－3），其出现与崛起的速度伴随着科技创新能力的提高而不断加快，并建构起整个上海新兴文化产业的科技创新能力。

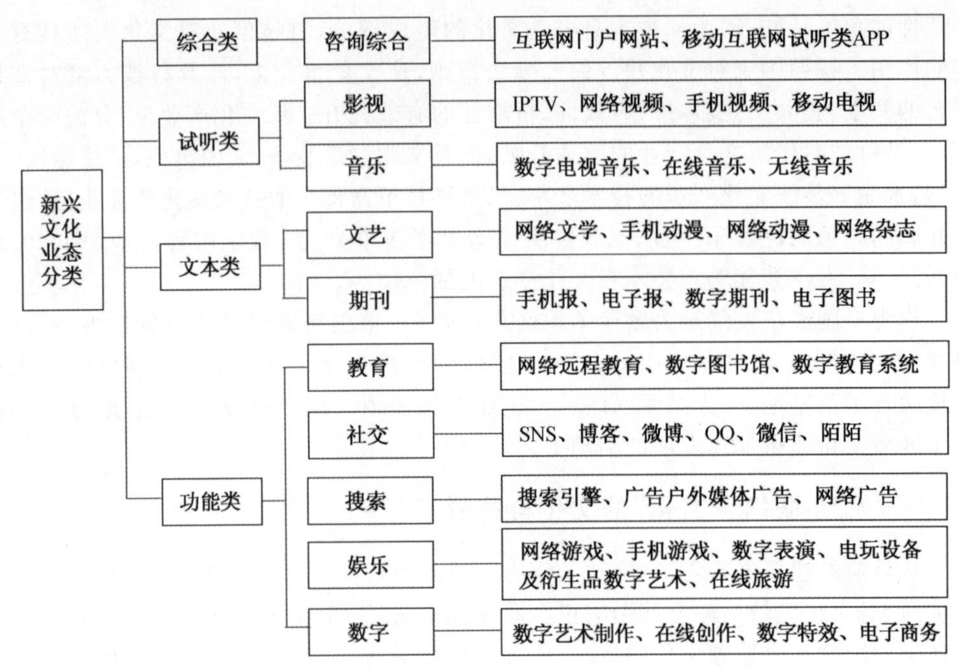

图 5-3 科技创新主导的上海新型文化产业业态分类

资料来源:《上海文化产业发展报告(2018)》

互联网与文化的融合并不是简单的相加,而是将现有的资源配置与互联网资源进行多方面的有机融合。例如,通过"互联网+电影产品"的电影产业链条,百视通(东方明珠)与印尼最大的网络服务商印尼电信以合资方式进行内容制作、整合分发、数字影院系统等整个互联网价值链的合作;"移动互联网+游戏设计"的手游市场近年来正在出版业、媒体行业中广泛践行,作为方兴未艾的"互联网+"思维,其形态及模式也在长三角地区发生着根本性的变革,有专家预言未来基于互联网的文化创意产业文化产业的比重将高达70%,可见,"互联网+文化+创意"将成为长三角打造与提升文化建设科技创新能力的重要路径。

(二)基于内容体验的文化科技形态

体验是连接消费者与文化产品,形成情感共鸣的关键。一方面移动互联网强势的占领着消费者的虚拟生活空间,同时人类又渴望通过沉浸式的体验获得与内容的深层次交互,获得当下生命的意义。另一方面,新的沉浸式新媒体技术的发展和内容创作不断颠覆着消费者传统的视听体验,带来了全新的视听享受。

虚拟现实、增强现实、全息成像、裸眼三维图形显示、交互娱乐引擎开发、互动影视等新的沉浸式技术发展、设备普及和内容创新发展,带来了视听感官交互体验的全面升级，在游戏、影视娱乐、旅游等产业最先爆发，也在向消费购物、教育等产业衍生，必将带来新一轮的文化体验革命。随着体验经济时代的到来，长三角科技文化将注重在构建体验经济文化和科技融合生态上展开，包括交互体验类文化产品生产，交互体验类硬件设备，交互体验类文化媒介，交互体验类创意服务，交互体验类装备制造等领域，如新商业带来新的诚信体系的重构；二次元文化、创客文化、泛娱乐文化的新特点；VR创造的虚拟世界；人工智能创造的新人类；人类在重构关于现实与虚拟、主体与客体、自我与他者的新逻辑和新框架。

VR(虚拟现实)/AR(增强现实)技术起源于20世纪60年代初，是指借助计算机系统及传感器技术生成三维环境，创造出一种革命性的人机交互方式，通过调动用户各种感官(视觉、听觉、触觉、嗅觉等)，让他们得到更加真实的、身临其境的感受。从国际大趋势上看，随着近几年来VR硬件性能的提升和成本的大幅度降低，VR产品的性能得以大幅度提升，在全球电子消费行业风向标——2016年美国消费电子展上，VR产品成为展会的绝对主角，在2018年的长三角文化博览会上，引进了科技感比较强、比较新的展陈手法，在序馆大厅里将展示一部360度环幕影片《江海交汇国之重托》，介绍三省一市的文化产业各方面的情况。在展区的安排上，打破了传统展会按地域划分，而是以“价值链”“新动能”“新视野”“酷天下”和“最乐活”5个展区展示，既充分展示长三角领军企业和新锐力量，也充分体现长三角各个地区在文化体制改革、产业园区建设以及产业运营方面的最新成果。

长三角地区在科创进程中，培育了一大批优秀的的VR/AR技术研发、内容制作等硬件生产企业，这些企业研发的新产品，包括内容和技术大量地应用于主题公园和博物馆的内容建设、科技知识普及、观影、VR线下体验、动漫游戏等文化娱乐领域的各个环节中，基本形成了长三角地区较为完善的VR/AR产业链。

（三）基于网络视听的文化科技形态

随着多媒体、自媒体的日益增加，移动互联网应用日益广泛，每天大量的信息如涌而至，人们的时间和注意力逐渐碎片化，移动互联网与互联网的本质区别在于用户使用和消费场景的转换。伴随着80后、90后、00后这些互联网一代的主流娱乐消费群体的崛起，阅读习惯逐渐从文字阅读向声音、视觉阅读转型，基于移动互联的短视频、音频行业迅速崛起，长三角地区近年来发展迅速。其次，长三角地区的影视以及动漫行业也日渐成为文化创意发展的着力点。

目前，全国的网络视听布局主要以北京、上海、广州三地作为主要集聚地。现在的综合视频比较大的平台，比如爱奇艺、腾讯以及优酷土豆这三家，其中爱奇艺和优酷土豆这两家都是以北京上海为双中心。仅腾讯是以广东作为自己的中心，而其旗下的两家公司：企鹅影视和腾讯影业都注册于上海，所以说上海在这一块具有很明显的优势。

视频方面，在本地企业中，哔哩哔哩动画的成长也是非常快的。同时，在音频方面，行业的龙头企业喜马拉雅广播和蜻蜓FM也都发迹于上海。另外，上海还有很多的影视公司，他们生产的内容非常受到网络欢迎。为落实《国家"十三五"时期文化发展改革规划纲要》，中共上海市委、上海市人民政府印发的《关于加快本市文化创意产业创新发展的若干意见》中指出，"全力打造'1+3+X'发展格局，建设松江大型高科技影视基地，构建人才培养孵化类、影视制作投资类、影视取景拍摄类等三类特色影视摄制服务功能区，整合若干影视产业资源，推动建设大型综合性影视活动中心，挖掘衍生产品市场潜力，健全影视作品授权交易模式，大力发展影视品牌授权和形象营销，鼓励企业参与影视作品后续运营"[113]。

对于动漫产业，一直以来长江三角洲区域就是中国动漫企业主要集聚区。得益于市场的发达与业态的丰富，域内企业在动漫全产业链和价值链上协作交流非常活跃。近年来，长三角致力于全国动漫产业的高水平发展，打造面向亚洲乃至世界的动漫产业桥头堡，服务长江三角洲区域一体化发展的国家战略。在2017年的长三角文化博览会上，就收获了第一个合作联盟，由江苏省影视动漫协会、浙江省影视动漫联盟、安徽省动漫协会、上海市动漫行业协会共同发起筹建的"长三角动漫产业合作联盟"在首届长三角国际文化产业博览会上正式举行签约仪式，百余家动漫制作单位成员到场一同见证联盟的正式成立。长三角动漫产业合作联盟旨在运用长三角文化创意先进、经济发展快速的优势，联动动漫发展较为突出的长三角经济带，深度研究如何利用"三省一市"的优势，促进长三角的文化产业发展，同时为长三角动漫企业搭建一个积极交流和合作的平台，倾力打造国内最具权威、最具影响力的动漫合作联盟。其中，红色动漫从文化部和上海市人民政府主办的第七届中国国际动漫游戏博览会开始，便掀起了"红色动漫"的活动高潮，通过利用动画、漫画、手工制作、装置艺术等多种手段来回顾和展现中国共产党的辉煌历史，彰显中国动漫的原创力量。第十四届中国国际动漫游戏博览会于2018年7月亮相上海世博展览馆，该博览会发布的《2017上海动漫产业年度报告》指出，2017年上海动漫企业在连环画、动画等多个领域推出红色题材，如上海城市动漫出版传媒有限公司创作发行的陈云电影连环画《难忘的岁月》、连环画《火轮奔流——百年上海铁路》、连环画《淞沪英烈姚子青》。他们将严肃的革命历程用民众喜闻乐见的方式，渗入捕捉到的历史思考，来展现一代人的光辉形象。上海城市动漫出版传媒有限公司以主旋律连环画制作的突出成就，获得中国文化艺术政府奖第三届动漫奖最佳动漫创作团队奖。今后，上海动漫产业将进一步推动红色动漫题材开发，鼓励动漫企业实施"一带一路"战略，打响上海红色动漫品牌。

在互联网文化的领域内，网络视听凸显出较高的比例，文化消费内容中有很大一

---

113 上海印发《关于加快本市文化创意产业创新发展的若干意见》[EB/OL]. (2017-12-14)[2019-02-24]. http://shzw.eastday.com/shzw/G/20171214/u1ai11069790.html.

部分被网络视频付费所占领。有数据显示，截至 2018 年 6 月，中国网络视频用户达 6.09 亿，较 2017 年增加了 3 014 万，占网民总数的 76%；移动视频用户达 5.78 亿，较上年末增长 2 929 万户，网民使用率达 73.4%；短视频用户达 5.94 亿，占网民总数的 74.1%，网络直播用户规模达到 4.25 亿，用户使用率为 53%。而长三角地区作为世界六大城市群之一，所占比例自然不可小觑。网络视听产业发展的日益火热，规模的日益扩大，产业链条的日趋完整，足以见证长三角地区正处于科技文化建设的加速腾飞期。

五、上海的文化创意发展

“文化创意产业是源于创意和文化的积累，透过智慧财产的形式与运用，具有创造财富与就业机会潜力，并促进整体生活提升之行业”[114]。2004 年联合国教科文组织推出了“全球创意城市联盟”，它致力于发挥全球创意产业对经济和社会的推动作用。其中，作为中国一线城市的上海被选入全球 16 座创意城市。2012 年 5 月，联合国教科文组织正式授予上海“创意城市网络”——设计之都的称号。

多种文化背景体现着一座城市的创意潜力和包容度。不同文化之间的相互交流和碰撞，是产生创意，增强城市内在活力，保持城市不断向前发展的动力源泉。中国率先发展文化创意产业的上海，追根溯源，本身就是经过中西文化、本土与外来文化相互交融后的结果。因此，上海近代以来就以开放、多元、包容著称。20 世纪 30 年代的上海被称为万花筒。“这里有英国人、美国人、法国人、德国人、土耳其人、日本人；有黄皮肤黑眼睛的人、黄头发绿眼睛的人、黑皮肤厚嘴唇的人；只要是人，这里无不应有尽有。而且还要进一步，这里有的，不单是各种各样的人，同时还有这各种各式人所构成的各式各样的区域、商店、总会、客栈、咖啡馆和他们的特殊的风俗习惯、日用百物”[115]。内外开发的气度和文化包容的情怀造成了海派文化博采众长、兼容并蓄的特点。如今，上海已成为中国经济发展的重阵，也是国际交流的密集区。“海纳百川、追求卓越”已成为上海新时期的文化发展目标，更是文化创意产业的不懈追求。

上海有得天独厚的地理优势、宽松自由的文化氛围、知名高校集中、灵活的市场空间，加上有人才云集的艺术家，共同推动了上海创意产业的快速发展。纵观其发展历程，基本可分为四个阶段：

第一阶段：创意产业自发聚集阶段。为了改变企业之初实力不强、规模较小的局面，企业之间加强了紧密性，以聚集形式进行发展，主要分为工业遗留建筑和依托大学

114　蒋三庚. 文化创意产业研究[M]. 北京：首都经济贸易大学出版社. 2006.

115　哈宝信. 多元文化与上海的都市化[R]. 李德洙. 都市化与民族现代化[C]. 北京：中国物资出版社. 1994：155-156.

等科研机构集聚两种类型;工业遗留建筑鲜明的时代印记、高大宽敞的空间格局,以及低廉的房租成本,较为符合艺术家的工作特点,有助于激发他们创作的灵感。其中,最为典型的是上海莫干山路50号,它是对一家纺织厂进行改造之后,以M50的招牌聚集世界各地的艺术工作者,让这些艺术创造者在此寻找灵感,创作艺术。M50聚集了独特风格的画廊和工作室,还吸引了一些与设计相关的公司慕名入驻,如装饰、家具设计、建筑等,另有一些音乐商店、艺术书店和服饰品牌店的小仓库。M50的整体设计是在原有工业遗留旧址的基础上进行创意改造,老式铁栅栏玻璃窗变为logo,失修的通道变为雕塑的一部分,加上路边精致的路灯,创意十足的涂鸦墙……使之成为上海独特的人文景观和时尚文化新地标。它不仅是上海最早的创意产业集聚区之一,也是目前最具规模和影响力的创意产业园区之一。

大学等科研机构的集聚表现为具有独立创新能力的高质量人才聚集,依靠相近的人脉和地缘,尤其是一些与设计类相关的行业,能够很快将创意转化为生产力。

第二阶段:政府引导阶段。从2004年政府出台《上海知识产权战略纲要》起,上海市政府把发展创意产业作为重要抓手,采取了一系列推动创业发展的举措,如引导市场力量兴建一批创意产业园,在现有产业结构的基础上建立相应的创意产业基地等。

第三阶段:规范发展阶段。在自发聚集和政府引导之后,上海创意产业步入规范发展阶段。上至政府的政策制定,下至企业的转型,在多方社会力量的共同努力下,上海的创意产业迅速崛起,构筑了宣传推广、投资咨询、国际交流、教育培训、信息互动、展示交易等多类服务平台,使得创意产业成为推动上海经济发展的重要新兴产业。

第四阶段:腾飞发展阶段。2010年2月,上海成功申请联合国创意城市联盟"创意城市—设计之都"。2011年上海文化创意产业形成"一个班子统筹,一个规划指导,一个目标统计"的"三个一"的体制机制。2012年是上海文化创意产业的深化推进年,由过去的五大重点领域扩展到十大重点产业,并在部分领域进行了微调与完善。

但是,上海创意产业在轰轰烈烈发展的背后,也遇到了瓶颈问题:创意产出多、含量高的产业门类仍然是上海文化创意产业的重点,还未形成完整、系统的文化创意产业发展政策框架,创意产业渗透面广、综合性强、软环境要求高等创意产业的发展要求暂时无法得到满足等。

如何解决上述问题,提升上海文化创意的软实力,是上海建设全球卓越城市的必要前提。近年来,上海文化创意在基地建设方面取得了很大的成绩,打造的国家数字出版基地、国家音乐产业园区、国家绿色印刷产业示范园区等14个重点项目均已初现集群和联动效应。上海时尚之都促进中心、上海品牌之都促进中心也开始为其增添新的聚合力。推动上海文化领军企业的市场化改革与互联网化转型,打造张江国家文化和科技融合示范基地也成果辉煌。同时,涌现出了一批对接市场多元化需求的创新型企业,文化体验型企业专业化也在不断拓展。如此种种,上海创意产业仍有很大的优化空间:

一是兼顾创意与生活。要做到这一点，就需要打造上海城市管理、城市功能、商业发展和城市美学全方位的展示平台。城市设计上应兼顾休闲、娱乐、生态景观、人文色彩等能激发人们对上海城市文化认同的理念，加快形成完善的设计产业框架，包括城市规划设计、建筑设计、历史文化遗产设计、当代设计。同时，应该细分到日常生活、气候变化、交通、工作间、居住区、文化设施等不同功能上，不断提升服务业在经济中的比重，充分认识到设计能够产生体验需求和经济附加值。上海基于创意设计的产业化发展，不仅要能诞生出别具一格、天马行空的标志性建筑，还应该确保新老建筑都有能力解决城市环境、水安全、交通、能源、医疗、公共教育等与民众息息相关的生活问题。

二是城市以人为本。城市的地标建筑是一座城市的重要标志，必须首先具备人文思考，一味追求醒目、独特，缺乏文化内涵并不是城市所需要的，更应该关注一些咖啡店、学校、公园、餐厅、图书馆等高频出现在民众生活中的公共空间，在设计中首先应该考虑的是"人"本身，应该从人的本质出发去思考设计，而不是单纯从租金、经济和多余的功能出发去思考问题。越来越多的屋顶花园、立体绿化、垂直绿化墙等设计受到青睐，其实它与人所期待的舒适、惬意的自然环境分不开。因此，人与自然共生的生活街区将成为打造美好宜居城市的方向。

三是不断优化机制。一方面邀请市民、社会企业、民间设计师共同参与到城市的设计之中，寻找最优的设计方案，率先建立长效机制，通过政府引导、协调，企业、市民参与、献策，从而实现上海文化创意城市可持续发展的社会共赢局面。另一方面，融合需要更新的老物理空间与实体产业，城市的建筑设计与大工业设计相吻合，才能形成集约设计。同时，大力培育设计人才，才能为城市建设提供源源不断的创意支持。

四是增强产业辐射力和影响力。应当扩展与国内外的合作平台，实现"走出去"与"引进来"的双向发展。借长三角高质量一体化发展，打破区域行政壁垒，协同完善创意体系，健全协调发展动力机制，畅通创意要素，建立长效的资源共享机制。同时，不断创新国际合作模式，使之呈现多元化发展态势，实现原创型文化创意产业加强国际化合作，世界级专业性文化创意产业落户上海。

总之，文化创意产业必将为上海建设全球卓越城市赋予新的产业优势，为上海的城市文化建设注入新动力、新活力。

六、本章小结

本章以"长三角文化软实力建设"为主题展开论述。

文化是人类所有知识活学活用及根植心脑的修养，是一个民族的灵魂和血脉，是体现民族生命力、凝聚力、创新力的重要标志，更是城市建设中提升城市综合竞争力的基本保障和核心动力。以长三角文化软实力建设而论，文化的传承及其创意，在城市建设中发挥着不可忽视的作用。

长三角文化建设体现出文化消费动力旺盛、文化组织高度集聚、产业结构日趋“服务化”、骨干企业竞争力较强、产业规模与地方经济高度关联、文化科技异常活跃等特点。近年来，长三角地区充分发挥了创新驱动力，在推动文化与科技融合、促进跨界联动、扩大对外文化贸易、壮大优势产业集群等方面对国家文化软实力做出了突出贡献，其中会展服务、演艺娱乐、出版印刷、新闻媒体、文化装备、广播影视、动漫游戏等均居于全国前列。

但是，随着中国城镇化的不断深化和现代化进程的加快发展，传统文化保护与城市建设之间的矛盾日益凸显。在旧城改造、新城开发，以及现代科技发展过程中，仍然存在着物质文化遗产遭到破坏、非物质文化遗产逐步衰微、科技创新和文化创意发展空间仍然很大等问题。

针对物质文化遗产遭到破坏，长三角地区的政府从历史文化名城的保护与发展，历史文化名镇名村的风貌、文化展示和体验空间三个方面进行了补救和努力，不仅出台了相关的文化保护政策，大力提倡文旅共融，还举办了多主题的文化会展和文化体验活动，以此来不断丰富民众的物质文化生活。

面对非物质文化遗产的衰微，长三角地区相关部门更是不遗余力地投入到传统文化的传承和发展中。通过举办传承人群研习培训、推广非遗进校园、开展非物质文化遗产展示和展演活动等，使长三角 2018 年的非遗工作取得显著成效。上至官方，下至传承人、学生、民众，越来越多的社会力量参与到非遗的保护与传承之中。与此同时，丰富的非遗项目也在逐步融入民众的日常生活。

长三角地区通过融合科技创新，来推动城市文化发展。其中，“互联网＋文化”、VR/AR 内容体验、网络视听等方面已进入高速发展阶段。但是在长三角区域一体化发展中，仍然需要大力打破区域行政壁垒，健全协调发展动力机制，建立长效的资源共享机制。

上海创意文化作为长三角文化建设的亮点，经历了不断成熟的四个发展阶段，可对其他地区的文化创意产业发展提供经验支持。但是自身仍然存在着创意产出多、含量高的产业门类仍然是上海文化创意产业的重点，还未形成完整、系统的文化创意产业发展政策框架，创意产业渗透面广、综合性强、软环境要求高等创意产业的发展要求暂时还无法得到满足等瓶颈问题。未来，可以在兼顾创意与优化、城市以人为本、不断优化机制、增强产业辐射力和影响力等四个方面进行改进和优化，从而为把上海建成全球卓越城市推波助力。

总之，长三角地区的文化软实力建设发展势头迅猛，在确保物质、非物质、科技创新、文化创意协调发展的前提下，搭乘高质量一体化发展的东风，真正实现长三角文化事业产业大发展大繁荣。

城市管理篇

第六章　长三角智慧城市建设

城市是政治、经济、文化发展的中心，城市的发展始终是人类文明进步的方向和动力。中国是全球最大的发展中国家，进入 21 世纪以后，我国城镇化速度进一步加快，城市规模不断扩大，伴随着快速城市化也带来许多问题，比如城市功能布局不合理、城市公共服务不足、土地利用效率较低、交通堵塞、环境污染等。

智慧城市（Smart City）是指利用先进信息技术或创新理念，集成城市的组成系统和服务，以提升资源运用的效率，优化城市管理和服务，以及改善市民生活质量。智慧城市把新一代信息技术充分运用到城市建设、管理和服务以及各行各业之中，是基于知识社会下一代创新的城市信息化的高级形态，有力推进了信息化、工业化与城镇化的深度融合，有助于缓解"大城市病"，提高城镇化的质量和水平，实现城市管理精细化和动态化，并提升城市管理成效和改善市民生活质量。智慧城市通过深度运用物联网、大数据、云计算等新一代信息技术，实现了面向知识社会的创新 2.0 的方法论应用，构建起以用户创新、开放创新、大众创新、协同创新为特征的城市可持续创新生态。

从 2013 年开始，国家工信部、住建部、科技部、旅游局等国家部委陆续推开国家级智慧城市及专项试点城市建设工作，各试点城市所在省份积极推进并先后出台了省级的智慧城市发展规划等，各试点城市也为全国的智慧城市建设和发展发挥了重要的示范带动作用。按照党的十九大提出的建设网络强国、数字中国、智慧社会的战略部署，全国各地积极运用大数据和现代信息技术，加快推进智慧城市建设，促进数字中国、智慧社会建设。据统计，我国总计超过 500 个城市均已明确提出或正在建设智慧城市[116]。

一、长三角智慧城市建设总体情况

近年来，长三角地区的数字经济快速发展，在全国处于领先水平，在智慧城市建设中，长三角各城市充分发挥自身优势，形成了各具特色的发展路径，为全国其他城市在推进智慧城市建设方面形成了许多优秀的范例和样本。未来长三角各城市应充分发挥自身科技创新和产业发展优势，推动区域内高科技企业在促进互联网、大数据、人工

116　吴晓林. 依托智慧城市推进治理升级（新论）[N]. 人民日报，2018-05-22(05).

智能、物联网和实体经济深度融合发展上实现突破，实现数字经济发展的合作共赢；进一步推进长三角城市在科技研发、信息共享、基础设施、数据互联、区域应用、技术服务等方面加强合作交流，在智慧政务、智慧安防、智慧出行、智慧金融等领域提供区域解决方案，利用人工智能推动智慧城市建设管理，推动长三角城市智能化、区域一体化向纵深发展。

（一）上海：全面推进面向未来的智慧城市建设

近年来，上海在推进智慧城市建设方面取得了显著进展，智慧城市建设的整体水平不断提高，智慧城市的泛在化、融合化、智敏化水平持续提升。在智慧城市建设的基础设施方面，以光纤宽带为代表的信息基础设施能级进一步提升，市民的体验度显著提高。上海在城市信息化基础建设方面具备优势，信息化应用正在全面向民生、城市管理、政务服务等领域深入推进。上海国民经济和社会发展第十二个五年规划纲要中提出，要创建面向未来的智慧城市。之后，上海陆续发布了《上海市推进智慧城市建设2011～2013年行动计划》《上海市推进智慧城市建设行动计划（2014～2016年）》，在这两个智慧城市建设三年行动计划的基础上，基本形成了相对完善的智慧城市建设顶层设计和总体安排。《上海市推进智慧城市建设“十三五”规划》中提出，到2020年，上海市信息化整体水平要继续保持国内领先，部分领域达到国际先进水平，初步建成以泛在化、融合化、智敏化为新特征的智慧城市[117]。

2010年，上海正式提出“创建面向未来的智慧城市”战略，智慧城市建设序幕也由此拉开。8年来，在智慧城市建设推动下，上海的信息化应用已全面渗透到民生、城管、政务等领域，信息化与工业化的深度融合开始推动产业加快向高端发展，信息安全技术支撑和保障机制不断完善，通信质量、网络带宽、综合服务能力显著提高，已基本构建起宽带、融合、安全的信息基础设施体系。

在宽带城市方面，最新数据显示，全市光纤到户覆盖950万户，已实现全市域覆盖；千兆网络覆盖450万户；家庭宽带用户750万户，其中光纤用户580万户；平均接入带宽达116Mbps，平均下载速率达21.95Mbps，保持国内首位。

在无线城市方面，上海目前已基本实现4G网络全市域覆盖，4G用户达2 662万号，占全市移动电话号的75%，4G用户平均下载速率达20.26Mbps，保持全国首位，并累计完成331处4G弱覆盖区域网络优化[118]。

---

117 上海智慧城市建设全国领先[EB/OL].（2017-12-09）[2019-03-01]. https://www.zhihuicheng-shi.cn/planning/ZhiHuiYingYong/37712.html.

118 打造未来智慧城市 上海倾尽全力[EB/OL].（2018-05-21）[2019-02-25]. http://www.echi-nagov.com/cooperative zone/212160.html.

（二）杭州：以城市数据大脑建设推动智慧城市创新

杭州作为中国信息化、数字化建设的领先城市，近年来在智慧政务、智慧公共服务和智慧产业等领域，以数字化、智能化带动技术、管理、服务、产业创新，努力打造“国内领先、世界一流”的“智慧城市”。2016年，杭州被《中国新型智慧城市》白皮书评为“中国最智慧的城市”。2018年5月15日，全国首个城市数据大脑规划——《杭州城市数据大脑规划》发布，明确了未来5年杭州城市数据大脑建设方向。杭州也成为全国第一个采用城市数据大脑模式，通过政府数据和社会公共数据的共同融合来治理的城市。

二、城市服务中的智慧应用

城市服务中的智慧应用，主要是指利用大数据、云计算、物联网等新一代信息技术和先进理念，针对市民在交通、健康、养老、教育、文化、旅游等方面的需求，创新服务模式、服务内容和服务渠道，打造普惠宜居、以人为本的智慧生活环境。长三角城市充分发挥自身在信息技术、互联网等产业领域发展的优势，着力推进城市服务方面的智慧应用，在推进城市治理的精细化、智能化方面取得了显著进展，下面以上海、杭州、苏州为例，总结长三角在推动城市服务的智慧化发展方面所取得的成就和经验。

1. 上海

城市服务中的智慧应用领域，上海着力推进重点领域的便民服务覆盖，为推进城市管理和社会治理的精细化、科学化、智能化发展提供高效支撑；完善智能化社会公共服务应用体系，在教育、医疗、文化等领域大力推进智慧应用，截至2018年底，全市经营性公共停车场库实现信息联网全覆盖，联网信息准确率平均超过90%；上海健康信息网已实现区卫生行政部门设置的公立医院和社区卫生服务中心全覆盖。

在智慧交通领域，上海着力推进车载信息系统大规模应用，实现中心城区的一体化车载信息系统全覆盖，基本建成以道路交通综合信息服务（智行者）、公交信息服务（上海公交）、公共停车信息服务（上海停车）等为主干的交通信息化应用框架。公众出行信息的发布渠道和方式更加丰富多元，上海在全市的公交站（亭）设立了1 600多块显示屏、1 700多个太阳能电子站牌，实现了公交车辆运行信息的实时动态发布；交通信息化应用体系更加完善，建立完善了“智行者”（道路交通综合信息服务平台）、“上海公交”（公交信息服务平台）、“上海停车”（公共停车信息服务平台）等信息服务平台，可实现7 000多个电子公交站点的全覆盖，可以对950多条公交线路、500多个公共停车场（库）的状态信息进行实时在线查询；完善高速公路ETC系统建设，在全市范围内设立了1 000多条不停车收费系统（ETC）车道，实现了与京、津、冀、晋、辽、沪、苏、浙、皖、赣、湘、闽、鲁、陕等省市的高速公路ETC系统的对接联网，推动了区域交通信息合作的不断深化。

在城市综合管理领域，上海全市的213个街镇基本完成信息平台建设，基本实现了基层信息平台建设的全覆盖，村居工作站的覆盖率也达到50%以上。在环境监管领域，建设完成了智能供水中的原水安全保障监管的应用，建立完善了固定污染源统一编码系统，加快推进上海市建筑工程扬尘和噪声在线监测管理系统建设。在食品安全监管领域，上海在全市范围内初步建成了统一的食品安全信息追溯管理平台。在城市安防领域，在城市安防视频资源共享、智能化消防、安全生产综合管理、多灾种早期预警等方面实现了推广应用，加快完善城市应急处置机制。

在智慧卫生应用领域，上海大力推进统一共享的智慧医疗发展，通过构建"1+17"的健康信息平台，实现了全市范围内500多家医疗卫生机构的互联互通和信息共享、超过3 000万份电子健康档案的动态采集以及全国1亿多份就诊患者电子病历的存档。上海还推进建立"社区综合改革云管理服务平台"，实现了全市65家试点社区卫生服务中心与市级平台的相互对接；通过完善"上海电子健康卡"信息平台建设，实现了"电子健康卡"与电子社保卡、电子身份证、交通卡、银行卡等电子证件的实名关联[119]。

在智慧教育领域，上海的教育信息化取得了显著成果，在教育信息资源共享、电子书包、网上教学等方面的教育信息化应用不断推向深入。上海建立完善了一批从小学覆盖至大学的应用系统平台，学习网、开放教育课程资源超市、学分银行、电子书包等教育信息化平台相继上线运行，涌现出一批以易班、沪江网等为代表的社会化教育服务平台，政府、社会共同参与的终生学习应用体系初步形成。

在便民服务方面，上海着力推进智慧便民服务的便捷性和高效性发展，以电子账单公共服务平台、为老综合服务信息平台、数字博物馆、图书借阅"一卡通"等为代表的一批重大公共服务信息化项目相继落地并实现应用，一站式"互联网+"公共服务平台——"市民云"已覆盖104项公共服务项目，拥有760多万名实名注册用户。

在社区与商圈智慧化建设领域，上海着力打造智慧城市建设在商业领域的"新地标"。2017年12月5日，上海评选出"2017十大智慧社区商圈创新应用"，这些创新应用在技术运用、服务对象、服务领域等方面实现了领先性、前瞻性的创新，在技术层面充分运用了AR、VR、大数据、物联网等前沿新兴技术，服务对象不仅覆盖了商圈、购物中心、居民小区，还包括了特色小镇、商务社区等，服务领域涉及消费、旅游、综合治理、停车等传统领域，还拓展了养老、诚信等新兴领域。

在智慧文化领域，上海创新开发了"互动触摸屏移动阅读APP客户端数字阅读资

---

119 上海全面推进面向未来的智慧城市建设[EB/OL].(2017-10-19)[2019-03-02]. http://www.shanghai.gov.cn/nw2/nw2314/nw2315/nw31406/u21aw1262732.html.

源”服务模式，推动市民数字阅读推广计划的广泛实施。同时，上海还注重公共文化服务的多样化发展，推出了“云中图书馆”“我的图书馆”等个性化借阅服务，图书借阅“一卡通”系统实现了上海全市 20 个分馆服务节点的全覆盖，全市持证残障人群都可享受无障碍数字图书馆服务，并实现了与图书馆统一认证系统的对接。

2. 杭州

在智慧应用方面，杭州在智能交通上的应用亮点频现，该市着力建设“城市数据大脑”，针对交通拥堵等状况，实施了以交通信号灯智能调控与交警驻点执勤等方式相结合的“综合治理模式”，取得了显著效果。2017 年 7 月，杭州“城市数据大脑 V1.0 平台”正式开通，平台实现了 136 路路口、路段、高架匝道等点位的接入，以及 249 路监控视频的接入，而且平台覆盖面积还在不断扩展中。“城市数据大脑 V1.0 平台”通过整合高德地图数据和杭州市交警数据，以交通流理论和交通特性分析为基础，对速度差、失衡度、延误率等 16 项参数指标进行测算，通过科学合理的交通堵点算法，对杭州市的路口、快速路匝道、道路断面以每 2 分钟一次的频率进行检测和计算，并开展预警、报警，有效缓解了交通拥堵等城市交通问题。“城市数据大脑 V1.0 平台”上线运行以来，截至 2018 年底，杭州实现交通堵点报警 4.67 万次、信号灯报警 1.63 万余次。此外，杭州交警还着力推动“城市数据大脑”平台建设的深入推进，在加快推进“城市数据大脑”交通 V1.0 后续建设的同时，还加快开展了 V2.0 平台的方案计划和制定，着力推进 V2.0 平台对新技术的深度应用，比如新增了视频技术深度应用板块，并进一步扩大平台覆盖范围，目前已计划将绕城公路单元纳入下一步实施范围。总部位于杭州的知名互联网企业阿里巴巴，也为杭州智慧城市建设发挥了重要的助推作用。阿里巴巴在杭州开展了多个“城市大脑”试点，还在杭州主城区和萧山区进行了试点，约有 80%的路口可以实现市民开车“只等一个红绿灯”。在杭州市主城区，通过“城市大脑”对莫干山路区域的交通信号灯进行科学调控，市民通行时间可减少约 15.3%，高架道路的出行时间平均可减少 4.6 分钟。

在智慧社区建设领域，杭州与“支付宝”开展深度合作，推进信息一体化智慧社区建设，以社区居民的舒适度、感受度为出发点和落脚点，通过新一代信息技术的应用实现居民的社区生活方式的变革，使社区居民的生活环境更加安全、舒适、便利，更加现代化和智慧化，通过信息化、智能化的社会管理与服务，打造新型社区管理形态，为全国其他地区开展智慧社区管理创立了样本。比如，支付宝智慧社区“邻易联”管理服务平台，以支付宝为平台，整合了杭州市的物业服务、物业公告、物业缴费、周边商铺、社区活动、社区圈子等众多生活服务信息，借助支付宝的庞大用户群优势，通过互联网思维和新科技手段的综合运用，实现了对社区内的人、车、缴费、信息、生活服务等的一站式管理，打破了过去传统物业的管理模式，大幅提升了社区物业管理和服务的信息化、智能化水平，也让社区居民体验到了全新的智能化生活。

作为阿里巴巴总部所在地，杭州已成为当之无愧的“移动支付之城”，无现金理念渗透到市民生活的方方面面，从买早餐到坐地铁、乘巴士、看病、娱乐、游览景点，都可通过手机完成支付。移动支付的普及给消费者带来了便利，也帮商家提高了收银效率。移动支付不仅是一种支付手段，还可以沉淀数据、积累信用。通过分析商户的账单、会员、营销、信贷等数据提供更优服务，让商业更智能、营销更精准、服务更个性化。2017年9月，全球首家人脸支付肯德基概念餐厅落户杭州，这是刷脸支付这项新技术在全球范围内的首次商业应用。从智能路灯到智慧医疗，再到智慧生活的方方面面，杭州审时度势、抓住机遇，在智慧城市建设上走在了全国乃至全球前列[120]。

3. 苏州

近年来，苏州着力通过“互联网+”应用推动智慧服务升级。为缓解机动车保有量迅速增长，停车资源缺口大、利用率低的矛盾，以及为了解决停车信息化建设相对滞后、信息共享不足等问题，苏州将无线通信技术、移动终端技术、GPS定位技术、GIS技术等综合应用于城市停车位的采集、管理、查询、预定与导航服务。2014年，苏州发布了“帮停车”应用软件，用手机打开这款由市市容市政管理局和市规划编制信息中心联合开发的停车诱导系统，用户只需输入目的地，就可以实时了解附近停车场的剩余车位数，并可以通过“帮停车”软件导航到该停车场。

在道路照明方面，背街小巷的亮化是城市管理的“神经末梢”，过去苏州有大量区域的道路照明采用的是传统光源，能耗高、寿命短、更换维护又繁琐，给市民夜间活动带来不便，为解决这一问题，苏州市城市照明管理处与LED生产企业联合研发高效、舒适、节能、经济、环保的背街小巷LED照明产品及相关智能管理技术，为改善背街小巷照明等民生科技提供了可行的解决方案。目前，背街小巷路灯提升改造工程已在苏州全市各个区域有序推进，为市民照亮了安全温暖的回家路。

三、城市治理中的智慧应用

智慧城市的建设是带动城市产业发展、推动城市发展模式转变、实现城市精细化治理的有效途径，在人口、空间、人工智能等方面发挥着组合效应，为政府各部门、城市居民、社会力量共同参与城市治理拓展了新的渠道和提供了新的手段，有助于打造共建共治共享的社会治理格局。实践表明，依托智慧城市建设将有效推进城市治理现代化，智慧城市建设实现了政府治理模式从过去的“找政府办事”向“政府主动服务”转变。然而，当前在智慧城市建设中也遇到了一些问题。比如，有些地区的智慧城市建设与居民需求的有效对接不够，居民的参与体验不足，导致政府部门单方面主导的“一

120 杭州获评全国最智慧城市[EB/OL].(2017-05-25)[2019-03-03]. https://m.huanqiu.com/r/MV8wXzEw NzM0NTg5XzkwXzE0OTU2NzE3NjI=.

头热”现象；有的城市在技术条件和产业基础不成熟的条件下，盲目上马智慧城市建设项目，导致后续投资不足、资源浪费等现象，同时，应用了先进技术的智慧城市管理技术，而传统的管理理念却没有相应转变，存在与新型管理模式和手段不匹配、不适应等问题。此外，智慧城市建设对信息技术和大数据具有高度依赖性，如何避免技术安全风险、用户信息安全风险等问题，是每一个城市都面临的重要问题。

智慧城市不是简单的数字城管或城市管理的信息化，而是推动城市治理社会化、专业化、智能化的重要途径。在智慧城市的建设中，无论政府、企业还是市民，每一方都是城市共建共治共享的主体。未来，在长三角智慧城市建设中，要更加注重顶层设计，政府部门在大数据的共建共享和部门整合联动方面要发挥关键作用。此外，要更加注重引入市场力量，充分发挥企业、社会和城市居民的积极作用，共同参与制定智慧城市的战略规划与路线图，共同参与智慧城市的多元治理，形成政府、市场、企业、社会“四位一体”的治理结构。此外，要更加注重信息安全，除不断升级更新信息基础设施之外，还要运用立法手段确保网络安全、信息安全，形成智慧城市建设中的“共建共治共享”的新格局。下面以上海、杭州、苏州为例，总结长三角在推动城市治理的智慧化应用方面所取得的进展和成就。

1. 上海

上海的城市信息化基础良好，当前正在加快推进面向未来的智慧城市建设；在城市治理领域深度应用智慧城市技术，着力打造纵深立体的城市管理信息化网络；在基层深入推广智慧城管应用，上海全市的 213 个街镇已基本完成城市综合管理信息平台建设，覆盖超过 50％的村居工作站；在上海全市范围内实现智慧食监的全覆盖，建立了上海市食品安全信息追溯平台，截至 2018 年 3 月底，平台已有近 4 万家企业注册，累计可查询追溯数据约 8 亿条，已覆盖《上海市食品安全信息追溯管理品种目录》明确的九大类 20 个重点品种。上海努力加强智慧环保的跨区协同联动，建立完善上海市环境应急与辐射管理系统、长三角区域空气质量预测预报系统等智慧环保应用平台，在针对环境问题的跨区监管、协同联动等方面发挥了积极作用；在环境监测管理方面，建立完善了上海市建筑工程扬尘和噪声在线监测管理系统，实现了 1 000 多个工地、道路现场监测点的实施接入，可实时监控各类环保问题，并适时开展空气污染预警等，提高了环境监测的效率和水平。

2. 杭州

杭州在消防系统加强“指尖战勤”的应用，让大数据在城市消防中发挥重要作用。消防员只需在手机上轻松一点，手机便可规划出最优出警线路并实现一键导航，同时对火灾现场周边的水源位置及救援力量等信息进行科学合理的部署和调度。此外，还开发了室内定位系统——“安防星”，在发生危险或警情时，只需用手机微信“安防星”摇一摇，便可规划最佳逃生路径并进行实时导航和指引。

3. 苏州

苏州以智能化手段提升公共服务和管理效能，打破“信息孤岛”实现跨行业大数据融合共享。2017 年，苏州市容市政系统以“智慧苏州”“城市数据大脑”建设为契机，探索物联网技术与城市管理工作有效融合；实现大数据平台的互联共享，发展行业管理及民生服务智慧应用，推动城市管理转型。苏州通过一系列信息化系统平台的升级打造，构建了“互联网＋”时代的“慧治”格局。

在市场监管方面，苏州通过打造智能新平台，大力提高行业监管水平。通过建设“苏州市餐厨垃圾全过程监管信息平台”，苏州实现了全市餐厨垃圾收运、处置情况以及相关区域、饭店、单位产生餐厨垃圾密集度的实时监控，以及市区 28 辆餐厨垃圾收运车的行动轨迹实时跟踪。通过这个平台，环卫部门不仅能全过程、全天候实施监控餐厨垃圾收运车的收运行程，还能每天分时段了解到每一辆车在各自区域内的餐厨垃圾收运量，以及餐厨垃圾完成处置情况，有效解决了餐厨垃圾流失、倒卖、终端处置排放不达标等问题。2017 年，全市累计无害化处置、资源化利用的餐厨垃圾近 14 万吨。让这些餐厨垃圾规范、有序地实现“华丽转身”，“苏州市餐厨垃圾全过程监管信息平台”的应用功不可没。作为国家首批餐厨废弃物资源化利用和无害化处理试点城市，苏州市不断完善餐厨垃圾全过程监管信息平台。去年，该项目通过了住建部建筑节能与科技司的验收。在提高本地餐厨垃圾管理水平方面，苏州也为其他城市提供了示范。

此外，通过物联网等高新技术的融合应用，还可有效整合各部门监管平台职能。苏州市容市政部门还建立起了渣土运输处置、环境卫生、地下管线管理、道路桥梁管理等“一体化”数字监管平台，监管效果和质量显著提高。

苏州所建的“生活固废监管系统”实现了市区 28 个垃圾转运站、305 辆生活垃圾运输车的实时监管，以及各个处置终端的精准计量，更好地服务于苏州环境治理；“建筑垃圾管理系统”通过对苏州的住建、环保、市容市政、公安交管、城管执法等职能部门的信息化资源进行科学合理的整合，对全市 40 多家建筑垃圾运输企业、1 120 多辆运输车、1 200 多名驾驶人员进行实时监管，在环境整治、扬尘污染治理等方面取得了显著成效；“道路桥梁管理信息系统”建立了道路、桥梁、高架、上跨下穿、人行天桥、地下通道数据库，并根据设施的管养特点匹配相应的技术功能，同时对管辖范围内的道路设施进行检测；“地下管线综合协同监管系统”整合现有地下管线信息资源，实现了对城市地下管线规划、建设、管理、维护各个环节、各个部门的协同管理，实现地下管线全生命周期的动态监管，避免了建设、改造施工过程中破坏管线事故的发生。苏州一系列智能平台的打造和升级，为城市管理的综合调度、运行管理、辅助决策、经费计算等提供科学依据，多方位实现了城市管理的实时性、规范化和精细化[121]。

121 打造智慧城管"最强大脑"[EB/OL].(2018-03-31)[2019-02-26]. http://www.suzhou.gov.cn/news/szxw/201803/t20180331_971984.shtml.

在城市管理的大数据应用方面，苏州市容市政部门构建并不断完善"苏州微城管"大平台，采用多元化信息采集方式，建立惠民大数据中心。42 万多个停车泊位数据、3 193座公共卫生间点位(含景区内公厕)、2 335 个公共自行车实时桩点信息，为市民和游客一键找公厕、搜停车场、扫码租单车提供了极大便利。同时，平台还利用汇集信息和政务数据资源，推出办事指南、办事网点查询、办事进度查询、人行道违停查询等服务，推进城管"互联网＋政务办事"，努力实现政务服务事项"一号申请、一窗受理、一网通办"。苏州一系列服务大数据的发布，实现了手机 APP、微信公众号、微信城市服务、支付宝生活号"四位一体"服务新模式，为市民提供全面、统一、敏捷、精准的城市管理公共服务[122]。

四、政务服务中的智慧应用

在智慧政务领域，长三角整体发展水平基本都处于全国前列。上海全面推进的"一网通办"，可实现涉及个人或企业的共 800 多个事项通过一个门户查询或办理。此外，长三角的浙江、江苏、安徽在"互联网＋政务"的探索上也都走在全国前列，对推动全国数字政务升级起到了带头和示范作用。比如，2018 年 4 月，南京市栖霞区诞生了全国第一张"不见面"审批发放的营业执照，申请人只需通过手机提交申请、上传资料，后台便会集中进行审批，全程只需 20 分钟，办理好的营业执照以快递的形式寄出。在江苏，"一网通办"支付宝小程序可支持 800 多项网上办事服务，为全国之最。其中，电子结婚证为全国首创。2018 年 3 月，杭州市民中心"市民之家"推出首批综合自助服务机，6 月底前，杭州完成对各区、县(市)行政服务中心、分中心及主城区街道便民中心的 24 小时自助服务部署，通过 24 小时"最多跑一次"的自助服务终端机，申请人只要凭身份证和刷脸，就可现场打印营业执照。在浙江，用户通过支付宝"一网通办"小程序能办理超过 100 多项的常用网上服务，其中智慧医院、刷支付宝乘公交、刷脸提取公积金、电子身份证件、电子医保卡等服务项目都是全国首创。在安徽，市民只需打开支付宝，选择当地城市的政务小程序，就能网上办百事、"一次都不用跑"。目前，"一网通办"已成为长三角城市智慧政务的标配项目。

智慧政务的发展，已成为长三角领先全国的区域性优势。据中国互联网协会、新华网和蚂蚁金服发布的《新空间・新生活・新治理——中国新型智慧城市・蚂蚁模式》白皮书显示，"互联网＋"社会服务指数排名前三城市，均来自长三角地区。

然而，单个城市的政务服务便利只是迈出了智慧城市建设的第一步，实现长三角区域范围内的互联互通，联通一个个城市、消除行政区划分割导致的"信息孤岛"，才是

122　打造智慧城管"最强大脑"[EB/OL].(2018-03-31)[2019-02-26]. http://www.suzhou.gov.cn/news/szxw/201803/t20180331_971984.shtml.

长三角智慧城市建设的更高目标。长三角区域交通一体化一直是长三角一体化中的重点和难点，然而，比基础设施互联互通更困难的是长三角区域数据的互联互通，三省一市在标准和规则不统一的情况下，存在很多“看不见的壁垒”。如何打破行政壁垒，整合政府、行业组织、企业等各方力量共同推动长三角一体化的高效协调和无缝对接，实现区域数据的互联共享，是下一步长三角一体化需要着力解决的关键问题。

当前，长三角城市在异地政务互联互通方面已开始了率先探索。2018 年 9 月，上海(松江)、苏州、嘉兴、湖州、杭州、金华、合肥、宣城和芜湖 9 座长三角城市，在全国范围内率先试行企业营业执照异地办理，企业去异地设立新公司，不再需要花费大量时间和经济成本，亲自到异地办理。上述 9 座城市也是 G60 科创走廊的主体，在长三角一体化进程中扮演着重要的“引擎”角色。在首届中国国际进口博览会上，G60 科创走廊发布了九城市协同扩大开放、促进开放型经济一体化发展的 30 条措施。除异地办证之外，上述 9 个城市还将在 3 年内，率先实现九城市营业执照和工业产品生产许可证的“一网通办”，在数据、科技、人才等要素方面实现全面对接。以下以上海、杭州和南京为例，总结长三角城市在推动智慧政务方面所取得的主要进展和成就。

1. 上海

在电子政务领域，无论是起步时间还是发展水平，上海一直处于全国前列，目前已建成法人、人口、空间地理三大基础数据库。2010 年，“中国上海”门户网站的市级网上政务大厅正式上线运行，各政府部门也积极协同合作，在原有工作实践中探索移动端服务，推进电子政务在相应领域的应用。上海多年以来一直着力推进“互联网＋政务服务”，先后出台了一系列政策文件，如《关于全面推进政务公开工作的实施意见》、《上海市落实〈国务院关于加快推进“互联网＋政务服务”工作的指导意见〉工作方案》等，提出了上海推进电子政务工作的具体工作目标和任务。

2017 年 8 月，上海市成立了市政务公开与“互联网＋政务服务”领导小组，在全国首创将两项工作统筹推进并成立领导小组。上海市构建起“一网(政务外网)、一云(电子政务云)、一窗(网上政务大厅)、三库(人口、法人、空间地理信息库)、N 平台、多渠道”的“互联网＋政务服务”支撑体系，为推进电子政务和“互联网＋政务服务”工作奠定了坚实的基础。

近年来，上海着力提升政务服务的智慧化水平，陆续推进了市民云、“12345 市民服务热线”、法人一证通等系统平台的建设，平台的建设水平一直在全国处于前列；在政务服务“单一窗口”方面，不断推进政府流程优化，实现更多跨部门、跨层级审批事项的网上办理；通过制定信息资源互联共享管理办法，实现各类政务数据的标准化，为政务数据的共享互通奠定基础，实现跨部门、跨领域的政务数据的集成整合、互联共享、协同应用和统一管理变得更加高效、便利；通过政务服务的智慧化发展，群众和企业的感受度和获得感也显著提高，切实体验到了在“上海政务”网上能办事、快办事、办成事。

通过推进“互联网＋政务服务”，上海大力优化营商环境，为企业和群众提供更加高效便捷的政务服务。比如，上海开展不动产登记“全·网·通”服务改革，大大减少了市民办事所需时间，还实现了相关业务数据与上海市“互联网＋政务服务”数据中心的协同共享和互联互通，业务办理效率显著提高，改革以后，上海的不动产登记从原来的 41 个自然日减少为 5 个工作日，市民去一次现场就可以完成全部申请手续，上海城市管理和城市运行效率有效提高[123]。

上海信息化应用在民生、城管、政务等领域已全面推开，电子政务效率不断提高，数字城管效能大幅提升，数字惠民成果显著。上海通过工业互联网的快速发展，信息化与工业化进一步深度融合，产业转型升级加快推进，着力提升信息技术自主创新和产业化能力。上海着力完善信息安全技术支撑和保障机制，构建起可信、可靠的区域信息安全保障体系；建立完善宽带、融合、安全的信息基础设施体系，着力提高通信质量、网络带宽、综合服务等能力，为信息化的多领域广泛应用奠定硬件基础。

上海还积极促进数据资源开放与共享从市级向区级推进，依托上海“国家大数据区域示范类综合试验区”，设立了上海数据交易中心，为数据资源的共享利用提供了基础。上海的浦东新区在全市率先建立了区级政府数据对外服务平台，为其他区树立了标杆；浦东、黄浦、闵行、嘉定等区陆续形成了政府数据资源共享开放的相关办法、规划与目录体系，为数据资源的开放共享提供了依据和规范。

2. 杭州

杭州着重打造智慧政务，2017 年 11 月 30 日，“杭州政务”APP 上线，以政务办理为重点，在解决群众“办事难”问题的同时，延伸数据收集面，成为集政务信息共享和数据资源积累于一身的移动政务端。目前，浙江政务服务网 App 杭州平台累计接入事项 86 项，其中公民个人办事事项 53 项、商事登记事项 33 项。

浙江推出的“最多跑一次”改革已成为我国推进全面深化改革的示范和标杆，不仅写入了 2018 年全国两会《政府工作报告》，还正式在全国范围内推广复制。杭州市作为浙江省会，在“最多跑一次”改革中处于浙江省的引领地位，2018 年，杭州在“最多跑一次”改革的基础上又进一步确立了新的目标——打造“移动办事之城”，要在公民个人办事领域，通过信息化为手段推进改革，在上下层级和不同部门之间实现政府职能的重新配置和深度融合，实现“简化办、网上办、就近办”的目标，让数据多跑路，人们少跑腿。在改革推进中，杭州将从出生到死亡的全生命周期进行了全面梳理，总计拿出 592 项公民个人办事事项，按照“四个一律取消”原则（即：凡没有法律法规依据的一律取消，能通过个人现有证照来证明的一律取消，能采取申请人书面承诺方式解决的一律取消，能通过网络核验的一律取消）和“四个减”原则（即：减事项、减次数、减材料、减

123　上海大力推进"互联网＋政务服务"，持续优化营商环境，提供高效便民服务[EB/OL].（2018-02-06）[2019-02-25]. http://www.gov.cn/zhengce/2018-02/06/content_5264306.htm.

时间)进行改革,目前已有296项事项凭身份证就能进行办理。

2018年3月,通过应用“杭州办事综合自助服务机”,“市民之家”24小时自助服务厅正式对外开放。依托于浙江政务服务网、杭州市数据共享平台和各部门自建业务系统的“杭州办事综合自助服务机”,可以为市民提供公共支付、行政审批、扫描打印等自助服务,就像在银行ATM机上一样方便。

贯彻“最多跑一次”理念,杭州还积极创新行政审批改革,推出“1+N”+X概念。“1”是指五证合一、一照一码的营业执照;“N”是指通过数据共享整合,实现多证合一、一照一码;“X”是指当前难以进行多证合一、一照一码的审批事项,可通过证照联办实现“最多跑一次”的目标。“1+N”+X改革在充分运用“互联网+政务服务”大数据的基础上,对市级以下涉企许可备案事项实现了网上办理全覆盖,极大提高了办理效率,提升了市民感受度。在此基础上,还将有更多的事项可相继实现一窗受理、一表申请、一次告知、一库共享、一网联办[124]。

杭州营造了良好的大数据应用氛围,政府和企业都积极参与,近年来在一些“黑科技”的应用方面走在了全国乃至世界前列。比如,杭州开设了全球第一家互联网法院,原告与被告不用到场,通过智能化的视频、语音、经纬度定位、声带识别等具备法律效力的黑科技,就可以“移动开庭”。

3. 南京

2017年5月,南京市推出全国领先的“互联网+政务服务”平台,建设了江苏省首家地市级政府服务网上“旗舰店”——南京“互联网+政务服务”平台,企业和市民办理事项的在线服务率达到100%,形成了线上办事为主、线下办事为补充的政务服务新模式,实现了“上网一看、一目了然,键盘一按、事情办完”,真正达到“让信息多跑路,让群众少跑腿”的目标。2017年9月底,南京“旗舰店”推出国内首创、功能强大的“用户空间”,进一步便利企业和市民网上办事。“用户空间”包含个人空间和法人空间,为南京市800万市民和数万家企业提供电子证照存储管理、事项在线办理、过程结果查询、建议诉求评价等功能。在功能方面,网上南京政务服务“旗舰店”目前已覆盖了审批服务、公共服务、公共资源、政务热线、政务公开等内容,并设置了常用服务事项和功能板块,还创新推出了网上代办、开具电子购房证明、信用信息查询等便民特色项目。比如,“政务热线”板块为市民进行网上投诉提供了便捷渠道,市民还可使用12345政务热线服务系统来查阅热点诉求的解答,进行有关事项的检索。在重大投资项目办理方面,南京政务服务“旗舰店”对代办网上服务功能重新进行了优化设计,完善了投资建设审批业务,申办企业只需在平台上在线提交申请材料,使企业切实感受到了“网上办、少跑腿”的改革成果。

---

124 杭州:"智慧城市"正悄然走来[N].人民日报海外版,2018-05-21(08).

2017 年 9 月，南京主城六区范围内开始实行存量房等房产交易与不动产登记全业务一体化办理，可实现“一次取号、一窗受理、一键缴费、一网办结、一并快递”，办理全过程更加高效便利。改革前，如果要购买房屋，买房人要向 3 个部门提交 19 份材料。改革后，只要在一个窗口提交 9 份材料，最快半小时即可办好，得到了市民的高度肯定。南京办理方式的变革，正是借助了“互联网＋政务服务”的先进技术手段，促进了电子政务服务的创新和突破，同时还借助电子政务平台，实现了房产、国土、地税、财政、公安、民政等部门间的联审联办和信息共享，解决了过去难以开展跨部门合作和资源共享的难题，在办理现场，市民再也不需要在受理窗口前排起长队，改革成效十分显著。

五、本章小结

近年来，长三角智慧城市建设加快推进，上海、江苏、浙江、安徽三省一市联合印发了《长三角区域信息化合作“十三五”规划(2016～2020 年)》，提出在“十三五”期间，长三角地区信息化合作将把重点放在“推动区域信息基础设施统筹发展、推动区域信息经济协同发展、推进区域社会信息化融合发展、促进跨区域信息安全和公共安全联防联控”等方面，并在信息基础设施建设方面提出了一系列量化指标。比如，到 2020 年，长三角固定宽带家庭普及率将达到 80%，4G 用户普及率将达到 90%等。未来，长三角地区将在构建智能交通、环保、教育、医疗、社保体系一体化方面深入推进，进一步实现长三角区域信息资源的动态优化配置，助力长三角一体化发展，不断提升长三角区域综合实力。未来，长三角地区应加快推进构建全共享、全覆盖的长三角区域智慧城市基础设施体系，实现高速光纤网络在长三角范围内的城乡全覆盖，加快推进面向商用的第五代移动通信(5G)试验网络体系建设。在传统公共基础设施方面，长三角城市要着力推进电网、铁路、公路、港口等管理向智能化、集约化方向发展，为积极运用先进信息技术提供硬件支撑，加快建设长三角区域物联网、云计算、大数据等基础设施，让新一代信息技术在创新社会治理、推动经济转型升级等方面充分发挥积极作用；充分运用智慧科技先进技术提升长三角区域产业协同水平，积极推进长三角工业大数据平台、长三角工业互联网平台、长三角工业云平台、长三角创新创业平台等协作平台建设，服务长三角区域工业转型升级和产业精准化、智能化发展；积极推动长三角电子商务产业集群发展，推动长三角城市电子商务产业的信息共享互通、互惠共赢发展；大力推进长三角区域安全网络构建，加快构建区域联防联控的长三角区域网络安全和公共安全体系，实现应对公共安全突发事件的长三角区域快速响应机制；进一步推进智慧城市建设管理和服务应用，加快智慧城市设施项目落实落地，提升长三角区域的居民对智慧城市建设的获得感和感受度，通过智慧城市的建设使人们的生活更便利、更舒适，城市管理更高效、更精细化。

第七章　长三角城市管理

长三角地区是我国经济发展水平最高的区域之一。随着城市化水平的不断提升，构建现代化的城市管理、推进城市发展方式转变、提升城市品质、促进城市高效有序运行，成为城市管理的重要任务。

长三角城市在城市建设、治理等方面率先探索，在城市管理理念创新、城市精细化管理、城管执法体制改革等方面形成了一系列好的经验和做法，主要可概括为三个方面：一是在城市建设方面形成了科学合理的顶层设计，城市建设首先要注重规划先行，把科学的城市建设规划落到实处，大至商业区、居民区等功能区的分布，小到机动车道、单车道、绿化带、公共停车区域的划分，以及住宅周边的绿化带、体育设施等，推动城市布局更加科学合理；二是在城市管理方面形成系统完善的管理网络，注重落实城市管理制度，通过“网格化管理”对城市管理队伍进行合理分工，明确岗位职责，执法人员在网格内巡查时，要及时发现、处理、上报问题，实现城市管理问题的快速处置和反应，提高了城市管理效率；三是广泛动员、多元参与，形成多方共治的城市治理格局，依托智慧城市建设，运用先进的信息技术手段，鼓励市场、社会、公众等多方力量参与城市管理，通过“政府主导、企业投入、全民参与”等模式，广泛动员社会力量参与城市治理工作。

一、长三角城市管理基本情况

近年来，长三角城市在城市基础设施建设、环境、交通、城市安全和应急管理体系等建设方面取得了显著进展，现代化的城市基础设施体系不断完善，城市环境加快改善，随着城市精细化管理的深入推进，城市治理水平显著提高。下面以上海、杭州、南京为例，总结长三角城市在推进城市管理方面的总体情况和主要进展。

（一）建设“五个中心”，增强城市吸引力

随着城市发展进入新的阶段，上海要面向全球、面向未来建设“五个中心”，建设卓越的全球城市和具有世界影响力的社会主义现代化国际大都市，就要不断地增强城市的吸引力、创造力、竞争力，营造与全球城市相匹配的城市软环境。城市管理与人民生活息息相关，这也是上海实现高质量发展的重要突破口。多年来，上海始终致力于城

市管理精细化水平的持续提升，并以此来推动城市高质量发展，不断为城市居民提供更高品质的生活。

一是城市现代化基础设施体系不断完善。近年来，上海已基本形成枢纽型、功能性、网络化的城市基础设施体系，为“四个中心”和现代化国际大都市建设奠定了坚实基础。“十二五”以来，重大基础设施建设投资超过 5 860 亿元，开工建设 123 项重大工程，基本建成 91 项；浦东国际机场货邮吞吐量保持世界第三、国际旅客吞吐量占全国机场的三分之一以上。京沪高速铁路上海段建成通车；轨道交通运营线路达到 15 条，总长达到 617 公里（含磁悬浮），轨道交通运营线路长度跃居世界第一。高速公路通车里程达到 826 公里；青草沙和东风西沙水源地建成使用，两江并举、多源互补的原水供应格局进一步完善；全面落实“一主多点”规划布局，老港固废综合利用基地建成再生能源一期、综合填埋一期等；郊区重点新城基础设施加快建设，美丽乡村建设力度不断加大，城乡发展一体化水平显著提高[125]。

二是着力提升城市居民生活品质。上海坚持“以人为本”的城市管理理念，以提升市民生活品质为核心，在住房保障、旧区改造、交通出行、生态环保等领域加大工作力度，以取得显著成效；在住房保障方面，完善廉租住房、公共租赁住房、共有产权保障住房、征收安置住房“四位一体”、购租并举的住房保障体系，大力推进各类保障性住房建设和中心城区二级旧里以下房屋改造工程，积极推进“城中村”改造；在交通出行方面，加快推进“公交优先”发展战略，大力提升轨道交通网络化运营效率，加快开通一批“最后一公里”公交线路，公交客运总量屡创新高，轨交基本网络全面建成，公交配套线路覆盖率实现 100%，公共交通服务水平不断提高，全市公共交通日均客运量达 1 820 万乘次，公共交通出行分担率（不含步行）达到 50.2%；深入推进“五违四必”区域环境综合整治工作，累计完成 50 个市级和 666 个区级地块整治，拆除违法建筑 1.6 亿平方米；生态环境质量不断改善，在长三角区域实施了大气污染联防联控，成效显著；大力推进水污染防治行动计划，全市实现了河长制全覆盖，共计完成了 1 864 条段、1 756 公里城乡中小河道综合整治工作，基本消除了中小河道黑臭现象；在全市规划建设了 21 个郊野公园，廊下等 6 座郊野公园建设完成，全市森林覆盖率达 16.2%；在全市加快推广装配式建筑，已建成绿色建筑 1.1 亿平方米，全面开展城市有机更新，低效建设用地减少 22.7 平方公里。

（二）加强城市管理，让生活更美好

近年来，浙江杭州在“城市管理让生活更美好”这一目标的指导下，通过实施“人才兴管、创新强管、全民共管”战略，致力于实现“贴心城管”，在背街小巷改善、庭院改善、

---

125 上海市城乡建设和管理"十三五"规划[EB/OL].(2017-07-26)[2019-03-02]. http://www.shdrc.gov.cn/gk/zcjd/ sswzxghjd/27907.htm.

公厕提升改造、数字城管、“软着陆”执法等方面积累了一整套可操作、可落地的实践经验，为了使杭州城市管理的国际化、智慧化、精细化水平不断得到提高，着力改善城乡面貌，提升基础设施建设水平，围绕满足人民对美好生活的需要，坚持推进高质量发展。

一是加快完善城市交通基础设施。杭州为了加快推进城市轨道交通、快速路、高速公路、高铁、机场等现代化交通基础设施体系建设，杭州制定实施了《杭州市城市轨道交通建设五年攻坚行动计划》，推进市轨道交通办公室实体化运作，完善地铁筹资机制，加快地铁二期建设，地铁三期前期工作也在稳步推进。杭州制定出台了《杭州市“迎亚运保畅通”城市快速路网建设四年攻坚行动计划》，保证了紫金港立交等工程建成通车，钱塘江博奥隧道开工建设，望江路隧道、文一路地下通道等项目稳步推进；《杭州铁路枢纽规划(2016～2030年)》获批，铁路杭州南站建成，杭黄铁路杭州段主体工程全线贯通；萧山机场新开15条国际航线，旅客吞吐量增长12.6%；“城市数据大脑”试点加快推进，主城区公交分担率不断提高，并大力新建停车泊位和公共自行车服务点，市区的交通拥堵现象得到了显著改善；大力推进污水管网、雨水管网、供水管网等的新建和改造，城市基础设施不断提升。

二是大力提升环境基础设施建设。杭州着力提升固废处置能力，通过实施全市固废处置能力建设行动计划，加快推进循环产业园区、分类减量综合体、第三固废处置中心以及飞灰协同处置等一系列重点项目建设；全力推进亚运基础设施建设，高标准推进亚运会场馆设施建设，奥体中心主体育场、网球中心等场馆陆续建成；大力推进主城区城中村改造，通过改造整治、安置房建设、回迁安置、公共配套设施建设等，56个村完成了整村拆迁；加快城镇危房治理改造，开展小城镇环境综合整治，一批有特色有亮点的示范小城镇脱颖而出，累计完成了105个小城镇的环境综合整治，城市环境得到了显著改善[126]。

(三)加强精细化管理，提升城市治理水平

针对城市管理存在的短板和问题，南京加快推进城市基础设施建设，大力提升城市精细化管理和城市治理水平。

一是推进城市基础设施建设，补齐城市管理设施短板。近年来，南京加快推进城市基础设施体系建设，着力完善城市功能，大力提升城市面貌和城市品质。随着一批高铁、城际铁路、高速公路、机场、客运站的陆续开通，南京的城市枢纽功能不断提升，城市路网体系也更加完善，“井字加外环”快速路网体系基本构建完成。作为首批“国家公交都市示范城市”，南京的公共交通体系更加完善，实现了城市轨道交通的网络化

126 2018年杭州市政府工作报告[EB/OL].(2018-03-05)[2019-03-03]. http://www.hangzhou.gov.cn/art/2018/2/10/.

运行，轨道交通运营总里程达到348公里，在全国位居第四，主城区的公交机动化出行分担率达63.1%；大力实施道路和背街小巷等的环境综合整治，市容环境显著改善，禄口机场、南京南站、玄武湖周边等窗口地区的市容环境质量显著提升。

南京加快垃圾处理设施建设，推进江北焚烧发电厂二期、六合垃圾焚烧发电厂前期建设工作，开展城东环境资源再生利用中心建设，开展江南餐厨、厨余垃圾处理厂（规模400吨/日）工程前期研究，实施板桥餐厨垃圾处理厂技改；启动天井洼填埋场封场及生态修复工程，完成水阁填埋场封场及生态修复工程前期工作；加快景观亮化设施建设，编制城市照明专项规划，完成一批主要干道和重要片区的夜景照明提升工程；推进绿色照明工程建设，将主城区运行10年以上的老旧钠灯改造为LED灯具，主城区及郊区（园区）的路灯亮灯率、完好率和清洁率均达到90%以上；建立夜景照明集中控制系统，实行统一调度、运行检测、用电监控。

二是大力推进城市精细化管理行动，提升城市治理水平。南京市政府主要从以下四个方面展开工作：一是环卫作业精细化，建立“定人、定岗、定量、定责”机制，对环卫工作进行标准化管理，完善“智慧型、全覆盖、动态化”的城市精细化管理新模式，大幅提高主城区和郊区（园区）的机械化清扫率，道路整洁优良率达到90%以上；二是违建治理精细化，通过应用违法建设动态监管系统，遏制违法建设，治理存量违法建设；三是渣土管理精细化，强化区级主战主管职能，落实街道（镇）源头管理责任，严厉查处各类渣土运输违规行为，实施渣土车100%密闭化运输，推进渣土运输车辆提档升级。建立南京市渣土运输管理信息平台，实现各相关部门管理、执法、处罚信息的共享共用，提高管理能效；四是停车管理精细化，对接智慧南京建设，建立完善信用、支付、管理一体化的智慧停车平台，建立停车管理诚信体系，通过南京市信用办、物价局、城管局等部门的协同联动，将公共停车场服务、路面停车收费、车主缴费等行为纳入诚信系统，推进停车服务管理行业信用体系建设，进一步推广无人执收、主动缴费的停车收费模式。

三是全面推进垃圾分类工作，着力提升城市生态文明建设水平。首先，南京全面整体推进垃圾分类，研究修订了《南京市生活垃圾分类管理办法》，在党政机关、事业单位、社团组织、公共场所管理单位、公共服务企业全面开展生活垃圾强制分类，落实垃圾分类责任人制，对不履行责任的单位采取执法处罚等措施，教育、旅游、交通、体育、文化、卫生、房产等部门对行业单位垃圾分类工作开展情况进行考核；整体推进居住小区、单位、公共区域开展垃圾分类，各区建成区生活垃圾分类投放设施覆盖率达到50%。其次，完善垃圾分类收运系统，规范各区垃圾分类贮存分拣中心运行管理，通过信息化监管系统进行在线远程监控，配套完善称重计量、破拆分拣设备，增设大件垃圾预约回收信息平台，开展低价值可回收物回收服务；划定分类收运线路，定线路、定种类、定时间、定岗位开展分类收运，垃圾收集人员配备分类回收袋，所有道路、广场的果皮箱垃圾实施分类收集，将收运服务事项、市民监督方式在区、街(镇)、社区(行政村)、收运企业信息平台和收运点向全市公布，加强检查考核和社会监督。第三，推进餐厨(果蔬)垃圾就地就近处理，鼓励餐厨垃圾产生量在200公斤/日以上的单位和果蔬垃圾产生量在2吨/日以上的农贸市场(农产品批发市场)配备小型处理机，或结合中转站改造升级，建设小型餐厨垃圾处理站，就地就近消化处理餐厨(果蔬)垃圾。在江北新区、各区开展餐厨垃圾产生单位和农贸市场(农产品批发市场)餐厨(果蔬)垃圾就地就近处理试点。第四，全面推进农村生活垃圾分类，分步建设农村有机垃圾资源化处理和分类收集分拣站，完善农村再生资源回收体系，初步形成"户分类投放、村分拣收集、镇回收清运、有机垃圾生态处理"的镇村生活垃圾分类处理体系，确保生活垃圾密闭化收集运输率达到100%。第五，提升建筑垃圾资源化利用水平，加快推进江南、江北建筑垃圾资源化利用项目、渣土综合利用项目，各区设置建筑垃圾临时储运场，就地就近调剂回填，力争实现拆迁废料综合利用率达到50%，工程渣土回填利用率达到20%。

二、长三角城市管理创新

长三角城市注重城市管理理念的创新，积极创新城市管理方式和手段，加快推进城市管理的智慧化发展，取得了显著成效，也为全国其他城市形成了可借鉴的经验和案例。下面以上海、杭州为例，总结长三角城市在推进城市管理创新方面取得的进展和成效。

(一)注重理念创新，提高管理水平

上海作为超特大型城市，积极贯彻落实中央对上海的要求，着力提升城市精细化管理水平。一是制定出台一系列城市管理的政策文件。2018年1月，上海发布《贯彻落实〈中共上海市委、上海市人民政府关于加强本市城市管理精细化工作的实施意见〉三年行动计划(2018～2020年)》，提出"到2020年，上海在城市设施、环境、交通、应急(安全)等方面的常态长效管理水平全面提升，市民对城市管理的满意度明显提高，城市更加有序安全干净、宜居宜业宜游，生活更加方便舒心美好"的目标，以"一个核心""三全四化"为着力点，推进"美丽街区、美丽家园、美丽乡村"建设。二是深入推进城市管理综合执法改革，把执法力量下沉到街镇，实现城市网格化管理覆盖全市所有居村，构建起全市"一张网"和市、区县、街镇三级管理格局；在城市住宅小区和农村地区进一步拓展网格化管理，并实现了与大联动、大联勤、"12345"市民服务热线等平台的融合，截至2017年底，全面完成住宅小区综合治理，对1.2亿平方米居民住宅进行了二次供水设施改造，完成了6 263台住宅小区老旧电梯的安全评估。三是开展道路交通违法行为大整治，交通秩序明显改善；大力整治群租、黑车、乱设摊、违法建筑等突出顽症，

全面开展建筑市场集中整治，系统开展城乡建设交通领域运行安全和生产安全梳理，实现安全生产形势持续稳定好转；强化高层建筑、玻璃幕墙、地下空间、老旧公房、危险品运输、燃气管道以及大型交通枢纽等重点危险源安全运行管理，完善应急预案体系，制定完善相关安全法规、规章和规范性文件。

（二）创新管理方式，促进形象提升

杭州市着力推进城市管理方式和手段创新，通过实施城市"五化"管理（即："洁化、序化、亮化、绿化、美化"），城市环境形象得到显著提升。一是城市"洁化"管理，致力打造"国内最清洁城市"，出台了《关于推进市政环卫一体化综合养护试点工作的指导意见》《市政环卫一体化综合养护考核办法（试行）》等一系列政策文件，开展清洁杭州大行动，着力提升主城区道路清洁度，推进公厕提升改造工程，发动全民参与清洁家园创建工作，逐步取消重点区域的垃圾桶、果壳箱等设施；开展城郊接合部、城中村等薄弱区域的环境问题大排查、大清理和大整治行动。二是城市"序化"管理，树立了城市环境秩序治理"十无一规范"的目标，运用了专业督查、信息采集、市民投诉受理等多种手段，加强各相关部门的协同联动，实现街面秩序的长效动态管理。三是城市"亮化"管理，实施西湖、运河、钱塘江等重点区域的亮化提升工程，积极进行公建养护领域的市场化改革，在杭州市主城区重点区域的一批建筑物亮化节点和景观照明设施实现了市场化养护；进一步完善路灯管养体制，加快推进一批亮化项目的新建和改造，道路照明、景观照明亮灯率显著提高。四是城市"绿化"管理，加大绿化保护力度，完善城市河道水生物养护标准，深化河道两岸绿化管养，建立完善绿化景观的长效维护机制。五是城市"美化"管理，协调推进城市标志国际化、湖滨路步行街提升改造以及卷帘门美化试点和弱点箱体"多箱合一"、交通杆件"多杆合一"、标识标牌"多牌合杆"、监控设施"多眼合一"等工作，整合街面设施，清除视觉污染，显著改善城市面貌，打造城市景观精品亮点[127]。

（三）人民为中心，推进城市管理创新

南京市坚持"以人民为中心"，围绕民生实事开展城市管理创新。一是创新城市管理工作方法和手段，提升对新兴业态的管理效率。首先，开展"厕所革命"行动，推进城镇公厕、旅游公厕和农村公厕新建改建工程，调研制定农村厕所革命五年实施方案和建设标准；运用"互联网＋"等先进信息技术，建立完善城市公共厕所的导向和评价系统；推进公共厕所标准化管理，加强公厕管理服务的考核监督。其次，系统性实施街巷整治，加强建设、城管等部门的协调、统筹、联动，加强区街实施人员培训，明确工作标

---

[127] 城市管理提升杭州颜值[EB/OL].（2017-06-15）[2019-03-03]. http://news.163.com/17/0615/02/CMUJFAPQ000187VI.html.

准，规范工作流程，树立街巷整治的精品意识，实施“一巷一策”，深入挖掘街巷文化和历史底蕴，进行创意设计，通过片打造，形成整体效果，推行街巷长制度，加强对无名巷、市民反映问题集中的街巷的治理。再次，创新共享单车管理手段，以共享单车上牌为抓手，全面清理无牌共享单车；加强对共享单车企业的管理和日常监督，建立针对共享单车企业的刚性约束机制，确保共享单车按计划有序投放；对共享单车企业履行社会责任开展监管，建立完善共享单车企业的信用管理制度，以信用管理为手段，提高监管部门工作效率，增强企业自律意识，构建社会共治、多方参与的监管新格局。二是推进共治共享、协同参与，加快城市管理智慧化发展。首先，鼓励企业、社会多方参与，提升城市综合治理水平，进一步提升标准化治理水平，建立健全“政府负责、社会协同、公众参与、法治保障”的城市治理体制，大力打造标准化示范片区，重点加强与人民群众生产生活密切相关的公共空间标准化建设；大力建设公众参与平台，丰富城市治理宣传载体和渠道，在已有媒体宣传平台的基础上，充分发挥新媒体的影响力，做好“两微”矩阵，增强“两微”导向。同时，进一步扩大新闻宣传报道网络，广泛开展媒体合作，建立与媒体代表、门户网站等互动机制；充分发挥城市治理委员会的桥梁纽带作用，推进“重心下移”，重点推进街道、社区的城市治理公众联络工作，各区所属街道的城市治理公众联络议事平台建设；扩大“南京城市治理圆桌论坛”的影响力，邀请媒体、网络大V、公众委员、市民代表观摩一线执法等活动，激发公众参与城市治理。其次，加快城管信息化系统建设，提升大数据分析与运用能力；实施《南京市城市管理大数据平台规划建设方案》，高起点谋划搭建城管大数据云平台，推进区、街二级“数字化城管系统”常态化运行；在城市综合执法、渣土管理行业推广应用市级统一开发的应用软件系统，贯通市、区、街(镇)三级；连接数字城管考核、城市综合执法、渣土管理和信用系统，打通信息交换通道，实现“考核、执法、诚信”多位一体成果运用；推进城管信息化执法，建立网上办案系统，实现市区两级统一平台运行，实现执法总队与市级平台的联网互通；搭建南京城管信用平台，通过数据库对接方式实现城市管理信用信息与市信用平台的同步，进一步完善信用体系、机制建设，基本实现全行业、全领域、全覆盖。

三、长三角城市治理模式转变

党的十九大报告提出，要打造共建共治共享的社会治理格局，加强社会治理制度建设，完善党委领导、政府负责、社会协同、公众参与、法治保障的社会治理体系。近年来，长三角城市积极创新城市治理模式，针对城市管理领域的瓶颈问题，完善城市管理体制，推进体制机制改革创新，不断增强城市管理效能，优化城市发展环境，推动城市管理向城市治理转变。下面以上海、杭州、南京为例，总结长三角城市群在推进城市治理模式转变方面所取得的进展和成效。

（一）聚焦城市管理，推进改革创新

上海聚焦城市管理领域的突出问题，深入推进体制机制改革创新。在政府管理体制改革方面，2017年，上海市城乡建设管理委和上海市交通委实行分设，强化了城市综合管理和综合交通管理职能；上海市住房保障房屋管理局与上海市城乡建设管理委员会合并，成立上海市住房城乡建设管理委员会，进一步强化了城市综合管理职能；创新城管执法体制机制，设立市城管执法局，做实市和区县城管执法机构，推进城管执法重心下移、力量下沉，基层一线执法管理效能大幅提升。在行政审批改革方面，大力推进建设工程行政审批制度改革，上海市住房城乡建设管理委的行政审批事项精简近70%，审批效率显著提高。上海在推进行业市场化改革，在道路设施、绿化市容、排水与河道等领域的养护作业市场化改革取得显著成效。

（二）注重理念创新，加快机制完善

浙江杭州积极推进城市管理理念创新，加快完善城市管理体制机制，积极拓宽社会参与渠道，鼓励社会各方共同参与城市管理，积极推进城市管理社会化发展。一是加快城市管理体制向社会治理转变，完善城市管理体制，完成市级层面"局""办"合并工作，进一步完善"两级政府、三级管理、四级服务""属地为主、块抓条保"的城市管理体制；推进城市管理和执法重心下移到城区的工作，进一步突出城区政府在城市管理中的主导地位；通过实施"贴心城管""四问四权""市民评价"等措施，鼓励和引导市民共同参与城市管理；建立以城市管理目标责任制为主要内容的城市管理绩效考核评价体系，充分发挥部门协作、资源整合、市区联动、整体推进工作机制的积极作用；探索城市管理综合监管和市政环卫一体化综合养护作用模式，完善行业标准，推进养护作业市场化改革，市政、环卫、河道养护作业市场化率分别达到100%、85%、100%。二是践行共管共享理念，鼓励社会多元参与。切实抓好"三长制"的落地实施；通过推行路长制，深入实施"门前新三包"政策，督促沿街事业单位和商户店家履行社会责任；加大城市河道河长制落实情况监督检查，加强点评通报，自己发挥民间河长的积极作用；大力推进"三化四分"楼道长制，加大垃圾分类的宣传指导力度；着力完善社会参与平台，出台规范社区城管服务室运作的指导意见，优化贴心城管APP功能，探索运营服务外包机制，加大激励力度增强吸引力，扩大服务外包领域覆盖面；开展贴心城管志愿服务活动，树立杭州城管"温馨岛""微笑亭"等特色服务品牌；深入推进城市管理市场化和社会化发展，在市政管养、环卫清洁、公用服务、基础设施建设等领域完善市场化运作机制，吸引更多社会资本和市场力量投入城市管理领域，加大与社会组织合作力度，形成城市治理合力，提高城市管理能效。此外，加强宣传引导力度，深化与各类媒体尤其是新媒体的合作，拓展网络宣传阵地，加大正面宣传，弘扬城市正能量，掌握舆情引导

的主动权[128]。

（三）创新管理理念，激发改革动能

南京市加快城市管理理念创新，深化改革激发城市治理新动能，城市管理的效能和水平显著提高。一是推进城市管理执法体制改革，制定出台《关于进一步深入推进城市执法体制改革 改进城市管理工作的实施方案》，推动各项改革措施贯彻落实，组建区级城市管理部门综合设置和市环卫集团，优化配置执法力量，一线执法人员占比达 90%以上，制定完善执法人员特岗津贴、加班补贴等工资补贴政策。二是推进环卫作业市场化改革，研究制定《南京市环卫作业市场化工作意见》，着力解决环卫企业改制遗留问题，支持企业卸除包袱、参与市场竞争，在全市范围内推广保洁作业市场化，市场化率平均达到 90%以上。积极运用现代技术手段，对人、车和现场实行智能化管理，完善城市管理考核体系，对路面、护栏、杆线、绿岛等实行一体化保洁。三是推进审批服务和执法辅助队伍改革，推进简政放权、放管结合、优化服务改革，加强行政审批事中事后监管，提高监管效能。推进城管执法辅助人员队伍规范化建设，在对全市城管执法辅助人员开展统计分析和调研的基础上，建立完善城管执法辅助人员招聘、管理、奖惩、退出机制，探索实行城管辅助人员分类管理。

四、本章小结

城市管理要像绣花一样精细。近年来，长三角各城市在加强城市管理方面取得了显著成效，长三角城市的城市管理精细化水平在全国始终处于前列。未来的城市管理要实现“建筑可以阅读，街区适合漫步，城市始终有温度”的目标，一方面要在城市管理上的精细化上下功夫，另一方面更需要城市治理理念的创新革新。长三角地区经济发展水平高、城市化水平高、人口密集，未来对城市运行和城市管理提出了更高要求。近年来，长三角城市加快推进城市环境、交通基础设施建设，加快完善城市安全和应急管理体系，城市环境有了较大改善，城市治理的水平也有了显著提高。未来，长三角城市管理应进一步推进城市管理理念的创新，不断完善城市建设的顶层设计，进一步完善和落实城市建设规划，通过更加科学、精细的城市规划，推动城市空间布局的不断优化。其次，要进一步推进城市精细化管理，不断完善城市管理网络体系，提升对城市管理问题的快速响应和处置能力，进一步提高城市管理水平和效率。此外，还要注重创新城市治理格局，在政府部门主导的基础上，运用先进的信息技术手段，广泛动员社会公众力量多元参与，畅通社会参与渠道，完善多方共治的城市治理格局。长三角城市

---

128 翁文杰.大力提升城市管理国际化水平——访杭州市城管委(城管执法局).杭州:周刊,2016(9):22-25.

化水平在全国处于领先地位，也先于国内其他城市遇到许多城市建设、发展中的瓶颈和问题，因此，长三角城市也担当着为全国城市发展进行先行示范的重任，长三角城市精细化管理应在现有基础上，进一步做深、做细，不断突破创新，加大城市治理理念创新，推动城市管理体制机制改革，为我国城市治理探索新的路径和模式。

城市服务篇

第八章　长三角城市社会发展

随着长三角区域的快速发展，长三角城市中高强度的人口迁移、流动给各城市的社会管理带来了巨大的挑战和压力，同时也给区域合作和发展带来了新的机遇。进入新时代，针对长三角区域人口迁移流动的新特点和新趋势，长三角各城市积极回应新时期迁移、流动人口的实际需求，大力提高社会管理水平、创新社会管理理念，推动长三角城市社会管理现代化，加强长三角城市社会管理的区域合作和一体化发展，为长三角区域发展提供了新的动力和方向，为更好发挥长三角同城效应、实现长三角一体化高质量发展发挥了重要作用。

一、长三角城市社会发展总体情况

长三角是中国经济发展的“火车头”，经济发展程度越高，就越会先于国内其他地区遇到社会管理的新情况和新问题。多年来，长三角城市聚焦实现经济发展和社会和谐的高度统一，着力加强和创新社会管理，为全国其他城市先行先试、率先探索，形成了一系列可借鉴的经验和案例。

（一）积极创新社区治理模式和手段

“网格化管理”、“组团式服务”“一门式办理”等，都是长三角各城市在创新社会管理中探索出来的新举措和新思路。例如，浙江省舟山市以自然村和相对集中居住区域为基础，以家庭为基本单位，将 100 到 150 户家庭划定为一个网格，对应每一个网格内的群众，设置服务团队，通过整合公共服务资源，对网格内的居民进行多元化、精细化、个性化服务。东港街道葫芦岛 90％以上的居民都是老年人，且均无社保和退休金，拥有一家托老所是岛上居民的梦想。网格服务团队了解到这一情况后及时向上级反映，上级网格办公室积极整合各种资源，在半年时间里，就给老人们修建了一所全市规模最大、设施最齐全的村级托老所。在江苏省苏州市，沧浪区综合管理指挥大厅里的工作人员只需轻点鼠标，“好管家”城市网格化管理信息平台上的各类信息就可一目了然。“好管家”服务管理平台将 13 个社区划分为 4 个网格，公安、城管等各条线管理力量齐抓共管，运行以来，辖区内平均发案率下降 50％，为居民打造了一个“全天候安全保障圈”[129]。

129　在富民中求和谐——长三角地区加强和创新社会管理纪实[EB/OL].（2011-12-25）[2019-03-05]. http：// finance. people. com. cn/GB/70846/16708261. html.

（二）大力推进社会管理多方参与

长三角各城市加快推动社会管理由政府单一主导向社会共同参与转变，支持和鼓励社会组织、广大群众积极参与社会管理，努力实现“管理为了人民、管理依靠人民、管理成果由人民共享”的目标。例如，在江苏省南通市崇川区，各街道、社区共同引导组建了 1 200 多家社团组织，既有群众自我服务、自愿服务类，也有共同兴趣爱好类，还有参与共同管理类。这些社团对公共区间的绿化、环保、卫生等进行督查，倡导“低碳”生活，深受群众欢迎。在上海，静安区西斯文居委地处老城区，有些房子的房龄超过百，常住人口中老年人多、外来人口多，私拉电线、杂乱堆物等情况一度较为普遍，消防安全压力很大，光靠政府管理难以面面俱到。于是，社区干部积极走访动员一大批楼组长、志愿者和外来人员，成立义务消防俱乐部，由公安消防部门提供培训，俱乐部成员开展“自查自纠”，在防范火患方面发挥了重要作用。

（三）着力推进公共服务均等化

长三角地区经济高度发达，也带来了人员的高度流动，在长三角的许多城市，都拥有数量巨大的非本地户籍的常住人口。长三角各城市积极转变思路、主动创新，为长三角的外来人口提供多层次、均等化的教育、医疗、社会保障、住房保障等公共服务。例如在上海，从 2008 年开始，上海全日制普通中等职业学校逐步开放招收外来务工人员的随迁子女，为这一群体提供了义务教育后的就学通道。此外，长三角各城市还为外来务工者提供舒适、廉价的宿舍。在江苏，常州市专门为外来务工人员建设的员工宿舍，房租低廉，配套设施完善，解决了外来务工人员的后顾之忧。在浙江，嘉兴市积极为“新嘉兴人”在社保、教育、居住等方面提供与本地户籍人口相同的“同城待遇”，从 2007 年开始，嘉兴率先探索“居住证”制度，并设立新居民事务局，取消了对外来人口实行的暂住证制度，打破了因户籍界限造成的城乡对立。嘉兴不仅让外来务工者享受子女就学、医疗、社保等同城待遇，还让他们享受到了丰富的精神文化生活[130]。

二、教育事业发展

长三角地区是我国发展基础最好、创新能力最优、整体竞争力最强的地区之一。长三角城市围绕建设教育强国、深化教育改革、办人民满意的教育等关键问题，坚持改革创新，推进教育现代化，在推进教育均衡发展、加快教育现代化、深化教育改革等方面取得了一系列成就，为我国教育改革与发展提供了有益的经验和借鉴。未来，长三

---

130 在富民中求和谐——长三角地区加强和创新社会管理纪实[EB/OL].（2011-12-25）[2019-03-05]. http：// finance. people. com. cn/GB/70846/16708261. html.

角各城市要针对教育环境、资源条件、评价标准等方面的变化，着力破解教育如何适应人的全面发展和经济社会发展要求的关键问题，加强区域教育协作，实现优势互补、资源共享，加快推动长三角教育一体化发展。下面以上海、杭州、南京为例，总结各城市在推进教育事业发展方面所取得的进展和成就。

（一）上海

上海大力提升教育事业发展水平，率先实施教育综合改革和高考综合改革试点，义务教育学区化集团化办学持续推进，一流大学和一流学科建设成效初显。

一是促进基础教育优质均衡发展，推进学区化集团化办学。首先，上海规范义务教育秩序，推进义务教育优质均衡发展；开展规范义务教育阶段民办学校专项调研，全面规范课程教学安排、作业量管理、考试测验等方面的学校内部教学秩序；推进城乡一体化发展，落实义务教育“五项标准”的校舍建设、学校装备、信息化环境建设、高级教师配备达标等项目实施；实施城乡学校携手共进计划、城乡学校互助成长项目，第一轮精准托管学校42所，第一轮城乡学校互助成长项目34个；推进学区化集团化办学内涵发展，截至2019年2月，上海已建设学区、集团190个，覆盖70%以上的义务教育学校，基本形成学区化集团化办学格局。其次，推动高中教育特色发展，推进特色普通高中建设，命名上海市曹杨中学为上海市第一所特色普通高中学校，组织特色普通高中展示和交流活动等。再次，深化课程教学改革和教育质量评价改革；落实国家课程教材改革新要求，初步形成深化二期课改调整方案，在闵行、长宁两区开展区域课程管理平台试点工作，实施教学改革实践，开展小学一、二年级主题式综合活动试点；改进教育质量评价，开展基于课程标准的教学与评价调研和结果反馈，开展全市初中教育基本状况调研。最后，推进学前和特殊教育公共服务体系建设，实施学前教育规划，完成建设30所幼儿园；开展“区早期教育指导服务工作现状”调研，开展“育儿加油站”上海科学育儿指导活动；启动与澳大利亚TAFE早期教育合作项目；实施新一轮特殊教育行动计划。

二是推进职业教育内涵发展，深化教育教学改革。首先，上海推进人才培养模式改革，构建现代职业教育体系，从2014年至2018年，上海共设置52个中本贯通专业点，含29个专业，涉及中职学校33所、本科院校15所。上海目前每年招收中高贯通、中本贯通生源已占整个中职招生的25%，占总专业点的35%；开展贯通培养实践研究，完善中高、中本的“纵向沟通、横向联合”联合教研机制；继续推进“双证融通”专业改革，开展高本贯通人才培养试点，形成“人才共育、过程共管、成果共享、责任共担”的紧密型校企合作办学机制；加强教育教学改革，推进国际水平专业教学标准开发与实施。其次，推进职业教育内涵发展，开展教育部示范专业点建设，8所学校8个专业入选教育部装备制造、旅游、交通运输、邮政快递4个专业大类示范专业点；制定示范品牌专业和品牌专业建设验收核心指标和实施方案，在2～3个专业开展试点。第三，推进中职学校内涵建设，上海信息技术学校、上海海事大学附属职业技术学校、上海市杨浦职业技术学校等3家中职学校成功申报为教育部第二批现代学徒制试点学校。第四，加强教师队伍建设，提升学生职业素养，开展新进教师规范化培训，颁布《上海市中等职业学校新进教师规范化培训实施意见(试行)》；开展中职教师企业实践工作；举办学生职业体验日和职业活动周活动，参加体验人数近10万人次；举办"星光计划"职业院校技能大赛，2017年共有来自69所中职学校和30所高职院校的5 500余名学生进入决赛；组织参加世界技能大赛，上海6名参赛选手代表中国参加第44届世界技能大赛，2名中职学生获得金牌。

三是推进高校分类管理，促进高等教育内涵发展。首先，上海着力推进"双一流"建设，制定实施《上海市统筹推进一流大学和一流学科建设实施意见》，以"双一流"建设带动提升上海高校整体水平；深化"放管服"改革和关键领域重点突破，为"双一流"建设提供动力支持；推进"高峰""高原"学科建设，与"双一流"建设和高水平地方高校建设协同推进；积极组织高校参加全国学科评估，2017年上海博士授权学科参评率高达97%(全国参评率为94%)，上海高校学科进入A级别档次的有91个(其中：A+档26个、A档27个、A－档38个)，全国占比为12.8%。上海整体学科优秀率为19.6%；启动部市共建在沪部属高校"双一流"建设，深化创新上海市人民政府与教育部等国家部委的战略合作机制，安排地方财政配套资金，支持在沪中央高校"双一流"建设；推进高水平地方高校试点建设，按照"一校一策"的方式遴选支持相关高校开展高水平试点高校建设。其次，服务和支撑上海具有全球影响力的科技创新中心建设，推进上海交通大学、同济大学、上海科技大学等高校积极参与张江综合性国家科学中心建设，在重大科技基础设施建设布局、协同创新网络建设等方面发挥重要作用；加快推进李政道研究所建设，着力促进高校科技成果转移转化，实施科技成果转化年度报告制度，并在上海大学、上海理工大学开展试点；落实"人才30条"科技成果转化奖励税收优惠政策，服务高校科技成果转化需要；推进上海高校协同创新中心建设，2017年新增复旦大学、上海工程技术大学、上海音乐学院和上海体育学院等4家上海高校知识服务平台为上海市协同创新中心；推进教育部和上海市共建上海科创中心，签署《教育部上海市人民政府共同推进上海全面创新改革试验建设具有全球影响力科技创新中心框架协议》，加快推进高校研究基地建设。第三，完善高校分类管理机制，从"综合性、多科性、特色性"和"学术研究型、应用研究型、应用技术型、应用技能型"纵横两个维度，构建高校分类标准框架；推进资源分类配置，研究制定上海市实施高校设置标准的实施办法，完善高校"二维"分类评价结果与部门预算安排相挂钩的机制，扩大高校办学自主权；探索高校分类督导评价指标体系建设，制订《上海高等学校分类管理指导意见》和《上海高等学校分类管理评价办法》。第四，提升高等教育办学质量，推动公办本科高校教学教师激励计划全覆盖，21所市属公办本科高校全部纳入激励计划试点范围，涉及授课教师1.6万余人；出台《上海市教育委员会关于深入推进本科教学教师激励计划的指导意见》，鼓励高校将激励计划资金分配与教师绩效考核结果挂钩，开展本科教学工作审核评估；深化应用型人才培养，开展高等职业教育创新发展行动计划，推进应用型本科专业试点。

四是完善终身教育体系，推进学习型社会建设。上海规范教育培训机构和市场秩序，对上海全市教育培训机构全覆盖、无死角开展排摸、复核和确认，并分类依法进行规范与整治。制定出台了《上海市民办培训机构设置标准》《上海市经营性民办培训机构管理办法》和《上海市非经营性民办机构管理办法》，促进民办培训机构和市场规范有序发展；健全终身教育体系，完善上海开放大学办学系统建设；优化校政、校企、校校、校区合作办学机制，整合优质资源推进上海开放大学专业和课程建设；开展学历继续教育，推进"上海百万在岗人员学力提升行动计划"，促进学历教育与非学历教育的融通；深化市民终身学习体验基地建设，出台了《关于进一步推进上海市民终身学习体验基地建设的指导意见》《上海市民终身学习体验基地评估指标（2017 版）》《上海市民终身学习体验基地（区级）建设指导标准》，推动特色品牌项目、体验式课程、网上体验基地建设；推进社区教育学习资源配送工作，建设"线上终身学习资源配送服务平台"，实现线上线下、互联互通的优质资源配送机制；推进终身学习"立交桥"建设，优化"学分银行"运行机制，开通"学分银行在线课程学习平台"，完成 226 个职业资格证书与学历教育课程学分的转换认定；开展"学分认可型双证融通"试点和"证书认可型双证融通"试点；加强市民学习服务体系建设，推进老年教育场所倍增计划，组织开展老年人社会学习点建设，注重培育丰富多样的学习元素和特色项目，让老人享受到学习的快乐；推进社区教育精品微课建设，内容涵盖社区法律、西餐礼仪、家庭教育、智慧生活等多个方面，开展市民终身学习活动，2018 年举办了上海市民终身学习体验基地嘉年华活动，活动为期 12 天，有九大市级基地 69 个体验站点参与其中，共推出 139 项主题鲜明、趣味横生的学习体验活动；开展上海市民诗歌节、头脑奥林匹克创新学习活动、读书节等活动。

（二）杭州

杭州十分重视教育，充分利用本市的教育资源，努力提高教育质量。

一是进一步推动优质基础教育资源共建共享。杭州推进新名校集团化战略，试点推进跨层级共享优质师资机制，完善市域优质基础教育资源共建共享的政策保障机制；加快中小学、幼儿园等学校基本建设，推进杭州高级中学大江东分校、中策职校康桥校区等杭州市重点项目开工建设，进一步加强优质教育资源基础保障；推进县域内义务教育公办学校教师校长交流工作，全面实施乡村教师支持计划，启动杭州市"名师乡村工作室"建设，名优教师辐射效应进一步扩大。

二是推进现代职业教育提质增效。杭州全面完成市属高校产学对接六项工程，建成特需专业 15 个，中高职衔接示范（培育）专业 10 个，技能名师工作室 30 个，示范性职工培训中心10个，校企共建校内实训基地20个，组织100名高校优秀中青年教师进企服务，大力促进科技成果转化，举办市属高校科技成果推介会，推进职业教育现代学徒制国家级改革试点，实施杭州市中职教育质量提升工程，认定内涵提升、产教融合、改革试点三大类共87个建设立项项目，浙江省级中职教育质量提升行动计划首批立项项目56个；积极组织参加浙江省中职学校学生职业能力大赛，并获得优异成绩。

三是坚持“高教强省”战略，推动高等教育创新发展。开展“名校名院名所”建设工程，2017年12月发布了《关于“名校名院名所”建设的若干意见》，有力促进了优质高等教育和科研资源的引进、高等教育发展水平和科研创新能力的提高；推进筹建民办西湖大学，推进浙江工程师学院（浙大工程师学院）建设；“西湖学者”“西湖鲁班”等六个市属高校人才队伍建设项目通过终期验收，一批优秀人才入选国家和省市级高层次人才行列；推进杭州科技职业技术学院大江东“智能制造”开放性公共技能实训基地立项建设，推进浙江大学城市学院加快建设高水平应用型大学，杭州市属高校办学水平进一步提升。

四是进一步推进学习型城市建设。杭州深入推进终身教育体系建设，整合共享各级各类教育资源，通过举办“社区教育开放日”等活动，完善社区教育网络体系，推进社区教育加快发展；积极构建“市、区、街道、社区”四级市民学习圈，共有20个市级示范性“街道（乡镇）市民学习圈”通过评估认定，推进建设街道（乡镇）30分钟市民学习圈；大力发展各类学习型社团，共计92个市级示范性学习型社团通过评估认定，力争建设成为“人人皆学、处处可学、时时能学”的学习型城市；着力提升高水平教育服务体系建设；配合新型居住证制度改革，出台《流动人口随迁子女在杭州市区接受学前教育和义务教育管理办法（试行）》，保障流动人口随迁子女在杭接受教育的权利。出台《普惠性民办学前教育机构认定和管理办法》，促进民办教育健康发展。

（三）南京

多年来，南京在基础教育、职业教育、高等教育上投入了大量人力、财力、物力，取得了良好的效果。

一是推进基础教育高位均衡优质发展。南京优化全市普通高中布局，进一步提升普通高中教育质量和水平；按照《第二期学前教育五年行动计划》，推进“增量、提优、普惠”三项工程实施；推进一批幼儿园新改扩建工程，省优标准、省市优质园数量进一步增加，新增一批“南京市民办惠民幼儿园”，进一步扩大普惠性幼儿园覆盖面；落实《江苏省义务教育学校办学标准（试行）》，推进义务教育标准化建设及监测；实施《南京市小学教学改革行动计划（2016～2020年）》，建设一批市级小学教学改革学科课程基地和省级小学特色文化建设工程项目，开展“以学定教”教改试验，加快创建“新优质初中”，进一步提高教育教学质量；评选第五批“南京市推进素质教育示范初中”，实施“教育现代化初中”工程，评定5所初中为首批“教育现代化初中”创建学校；推进实施普通高中多样化发展内涵提升三项工程、普通高中现代化建设工程等，新增一批省级初中课程基地和省级高中课程基地，开展普通高中发展性评估，推进普通高中多样化发展；加快特殊教育与普通教育、职业教育融合发展，在全国率先联合举办全日制本科特殊教育，加快推进“国家特殊教育实验区”建设，创建一批“南京市随班就读实验学校”和“南京市融合教育示范学校”等。

二是推进职业教育改革创新发展。南京以服务地方产业转型升级、经济社会发展为目标，推进职业教育整合发展，加快职业学校现代化建设，积极创建一批江苏省级现代化示范职业学校和现代化实训基地；推进“3＋3”“3＋4”现代职教体系试点；加强政校企合作和产教融合发展，拓展一批南京市职业教育战略合作企业；积极推进非遗学院和非遗产学研联盟建设，创建非遗手工技艺等12个江苏省级现代化专业群，成立“南京非物质文化遗产专业学院”、轨道交通学院等9个专业学院，拓展职业教育领域和范围；积极组织参加国内外和江苏省职业技能大赛，并取得优秀成绩。

三是推进高等教育改革发展，大力提升高校学科建设水平。南京实施市属高校“争先进位”三年行动计划，开展一批市级重点学科(专业)和培育学科建设；建立在宁高校重大科研成果后备项目库，推进建立技术转移机构，在金陵科技学院、南京大学和东南大学等4所高校开展科技成果知识产权“三权”改革试点；南京城市职业学院与23家机构签订合同31项，共申请5件发明专利，成功授权2件，有效促进了高校科技成果的转移转化和产业化应用；加快筹建南京软件科技大学，引进13名高层次人才；与中科院电子所合作共建“南京大数据研究所”，与中科院信息工程所合作共建“南京网络空间安全研究所”；推进市属高校新一轮市级重点学科(专业)、市级重点实验室、市级科技创新团队等项目建设，使高校学科建设水平和科技创新能力得到进一步提升。

四是鼓励民办教育发展。南京进一步深化办学体制改革，规范促进民办教育有序发展，研究制订《南京市关于鼓励社会力量兴办教育促进民办教育健康发展的意见》、修订《南京市民办中小学设置管理办法》等，推进民办教育分类管理，投入专项资金改善民办学校装备水平；开展民办教育调研座谈活动，着力解决民办教育发展中遇到的实际问题和瓶颈，完善民办教育发展的相关政策制度；深入落实《民办教育促进法》，推进民办学校财政扶持政策的出台落地，调研、规范民办学校招生行为，推进高水平有特色的民办学校建设。

三、养老服务体系建设

长三角地区是我国经济发展水平较高的区域，也是我国典型的老龄化地区，老龄化率高于全国平均水平，且老龄人口呈现高龄化特点，老龄化问题成为长三角城市共同面临的挑战。其中，上海的高龄老年人口在长三角老龄人口中占比最高、增幅最大。随着人口老龄化程度的不断加深，未来的高龄化负担也将日趋沉重。上海是国内最早进入人口老龄化的地区，相比国内其他城市而言，也将较早应对高龄化的高峰压力。截至2017年底，上海户籍老年人口已达483.6万，占户籍总人口的33.2%；80岁以上的户籍老年人，占户籍老年人口的16.7%；人均期望寿命达83.37岁，百岁老人突破2 000人(每10万人中有14.9人)。预计到2020年，户籍老年人口将达540万，2025年达600万左右。特别是2030年到2040年10年间，高龄人口预计增长一倍，达到150万人[131]。

根据上海社会科学院城市与人口发展研究所对整个长三角地区人口老龄化前景的预测，未来几年是老年人口低速增长阶段，2020年以后老龄化又开始加速，60岁及以上常住人口规模，将从2015年的3 976万人，增至2020年的4 600万人、2035年的7 500万人，至2050年为7 400万人；常住人口老龄化水平则持续上升，从2015年的18%，增至2020年的21%、2035年的33%、2050年的42%。

2015年至2020年，长三角常住老年人口规模快速扩张，每年增加100万以上老年人口；2020年至2035年，60岁及以上老年人口将年均增长近200万人；2035年至2050年，随着长三角地区总人口规模进入负增长，老年人口规模的持续增长，老龄化水平将处于高位运行。根据预测，2035年之后，长三角地区将进入高龄老人的高速增长阶段，未来需要照护的人口规模大增。届时，80岁及以上高龄常住人口规模，将从2015年的547万人，增至2020年的650万人、2035年的1 000万人、2050年的2 100万人；高龄比从2015年的13.76%，小幅上升至2020年的14.13%，至2035年降至13.33%，2050年则大幅上升至28.38%[132]。

为应对人口老龄化问题，未来长三角地区应着力建设一个开放、融合的养老服务市场，打破区域行政和市场壁垒，推动养老服务的信息互通、信用体系互认，聚焦以老年人的实际需求，畅通养老服务渠道，让老年人可以自主选择合适的养老服务地点和服务方式，加强三省一市的规划和政策联动，推动长三角区域内异地居住的老年人养老政策的互通，推动长三角养老服务业合作发展。下面以上海、杭州、南京为例，总结一下长三角城市在养老服务体系建设方面取得的进展和成就。

（一）上海

近年来，上海大力推进养老服务体系建设，初步建立服务供给、需求评估、服务保障、政策支撑、行业监管“五位一体”的社会养老服务体系，2018年新增养老床位7 103张，占计划的101.5%；建设失智老人照护床位完成1 194张，占计划119.4%；郊区农

131 长三角未来高龄化负担空前，专家呼吁异地养老政策"通关"[EB/OL].(2018-05-11)[2019-03-05]. https://www.thepaper.cn/newsDetail_forward_2123487.

132 长三角未来高龄化负担空前，专家呼吁异地养老政策"通关"[EB/OL].(2018-05-11)[2019-03-05]. https://www.thepaper.cn/newsDetail_forward_2123487.

村薄弱养老机构改造完成44家，占计划的110%；老年人日间服务中心完成81家，占计划的101.3%；居家照护服务完成566万人次，占计划的188.7%。

一是大力推进“五位一体”社会养老服务体系建设。上海市发布《关于本市全面推进老年照护统一需求评估体系建设的实施意见》和《老年照护统一需求评估机构与评估员管理办法》等政策文件，对养老服务体系建设目标任务开展过程管理和过程考核，加快推动养老服务工作有序开展。

二是落实市政府实事项目工作任务。上海市发布了《关于推进本市“十三五”期间养老服务设施建设的实施意见》《上海市“十三五”期间保基本养老机构市级财力补贴政策的实施办法》等政策文件，在全面梳理全市十三五养老床位工作任务的基础上，确定年度实事任务指标，确保工作有序高效推进；开展实地调查研究，从调研、立项、招标、施工建设等方面开展研究探讨，定期召开项目推进会、工作交流会和现场协调会等，建立实事项目年中、年末督导制度和月报、周报制度，确保事实任务顺利完成。

三是开展老年照护统一需求评估。在上海全市和16个区开展老年照护统一需求评估信息系统建设，全面完成与市经济状况核对系统、居家养老服务系统、养老机构管理系统、优抚对象信息系统、公安实有人口库等系统的信息对接交互，实现评估信息在各系统间的互联互通；开展评估组织和评估员教育培训，组织开展评估员培训班、培育第三方各类评估组织发展；全面完成“全市所有街镇开展老年照护统一需求评估”确定的目标任务。

四是开展长期护理保险试点。上海市在广泛调研的基础之上，出台了《长期护理保险服务项目清单》及配套文件，对服务项目、服务内容、服务标准规范、人员资质要求等内容进行了统一规范，重点聚焦失能老人、聚焦基本服务、聚焦居家照护、聚焦专业发展；在徐汇、金山、普陀三个区开展试点，做好长护险服务供给准备，上海市民政局、市发改委、市卫计委、市人社局(医保办)等部门联合对三个试点区的相关部门准备工作开展调研指导，确保试点工作稳步推进；开展加强对公办养老机构现行收费价格的调整指导，组织开展各试点区养老机构、长者照护之家工作人员的培训，为长护险启动做好准备工作。

五是积极推进医养结合。按照《关于全面推进医养结合发展的若干意见》，上海市大力推进养老机构内设医疗机构工作，出台了《社区卫生中心与养老机构签约服务规范》，明确服务的时间、频次、项目，确保签约服务质量；鼓励社会力量参与发展护理站，优化审批管理、改善发展环境，推进医疗护理服务延伸至社区、家庭，鼓励政府、企业、社会等多元参与推动护理站健康发展；研究制订“养老机构护理床位设置标准”，在徐汇、普陀、松江三区开展国家层面的医养结合试点。

六是推进养老机构标准化、信息化建设。上海市开展《养老机构设施与服务要求指南》宣传贯标，编制出台了“养老机构自由裁量基准”和“养老机构设立许可指南”、“手册”，修订《养老设施建筑设计标准》，编制出台《养老服务数据元标准》；通过机构改革和物业整合，打通养老机构管理、养老机构设立许可、社会福利审批、残疾人补贴等子系统，开发设立社会福利信息管理平台和上海市老年照护需求统一评估系统，提升养老地图、网上办事、投诉模块等功能。

七是加强养老服务人员队伍建设，着力提升养老机构服务能力，加强政策扶持和培训力度。上海市贯彻落实《关于对本市非营利性养老机构实施"以奖代补"扶持政策的通知》，通过发放内设医疗机构奖、招用持证人员奖、品牌连锁经营奖等奖金，扶持养老机构发展；健全和完善相关文件，研究修订养老服务人员"以奖代补"的扶持政策，制订出台《关于养老机构发展社会工作服务的指导意见(试行)》(沪民福发〔2016〕6 号)，进一步加强养老机构的专业社工队伍建设；加强行业培训工作，提升行业人才队伍素质，在全市 16 个区和市属养老机构新设 22 家养老护理实训点(实习基地)，有效提升了养老护理人员能力水平；依托上海市福利行业协会开展各类培训，开设养老护理员上岗班、等级培训班等，对护理员和养老机构负责人进行专题培训，对养老机构院长进行消防安全培训等，养老机构的管理和护理员的能力水平进一步提升。

(二)杭州

近年来，杭州市加快推进养老服务业综合改革，开展全国、全省养老服务业综合改革试点、全国医养结合试点、中央财政支持开展居家和社区养老服务改革试点"四改联动"。

一是着力推进社区养老标准化。杭州市按照社区"重基础、强覆盖"、镇街"重综合、强辐射"的原则，大力推进居家养老照料中心建设。全市实现村社级照料中心基本全覆盖，新建成一批镇街级照料中心，在杭州全市范围内，城区 15 分钟、农村 20 分钟的养老服务步行圈基本形成。杭州创新老年助餐模式，在城区推行"中央厨房＋中心食堂＋助餐点"、"互联网＋配送餐"等助餐形式，农村采取自建食堂、志愿服务等方式相结合，着力解决有困难、高龄、独居老人的就餐问题。新建成一批社区老年食堂(含助餐服务点)，实现老年人助餐服务体系全市基本覆盖。

二是加快发展智慧养老，推进养老服务精准化。杭州市按照统一服务对象、统一服务内容、统一服务标准、统一服务监管"四统一"的服务标准，拓展"智慧养老"综合服务内容，增加安防看护、基础性生活服务和区域公益服务等新型服务项目；搭建杭州市智能化监管平台，通过公开招标服务商和第三方绩效评价机构，开展"智慧养老"服务全过程绩效目标运行跟踪监控评价；通过智慧养老终端执行紧急救助，为孤寡、独居老人提供主动关怀服务，得到服务对象的肯定和好评。

三是加快推进养老服务社会化。杭州市出台了养老服务业"放管服"改革文件，降低准入门槛，简化消防、环评等审批流程，下放涉老社会组织审批权限，全面放开养老市场，鼓励社会力量参与养老服务。截至 2017 年底，杭州全市共有"公建民营"养老机构 57 家，委托社会力量整体托管运营的居家养老照料中心达 420 家，全市民办养老床位占比达到 66.1%；全年新增养老机构床位 5 524 张，其中民办养老机构床位 4 926

张;举办首届养老服务社会化推介会,成功对接社会化养老项目200余个;设立500万元福利彩票公益金开展“公益创投”,专项用于扶持社会力量参与养老服务。

(三)南京

近年来,南京市大力提升养老院服务质量,加快完善养老服务体系,取得了显著成就。在政策层面,南京市大力推行系统创新,出台近20个养老院服务质量提升文件;在体制层面,大力推进多元优化,初步形成公民并存、以大带小、合作共赢的发展格局;在服务层面,实施分类保障,全面推开多种形式医养融合;在监管层面,着力降低门槛,优化审批流程,系统推进养老院质量管理标准化建设。2018年8月,中财办确定了习近平新时代中国特色社会主义经济思想35个专题,江苏省南京市提高养老院服务质量被列为其中之一,为全国民政系统唯一入选项目。2018年9月,民政部专赴南京调研养老服务建设情况,高度肯定南京在养老院服务质量提升、养老服务体系建设方面所取得的成绩,并要求进一步总结经验在全国推广复制。

一是创新养老服务模式,重点开发家庭功能,形成“家属照料”“家庭床位”模式。南京通过创新模式缓解照护人员、养老床位缺口;通过聘用老人家属作为养老服务组织的一名服务者,由政府向养老服务组织购买服务,再由养老服务组织向该老人家属支付补贴,即“家属照料型”养老模式。该模式针对特定五类老人及其家属,对有照护能力的家属,经过培训且考核后持证上岗,并每月获得300元(照顾半失能老人)或400元(照顾失能老人)的照料补贴。南京市于2014年年末起率先推广“家属照料型”模式,并于2017年下半年启动居家照护培训计划,委托专业养老服务机构,尤其对高龄失能、半失能老人家属进行培训。南京市的家属照料型模式的推广,有效缓解了养老护理员紧缺问题。此外,针对护理床位短缺问题,2017年9月,南京市出台了《南京市家庭养老床位试点实施办法(暂行)》(宁民规〔2017〕1号),提出由养老服务机构为居家的失能失智、半失能老人提供养老服务的家庭床位,并统一纳入市、区级网络信息服务系统进行服务监督。此办法的实施大大降低了失能失智、半失能老人的养老成本,使老人家庭受益,同时缓解了养老机构床位紧张的难题,减轻了养老机构压力。

二是推进养老服务社会化发展。近年来,南京市加快推进养老服务社会化,大力鼓励社会力量参与养老服务。南京市已初步形成由政府资助、社会企业经营、社会组织参与服务的老人助餐格局,全市养老机构超过300家,居家养老服务中心超过千家,其中有助餐点的1 400多家。南京养老服务的社会化在全国处于领先地位,以政府提供养老服务为基础,同时积极鼓励企业和社会组织以及各类社会力量的积极参与,加快推进养老服务的多元化发展;积极培育发展社会化、综合性养老机构,所谓的综合性养老机构,就是指在养老院的基础上,增设了医院、购物中心、老年公寓和游园等更加丰富的服务设施和场所,可一站式满足老人从生活照料、健康管理、医疗管理、精神关爱到临终关怀等一系列生活需求。比如,南京“泰乐城”就是这样的综合性养老机构,由江苏融科投资有限公司投资超过 1 亿元人民币建设，占地总面积 2 万平方米，该养老机构从街头到街尾约几百米长，沿街有居家养老俱乐部、养老院、护理院、老龄用品生活馆、社区卫生服务中心、老年大学和精神关爱站等，堪称“养老一条街”。又如，南京市鼓楼区江东街道睿城社区综合服务中心，占地约 6 000 平方米，是南京市目前建成的最大综合服务中心。中心聘请了 20 多个专业社会组织向老年人提供数十项服务，包括助餐服务、休息室、棋牌室、空中花园等设施，为老人提供了舒适丰富的生活环境。

南京市养老服务的最大特点是从老年人的实际生活需求出发，贴近民生“接地气”，比如助餐服务等，让老年人切实体会到了实惠方便的服务。政府还通过购买服务，引入社会组织和养老企业为老人提供专业服务。南京市作为第一批中央财政支持开展居家和社区养老服务试点的优秀代表，在多项工作上形成了优秀解决方案，工作经验在全国复制推广，国家民政部还邀请新华社、人民网、光明日报等 10 家中央级媒体来南京采访养老服务点建设发展情况，对南京市养老服务工作给予了高度肯定。

四、医疗卫生事业发展

医疗卫生事业和健康事业是政府公共服务的重要组成部分之一，在城市发展中发挥着重要的基础保障作用。当前，长三角三省一市都面临着深化医疗服务共建、提高医疗服务水平、完善养老服务体系等一系列艰巨任务，需要积极探索跨区域合作共建的新路径，打破市场壁垒、行政壁垒和体制机制障碍。围绕这一问题，近年来，长三角各城市积极推进长三角医疗一体化发展，通过一体化、智慧化的医疗协作项目，长三角城市的医疗资源进入了加速融合的快车道。2018 年 6 月，在 2018 长三角地区主要领导座谈会上，就长三角一体化发展三年行动计划达成了共识。上海市政府发布了《健康服务 50 条》，以健康医疗服务及地区建设为依托，进一步提升上海及长三角的健康服务的能力与核心竞争力。会议还提出，长三角地区要共建共享民生工程，增强人民群众对长三角地区一体化发展的获得感和认同感。在民生方面，深化区域社会保障、医疗卫生等民生领域合作，成为长三角三省一市下一步在民生领域的着力点。例如，上海市质子重离子医院是全国首家同时具备质子、重离子尖端放疗技术的医院，坐标上海，惠及长三角、服务全国，2014 年医院正式开业前，参加临床试验的 35 例患者中，长三角三省一市的患者就占临床试验患者总数的 88.6%。医院开业 3 年多来，累计收治了 1 300 多名患者，病种分布已达到近 40 余类，在 1 300 多例患者当中，来自长三角三省一市的患者占到患者总数的 61%，上海占 37%。此外，上海多家知名三级甲等医院也积极加强与苏浙皖医疗机构的合作，比如肿瘤医院通过组建医联体，覆盖江苏省 3 家、浙江 1 家医疗机构，通过远程会诊、病理云平台等形式，让患者在家门口享受同质化的服务。在长三角医疗一体化进程中，异地就医直接结算也在积极推进，急诊费用的实时结算、医保结算比例、药品目录等标准的统一，也成为长三角三省一市下一步推进的目标[133]。

下面以上海、杭州、苏州为例，总结长三角城市在推进医疗卫生事业发展方面取得的进展和成就。

（一）上海

近年来，上海在深化医疗服务建设、努力提高医疗服务水平、完善养老服务机制方面，采取了一系列行之有效的措施。

一是加快推进综合医改试点。首先，上海市加快完善现代医院管理制度，出台了《本市关于建立现代医院管理制度的实施办法》，完善公立医院法人治理结构，启动公立医院章程制定工作，建立社会参与公立医院外部治理机制。通过完善医院内部管理机构、管理制度、议事规则、办事程序等，上海市进一步规范医院内部治理结构和权力运行规则，推进公立医院薪酬制度改革和绩效考核评价机制建设，完善医疗服务评价机制，优化病种指数、药品指数、耗材指数、标准单价指数等标准指数，加强公立医院病种组合指数监测分析，健全与病种指数相对应的医疗费用分级分类管理标准；推进破除“以药补医”改革，积极协调财政部门加大投入，推进医保支付方式改革和医疗服务价格体系改革。其次，加快完善分级诊疗制度，推进家庭医生制度落地实施，落实“1+1+1”医疗机构组合签约，实现组合内医疗资源的有效共享，进一步提升老年人、慢性病患者、严重精神障碍患者、结核病患者、失独家庭、儿童、孕产妇等重点人群签约覆盖率；实现签约居民在签约医疗机构组合中享受“优先预约、优先就诊、优先检查、优先住院与优先会诊”等便捷就医服务，强化家庭医生可配置利用的服务资源，让签约的居民享受更便捷优质的就医服务；建立二三级医院与社区专人专窗、信息化联动支持的上下衔接机制，推进全市预约诊疗服务管理平台建设，将全市预约诊疗纳入统一预约号池进行管理；推进医联体建设，出台《关于本市推进医疗联合体建设和发展的实施意见》，重点推进区域性、专科型医联体建设，完善医联体内部管理措施和绩效考核评估机制，提升基层医疗资源和水平；鼓励多元力量参与医联体建设，推动各级各类医疗卫生机构参与医联体建设，鼓励社会办医疗机构加入医联体；再次，推进社区卫生服务综合改革，强化优质医疗资源向社区倾斜，推进便捷用药服务（延伸处方、长处方）、预约优先转诊服务，引导更多居民到基层社区医疗机构就诊，缓解三甲医院就医压力；实施家庭医生签约服务费制度，完善家庭医生服务约束激励机制，完善家庭医生健康管理和费用管理等功能；依托社区卫生服务中心平台整合各类医疗资源，鼓励有条件的社区引入多元资源，开展健康管理、医疗服务、老年护理等工作，推动社区卫生服务能级提升；加快建设医养结合体系，积极推进国家医养结合试点，完善老年照护统一需求评

133　沪发挥优质医疗资源优势 构建长三角医疗一体化新格局[EB/OL].（2018-06-03）[2019-03-05]. http:// sh.sina.com.cn/news/k/2018-06-03/detail-ihcmurvf6626239.shtml.

估标准和评估指南，完善社会护理机构网络，推进实施长期护理保险制度；着力做好老年人健康管理服务，对65岁及以上常住居民每年提供一次健康管理服务。

二是进一步推进公共卫生体系建设。上海市首先加强疾病预防控制体系建设，建设传染病病原综合检测平台，推进传染病综合监测与预警体系建设，建立传染病流行病学责任调查员制度；推进区级疾病预防控制中心病原微生物网络实验室标准化建设，建立覆盖上海全市的疾病预防控制机构和综合性医疗机构的病原微生物网络实验室体系；完善学校传染病疫情监测、报告与通报工作机制，落实学校结核病等重点传染病疫情防控；做好重点职业病监测与职业健康风险评估、职业性放射性疾病监测与职业健康风险评估、医疗卫生机构医用辐射防护监测工作；完善食品安全标准和风险监测评估体系，推进食品安全风险评估平台和区域性实验室检测能力建设，进一步提升食品安全风险监测评估能力；推进实施"60岁以上老年人肺炎疫苗接种"和"社区居民大肠癌筛查"项目。其次，提升卫生应急核心能力。进一步完善应急预案体系，开展突发急性传染病的防控、突发事件的应急处置、航空救援、水上救援等培训，完善陆海空立体化救援体系；加强院前急救体系建设，完善分类救护服务模式，持续推进院前急救信息化建设。再次，大力推进健康生活方式普及宣传，进一步深化全民健康生活方式和健康素养促进行动，向全市常住家庭发放健康知识读本和支持工具；进一步完善健康促进场所（社区、学校、医院、企业、机关等）和健康支持性环境建设，推进健康教育标准化咨询点建设；加大力度推进无烟环境建设和烟草烟雾危害控制，倡导无烟理念，积极创建无烟示范场所；大力开展群众性爱国卫生活动，开展城乡环境卫生整洁行动，启动新一轮国家卫生镇创建，加大推进农村地区环境卫生整治力度，进一步完善卫生基础设施。

三是着力提升医疗卫生服务水平。上海市首先大力提升医疗服务和医疗质量水平，加快促进社会办医发展，完善社会医疗机构发展的鼓励政策；推进国际医学园区建设，吸引国内外一流机构和国际顶尖人才到园区举办医疗机构；推进浦东新区"营利性医疗机构设置审批"改革试点，加快完善院前急救体系，实行市、区院前急救一体化管理模式，新建一批医疗急救(120)分站；进一步改善医疗服务，推进日间手术试点，建立市级预约诊疗服务管理平台；探索建立新型医疗服务监管体系，成立医疗服务监管中心；完善医疗服务便民查询平台，加大医疗机构社会监督力度；开展医疗技术临床应用事中事后监管政策试点工作。其次，加快老年护理和医养结合体系建设，推进长期护理保险制度试点工作；开展老年护理站建设，做好社区居家护理服务的延伸，不断提高养老机构医疗护理服务水平，积极推动社区卫生服务中心与养老机构建立契约服务关系，发挥社区卫生服务中心平台功能，形成对各种形式养老对象的医疗卫生服务支撑。再次，着力提升基层医疗卫生服务能力，大力推进社区卫生服务提升，开展社区卫生服务综合评价、岗位练兵等活动，提升社区卫生服务能级；依据《关于进一步加强本市乡村医生队伍建设的实施意见》，在农村地区开展"建设群众满意的乡镇卫生院"活动。

（二）杭州

近年来，杭州市以“健康杭州”建设为引领，持续深化改革、拓展内涵、提升能力，医疗卫生事业发展取得新进展。

一是大力深化医药卫生体制改革。杭州首先统筹推进建德、桐庐、淳安、萧山等 4 个地区开展省级综合医改先行先试，启动淳安县省级县域医共体试点，推进全市高水平医联体建设，加快公立医院综合改革。其次，加快推进家庭医生签约服务发展，由全科医生、签约服务团队为签约对象提供签约服务，开展签约服务客服中心模式和签约居民慢病管理处方服务，全面推进签约后分类管理精准服务，着力提升签约服务质量，全市签约服务覆盖率不断提升。第三，加快推进公立医院综合改革，在杭州市级医院全面开展药占比（不含中药饮片）、医疗服务收入、门诊均费和住院均费等项目改革，医改经验由国务院医改办在全国推广。第四，大力发展智慧医疗惠民服务，推进民办实事项目“医信付”服务，实现患者在医院先诊疗后还款，在杭州市 153 家市、县两级公立医院及市民卡智慧医疗应用覆盖的社区卫生服务机构（乡镇卫生院）全面应用；试点开展智慧医疗“支付宝”快捷支付、电子病历智能语音书写、智能机器人导诊、电子母婴健康手册、电子医保卡等一系列智慧医疗便民服务，智慧医疗的服务领域和水平不断拓展提升。第五，推动医养结合联动发展，积极创建全国首批医养结合试点城市，健全医养结合联动机制，出台《关于做好杭州市医养结合及护理型养老机构建设的实施意见》及《杭州市医养结合护理型养老机构认定及运行管理办法（试行）》，明确了深化医养结合和发展护理型养老体系的目标和举措，创新“1＋1＋X”模式医养结合联合体；新增一批养老机构、日间照料中心与附近的医疗机构签订医疗服务协议，全市养老机构中近 90％能够为入住老年人提供医疗服务，逐步形成“医中有养、养中有医、养医签约、养医协同、居家巡诊、远程诊疗”的医养结合服务模式。

二是对标国际提升医疗卫生服务水平。首先，杭州市推动医疗国际化发展，出台浙江省内首个、国内领先的地方标准《国际化医院建设标准》（DB3301/T 0222-2017），于 2017 年 12 月 15 日正式发布；深化拓展国际医疗合作，共有 13 家国际医院与杭州市属医院建立协作关系；培养国际化医疗人才，选派中青年医务骨干赴境外研修学习，积极组织人员参加国际学术交流；推动杭州市属医院与国际知名保险机构合作，为外籍患者提供国际医疗费用结算服务。其次，中医药医疗工作取得新进展，积极培育中医专业人才，开展杭州市基层名中医评选和表彰活动，积极推进杭州市“国家社会办中医试点城市”建设。第三，大力提高医学科教水平，推进新一轮杭州市医学重点学科建设计划，确定一类学科 35 个、二类学科 46 个、三类学科 72 个，并提供重点学科建设资助经费 2 150 万元，累计招录农村定向医科学生免费委托培养 103 人，卫生科教和人才培养力度不断加强。

三是进一步完善医疗卫生监督管理。首先，杭州市加强公共卫生监督执法，在公共场所、生活饮用水、传染病防治、学校卫生、放射卫生、医疗卫生监督等各个领域深入实施“双随机一公开”检查机制建设和创新亮点示范工作；强化控烟监督执法，积极参与剿灭劣Ⅴ类水攻坚战，保障饮用水卫生安全，开展全市用户水龙头水质信息公开工作，全年水质合格率达100％；加强医疗废弃物管理，建立医疗废弃物管理长效工作机制和联席会议制度，开展医疗废弃物处置专项监督检查；开展严厉打击非法行医的专项行动。第二，开展“最多跑一次”改革取得显著成效，杭州市级审批事项21个主项，68个子项均提前实现了“最多跑一次”，覆盖率100％；实现“两集中、两到位”和“一窗受理、集成服务”要求；持续优化个人办事体验，医师执业许可等24项个人事项(含子项)，通过数据共享精简办事申请材料，改造涉水产品卫生许可、消毒产品企业卫生许可等5个许可事项审批流程，受理、审查和审核全部在审批窗口办结，审批时限压缩20％。

（三）苏州

苏州在深化医药卫生机制体制改革优化中取得了很大的成绩，积累了丰富的经验。

一是深化医药卫生体制改革。苏州市首先加快建立现代医院管理制度，充分发挥各级公立医院管理委员会的作用，推动公立医院管委会实质运作；开展医疗服务价格动态调整试点，完善远程医疗、儿科和妇幼保健医疗服务价格；进一步深化薪酬制度改革，开展年金制试点，逐步实现编内编外人员退休后待遇同等；开展医院章程试点，完善以公益性为导向的考核机制，加强公立医院重点数据指标监测；加强医院决策机制、民主管理、医疗质量安全管理、成本控制、人力资源管理、财务资产管理、科技创新与人才培养、信息管理等制度建设，推进公立医院治理体系和治理能力的现代化。其次，推进建立分级诊疗制度，推动急慢分治，完善适应分级诊疗的医保支付、价格等配套政策；开展日间手术试点，逐步增加日间手术试点病种和术式，大力提升胸痛、卒中、创伤、危重孕产妇、危重新生儿五大救治中心的建设水平。再次，推进专科专病医联体建设，针对常见的影响市民健康的人群患病率高、综合干预效果好的若干类健康问题，推进以疾病早期识别、适宜技术运用、健康综合干预、专科规范诊疗为主要内容的专科专病医联体建设，以有专科优势的三级医院为龙头组建专科专病联盟，与基层医疗卫生机构签订医联体合作协议，完善医联体内部分工协作机制，注重医联体内各级各类医疗机构功能定位和任务分工，实行分级诊疗服务；试点推动县域医疗共同体建设，完善医保基金支付区域总额控制，改革财政补助方式；鼓励民营医院等社会办医疗机构及康复、护理等机构参与医联体建设。最后，完善综合监管制度，加快整合卫生计生行政执法资源，建立健全行政执法全过程记录制度、行政执法公示制度、重大执法法制审核制度，全面推进“双随机一公开”抽查机制，开展卫生计生综合监督重点检查和专项整治，加强对公共卫生、医疗服务、计划生育等综合监管；加快推进“互联网＋”监督，针对居民饮用水水质、游泳场馆水质在线监测和医疗机构放射辐射、医疗废物等开展远程监控管理；加快推进卫生计生信用体系建设，积极推行信用承诺、信用报告、信用审查等信用管理机制；建立并完善以政府监管为主导、第三方广泛参与、医疗卫生机构自我管理和社会监督为补充的集中、统一、专业、高效的综合监管体系。

二是提升公共卫生服务水平。首先，苏州市努力提升基本公共卫生服务水平，开展绩效管理，全面落实14类国家基本公共卫生服务规范和要求，以全科医生为服务主体，推进基本公共卫生服务向健康管理转型；委托第三方开展绩效考核评估，围绕"三位一体"综合防治管理服务模式、政府购买服务以及卫生信息系统综合应用，积极推动电子健康档案向签约居民开放，增强居民自我健康管理意识。其次，着力推进重大疾病防控，全面推进健康城市"531"行动计划，不断提高影响市民健康的重大疾病的预防与干预能力，加强疾控体系和能力建设，落实重大疾病防治专项规划，加强重大和重点疾病防控；推行医疗机构门诊医务人员推荐HIV检测策略，积极建设全国艾滋病综合防治示范区；推进结核病分级诊疗和综合防治服务模式，加强学校等人群密集场所的结核病防控工作，加强预防接种门诊规范化管理；强化肿瘤、心脑血管疾病等重大慢性病早期筛查和早诊早治，推进全人群全生命周期的慢性病防治管理。再次，强化提升卫生应急核心能力，抓好县(市、区)、镇(街道)和医疗卫生机构卫生应急工作规范化建设，夯实基层卫生应急基础，提升核心能力，加强各级紧急医学救援基地的内涵建设和日常管理，加强各级卫生应急救援队伍的建设和管理，开展培训演练，提升卫生应急处置水平；发挥联防联控机制作用，加强部门协调联动，有效应对突发公共卫生事件。最后，提升食品安全支撑能力，全面落实年度食品安全风险监测计划，加强食品安全风险监测研判，提升食品安全未知风险识别防控能力；大力推进省级食品安全风险监测重点实验室建设，实行"互联网＋"和"不见面"备案。

三是提升基层卫生服务能力。首先，苏州市尽力完善社区卫生服务体系，加快推进城区、城关镇(政府所在镇)、中心镇(街道)、开发区等人口聚集区的社区卫生服务机构的布局和建设，努力建设布局合理、功能完善、方便可及的"15分钟健康服务圈"；进一步提高社区卫生服务机构标准化建设，积极创建全国百强(优质服务示范)社区卫生服务中心、群众满意的乡镇卫生院和省基层卫生十强县(市、区)、示范乡镇卫生院、示范村卫生室。其次，提升社区卫生服务机构的服务能力，继续实施健康市民"531"行动计划，通过大医院和社区上下联动、医防一体、专科协作、信息支撑的工作路径，健全肿瘤、心脑血管疾病、高危妊娠三大疾病高危因素筛查机制；启动健康市民"531"倍增计划，重点围绕成人儿童呼吸系统慢性病、全人群睡眠障碍、中老年骨质疏松及骨关节炎、儿童常见健康问题、成人"三高"临界等健康问题，建立基于区域医疗卫生中心的五大类健康问题的区域慢性病防治指导中心；全面提升社区卫生服务机构个性化健康教育、精准化疾病筛查、综合化健康管理和规范化疾病诊疗能力，推动社区卫生服务中心的功能转型。再次，全面实施家庭医生签约制度，着力提升签约服务质量和服务效果，推出家庭医生签约服务包和服务项目，对困难人群(低保、特困、低保边缘)、特残人群、计划生育特殊家庭、疾病筛查高危人群、"531"筛查高危人员、高血压和糖尿病患者等，采用以全科医生为实施主体的个性化签约服务制度，实行社区首诊、双向转诊；对签约的慢性病病人实施“长处方”和“延伸处方”制度；对全科医师团队采取激励机制，建立规范的家庭医生签约服务收费模式；加强医养结合，推动家庭医生为行动不便、确有需要的签约居民提供上门服务，开设家庭病床。

四是优化医疗服务供给。苏州市首先完善医疗卫生服务体系，进一步优化医疗资源配置，控制大医院规模，推进县级医院综合服务能力建设；大力发展儿科疾病、肿瘤、精神疾病、传染病等疾病防治所需的紧缺的专科医疗机构和康复、护理、临终关怀等慢性病长期照护机构。其次，加强医疗服务监管，开展三级医院（妇幼保健院）、二级及以下医院（妇幼保健院）评审工作，推动三级医院（妇幼保健院）、各市及县（市）区域平台与江苏省医疗服务综合监管系统对接，利用信息化手段加强医疗服务、医院运行、医疗质量安全等实时监测；开展医疗机构、执业医师、执业护士电子化注册，加强医疗机构、医疗技术临床应用管理等事中事后监管；大力推进临床路径管理应用，进一步规范诊疗行为，强化诊疗环节质量控制，加强基层医疗质量管理，增加医疗服务透明度。其次，鼓励社会办医发展，积极引导鼓励社会资本优先投向医疗资源稀缺领域以及特需医疗服务领域；落实非公立医疗机构与公立医疗机构在科研课题申报、职称晋升、重点专科评审、医院评价等方面享受同等待遇；鼓励医师到非公医疗机构多点执业和开设名医工作室。再次，着力改善医疗服务，实施新一轮改善医疗服务行动计划，全面落实预约诊疗、远程医疗、临床路径管理、检验检查结果互认、医务社工和志愿者等八项制度，推进“互联网＋”医疗服务，采取多学科联合诊疗、日间手术等重点措施，创新急诊急救服务，加强人文服务，切实改善医院后勤服务。

五、城市文化建设

长三角地区拥有丰富的物质文化遗产、非物质文化遗产和历史人文资源，形成了独具魅力的城市文化、江南文化。如何在保护好、传承好优秀传统文化的基础上，实现创造性转化、创新性发展，推出文化精品、筑造文化高地、蓄积文化力量，满足人民日益增长的精神文化需要，是为推动长三角更高质量一体化发展创造良好的软环境的重要途径。习近平总书记在首届中国国际进口博览会开幕式上的主旨演讲中指出，将支持长江三角洲区域一体化发展并上升为国家战略，这是长三角区域一体化发展的重大历史机遇。推进长三角区域文化合作发展，分享区域文化合作的新理念、新机制和新路径，深入挖掘长三角城市的地域文化优势，充分发挥区域文化发展在成就城市群建设中的先行引导作用，在长三角乃至更大的范围内推动实现文化资源与文化成果的开放共享，将为长三角区域一体化发展提供强大的精神动力和智力支撑[134]。下面以上海、

[134] 为长三角更高质量一体化发展提供文化支撑[N].光明日报，2018-12-04(07).

杭州、南京为例，总结长三角城市在推进文化事业和文化产业发展方面所取得的进展和成就。

（一）上海

近年来，上海大力发展文化事业和文化产业，加快建设国际文化大都市，坚持中国特色社会主义文化发展道路，全面提升城市文化软实力。

一是大力培育和践行社会主义核心价值观。上海深入开展中国特色社会主义和中国梦宣传教育，大力弘扬上海城市精神，开展丰富多样的宣传推广活动；构建中华优秀传统文化传承体系，深入发掘上海的红色文化、海派文化、江南文化资源，形成具有上海特色的中华传统文化体系；加强公民道德、家庭文明建设，进一步提升社会文明程度；切实保护文物和非物质文化遗产，推进第二批131个历史风貌街坊保护，彰显城市人文底蕴，形成上海城市特色。

二是完善公共文化服务体系。上海市坚持服务大众、功能为重，推进博物馆东馆、图书馆东馆、少儿图书馆新馆等重大文化设施建设，完成话剧艺术中心、逸夫舞台等文化场馆修缮改造，加快历史博物馆、国际乒联博物馆等建成开放；基本实现公共文化服务配送居村全覆盖，推进戏曲进校园进乡村，努力使群众文化生活就近就便、多姿多彩。

三是全面实施文化创意产业创新发展“50条”。上海落实影视、出版、动漫游戏等产业发展扶持政策，启动实施网络文化提升计划，加快建设演艺、艺术品等产业集聚区和文化装备产业基地，推动创意设计与实体经济深度融合；深化国际文化交流，进一步扩大国际电影电视节、国际艺术节、上海书展等重大节展活动的影响力；建立更加开放透明的文化市场准入管理模式，完善“补贷投保”联动机制，推动新设一批综合性产业服务机构，促进文化市场主体发展壮大，加快建设具有国际影响力的文化创意产业中心城市。

四是繁荣发展社会主义文艺。上海努力健全文艺工作者深入生活、扎根于人民群众之中的长效机制，实施重大文艺创作工程，推出更多优秀原创文艺作品，用文艺的力量温暖人、鼓舞人、启迪人；加强文艺队伍建设，新设一批名家大师工作室，实施青年文艺家培养计划和上海首演计划，支持青年文艺人才脱颖而出、勇攀高峰。

五是促进群众体育、竞技体育和体育产业协调发展。上海在完善全民健身公共服务体系的同时，新建和改建80条市民健身步道、60片市民球场、300个益智健身苑点，开工建设浦东足球场，建成崇明体育训练基地，办好第十六届市运会等重大赛事。

（二）杭州

近年来，杭州在城市精神文明建设、践行社会主义核心价值观方面，做了大量的工作，为其他城市提供了宝贵的经验。

一是加强精神文明建设。杭州深入践行社会主义核心价值观，大力弘扬城市人文精神，持续开展“争做最美杭州人、创建最美文明城”活动；唱响主旋律，做好纪念改革开放40周年等重大主题宣传活动;深化全民国防教育,增强全民国防意识;完善公共法律服务体系,加大普法力度,加强志愿服务,发展公益事业,进一步提高市民法治素养、道德素质和社会文明程度,让城市更有"温度";文化建设和文艺创作蓬勃发展,1部作品和14部作品分别入选全国"五个一工程"和全省"五个一工程",舞剧《遇见大运河》海内外巡演获得好评,大型水上情景表演音乐会《最忆是杭州》成功复演;新建农村文化礼堂150家、社区文化家园50家;圆满完成第十三届全国学生运动会服务保障任务,成功举办市第十九届运动会;良渚古城遗址申遗步伐加快,城市档案中心等公共设施建设项目稳步推进。

二是大力发展文化体育事业。杭州在继续做好良渚古城遗址申遗工作的同时,加强南宋皇城遗址综合保护,推进市群众文化中心、市非遗保护中心、市城市档案中心、县级博物馆建设,启动杭州艺术学校改扩建工程;深化实施百家社区文化行、群文配送、农村电影放映和城市电影惠民等工程,丰富群众文化生活;推进市全民健身中心建设和市体育馆改造提升,新建20处全民健身中心(公园、广场),推进公共体育场馆设施免费或低收费向社会开放;做好2018年第14届国际泳联世界游泳锦标赛(25米)的服务保障工作。

(三)南京

近年来,南京大力建设文化强市,坚定文化自信、打造文化标识、讲好南京故事、建好精神家园,城市文化建设加快推进。

一是着力提升城市文明程度。南京市大力开展中国特色社会主义和中国梦教育,坚定市民"四个自信"建设,在理想信念、价值理念和道德观念上紧紧团结在一起,弘扬社会主义核心价值观,用社会主义核心价值观凝心聚力,用中华传统美德成风化俗,把南京建设成为道德风尚的高地;出台了《南京红色文化资源保护利用规划》,挖掘南京丰富的党史资源,传承弘扬雨花英烈精神,推进公民道德建设,巩固文明城市创建成果,深化群众性精神文明创建活动,形成向上向善的良好社会风尚,提升城市整体文明程度。

二是大力发展文化事业和文化产业。南京加快构建现代公共文化服务体系,基本建成四级公共文化服务体系,深入实施文化惠民"百千万行动计划",成功举办南京森林音乐会、南京文化艺术节等一系列重点文化品牌活动;大力发展文化事业,实施文艺精品创作工程,出台文艺创作规划,评选"南京市文学艺术奖",话剧《雨花台》等7部作品获全国精神文明建设"五个一工程"大奖;为群众提供丰富的精神食粮,大力推进全民阅读,积极推进"书香南京"建设,建成首批"江苏省书香城市建设示范市",推动公共图书馆、文化馆、美术馆等免费开放,加快公共文化服务数字化建设;大力推进创意文化产业功能区建设,形成一批特色化、品牌化的园区基地,推进文化产业规模化、集约化、专业化发展;推进重点文化工程建设,开展文化消费试点,积极促进出版传媒、影视动漫、广告会展、文化创意等优势特色产业快速发展，积极举办中国南京文化创意产业交易会，推动文化与科技、金融、旅游、互联网等深度融合发展，促进更多新经济、新业态发展壮大；开展金梧桐文化企业30强培育计划，培育发展骨干龙头文化企业，进一步提升城市文化软实力。

三是加强历史文化资源保护。南京更好地传承利用自身丰富的历史文化遗产，制定实施近现代建筑保护和利用三年行动计划，加强明城墙修缮保护利用；加快城墙博物馆建设，打造世界级城市文化名片，建成牛首山文化旅游区、大报恩寺遗址公园、六朝博物馆等一批重点文化项目；梅园新村、颐和路入选全国首批30条历史文化街区，明城墙、秦淮河、长江、历史街巷生态人文空间特色基本形成；加强近现代建筑保护利用和功能转换，修缮维护秦淮民居群等一批文物建筑，开展非物质文化遗产的活化利用；整合南京丰富的文博场馆资源，打造“博物馆之城”，提升国际传播能力和水平，向世界讲好南京故事；推进和平城市建设，以南京历史文化名城博览会和世界知名城市“南京周”活动为平台，加大城市对外宣传推介力度，提升南京历史文化名城国际影响力；成功举办南京青奥会、亚青会、速度轮滑世锦赛、全项目轮滑世锦赛、南京马拉松等体育赛事，赢得海内外高度评价，全球体育城市指数排名从第42位跃升到第19位；举办两岸企业家紫金山峰会、世界智能制造大会等一批重大会议，南京的国际知名度和影响力进一步提升。

六、本章小结

长三角地区是我国经济最发达的区域之一，经济的快速发展带来了大规模的人口迁移和流动，城市的社会管理任务更加繁重。长三角城市的社会管理水平在全国处于领先地位，针对长三角区域人口迁移流动的特点，不断提高社会管理水平，创新社会管理理念。在提升长三角城市社会管理现代化水平的同时，在长三角城市社会管理方面开展了区域合作和一体化发展等一系列探索和实践，取得了显著成效，也为全国其他城市推进社会管理水平的提升树立了标杆和发挥了示范作用。长三角区域经济发展水平高，长三角区域的各城市也先于国内其他城市遇到了新的社会管理问题，未来长三角城市应在创新社会管理方面继续进行探索，在社区治理模式和手段创新方面为全国积累经验，提供借鉴，进一步完善“网格化管理”“组团式服务”“一门式办理”等社会管理的新举措、新模式，不断扩大社会管理的多方参与力量，鼓励更多社会组织、公众参与社会管理，提高社会管理的效率和水平。同时，进一步推进公共服务均等化，针对长三角人口迁移流动数量多的特点，针对数量巨大的非本地户籍常住人口，着力完善多层次、均等化的公共服务，让工作生活在长三角区域的人们公平享有教育、医疗、住房、社会保障等公共服务，为城市的发展增强活力。长三角地区不仅是我国经济发展水平最高的区域之一，教育水平也处于前列。长三角各城市应进一步深化教育改革创新，进一步加快教育现代化发展，进一步推进教育均衡发展，让教育更加适应人的全面发展和经济社会发展需要，加强长三角区域教育合作。长三角地区是我国人口老龄化水平较高的地区，老龄化率高于全国平均水平，这是长三角城市共同面临的挑战。未来，长三角城市应进一步探索完善养老服务体系建设，创新养老服务模式，鼓励更多社会力量参与养老服务，为全国其他城市形成示范。长三角地区拥有独特的城市文化，未来要进一步推进长三角区域文化合作发展，创新区域文化合作的理念和机制，在长三角乃至更大的范围内推动实现文化资源与文化成果的开放共享，为推进长三角一体化发展提供精神动力和智力支撑。

第九章 长三角城市创新发展

当前,科技创新正日益成为一个国家或地区发展的主要驱动力,由于科技创新的复杂性和不确定性特点,科技创新活动的开展离不开政府、企业、社会等多方共同参与协作,尤其是通过企业之间的协同合作实现技术研发与革新,从竞争走向竞合的跨区域协同创新正在成为科技创新的新趋势。党的十八大提出实施创新驱动发展战略,强调科技创新是提高社会生产力和综合国力的战略支撑,必须摆在国家发展全局的核心位置。为加快实施创新驱动发展战略,2016 年 5 月 19 日,中共中央、国务院印发《国家创新驱动发展战略纲要》。长三角地区在加强区域创新体系建设、推动区域间科技创新资源共享、强化区域创新合作等领域取得了显著成就,已成为我国科技创新能力最高、经济活力最强、最具竞争力的区域。未来,长三角区域的科技创新应着力聚焦基础研究和源头式创新,大力提升原始创新和集成创新能力,全面推进创新驱动发展,大力提升企业技术创新能力,培育具有国际竞争力的产业集群和区域经济。

一、长三角城市创新发展总体情况

长三角是"一带一路"和长江经济带的交汇点,以上海为龙头的长三角三省一市着力推进科技创新发展,积极抢占科技创新战略制高点,着力破解体制机制瓶颈障碍,厚植科技创新人才优势,不断优化创新创业生态,集聚国际国内创新企业、创新人才、创新资源,在实现长三角创新突破、更好服务全国发展大局上取得了一系列瞩目成就。

(一)长三角科技创新发展现状

长三角三省一市的科技创新资源丰富、科技实力雄厚,是我国科技资源最集聚的区域之一。长三角获得的国家级科研项目立项数量、项目资金额、科研成果数量等方面,均位居全国前列[135]。在全国发明专利授权量排名中,江苏位于第二,浙江位于第三,上海位于第六,安徽位于第九。长三角地区拥有高等院校 432 所。其中,"985"高校 10 所,"211"高校 25 所。上海拥有高等院校 68 所,江苏省 156 所,浙江省 97 所,安徽省 111 所。长三角在高等院校和科研机构数量上在全国位居前列,是我国重要的科

---

135 刘飞跃.2016 年创新融合发展的长三角[M].北京:社会科学文献出版社,2017:7-9.

技创新策源地和科技人才培养和集聚高地，已形成高等教育学科门类齐全、实力雄厚、特色显著的学科体系和专业结构。

长三角在科技成果转移方面也一直走在全国前列，截至2018年底，上海全年经认定登记的各类技术交易合同21 630件，比2017年增长0.3%，合同金额1 303.20亿元，增长50.2%。江苏省技术合同登记数达42 703项，技术合同成交额达1 152.64亿元，首次突破千亿大关，同比增长超30%。技术合同登记数、技术合同成交额分别位居全国第二和第五。安徽省共吸纳、输出技术合同成交额分别达354.5亿元、321.3亿元，较2017年分别增长31%和28.7%。

长三角三省一市深入实施创新驱动发展战略，不断加大科技创新投入力度，优化创新创业环境，截至2018年底，上海全年研究与试验发展(R&D)经费支出19 657亿元，比上年增长11.6%。浙江省全年全社会研究和发展(R&D)经费支出约为1 416亿元，占生产总值的2.52%，比2017年提高0.07个百分点。安徽省全年用于研究与试验发展(R&D)经费支出630亿元，增长11.5%，相当于全省生产总值的2.1%。

此外，长三角三省一市政府高度重视科技创新发展，近年来陆续出台了一系列促进科技创新发展的政策措施(见表9-1)，政策内容涵盖了简政放权、扶持创新创业企业、促进科技成果转化和产学研合作、培养和引进创新创业人才以及开展科研项目管理考核等，在长三角营造了创新创业的良好氛围，各类创新资源加快集聚。

表9-1　长三角三省一市出台的科技创新政策文件(部分)

地区	政策文件
上海	《上海系统推进全面创新改革试验加快建设具有全球影响力的科技创新中心方案》 《促进科技成果转化条例》 《关于促进金融服务创新支持上海科技创新中心建设的实施意见》 《上海市科技创新券管理办法(试行)》 《上海市高新技术成果转化项目认定办法》 《上海市大型科学仪器设施共享服务评估与奖励办法》 《上海市研发与转化功能型平台管理办法(试行)》 《上海市科技创新计划专项资金管理办法》 《上海市促进科技成果转移转化行动方案(2017～2020年)》 《上海市科学技术委员会政府购买服务实施办法》 《上海市推进"互联网+"行动实施意见》 《关于完善本市科技创新领域专业技术职称评聘工作的实施细则》

（续表）

地区	政策文件
江苏	《江苏省贯彻国家创新驱动发展战略纲要实施方案》 《关于加快推进产业科技创新中心和创新型省份建设的若干政策措施》 《省政府办公厅关于深入推行科技特派员制度的实施意见》 《关于知识产权强省建设若干政策措施》 《江苏省专精特新产品和科技小巨人企业培育实施意见(2017～2020 年)》 《省政府关于 2016 年度江苏省科学技术奖励的决定》 《江苏省促进科技成果转移转化行动方案》 《加快科技服务业发展实施方案》 《省政府关于重大科研基础设施和大型科研仪器向社会开放的实施意见》
浙江	《加快推进"一转四创"建设"互联网＋"世界科技创新高地行动计划》 《关于补齐科技创新短板的若干意见》 《浙江省人民政府办公厅关于深入推行科技特派员制度的实施意见 》 《浙江省国际科技合作基地管理办法》 《关于进一步推广应用创新券 推动大众创业万众创新的若干意见》 《浙江省省级科技成果转化引导基金管理办法》 《浙江省创新型领军企业培育工作方案》 《中共浙江省委 浙江省人民政府关于深化人才发展体制机制改革 支持人才创业创新的意见》 《浙江省人民政府办公厅关于加快发展众创空间促进创业创新的实施意见》 《浙江省人民政府办公厅关于补齐科技创新短板的若干意见》 《浙江省科学技术进步条例 》 《关于建设"星创天地"的实施意见》 《浙江省可持续发展创新示范区建设与管理办法》 《浙江省重点科技中介服务机构培育管理办法(试行)》 《浙江省人民政府办公厅关于进一步加强技术市场体系建设促进科技成果转化产业化的意见》
安徽	《支持科技创新若干政策》 《安徽省扶持高层次科技人才团队在皖创新创业实施细则(修订)》 《安徽省新型研发机构认定管理与绩效评价办法(试行)》 《安徽省科学技术厅政府购买服务指导性目录》 《安徽省技术先进型服务企业认定管理办法(试行)》 《安徽省大型科学仪器设备资源共享共用补助实施细则》 《安徽省科技计划管理改革实施方案》

（二）长三角科技创新合作发展历程

长三角的科技创新合作最早始于1982年，改革开放初期，国家提出了“以上海为中心建立长三角经济圈”的构想，但受当时发展条件所限，三省一市发展极为不均衡，这一构想的实施存在较大困难。随着经济社会的快速发展，1992年，长三角建立了15个城市的经济协作办主任联席会议制度。1997年，此联席会议制度升级为城市经济协调会。2000年以后，长三角区域合作走上快车道。2001年，沪苏浙两省一市建立了“沪苏浙经济合作与发展联席会议”制度，由各省市常务副省长级别领导参加；2004年沪苏浙建立了“主要领导座谈会”制度，长三角区域合作的“主要领导座谈会”和“合作发展联席会议”两个顶层会议制度基本形成，由长三角各省市轮流主办。2008年，国务院印发《关于进一步推进长江三角洲地区改革开放和经济社会发展的指导意见》，将长三角区域合作纳入国家战略。2009年，安徽省正式加入长三角区域领导座谈会、合作与发展联席会议，长三角三省一市的格局正式形成。

长三角区域合作的结构分为三层：第一层是决策层，即“长三角地区主要领导座谈会”；第二层是协调层，即“长三角合作与发展联席会议”；第三层是执行层，即“联席会议办公室”和“重点工作专题组”（见图9-1）。

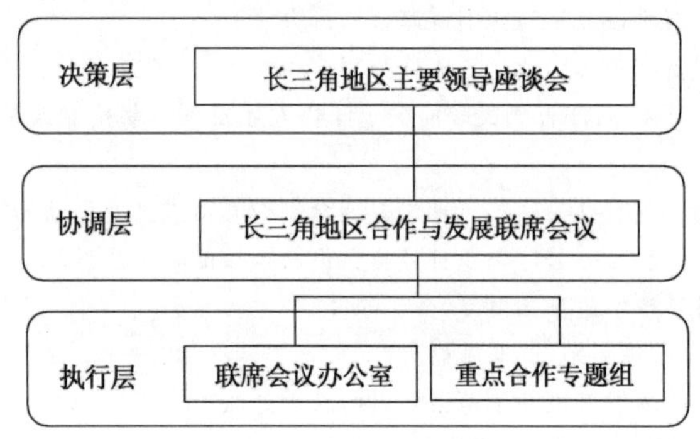

图9-1 长三角合作机制框架

在顶层合作框架下，长三角区域的科技合作日益紧密。在科技合作制度协调层面，2003年，沪苏浙签订了《关于沪苏浙共同推进长三角创新体系建设协议书》，由此，长三角创新体系建设联席会议制度正式建立，并举办长三角科技论坛，建立长三角创新联席会议和举办科技交流论坛，从制度设计执行和科技工作者协调推进两方面，加快推动长三角科技创新合作。

2006年，科技部牵头制定《长三角“十一五”科技发展规划》，2008年，沪苏浙两省一市科技部门制定《长三角科技合作三年行动计划（2008～2010年）》，基本确立了长三角科技合作的总体纲领和相关制度政策。2016年，安徽省被纳入长三角地区，长三角的科技合作由两省一市扩容为三省一市。2016年，在长三角主要领导座谈会上，签署了《关于共同推进长三角地区协同创新网络建设合作框架协议》，为新阶段的科技创新合作与长三角协同创新网络的建设指明了方向。

长三角地区在政府协调机制框架下，积极开展科技创新合作，在共性技术攻关、科技资源共享、科技服务、园区和企业、人才流动与共享等多方面取得了显著进展。此外，长三角的科技创新合作在科技共性技术攻关和相关资金支持上，也更加向民生、交通、环保、公共安全等与人民生活密切相关的领域倾斜。在科技资源共享方面，长三角加快构建科技资源共享平台，比如，“长三角大型仪器共享网”已有三省一市 1 500 多家单位的 20 000 余台(套)设备“入网”，总价值超过 250 亿元人民币。另外，长三角地区还在创新券跨区域使用、系统创新中心建设等方面深入合作。在科技交流方面，长三角地区陆续举办了“长三角科技论坛”“区域创新政策论坛”“浦江创新论坛”“长江经济带科技资源共享论坛”等。一系列科技交流活动的举办，加强了长三角地区的科技交流与沟通，加快了科技创新资源的集聚和辐射[136]。

二、基础科学研究和区域共建共享

在基础科学研究领域和区域共建共享方面，长三角城市加大力度建设大科学基础设施，基础科学研究领域的区域合作与共建共享加快推进。上海以张江综合性国家科学中心建设为抓手，一批大科学设施陆续开工建设，一批重大战略项目和基础工程启动实施，在有紧迫战略需求的重大领域和引领未来发展的战略前沿领域加快布局，国家实验室建设加快推进。杭州聚焦互联网科技创新和“云大物移”等前沿技术领域，加快推进重大科技任务攻关和大型科技基础设施建设，在产学研开放协作、构建全球学术合作网络等方面取得了显著进展。南京以新型研发机构建设为突破口，加快推进未来网络试验设施、第五代移动通信等重大科技创新平台建设，在通信与信息领域、未来网络重大科技基础设施建设方面走在了全国前列。下面以上海、杭州、南京、苏州为例，总结长三角城市在推进基础科学研究、大科学设施建设和跨区域科研合作方面取得的进展和成效。

(一)基础科学研究和大科学设施建设

1. 上海

上海加快建设具有全球影响力的科技创新中心，科技创新能力显著提升，一批大科学设施落户上海，张江综合性国家科学中心、超强超短激光、转化医学等大科学设施开工建设，张江实验室、李政道研究所挂牌成立，张江科学城规划启动实施。智能制

[136] 范国强. 长三角科技创新合作机制与路径研究[D]. 杭州：中共浙江省委党校，2017.

造、类脑芯片、石墨烯等6个共性技术研发与转化平台启动建设，各类众创空间达到500家以上。北斗导航、人类表型组等一批重大战略项目和基础工程开始启动实施，在量子计算机、商用航空发动机、超导带材等一批关键核心技术方面实现了突破。截至2018年底，上海全市有效发明专利达114 966件，比2017年年末增长了14.5%，有效发明专利五年以上维持率为78.6%；每万人口发明专利拥有量达47.5件，比2017年增长14.5%。

2017年9月26日，张江实验室挂牌成立。该实验室成立后聚焦具有紧迫战略需求的重大领域和有望引领未来发展的战略制高点，向国家实验室建设目标迈进。随后，张江综合性国家科学中心的一项重大装置项目——"硬X射线自由电子激光装置"获批启动。作为国家重大科技基础设施建设"十三五"规划优先布局的项目，该装置是国内迄今为止投资最大的重大科技基础设施项目。该项目建成后，将成为世界上最先进的自由电子激光用户装置之一，为物理、化学、生命科学、材料科学、能源科学等多学科提供高分辨成像、超快过程探索、先进结构解析等尖端研究手段。同时，转化医学设施、超强超短激光装置、软X射线自由电子激光装置、活细胞成像平台、上海光源线站工程等5个科技基础设施建设进展顺利。海底科学观测网、高效低碳燃气轮机试验装置项目建议书获批。中科院"十三五"科教基础设施规划已经报批，涉及的15个在沪项目方案正在抓紧完善。李政道研究所项目建议书已基本完成。94平方公里的张江科学城规划发布，73个重点项目启动建设[137]。

2. 杭州

杭州作为创新活力之城，积极推动创新驱动发展，城西科创大走廊重要基础设施建设全面推进，之江实验室、阿里巴巴达摩院相继建成；城东智造大走廊发展规划完成编制，进入启动建设阶段。杭州高新区在147个国家级高新区综合排名中跃居第三。国家级杭州临空经济示范区获批设立。杭州经济开发区、万向集团、浙江大学成为第二批国家双创示范基地；白马湖生态创意城入选首批国家级文化产业示范园区；玉皇山南基金小镇、梦想小镇成为首批浙江省级特色小镇。杭州新增国家级、省级众创空间20家和57家；新增国家级、省级孵化器2家和11家，新认定省级企业研究院76家[138]。

2017年9月6日，之江实验室正式挂牌成立。之江实验室由浙江省政府、浙江大学、阿里巴巴集团共同举办，是具有独立法人资格的混合所有制事业单位，以创建国家实验室为发展目标，依托浙江大学和阿里巴巴集团的研究力量，落户于杭州未来科技

---

137 加快建设具有全球影响力的科创中心 2017年是上海"夯实基础"的一年[EB/OL].（2018-01-17）[2019-03-02]. http://mini.eastday.com/a/180117052425860.html.

138 2018年杭州市政府工作报告[EB/OL].（2018-03-05）[2019-03-06]. http://www.hangzhou.gov.cn/art/2018/2/10/art_1256298_15708299.html.

城的中国(杭州)人工智能小镇。之江实验室瞄准国家实验室布局领域以及国家实施重大科技专项的重点领域,立足浙江现有科研基础与优势,聚焦网络信息技术前沿,以重大科技任务攻关和大型科技基础设施建设为主线,以大数据和云计算为基础,以泛智能、强实时、高安全为抓手,以未来网络计算和系统、泛化人工智能、泛化信息安全、无障感知互联、智能制造技术为方向,开展重大前沿基础研究和关键技术攻关,推进前沿基础研究和应用技术研究的有机互动和深度融合[139]。

2017 年 10 月 11 日,在阿里云栖大会上,阿里巴巴宣布成立全球研究院。阿里巴巴达摩院(The Academy for Discovery, Adventure, Momentum and Outlook, Alibaba DAMO Academy)是一家致力于探索科技未知,以人类愿景为驱动力的研究院,是阿里在全球多点设立的科研机构,立足基础科学、颠覆性技术和应用技术的研究,研究领域涵盖量子计算、机器学习、基础算法、网络安全、视觉计算、自然语言处理、人机自然交互、芯片技术、传感器技术、嵌入式系统等,涵盖机器智能、智联网、金融科技等多个产业领域。达摩院已经开始在全球各地组建前沿科技研究中心,包括亚洲达摩院、美洲达摩院、欧洲达摩院,并在北京、杭州、新加坡、以色列、圣马特奥、贝尔维尤、莫斯科等地设立具有不同研究方向的实验室,初期计划引入 100 名顶尖科学家和研究人员[140]。

阿里巴巴达摩院由三大主体组成,一是在全球建设的自主研究中心;二是与高校和研究机构建立的联合实验室;三是全球开放研究项目——阿里巴巴创新研究计划(AIR 计划)。第一部分,在全球实验室领域,阿里巴巴达摩院将构建亚洲达摩院、美洲达摩院及欧洲达摩院三大全球分部。第二部分,通过建立联合实验室,阿里巴巴得以与高校建立紧密联系,依托高校的研究实力与阿里巴巴丰富的数据资源推动产学研合作。已建立了包括浙江大学—阿里巴巴前沿技术联合研究中心、RISELab(UC 伯克利)、中国科学院—阿里巴巴量子计算实验室、清华大学—蚂蚁金服数字金融科技联合实验室在内的多家高校联合研究所。第三部分,结合阿里巴巴创新研究计划,联合 13 个国家,99 所高校的科研机构 234 支科研团队,达成产学研开放协作,构建全球学术合作网络[141]。

3. 南京

南京深入贯彻创新驱动发展战略,在全社会研发经费支出占地区生产总值比重、每万人发明专利拥有量都在江苏省保持首位;积极构建苏南国家自主创新示范区联动发展格局,高淳、麒麟、白马、徐庄四家成为新一批省级高新区;积极推动"两落地一融

139 浙江成立之江实验室:混合所有制,将争创网络信息国家实验室[EB/OL].(2017-08-31)[2019-03-07]. https://www.thepaper.cn/newsDetail_forward_1780716.

140 马云谈建达摩院:要活得比阿里久,把人类智慧留给下一代[EB/OL].(2018-03-05)[2019-03-06]. https://www.thepaper.cn/newsDetail_forward_1820436.

141 三年千亿!阿里巴巴成立达摩院,打造全球顶尖产学研交流中心[EB/OL].(2017-10-11)[2019-03-06]. https://www.leiphone.com/news/201710/46zcn6MyuJkhHtJj.html.

合”工程建设，江苏省产业技术研究院、中德智能制造研究院等一批新型研发机构相继落地；加快推进国家未来网络试验设施、第五代移动通信等重大科技创新平台建设；通过“创业南京”英才计划，集聚科技顶尖专家33名，引进高层次创业人才1 280名；建立完善科技奖励评价办法，科技创新券、风险补偿、创投引导等政策措施取得明显成效；设立中国（南京）知识产权保护中心，成为全国首批知识产权强市创建市。

2018年8月28日，未来网络国家重大科技基础设施和网络通信与安全紫金山实验室落户南京。未来网络国家重大科技基础设施项目建设周期5年，由江苏省未来网络创新研究院牵头，清华大学、中国科学技术大学、深圳电信研究院共同参与，是我国在通信与信息领域建设的唯一一项国家重大科技基础设施。未来网络试验设施项目将构建世界首个以链路层虚拟化为基础的深度虚拟网络，为架构灵活调整、资源弹性伸缩、流量全局调度、能力全面开放、运维智能高效的新一代信息基础设施建设提供基础理论和关键技术验证平台，满足5G、虚拟现实等新业务新应用的试验需求。项目将分别在南京、北京、合肥、深圳建设“一总三分”运行管控中心以及4个创新实验中心，实现网络设施管理与技术等持续创新。网络通信与安全紫金山实验室，将以网络通信领域国家重大科技基础设施为基础，建设面向全球开放的国际一流的“未来网络＋”公共实验平台，解决网络空间安全和产业发展面临的重大瓶颈问题，同时突破网络操作系统、网络通信内生安全等关键核心技术，开展重大示范应用，引领江苏、全国乃至国际创新发展[142]。

2016年6月，中德智能制造研究院正式成立，研究院由南京市与德国工业4.0的核心应用研究机构Fraunhofer（弗劳恩霍夫协会）签订战略合作协议后共同成立，中德双方总理出席签约仪式。研究院坐落于南京江北新区。建立中德智能制造研究院旨在为中国制造业向智能制造升级提供个性化的定制研究和实施方案，合力打造国家级智能制造创新平台。中德智能制造研究院由南京江北新区主导，南京扬子国资集团、省市产业投资基金和产业资本联合成立的应用研究机构，下设展示中心、培训中心、应用与研究中心和孵化中心四大智能制造中心[143]。中德智能制造研究院目前拥有20多名研发和管理人员，其中近半是来自德国的常驻专家。研究院与德国最大的应用技术研究院弗劳恩霍夫协会工程设备与智能结构研究所（Fraunhofer IPK）合作，面向中国客户的实际需求，以国际领先的技术方案帮助其实现转型升级，可称之为一家“生产者服务企业”[144]。

---

142 三大科研基础设施项目在宁揭牌，两家在南京，目前推进顺利[EB/OL].（2018-08-29）[2019-03-07]. https：// baijiahao. baidu. com/s? id＝1610095397620909944&wfr＝spider&for＝pc.

143 中德智能制造研究院官网[EB/OL]. http：// www. sgimri. com/SGIMRIjianjie. html.

144 中德智能制造研究院落户一年服务多家南京企业[EB/OL].（2017-12-04）[2019-03-07]. http：// js. cnr. cn/2011jsfw/whly/20171204/t20171204_524049936. shtml.

4. 苏州

苏州积极推动科技创新，加快产业转型步伐，全社会研究与试验发展经费支出占地区生产总值比重逐年上升。纳米真空互联实验站、干细胞实验平台、中国移动研发中心等重大创新载体建设取得明显进展，中科院上海技术物理所苏州研究院、北京大学分子工程苏南研究院、北京航空航天大学苏州创新研究院、哈佛大学韦茨创新中心、省产业技术研究院阳澄国际研发产业园等落户苏州。中基协备案股权投资、创业投资机构管理基金规模达到 3 278 亿元，市创新产业发展引导基金设立子基金 12 个，规模达到 220 亿元，"科贷通"帮助企业解决贷款 356 亿元。苏州实施人才乐居工程、优秀人才贡献奖励等政策，新增高层次人才 2.25 万人、高技能人才 2.05 万人。2018 年，万人有效发明专利拥有量达到 53 件[145]。

"纳米真空互联实验站"是江苏省首个大科学装置，依托中科院苏州纳米技术与纳米仿生研究所，由中科院与江苏省、苏州市共同建设，首期投入约 15 亿元，建设规划用地约 150 亩，其中先行启动"室温超导和Ⅲ－Ⅴ族半导体激光器"、"3D 打印"等分项，计划 3 年建成。纳米真空互联实验站是"国家科技的基础设施和科研平台"、"大科学装置"，是尖端技术创新的重要源头。"纳米真空互联实验站"包括纳米材料生长、器件制备、加工与测试等具有各种功能模块的真空互联装置及个性化用户站，计划形成一个独一无二的材料研究与器件研发环境，建成国际上首个真空互联的纳米科技公共实验平台，并在 5 到 10 年内产出一批带动产业深刻变革的重大研究成果，吸引和培养一批国际顶尖科研人员和工程技术人员，形成一批关键的核心技术、重大产品和尖端科学装备。未来，纳米大科学装置将吸引一大批高端人才集聚苏州。借助该平台，将能有效研究前沿科学问题，发明新技术，开发新产品，创办新企业，使苏州成为全球纳米领域创新的高地、人才的高地和高端技术、产品及企业的发源地，有力推动苏州经济社会的发展和产业结构的优化升级[146]。

2017 年 1 月 19 日，哈佛大学韦茨创新中心落户苏州工业园区，中心定位于生命科学、精准治疗以及大健康领域，目标是培育超过 100 个科技创新项目。哈佛大学韦茨创新中心由大卫·韦茨教授倡导创立，致力于吸引来自全球的相关创业项目，并进行产业培育和孵化，形成一批在世界范围内领先的生物技术高科技公司。

韦茨教授作为美国少有的三院院士(指美国国家科学院、美国国家工程院、美国国家医学院院士)，具有很高的学术地位和广泛的国际学术影响力，是国际上生物物理与生物材料、微流控等研究领域的著名专家。韦茨教授及其团队在创新创业及产业化领

145 政府工作报告——2019 年 1 月 21 日在苏州市十六届人大三次会议上[EB/OL].(2019-01-29)[2019-03-07]. http://www.suzhou.gov.cn/news/szxw/201901/t20190129_1043179.shtml.

146 江苏首个"纳米真空互联实验站"将落户苏州[EB/OL].(2014-04-09)[2019-03-08]. http://js-news2.jschina.com.cn/system/2014/04/09/020733181.shtml.

域具有很强的项目运营能力，近年来已在美国及欧洲创立了 14 家高科技公司，市场总估值已超过 30 亿美元[147]。

（二）长三角科研合作和区域共建共享

长三角区域科技创新协同发展最早可以追溯到改革开放之初的“星期六工程师”。2003 年的《沪苏浙共同推进长三角创新体系建设协议书》的签订创立了“长三角创新体系建设的联席会议”制度。随后，长三角各省市在资源共享、联合攻关、技术转移等领域逐渐展开制度性合作，这方面的合作包括 2004 年长三角区域启动的重大科技项目攻关和 16 个城市签订共建大型科学仪器设施协作共用平台的协议等。2006 年，国家科技部正式启动了《长三角“十一五”科技发展规划》，加快形成长三角区域内的创新整合优势，许多企业与高校、科研机构开展了一系列跨区域合作。2008 年，上海、浙江、江苏、安徽三省一市联合发布了《长三角科技合作三年行动计划（2008～2010 年）》。《计划》明确提出了“十一五”后期长三角区域科技合作的“四大基本任务”“五大科技行动”和“14 个优先主题”。2014 年 10 月长三角区域科技部门签署成立了“长三角科技发展战略研究联盟”，就对接上海自贸区建设，推动创新，发挥上海的辐射带动作用展开相关问题研究。经过多年的发展，长三角区域科技创新的氛围日益浓郁，区域科技合作意识不断强化，区域创新体系建设初见成效，科技综合实力、区域创新能力位居全国前列。

长三角城市还依托园区建设，推动区域间的产业联动、转移和承接，长三角区域间的创新载体即园区共建也发展迅速，如上海在江苏、浙江、安徽等地建立了多个合作园区和开发区，江苏、浙江省内的园区共建也快速发展，截至 2014 年底，江苏省内已有 20 多个共建园区，带动资金转移高达 400 亿～500 亿元，浙江也强化了浙北和浙南的产业梯度转移。此外，长三角地区还在科技中介战略联盟、科技咨询服务、科技评估、技术交易、创业的孵化、风险投资和科技人才培养与交流等方面加强了合作[148]。

2016 年，长三角三省一市积极加强区域共性关键技术的联合攻关，在区域科学研究合作方面开展了一系列活动：一是区域内高校、科研院所及企业，围绕民生、公共安全、环境保护等，开展联合科技攻关，为构建长三角区域内医疗信息、食品安全、公共安全、环境污染联合预警防控提供了有力的技术支撑；二是围绕“大众创业、万众创新”、《促进科技成果转化法》、21 世纪海上丝绸之路、长江经济带等国家重大发展战略部署及政策规定，积极开展长三角区域发展战略研究，三省一市相关单位共同参与推进

---

147 哈佛大学韦茨创新中心在苏州工业园区成立[EB/OL].（2017-01-20）[2019-03-08]. http://www.suzhou.gov.cn/news/szxw/201701/t20170120_838302.shtml.

148 区域协同背景下长三角科技创新协同发展战略思路研究[EB/OL].（2017-10-23）[2019-03-08]. http://www.sohu.com/a/199758451_748530

2016 年度长三角合作与发展共同促进基金项目；三是举办“长三角科研基地座谈会”，对国家和各省“十三五”科研基地建设规划进行了交流研讨，加强对接，凝聚共识。在区域科技公共资源的共享共用方面，一是继续推进现有的长三角大型科学仪器、科技文献、专业技术服务、资源条件保障、技术转移系统等 5 个科技资源共享平台建设；利用互联网手段，为技术、成果、科技金融等技术要素的供需双方搭建对接平台，逐步构建长三角地区技术要素的网络化对接平台；二是探索“创新券”在长三角区域内通用通兑机制；三是探索建立长三角区域产业技术联盟，释放新需求、创造新供给，培育区域科技发展的新动力。

2017 年 12 月 29 日，上海市科学技术委员会发布了《上海市 2018 年度“科技创新行动计划”长三角科技联合攻关领域项目指南》，将在长三角三省一市范围内，聚焦区域民生保障、公共安全、生态治理等领域，建立跨区域、跨部门、跨领域协同的公共服务体系，促进区域资源的融合与互补，并在长三角区域内形成示范应用，加快区域一体化建设以及综合服务能级提升，推进“长江经济带”战略的稳步实施。长三角地区支持的项目领域主要包括：长三角区域食品安全领域、长三角区域耕地生态保护领域、长三角区域应急医疗卫生服务领域、长三角区域生物医药产业安全防控领域。

三、科技创新成果转化

长三角地区加快推进区域科技成果转化，着力打造长三角区域创新链，深入推进产学研合作创新和协同创新功能性平台建设，产学研合作的平台服务体系不断完善，出台了一系列支持科技成果转化的政策措施。此外，长三角城市着力推进科技成果转化服务模式创新和科技服务市场建设，科技中介服务快速发展，科技成果转化的支撑服务体系不断完善。上海积极创新产学研合作模式，加快推进创新功能型平台建设，产学研结合的支持政策体系不断完善。同时，上海充分发挥科研资源集聚、科技成果密集的优势，与长三角城市产业优势相结合，企业技术创新能力显著增强，在长三角地区打造具有全球竞争力的企业和产业，以科技创新助力区域产业转型升级。杭州积极推动产学研协同创新，积极对接国际科技资源，开展国际科技合作，加快建设西湖高等研究院等一批创新协同平台和之江实验室等国家重点实验室，积极与知名高校和科研院所开展战略合作，取得了显著成效。下面以上海、杭州为例总结长三角城市在促进科技成果转移转化、推动产学研协同创新、发展科技中介服务等方面所取得的进展和成效。

（一）产学研协同创新进展

1. 上海

上海围绕科技创新中心建设，构建以企业为主体的产学研用相结合的技术创新体系，通过市场化机制激发企业主体活力，进一步创新产学研协同机制，取得了显著进展。

一是上海产学研结合模式更加多样化，企业与高校、科研院所通过共建联合实验室、技术研发中心、产学研合作示范基地、院士专家工作站、博士后工作站等方式，形成了科技园区、科技孵化器、技术创新战略联盟等产学研合作模式，由过去的政府单一主导型发展成为政府主导、企业主导、大学主导、科研院所主导等多元化的合作类型，呈现出多样化、多方位、多层次、多元化的合作新格局，随着产学研合作模式的不断丰富，企业与高校的产学研合作程度也不断加深，从过去简单的科技成果转移和交易向委托研究及合作研究发展。据统计，近年来，在上海高等学校研发投入中，企业资金总量稳步增加，所占比重始终在30%以上。同时，科技创新要素不断集聚，多个重大科技项目落地，新兴科技企业、各类众创空间大量涌现，众多产业基金落户上海，集聚了多层次、多领域的专业人才。

二是产学研结合的平台服务体系不断优化。近年来，上海加快推进创新功能型平台建设，打造产学研协同创新支撑平台，设立了上海产业技术研究院、上海微技术工业研究院、国家技术转移东部中心等一批开放协同的创新功能型平台，不断创新组织体制和管理体制，引导企业开展科技创新创业，促进产业技术创新；加快建设上海生物医药产业技术创新服务平台、石墨烯产业技术功能型平台、上海材料基因组工程研究院等新的一批创新功能型平台，国家技术转移东部中心成为汇聚国际国内科技成果转移转化的平台。

三是产学研结合的支持政策不断完善。近年来，上海出台了一系列促进产学研结合的政策举措，支持产学研结合的政策法规体系加快完善。2015 年 5 月，上海市委、市政府发布了《关于加快建设具有全球影响力的科技创新中心的意见》(即“22 条”)，提出要着力完善科技成果转移转化、形成以企业为主体的产学研用相结合的技术创新体系。2015 年 11 月，上海出台了《关于进一步促进科技成果转移转化的实施意见》，在科技成果处置权改革、转化平台和科技中介服务体系建设、共性技术研发与服务、企业转化主体、科研人员创业等方面提出了 19 条举措，大力支持企业通过产学研结合方式实施科技成果转化。2017 年 4 月，《上海市促进科技成果转化条例》正式公布，自 2017 年 6 月 1 日起开始施行。该条例充分调动和鼓励高校教师、科技工作者科技成果转化的积极性和主动性，鼓励企业与研发机构、高等院校等就建立多元合作模式，强调企业在产学研结合中的主体地位，鼓励社会力量和各类投资主体在科技成果转化中发挥积极作用，对产学研合作起到了重要的支撑和促进作用。此外，上海还出台了一系列人才政策，如《关于深化人才工作体制机制改革促进人才创新创业的实施意见》(“人才 20 条”)《关于进一步深化人才发展体制机制改革加快推进具有全球影响力的科技创新中心建设的实施意见》(“人才 30 条”) 等。《上海市促进科技成果转化条例》也鼓励通过多种形式加强产学研人才合作交流，如通过产学研合作平台吸引企业科技人才到研究机构和高校中兼职任职，加强企业与研发机构、高校之间科技人员的双向流动。同时，上海还实行了科技创新券试点政策，有效激发了企业开展产学研合作的积极性和主动性。从 2015 年 4 月起，为鼓励中小微企业积极共享使用科技创新资源开展创新创业活动，上海市还开展了发放科技创新券试点工作，市科委依托市研发公共服务平台管理中心试点发放上海市科技创新券，有效激发了中小企业研发的积极性。

四是企业技术创新能力明显增强。企业是产学研结合中的重要主体，随着产学研结合的不断推进，企业的科技研发积极性明显提高。据统计，目前在上海，70%以上的科技人员、60%以上的国家级工程技术研究中心、80%左右的市级工程技术研究中心都分布在企业之中，企业在产学研结合中的主体地位日益凸显。首先，企业研发投入在上海研发经费中占比最高。近年来，上海研发支出总额中，企业资金占比在 60%左右，远高于政府资金、国外资金和其他资金。其次，企业成为研发经费的主要提供部门，近年来，企业提供的研发经费超过总数的 60%，高于科研机构、高校和其他部门。再次，企业成为技术合同交易的主力。在输出技术方面，企业占据主导地位，企业输出技术项目的数量占总数的一半以上。在吸纳技术方面，企业也成为主力，企业吸纳技术项目的数量占总量的七成以上。技术转移的领域主要集中在电子信息技术、生物医药和医疗器械技术、先进制造技术、现代交通和城市建设等方面[149]。

2. 杭州

近年来，杭州市积极推动协同创新，产学研合作取得显著进展。杭州的做法一是加强国际合作，坚持“走出去、引进来”，按照科技部和省、市政府的要求，在省科技厅组织下，认真筹备第五届金砖五国科技创新部长级会议，积极对接国际科技资源，与荷兰亲王、美国 cupertino 议员等接洽探讨国际科技合作。杭州鼓励企业海外发展，省市联动推进企业在境外设立研发中心，支持吉利控股在瑞典设立研发中心、支持聚光科技在荷兰并购海外研发中心等。二是加快创新协同平台建设，浙江西湖高等研究院建设加快推进，对施一公等 4 位科学家领衔的创新团队项目开展评审，分别给予 1 亿元的资助；之江实验室积极争创国家重点实验室，目前已完成选址工作，落户未来科技城；深化与知名高校和科研院所的战略合作，积极推进“紫金众创小镇”建设。三是探索“创新券”发放新模式，引进国内外高校、科研院所和大企业共建 28 个市级以上的科技创新公共服务平台，试行创新券补贴拨付办法，依托省市级科技创新公共服务平台发放“创新券”，直接惠及企业 5 000 余家次，创新券发放量及实际使用量居全省第一。四是落实科技服务业新政，制定出台了《关于鼓励在杭高校及其师生在杭创新创业的若干意见》，开展科技服务业补助申报，全面落实高等院校、科研院所 3%和科技中介 1%的技术交易额补助政策。

---

149 陈畅，樊星，李司东，等. 上海推进产学研结合的成效、问题与对策[J]. 科学发展，2017(9)：31-38.

此外,长三角三省一市还积极加强区域联动,组织了一系列区域科技合作活动:一是充分利用国家技术转移东部中心(上海)、国家技术转移苏南中心(苏州)、浙江科技大市场等交易平台,探索推动三省一市科技成果、企业需求、专家、技术经纪人队伍等资源的共享共用,进一步加强科技成果转移转化的区域联动;二是举办 2016 上海—嘉善科技对接交流活动,根据《长三角区域创新体系建设联席会议关于推进嘉善县域科学发展示范点建设的方案》,聚焦专题领域举办系列活动,支持和推动浙江嘉善与上海的科技创新合作;三是举办 2016 中国(宁波)国际新材料科技与产业博览会;四是聚焦区域公共安全、民生保障、环境保护等专题领域,举办长三角青年科学家交流活动;五是举办长三角区域高校与科技型企业的对接合作活动,讨论加强长三角区域高校与科技型企业的互动合作,加强信息沟通,共同开展共性关键技术研究攻关,力争有所突破。

长三角积极推动区域协同创新,2017 年 7 月,沪嘉杭 G60 科创走廊建设正式签约启动,成为人才、技术、资本、信息等创新要素自由流通和优化配置的大通道。上海 780 家高校、院所、第三方实验室等总价值过百亿元的大型科研仪器和超 20 万项的检测检验服务,纳入嘉兴科技"创新券"补贴范围。这是长三角地区落实区域协同创新网络建设合作框架协议,打造具有全球影响力的科技创新高地和创新网络枢纽,引领示范区域协同创新发展的重大举措。

长三角三省一市着力破解跨行政区域协同创新的制度性和政策性障碍,加强长三角区域创新资源优势互补,促进区域创新要素自由流动与高效配置,使长三角创新型区域更具活力,以创新引领长三角地区一体化加快发展[150]。

(二)科技中介服务

科技中介服务是促进科技成果转化的重要手段,科技中介服务不能仅停留于表面,而是要切入到成果转化的各个环节,从企业需求端导入供给侧,要与企业建立伙伴关系,从技术转化的前期培育阶段就要深度参与其中,与企业利益捆绑、共同成长。近年来,上海积极培育科技中介服务,涌现了一批面向市场运作的科技中介服务机构,成为产学研结合的重要纽带。2015 年以前,上海的科技中介机构尚不发达,具有较大影响力的主要有盛知华等公司,2016 年以来,涌现出 40 多家市场化、专业化的科技中介服务机构,尤其是一批多模式、高层次的民营服务机构纷纷扎根上海、快速成长。这些科技中介服务机构在成果转化制度体系建设、转移转化模式探索、知识产权商业化评估、投资商引入等知识产权的服务与培育方面发挥了重要作用。目前,科技中介服务机构主要可分为平台型、专业型、平台兼专业型三类,不同类型的科技中介服务机构根

150 如何推动长三角更高质量一体化发展[EB/OL].(2018-05-14)[2019-03-08]. http://www.sohu.com/a/231498127_701468

据自身业务特点形成不同的盈利模式。部分科技中介服务机构还通过深度挖掘客户需求，以战略合作伙伴形式参与科技项目研发转化的各个环节，为客户提供“私人订制”服务，创新盈利模式。

比如，上海露台企业管理咨询公司以知识产权服务为核心，聚焦生物医药、智能制造领域，成为企业的良好合作伙伴。上海容智知识产权代理有限公司充分运用专利信息为大企业集团服务，挖掘高价值的知识产权技术，帮助企业实施知识产权战略，形成自己的专利布局，同时也为中小企业提供知识产权解决方案。上海梅斯医药科技有限公司广泛开展学术会务交流，通过办会、调研、咨询服务等帮助技术供需方进行项目对接。上海云孵信息科技有限公司注重市场调研，强调从企业需求端导入供给侧，如网上专家的“标签”表明的是产品而不是专业，因为企业只会带着需求去找相应的产品。上海骥德技术经纪有限公司建立了产学研网络平台，借助微信公众号开展技术供需对接，实现高效响应，聚合众多专家共同为企业把脉解决问题[151]。

又比如，南京大力发展科技服务业，积极推进服务业集聚和特色基地建设与发展，对规模以上的科技服务企业依据服务绩效给予奖励，科技服务业收入逐年增长；着力加强科技中介服务机构建设，激发科技中介服务活力，培养一批技术经纪人和技术经理人，壮大科技中介服务队伍，提高科技中介服务能力，促使更多科技成果在南京落地转化。

四、创新创业环境建设

长三角城市着力优化创新创业环境，在创新创业空间载体、孵化器、加速器、“产学研创孵投”科创平台建设等方面取得了显著进展，涌现出一批特色明显、优势集聚、功能完善的科创小镇。上海聚焦重点发展的战略性新兴产业，针对具体领域建立相应的研发转化平台；大力培育发展民营科技中介服务机构，通过发放科技中介创新券的方式，支持科技中介服务机构发展。杭州大力推进众创空间专业化、国际化发展，涌现出一批以滨江互联网小镇、云栖小镇、杭州东部医药港小镇、滨江物联网小镇、萧山信息港小镇、梦想小镇、临安云制造小镇等为代表的特色小镇。在集聚创新创业人才方面，长三角城市着力构建宽容失败的创新氛围，在人才服务、人才引进和培育方面出台了一系列优惠政策，为创新创业人才提供高品质的工作环境和舒适便捷的生活环境。同时，长三角城市还通过政府采购、设立创新创业引导基金、税收优惠、政府管理改革等方式，在扶持科技创新发展、科技体制机制改革、促进科技成果转化、高校科研管理体制改革等方面出台了一系列政策措施，不断优化创新创业的发展环境。下面以上海、

151　“促进科技中介服务集群化发展”座谈会建言——找准科技中介发展着力点[N]. 上海科技报，2016-05-31(03).

杭州、南京为例，总结长三角城市在推进创新创业平台建设、集聚创新创业人才、创新创业扶持政策等方面所取得的进展和成效。

(一)创新创业平台

1. 上海

公共研发转化平台是促进科技创新成果转化的重要环节，科技中介队伍是推动科技成果转化的重要催化剂。近年来，上海针对制约创新的短板，推出了一系列有效措施。目前，上海已规划建设首批18家研发与转化功能型平台，2020年将达到30家左右。针对“十三五”期间上海市重点发展的战略性新兴产业，在每个领域都建立相应的研发转化平台。比如，位于嘉定区的上海首个大型研发与转化平台——微技术工业研究院，是一个集研发、工程、市场、孵化于一体的全球协同创新网。研究院成立以来，在美国硅谷等全球多地部署研发中心，在多项传感器技术难题上实现了突破。平台还为中小企业提供芯片检测等服务，解决了过去受制于国外大公司的问题。平台在带动整个上海物联网和半导体产业转型升级方面发挥了重要作用。

在平台的建设和运营机制方面，平台由政府自上而下主导建立，企业、科研机构都可投资，虽然需要吸引企业投资，但不由企业控股，以确保平台的公益性。在平台运营初期，主要由政府财政全力支持，平台逐渐成熟后，财政资金在平台收入的比重逐渐下降，并积极吸引社会资金参与，实现平台的可持续发展。目前，上海微技术工业研究院这一共性化技术平台已实现85%的收入来自产业化。上海通过财政“退坡”吸引社会资金机制，保证了功能型平台既能做到公益性(非营利性机构定位)，又使平台具备市场活力(市场化专业化运作)。

此外，上海大力培育发展民营科技中介服务机构，委托第三方机构——国家技术转移东部中心发放科技中介创新券，对科技中介服务机构的发展给予支持。2016年，上海市推出国内首创的技术转移、科技咨询创新券，科技中介机构在为企业提供服务后，达到相关条件，就可获得最高30万元的创新券补贴。上海市科委委托东部中心参与科技中介创新券的设计、发放和兑现等，每笔兑换只需在政府部门进行备案即可，政策的使用和落地更加灵活、便捷。2016年试点以来，总共发放总价值3 000万元的科技创新券，“撬动”了成交总额约为12亿元的技术转移和科技咨询服务[152]。

以东部中心为载体，推动各类科技成果转化服务机构集聚发展，将来要力争将其打造成为“技术转移转化功能聚集区”。东部中心还陆续在北美、欧洲、新加坡等地设立国际分中心，在国内设多个分中心，逐步建立辐射全球技术转移交易网络。下一步，上海还将依托国家技术转移人才培养基地，开展技术转移人才培养计划，建设技术转

[152] 科技创新看上海——新旧动能转换省外观澜.[EB/OL].(2018-04-15)[2019-03-08].http://mini.eastday.com/a/180415103722838-4.html

移学院等，解决科技中介专业人才短缺的难题。

2. 杭州

近年来，杭州市积极拓展创新创业空间，取得了显著进展。在深入推进以杭州高新区、临江高新区为核心的国家自主创新示范区建设方面，杭州(滨江)国家高新区位列全国第四位。在加快建设城西科创大走廊和城东智造大走廊，推进众创空间专业化、国际化发展中，杭州市级以上众创空间和孵化器均已超过100家。滨江互联网小镇、云栖小镇、杭州东部医药港小镇、滨江物联网小镇等4个小镇成为首批浙江省级高新技术特色小镇(建设类)；萧山信息港小镇、梦想小镇、临安云制造小镇等3个小镇成为首批浙江省级高新技术特色小镇(培育类)。杭州滨江网络信息技术产业创新服务综合体、余杭家纺、服装产业创新服务综合体入选第一批浙江省产业创新服务综合体创建名单，杭州生物医药产业创新服务综合体、临安微纳米技术及应用产业创新服务综合体、萧山新能源汽车及零部件产业创新服务综合体入选培育名单[153]。

3. 南京

近年来，南京着力建设具有全球影响力的创新名城，健全高新园区创新生态体系，推动高新区加快建设孵化载体和新型研发机构，积极建设重大科技创新平台，组织高校、企业申报建设国家重点实验室、国家技术创新中心、工程技术研究中心、企业技术中心等国家级协同创新和成果转化平台。南京推进江北新区、麒麟科创园、南京经济开发区围绕人工智能研发设备共享、专利申请、知识产权保护、孵化加速等，建设一批人工智能公共服务平台。

(二)集聚创新创业人才

1. 上海

人才是科技创新的核心。具有全球影响力的科技创新中心建设推进以来，上海厚植科技创新人才优势，集聚了来自全球各地的优秀创新创业人才，在沪就业创业的外国人达到21.5万人，位居全国第一。在引进人才方面，为进一步加快人才集聚，上海推出了一系列人才政策。2015～2016年，上海陆续推出人才新政“20条”和人才新政“30条”，在吸引外籍高层次人才方面，放宽了60岁的年龄上限；工作类在沪居留的期限也从过去的一年延长到三年、五年，工作满三年后还可按规定申请《外国人永久居留证》。新政实施后，上海受理外籍高层次人才申请永久居留量增加了8倍。针对海外高端人才的遴选，上海还出台了“科技创新职业清单”制度，针对上海科创重点领域，进入清单的企业主要包括高新技术类企业、战略新兴类企业等，进入清单的企业所聘用

153　杭州市科技创新工作2017年总结及2018年思路举措[EB/OL].(2018-03-08)[2019-03-09]. http://kj.hangzhou.gov.cn/index.aspx?newsId=48068&CatalogID=842&PageGuid=4A3B6524-953E-4CA2-A5C4-0DC81BDEF4CC.

的的外籍人才可优先享受申请永久居留等待遇。

在人才服务方面，上海还为海外人才的创新创业提供摇篮式服务。比如，张江高新区依托设立在全球各地的十多个海外人才预孵化基地，累计引进了 100 多个带项目的团队，集聚全球的科技创新成果在上海孵化落地，也大大提高了引进科技创新成果的效率。

在引进国内人才方面，上海聚焦 5 类重点人才，即：创业人才、创新创业中介服务人才、风险投资管理运营人才、企业高级管理和科技技能人才和企业家。为进一步推动科技成果转移转化，上海对在本市技术转移服务机构中连续从事技术转移和科技成果转化服务满 2 年，最近 3 年实现 5 000 万元及以上技术交易额的技术合同第一完成人，可直接申办上海户口。近年来，上海引进上述 5 类重点人才累计达到近 9 000 人。

此外，上海还着力优化人才发展环境，为入驻上海的各类人才提供优质的工作和生活环境。比如，针对跨国公司、金融机构、创新创业公司的特点，着力完善产业园区和高科技开发区的配套服务设施，尤其是营造优美的生态环境、有品质的文化设施和人文环境等。针对大都市生活成本过高的问题，尤其是高房价对人才的挤出效应，上海市区两级共同筹措公共租赁住房，重点满足与科创中心建设相关的重点单位的整体租赁需求，让人才进得来、留得住。2018 年 3 月，上海正式对外公布人才高峰工程行动方案，提出要在“人才高地”基础上筑起“人才高峰”，《方案》按照“国家战略，重点领域”“深化改革，制度创新”“全球视野，国际标准”“量身定制，一人一策”“突出重点，分步推进”5 项原则，在 7 方面取得制度性突破。其中，“量身定制、一人一策”“实施高峰人才全权负责制”等政策，是《方案》中的亮点。比如，“量身定制、一人一策”，在发展平台方面，将为高峰人才量身创设新型工作机构，不受行政级别、事业编制、岗位设置、工资总额限制。在工作机制方面，突出国际通行做法，为高峰人才构建一流软环境，譬如实施高峰人才全权负责制，赋予高峰人才用人权、用财权、用物权和技术路线决定权和内部机构设置权[154]。

2. 杭州

杭州着力引进和培养一批具有国际水平的战略科技人才、科技领军人才、青年科技人才和高水平创新团队，以国家、省“千人计划”和杭州“521 人才工程”为抓手，贯彻落实杭州市人才扶持政策，创新科技人才工作体制机制，加强对引进的海内外高层次人才团队的配套服务，培育了一批省市领军型创新创业团队；贯彻落实“杭州人才新政 27 条”“就业创业新政 27 条”，建立高层次人才“一站式”服务平台，涌现出阿里系、高校系、海归系、浙商系为代表的创新创业人才“新四军”；制定出台《杭州市领军型创新创业团队引进培育计划实施细则》，累计培育认定了 17 家浙江省领军型创新创业团

---

154 上海出台人才高峰工程行动方案[EB/OL].(2018-03-28)[2019-03-08]. http://renshi.people.com.cn/n1/2018/0328/c139617-29894583.html.

队;全面落实杭州人才新政,举办"2017 杭州市海外高层次人才创新创业大赛",累计培育省市领军型创新创业团队 22 家。

3. 南京

南京完善科技人才遴选机制,推进科技顶尖专家集聚计划和创新型企业家培育计划,引进科技顶尖专家 22 名和创新型企业家 40 名。同时,引导园区以产引才,依托新型研发机构,对接国家重点实验室等科研平台,定向引进领军型人才团队和先进研发成果。

(三)创新创业扶持政策

1. 上海

上海科创中心建设推进以来,出台了一系列支持政策。2015 年 5 月,上海市委市政府公布《关于加快建设具有全球影响力的科技创新中心的意见》(即科创"22 条"),明确了科创中心建设"两步走"规划,并就推进体制机制改革、集聚和用好各类人才、营造良好创新环境、布局重大创新工程和项目等提出了任务举措,上海各区也陆续出台了配套政策细则,确保各项政策落到实处,各类创新创业支持政策也加快出台,为科技创新提供了有力支撑。

在金融支持科技创新方面,2015 年 8 月,上海市发布《关于促进金融服务创新 支持上海科技创新中心建设的实施意见》(以下简称实施意见),《实施意见》提出了八个方面 20 条政策措施,如推进多样化信贷服务创新、发挥多层次资本市场的支持作用、增强保险服务科技创新的功能等。《实施意见》深入研究分析了上海科技创新中心建设对金融服务的新要求,进一步推进科技与金融的深层次融合,着眼于科技创新企业不同发展阶段的融资需求,多措并举支持科技型小微企业发展壮大;通过把握科技创新企业金融服务需求的特征,为不同发展阶段科技创新企业提供有针对性的金融产品与服务;积极争取科技金融创新先行先试,发挥金融政策、产业政策、财政政策的协同作用,使各项创新举措可操作、可落地[155]。

2016 年 5 月,上海市政府发布了《关于本市加强财政科技投入联动与统筹管理实施方案》(以下简称《实施方案》)。《实施方案》提出,用 2 年时间,基本建立起布局合理、功能清晰、信息公开、绩效导向的财政科技投入管理体系,以及部门科技投入联动协同、重大科技投入统筹聚焦的管理机制,充分发挥财政科技投入对建设具有全球影响力的科技创新中心的战略支撑作用。根据《实施方案》,上海加强财政科技专项分类管理,根据创新链布局和各专项功能定位,将全市财政科技专项优化整合为基础前沿、科技创新支撑、技术创新引导、科技人才与环境,以及新设立的市级科技重大专项等五

[155] 上海市发布《关于促进金融服务创新 支持上海科技创新中心建设的实施意见》[EB/OL].(2015-08-21)[2019-03-09]. http://www.kaixian.tv/gd/2015/0821/558423_2.html.

类。《实施方案》还对建设统一的市级财政科技投入信息管理平台、加强市级财政科技投入联动管理、加强市级科技重大投入统筹聚焦等方面作出了具体规定[156]。

在优化创新创业环境方面，2015 年 8 月，上海发布《发展众创空间推进大众创新创业的指导意见》(以下简称《意见》)，提出七大着力点，即从加快发展众创空间、提供便捷创新创业服务、激励大众创新创业、提升创新创业服务水平、完善创新创业金融支持政策、加强财税扶持、营造创新创业文化氛围等七个方面的不同层次、角度，推出了 26 条具体有效的落实举措。根据《意见》，上海将鼓励行业领军企业、创业投资机构、投资人、社会组织等社会力量建设众创空间；在孵化载体、服务机构、高校、科研院所集聚且生活配套健全的区域，打造一批创业社区，促进区内创业企业围绕产业链、创新链开展合作；在提供便捷创新创业方面，从企业注册审批到办公场地，再到技术研发的企业整个发展过程，都将有更多便利；符合条件的高校、科研院所的科研人员可以保留基本待遇离岗创业，在创业孵化期内(3 至 5 年)返回原单位的，工龄连续计算。在金融扶持与税收方面，上海将继续完善科技企业信用贷、履约保、微贷通及个性化金融产品组成的信贷产品体系，开展“创投贷”信贷服务，扩大科技信贷的规模和惠及面[157]。

在创新主体及产业发展政策方面，2015 年 12 月，上海发布了新的《关于改革和完善本市高等院校、科研院所职务科技成果管理制度的若干意见》，要求主要从 8 个方面推动高等院校、科研院所的科技成果管理制度创新，如：建立符合科技成果转化规律的科技成果使用、处置管理制度，进一步扩大单位自主权；完善科技成果转化“利益共享”分配机制，进一步提高单位和科研人员积极性；实施科技成果转化“投资损失”免责政策，消除单位和科研人员后顾之忧等，使科技成果转化的机制更加顺畅。

2. 杭州

杭州出台政策加快科技体制机制改革。2016 年 12 月，杭州市委市政府印发《关于深化改革加强科技创新加快创新活力之城建设的若干意见》(市委〔2016〕16 号文)(以下简称《意见》)，从企业培育、成果转化、人才培育、科技金融、知识产权等方面提出 37 条意见，要求进一步发挥科技创新在创新活力之城建设中的引领作用。杭州深入贯彻实施《意见》，并制定相关实施细则，联合媒体加大政策的解读和宣传推广，扩大政策影响面。杭州高新区制定实施《关于进一步支持大众创新创业建设国家自主创新示范区的实施意见》，积极推进科技体制改革工作。2016 年 3 月，杭州被确定为浙江省 4 个全面创新改革试验区之一，并制定了《杭州市全面创新改革试验实施方案》，确定了促进科技成果转化等 9 项需要重点突破的专项改革试点工作，为深化科技体制改革提

156 上海研究进一步推动本市财政科技投入管理改革[EB/OL].(2016-02-29)[2019-03-09]. http://shzw.eastday.com/shzw/G/20160229/u1ai9235996.html.

157 上海出台发展众创空间推进大众创新创业指导意见[EB/OL].(2015-08-18)[2019-03-09]. http://politics.people.com.cn/n/2015/0818/c1001-27476601.html

供了坚实的依据。

在大力支持科技创新成果转化和企业研发创新中杭州还制定了《杭州市重大科技创新项目资金管理办法》《科技计划项目验收管理办法(试行)》等,运用因素分配法、后续补助法及科技金融等方式支持企业发展;制定《关于鼓励在杭高校及其师生在杭创新创业的若干意见》,全面落实对高校及科研院所3%和科技中介1%的技术交易额补助政策,与产学研项目补贴联合构成科技成果转移转化全链条扶持政策体系;促进知识产权运用,制定出台《杭州市重点产业知识产权运营基金管理办法》等政策,开展知识产权质押融资工作;研究修订了《杭州市企业高新技术研究开发中心管理办法》,支持信息技术、新材料、智能制造等领域的高新技术企业建设各级企业研究院;修订出台《国家、省科技项目杭州市本级财政科技扶持资金管理办法》,着力突破一批核心技术瓶颈,提高杭州企业自主创新能力。

3. 南京

为进一步推进创新创业,南京市制定出台了《关于建设具有全球影响力创新名城的若干政策措施》及配套实施细则,针对创新名城建设,推出重点推进的“十项工程”,包括“两落地一融合”工程、创新人才集聚工程、战略科技引领工程、创新企业倍增工程、高端产业培育工程、一流园区建设工程、重点改革突破工程、开放创新提升工程、创新惠民拓展工程、创新环境优化工程等,并开展政策宣讲,实施送政策服务“百千万”工程,并推进南京高校及科研院所落实国家、省市科技成果转移转化相关政策。2016年9月,南京市政府发布《南京市促进科技成果转移转化行动方案》(以下简称《方案》),推出16条创新举措力促南京市高校及科研院所科技成果在宁转移转化,并提出联合高校布局一批产业技术创新平台、建设科技成果交易市场,鼓励高校设置技术转移岗。《方案》明确提出推动南京江北新区建设科技成果转移转化先导区,围绕集成电路、生命健康、新能源汽车等战略性新兴产业,联合高校和科研院所优先布局建设一批产业技术创新平台。《方案》明确南京市将开发南京市科技成果网络信息服务系统,建设具有南京特色功能的线上线下相结合的科技成果交易市场。此外,《方案》还鼓励高校和科研院所设置技术转移岗位,单独设立或联合企业共同成立市场化、专业化运作的技术转移机构[158]。

2016年11月,南京市科学技术委员会发布的《南京市争当江苏省产业科技创新中心排头兵和建设国家创新型城市若干政策措施》,在集聚创新要素、建立高新技术企业培育库、建设创新平台、加大企业研发投入、促进科技成果转化等12个方面推出了一系列政策措施。2018年6月,南京市科学技术委员会、南京市财政局发布《南京市知识产权质押融资风险补助实施细则(试行)》(以下简称《细则》),对以知识产权质押

158 南京“16条”举措促科技成果在宁转移转化[EB/OL].(2016-09-08)[2019-03-09].http://www.chinahightech.com/html/chuangye/kjfw/2016/0908/342546.html.

融资方式向申请单位授信并实际发生贷款的驻宁银行，按照贷款额度的2%予以风险补助，并规定同一银行对同一企业发放的知识产权质押贷款、年度风险补助资金最高不超过20万元。《细则》要求获得风险补助的银行以基准利率向知识产权融资企业发放贷款，有针对性地解决了知识密集型企业在知识产权质押融资时遇到的融资难、融资成本高的问题。同时，知识产权金融专业服务平台提供尽职调查、评估分析、风险分担等服务，减少企业贷款审批时间，助力企业更好更快发展。

五、本章小结

在科技创新领域，长三角区域一直处于全国领先地位，在科技创新资源基础、科技创新能力、原始创新能力、创新创业环境等方面都处于全国前列，但同时也面临一系列问题，比如科技创新成果转移转化难、高校科研管理体制机制有待创新、科技服务业发展不完善、政府扶持科技创新模式有待创新等，未来长三角区域要进一步推进科技创新发展，加大科技创新的支持力度，积极吸引和培育科技创新人才，着力破解制约科技创新的体制机制瓶颈障碍，进一步优化创新创业生态环境，注重长三角区域创新体系建设，进一步加大长三角区域间科技创新资源的共享互通，在基础研究和源头式创新方面在全国发挥引领带动作用，进一步提升长三角区域原始创新能力，培育一批具有国际竞争力的科技创新企业、科技创新产业集群和高水平研究性大学和科研院所，集聚全球科技创新优质资源，实现长三角科技创新的更大突破，更好地服务全国发展大局。

附录一

城市管理紧缺人才开发目录研究

摘 要

上海推进国际经济、金融、贸易、航运和科技创新"五个中心"建设，向建设"卓越的全球城市"目标迈进，在这一背景下选择开展建设交通系统的城市管理紧缺人才开发目录研究具有重要的现实意义。

本研究在全面分析卓越全球城市管理特征、上海市城市管理工作特点、人才的分布情况及需求类型的基础上，通过收集汇总系统及行业各企事业单位的人才需求，研究整理各类人才信息，对人才类型、岗位设置、能力需求、经历业绩进行了全方位分析，形成了 8 个大类，48 个子类的城市管理紧缺人才目录。

本研究建立了"定量预测为主、经验判断为辅"的人才紧缺指数计算模型，对紧缺人才按类别紧缺程度作出定量评价，并按量化值划分紧缺程度级别。人才紧缺程度指标分别由人才数量紧缺指标、人才质量紧缺指标和人才供给紧缺指标三个指标构成，采用层次分析法和模糊聚类方法进行数据分析，最终得到 8 个大类和 48 个子类的城市管理紧缺人才的紧缺程度指数。

根据上海城市管理紧缺人才的现状和需求，本研究在课题论证中提出了突出紧缺人才开发政策导向、实施紧缺人才聚集计划、推进紧缺人才分类培养、丰富紧缺人才培训形式、完善紧缺人才评价机制、拓展紧缺人才激励措施、创建城市管理人才服务平台等一系列城市管理紧缺人才开发和培养措施。

目 录

1. 绪论

1.1 课题研究背景

2015 年 12 月中央召开了城市工作会议。会议指出，我国城市发展已经进入新的发展时期，要加快培养一批懂城市、会管理的干部，用科学态度、先进理念、专业知识去规划、建设、管理城市。2017 年 12 月 15 日国务院批复原则同意《上海市城市总体规划(2017～2035 年)》(简称“上海 2035”)，2020 年建成具有全球影响力的科技创新中心基本框架，基本建成国际经济、金融、贸易、航运中心和社会主义现代化国际大都市；2035 年基本建成卓越的全球城市，令人向往的创新之城、人文之城、生态之城，具有世界影响力的社会主义现代化国际大都市，2050 年则全面建成。

因此，当前与未来几年，为贯彻落实中央城市工作会议精神、加快推进国际经济、金融、贸易、航运和科技创新“五个中心”建设，向建设“卓越的全球城市”目标迈进，必须进一步加强城市精细化管理。针对城市管理人才队伍建设的需要，坚持问题导向、需求导向和效果导向，培养和打造一支具有世界眼光、掌握城市管理规律和经验、熟悉城市运行和管理的高素质城市管理人才队伍，是新时期建设交通人才工作的重中之重。

1.2 研究的目的和意义

课题围绕城市管理岗位职能，以及城市精细化管理带来的新变化、新问题和新情况及其给城市管理人才队伍建设带来的新任务和新要求，对城市管理领域的各类紧缺人才进行调研、梳理、汇总和分析；研究制定出一批目前城市管理紧缺人才岗位，并对其专业、资格、能力、经历、业绩等提出标准和要求；编制《城市管理紧缺人才开发目录》，为后续城市管理人才引进、开发培养、促进高校学科专业设置与调整等提供决策依据和参考指导。

1.3 城市管理范围界定

城市管理是指以城市为对象，以城市基本信息流为基础，运用决策、计划、组织、指挥等一系列机制，采用法律、经济、行政、技术等手段，通过政府、市场与社会的互动，围绕城市运行和发展进行的决策引导、规范协调、服务和经营行为。

广义的城市管理泛指对城市一切活动进行管理，包括政治的、经济的、社会的和市政的管理。

狭义的城市管理通常就是指市政管理，即与城市建设、运行相关联的城市基础设施、公共服务设施和社会公共事务的管理。

本次研究聚焦狭义城市管理，从范围上主要包括市政基础设施、建设管理、交通管理、市容环卫、园林绿化、房屋管理、水利水务、生态环境、城市安全、城市管理行政执法等领域的管理。

1.4 紧缺人才概念界定

要界定紧缺人才，首先要先解释“人才”的概念。“人才”的概念在学术界有诸多界定。人才在《辞源》中被解释为“有才学的人”，在《辞海》中解释为“有才识学问的人，德才兼备的人”。人才，是为社会发展和人类进步进行了创造性劳动，在某一领域、某一行业或某一工作上作出了较大贡献的人。在这个定义中，强调了人才的两个本质属性——一是“创造型劳动”，二是“贡献”。

2003 年 12 月召开的中央人才工作会议明确了中国特色社会主义的人才概念，指出“只要具有一定的知识和技能，能够进行创造性劳动，为推进社会主义物质文明、政治文明、精神文明，在建设中国特色社会主义伟大事业中作出积极贡献，都是党和国家需要的人才”。2018 年，《中华人民共和国宪法》确定了五大文明建设，包括物质文明、政治文明、精神文明、社会文明和生态文明。如果将 03 年中央人才工作会议提出的人才概念中的“三大文明”扩展为“五大文明”，这一定义对于当前及今后的人才工作依然具有重要的指导意义。

通过以上定义，可以更加明确和理解“人才”的内涵，即具有良好的素质知识和技能、进行创造性劳动、对社会和人类作出积极贡献。三者缺一不可，共同形成人才的本质。

紧缺人才是指因经济及社会发展，而在一定时期内生产部门或用人单位内出现供给不足的、急需的人 。紧缺人才主要特点有以下几个方面：一是短缺性，这是相对于供求关系而言的，指目前区域发展所需要但实际供给却短缺的人才，具有较高的价值特征，体现了“缺”的特点。二是紧迫性，这些人才是目前区域发展所迫切需要的，体现了“紧”的特点。三是区域特征，每个国家、每个区域因为地理的差异、经济发展的高低程度不同，社会文化传统的区别，在规划紧缺人才方面也会有很大的差别。四是时代背景特征，紧缺人才是基于一定的社会历史背景条件下产生的，是在区域发展的特定阶段为实现特定目标所需要的人才资源。同一区域在不同的发展阶段，紧缺人才的定义与范围也会有所区别。

本项研究中的“紧缺人才”界定为：面向经济及社会当前及现阶段发展需求，在生产部门或用人单位内出现的数量不足、质量不足或供给不足的人才。

1.5 城市管理紧缺人才概念界定

本课题所提及的“上海城市管理紧缺人才”，特指具有一定专业知识或者专门技能的人力资源，在能力、素质和数量上不能满足上海建设交通系统所辖范围内关于市政基础设施、建设管理、交通管理、市容环卫、园林绿化、房屋管理、水利水务、生态环境、城市安全、城市管理行政执法等领域内各相关岗位的人才。

2. 上海城市管理面临的形势和任务

2.1 国家城市工作指导思想

中央于2015年底再次召开中央城市工作会议，明确指出城市工作是一个系统工程。做好城市工作，要顺应城市工作新形势、改革发展新要求、人民群众新期待，坚持以人民为中心的发展思想，坚持人民城市为人民。这是我们做好城市工作的出发点和落脚点。同时，要坚持集约发展，框定总量、限定容量、盘活存量、做优增量、提高质量，立足国情，尊重自然、顺应自然、保护自然，改善城市生态环境，在统筹上下功夫，在重点上求突破，着力提高城市发展持续性、宜居性。

中央城市工作会议提出我国城市工作的指导思想是：全面贯彻党的十八大和十八届三中、四中、五中全会精神，以邓小平理论、“三个代表”重要思想、科学发展观为指导，贯彻创新、协调、绿色、开放、共享的发展理念，坚持以人为本、科学发展、改革创新、依法治市，转变城市发展方式，完善城市治理体系，提高城市治理能力，着力解决城市病等突出问题，不断提升城市环境质量、人民生活质量、城市竞争力，建设和谐宜居、富有活力、各具特色的现代化城市，提高新型城镇化水平，走出一条中国特色城市发展道路。

党的十九大报告进一步指出，中国特色社会主义进入了新时代，进入了从站起来、富起来到强起来的伟大飞跃，我国社会主要矛盾已经转化为人民日益增长的美好生活需要和不平衡不充分的发展之间的矛盾。在新时代、新矛盾面前，城市管理应该要以习近平新时代中国特色社会主义思想为指引，紧紧围绕满足人民对美好生活的需要这一核心任务，做出新的制度安排、政策创新和技术应用等，实现人财物的合理配置，着力破解不平衡不充分的矛盾，创建更加整洁、安全、干净、有序、公正的城市环境，全面提升城市的吸引力、竞争力和内在魅力。

2.2 上海城市精细化管理

为深入贯彻落实习近平总书记提出的上海要走出一条符合超大城市特点和规律

的社会治理新路子，要像绣花一样精细化管理，破解超大城市精细化城市管理的世界级难题的重要指示精神，2017 年 11 月，上海市政府印发了《关于加强本市城市管理精细化工作的实施意见》，明确以全覆盖、全过程、全天候和法治化、社会化、智能化、标准化为着力点，把精细化管理的理念、手段和要求贯彻落实到城市管理领域的各项工作中，更好发挥法治的引领和规范作用，更多运用信息技术手段提高管理效率，全面加强队伍建设，依靠基层、依靠群众，高标准、严要求做好工作，努力提高城市治理整体能力，全面提升上海城市管理水平，为人民群众提供精细的城市管理。

2018 年 1 月 31 日，上海正式发布的上海加强城市管理精细化三年行动计划提出，到 2020 年，上海在城市设施、环境、交通、应急（安全）等方面的常态长效管理水平全面提升，市民对城市管理的满意度明显提高，城市更加有序安全干净、宜居宜业宜游，生活更加方便舒心美好。城市管理以人为核心，切实增强对社会主体的服务意识，寓精细管理于精准服务。该计划明确了 13 项重点任务、42 小项实施内容，上海将通过加强精细化管理、创新体制机制、加快补齐短板，每年创建一批示范性“美丽街区”、“美丽家园”和“美丽乡村”，打造安全有序法治、高效便捷智慧、天蓝地绿水清的城市环境。

2.3 上海“五个中心”建设

2017 年 12 月 15 日，国务院批复原则同意《上海市城市总体规划（2017～2035 年）》（简称“上海 2035”）。“上海 2035”明确了：2020 年建成具有全球影响力的科技创新中心基本框架，基本建成国际经济、金融、贸易、航运中心和社会主义现代化国际大都市；2035 年基本建成卓越的全球城市，令人向往的创新之城、人文之城、生态之城，具有世界影响力的社会主义现代化国际大都市，2050 年则全面建成。

从建设全球科技创新中心的角度来看，全球科技创新中心创新主体活跃、创新资源密集、创新机制灵活、创新文化发达、创新引领效应显著，是全球科技创新网络具有较强国际竞争力、具有重要影响力、引领力的节点，是全球新知识、新技术和新产品的创新策源地和产生中心之一。有国外研究认为，创新中心（innovation hub）有七大支柱，其中，建筑环境（多功能的环境、形象和动态空间概念、独特的建筑、开放的公共空间）、文化环境（独特唯一的标识、文化娱乐设施、活力激情的生活）、自然环境（环境质量、独特风景、可再生能源）是重要组成部分。建设全球科技创新中心，一方面要求建设交通领域通过有效的城市规划、建设和管理，为塑造有利于激发创新创业人才活力、宜居宜业宜创的生活和工作环境作出贡献，另一方面，要突出工程建设领域创新是创新中心建设的重要组成部分，在夯实既有基础上，深刻把握建筑工业化、绿色化、智能化发展方向，深刻把握数字化、网络化、智能化的发展趋势，加大工程建设领域技术创新、突破行业共性与关键技术的力度，加快科技成果的转移、辐射和扩散的速度，让建设领域成为全球科技创新中心技术进步、创新发展的重要策源地。在这种情况下，建设交通系统必须吸引和集聚一批懂得创新、敢于创新、乐于创新的优秀人才，着眼于全球科技创新中心发展的鼓励和需求，完善城市规划设计、建设管理服务、公共治理等方面，让创新成为引领事业发展的第一动力，让创新成为整个城市的灵魂和个性；必须吸引和集聚一批在工程建设领域善于突破、掌握核心技术、引领未来发展、具有全球影响力的名家大师，培育和推出一批把握科技趋势和产业方向，聚焦 BIM 技术应用、装配式建筑开发、海绵城市建设等前沿领域的领军人才及其创新团队和骨干人才队伍，打造工程建设领域的上海技术、上海标准、上海模式，成为具有全球影响力科技创新中心的重要支柱、关键基础。

2.4 上海卓越全球城市建设

上海正把“建成卓越的全球城市，令人向往的创新之城、人文之城、生态之城”作为自己的发展愿景。从城市性质来看，所谓卓越的全球城市，是国际经济、金融、贸易、航运、科技创新中心和文化大都市，是创新之城、人文之城、生态之城。但是，根据普华永道的《机遇城市 7》(Cities of Opportunities 7)有关数据显示，与顶尖的全球城市相比，上海在基础设施建设和交通还有较大差距，在 30 个全球城市中排名倒数第 8。从分项的指标来，上海在大型建设活动方面与纽约、莫斯科、圣保罗等处在同一层次，仅次于迪拜、香港、伦敦、新加坡和里约热内卢，但公共交通覆盖率、公共交通费用、营运出租车、主要建设活动、住宅建设、交通拥挤、通勤便利程度方面都处在全球城市靠后位置。这说明，上海在建设全球城市特别是基础设施建设和交通、加强城市管理方面还有很大的改进空间，面临着艰巨的任务。

面对新形势、新任务，如何从全局和战略高度深化对上海城市发展的认识，创新理念，把握规律、明确定位，如何科学规划城市发展空间实现城市空间、规模、产业的统筹发展，如何抓住城市管理和服务这个重点，不断完善城市管理和服务，让人民群众在城市生活得更方便、更舒心、更美好实现规划、建设和管理的统筹管理，如何充分借鉴国际大都市城市建设管理的有效经验，建设和谐宜居、富有活力、各具特色的现代化城市，走出一条具有中国特色、时代特征、上海特点的特大型城市综合管理模式和城市发展道路，建设具有影响力的卓越的全球城市，这些主要问题考验着建设交通系统，考验着建设交通系统人才队伍，考验着建设交通系统的从业人员。

3. 卓越全球城市发展对上海的启示

“全球城市”是美国地理学者萨森 1990 年在“世界城市”基础上提出的新概念，用以表示在经济全球化背景下全球管理和控制功能重新整合后出现的对世界经济体系具有高度影响力的国际大都市。“全球城市”是国际大都市的高端形态，是具有国际金融中心、决策控制中心、国际活动聚集地、信息发布中心和高端人才聚集中心等功能的最具影响力的城市。英国伦敦、美国纽约、法国巴黎和日本东京传统上被认为是"四大世界级城市"。

全球化与世界级城市研究小组(GaWC)公布了2018年全球城市分级排名。该机构根据国际性、影响力、经济、文化等指标对全球入围的361座城市划分为5档12级，最高层次的“全球城市”为超一线(α＋＋)，是名副其实的全球城市，只有纽约和伦敦，这两座城市也被公认为国际化程度最高的世界级城市。第一梯队“世界城市”包括了α＋、α和α－三级，其中α＋城市是一些综合性较强的城市，与伦敦和纽约形成补充，大部分为亚太地区提供先进的服务需求；α、α－的城市同样是非常重要的世界城市，在世界经济中连接着大的经济区或国家。

在高等级世界城市方面，上海自2008年以来已稳定处于第一梯队前列(α＋)，具备了冲击顶级全球城市的条件。“上海2035”已明确提出了“卓越全球城市”。纽约、伦敦、东京被公认为全球城市的“标杆”，对这三大城市的管理现状开展研究，对上海城市管理具有重要的参考意义。

3.1 纽约

3.1.1 纽约城市概况

纽约位于纽约州东南哈得孙河口，濒临大西洋。它由5个区组成：曼哈顿、布鲁克林、布朗克斯、昆斯和里士满，面积828.8平方公里。截至2015年6月，纽约人口855万，是全美人口最多的城市。纽约是美国第一大都市和第一大商港，是整个美国的金融经济中心、最大的城市和人口最多的城市，同时也是世界最大的城市，在商业和金融的方面发挥了极为重要的全球影响力。纽约不仅是美国的经济、金融中心，是保险、金融房地产和商务服务业最集中的地方，而且是世界城市的典范，具有极为明显的国际化、区域化、专业化特征。对全球的控制力和影响力是纽约成为世界城市的保证；民族的多样性与文化的包容性造就了纽约“文化之都”地位，形成世界城市的核心魅力。

3.1.2 纽约城市管理

2015年4月纽约市发布了《一个纽约——规划一个强大而公正的城市》的最新规划，针对城市生活成本不断提高、收入不平等不断加剧、核心基础设施不断老化、环境质量难如人意等问题，通过广泛调查和征求市民意见，提出了面向2040年的“繁荣发展、公平公正、可持续性、富于弹性”等四项发展愿景。繁荣发展指人口增长、不动产发展、就业增长、工业部门增强;公平公正指在资产、服务、资源、机会上的平等,能让所有的纽约人展现他们的潜力;可持续性指减少温室气体和废弃物排放、保护水和空气质量、清理脏地、增加公共开放空间等,提高居民和未来子孙的生活水平;富于弹性指城市抵抗破坏性事件的能力。这个新规划针对四大愿景的具体内容,分别制定了相应的指标体系和目标,搭建了"愿景——策略——目标"体系,意图通过一系列行动和计划,将纽约市的宏大愿景变成可具体操作实施的措施。

《纽约规划 2040》的核心与纽约的包容性文化是一致的,面对 2040 年的人口增长和老龄化,纽约着力改善社会和物质的基础设施,提供足够的公共服务和就业机会。应对人口的变化,纽约并没有强调它要排斥哪些人,没有给城市发展加上人为的限制。多样性的纽约需要多样的人才,而人才的挑选则需要由市场的力量来选择,而非取决于城市管理者的偏好,因为管理者的知识永远赶不上市场的变化。

纽约市发布《纽约——建造永恒之城》报告,提出到 2050 年将把纽约温室气体排放量从 2005 年的水平降低 80%(简称"8050"计划。与传统以产业、能源、交通等路径为主不同,报告提出以提高城市 100 万栋建筑的能源效率作为主要措施。改造公共建筑,使之成为可持续发展的典范;创造一个蓬勃发展的能源效率和可再生能源市场;开发世界一流的绿色建筑和节能规范;成为清洁能源科技与创新的世界中心。

纽约城市管理的主要特点是:政府行政职能弱化,社区行政职能强化。对社区治理承担相应行政职责的行政委员会、区服务委员会等只负责任命、培训以及提供技术支持等。社区管理主要由社区居民自我负责,是一种公民高度自治模式。政府通过社区委员会搭建联系市民的桥梁,指导但不直接干预社区内部事务,形成自治组织机构健全、权责清晰的城市治理形态。纽约法规对社区居委会的职责作出了相应的法律规定,社区非营利组织活跃,志愿者是社区工作服务的主要提供者。政府与非政府组织共建的城市治理模式为纽约建设世界城市提供了保障。

3.1.3 纽约人才政策

3.1.3.1 纽约人才引进与保留机制

政府为了使用全球的优秀人才,建立引进外国人才的机制,包括技术移民、临时签证、留学绿卡、聘请外国专家、国际合作与跨国投资等。通过在移民政策方面向技术移民倾斜、增加外国技术人员赴美国工作的签证名额、增加留学的外国的学生数量、多种形式邀请外国专家学者到美国从事研究工作等多种方式吸引和保留外国人才。此外,政府还通过国际科技合作,进行跨国投资,利用别国的人力资源。

由于不需要受到地域、户籍等限制,所有企业都可以从全美国进行招聘,而且招聘的主要依据是能力、工作经历和受教育程度等,不受种族、性别和年龄的影响。同样,招聘的方式分为内部招聘和外部招聘,招聘的方式较为多样化。

在保留人才方面，签订较长的合约和赔偿比较高的违约金，在合约中限制人才为竞争对手服务，可以限制优秀人才的流动，使企业更长时间地保有人才。同时，提供良好的工作条件及工作环境、提高人才的福利待遇等，这些均对人才具有很大吸引力。另外，政府对不同行业制订了详细的劳动保障法律、法规，企业基本严格遵守这些法律、法规，触犯了法律、法规，企业会被罚款，雇主甚至会被追究刑事责任。

3.1.3.2 纽约人才使用与激励机制

首先，营造良好的用人环境，择优录用。一是因地制宜、量才使用，根据劳动者的具体情况给予相应的工作，具有博士学位的人才搞研究，具有 MBA 学位者从事管理经营工作，具有职业证书者从事相应的职业技术工作。二是根据业绩进行提拔、淘汰。将绩效考核结果作为晋升的最主要依据，而非工作年限等资历因素。三是提供学习深造机会。对于优秀人才，公司舍得花钱培训他们，安排他们参加研讨会，并且公司内有意识地安排他们在重要岗位上轮换，熟悉公司的业务，积累工作经验，为日后走上领导岗位做必要准备。

其次，搭建合理的工资体系，用高薪留住人才、激励人才。根据工作经验和工种设计合理的工资体系，保证工作与收益的公平性。采用高薪留住优秀人才，或是给予优秀人才非常丰厚的报酬，可比普通员工高几十倍，或者采用股票期权长期激励他们——用股票参与计划吸引和留住高素质人才，通过这些方式向他们提供分享公司现有的和潜在收益的机会，以求长期保留人才。

3.1.3.3 纽约人才培养机制

美国在人才方面特别强调教育的作用，主张教育机会均等，深化教育改革，提高教育教学质量，增加教育投资，提高教师待遇。美国政府视教育为国家发展的基础和人才培养的关键，对教育的投入十分巨大。州政府税收的 40%左右用在教育上，年教育投入达 3 000 多亿美元，是世界上教育经费投入最多的国家。高素质人才的培养主要通过大学和继续教育两大途径实现。最富有特色的是社区学院和继续教育培训机制。

除了大学教育以外，职业技术教育也是高等教育的一个重要方面，高中毕业学生如果想领取某一专业方向职业工作执照，必须参加相应的职业技术教育，如电脑维修、电工、会计助理等，然后参加政府企业的职业考试，领取职业执照。

同时，纽约企业非常重视培训，一般公司员工培训时间一年在 10 天左右，花费占到全部工资总额的 5%左右。高技术公司一般要对新进人员进行 3～6 个月的培训，然后每年都进行培训，很多公司将培训作为公司的福利。再者，美国政府从法律上保护企业员工的培训权利。政府规定雇主每年用于雇员的教育与培训的费用不得少于其全员工资总额的 1%，并要逐年增加，对于那些没有达标的公司和机构，每年将必须上缴其雇员工资总额的 1%，作为国家技能开发资金使用。同时，联邦政府允许各个企业把其投入在教育上的经费列为免征税项目。

3.2 伦敦

3.2.1 伦敦城市概况

伦敦是大不列颠及北爱尔兰联合王国的首都、欧洲第一大城市和最大经济金融中心。伦敦人口870万(2015年),通勤范围人口约为1 200万~1 400万。伦敦行政区划分为伦敦城和32个市区,伦敦城外的12个市区称为内伦敦,其他20个市区称为外伦敦。伦敦城、内伦敦、外伦敦构成大伦敦市。伦敦是世界上最重要的经济中心之一,也是欧洲最大的经济中心。金融业是伦敦最重要的经济支柱,银行数居世界大城市之首,全球大约31%的货币业务在伦敦交易。伦敦是一个全球交通运输枢纽,也是教育、文化及娱乐中心。伦敦的居民来自世界各地,具有多元的种族、宗教和文化,城市中使用的语言超过300种,是一个非常多元化的大都市。

3.2.2 伦敦城市管理

2013年12月底,伦敦市政府为了应对城市发展中面临的问题,着眼于到2020年伦敦将会遇到的机遇与挑战,提出《智慧伦敦计划》,旨在"利用先进技术的创造力来服务伦敦并提高伦敦市民生活质量"。《智慧伦敦计划》明确提出了7条主要实施路径:以市民为核心,开放数据,充分利用伦敦的研究、技术和创新人才,通过网络优化伦敦创新生态系统,让伦敦在适应中成长,市政府更好地服务伦敦市民,为所有人提供一个更智慧的伦敦。同时,《智慧伦敦计划》也阐释了智慧伦敦建设的创新方法,将人、技术与数据有效整合,以集成创新的方式解决伦敦所面临的各项问题。

2016年,为了应对经济发展的困境,伦敦市政府颁布了《伦敦规划:伦敦空间发展战略,2011版的调整与增强》,强调可持续的发展,依据新的规范对住房的建设容量、能源消耗、污染排放和停车标准等进行了调整。这个规划以可持续发展理念为基础,提炼出了"生活品质引领"的更高定位,以凸显其"以人为本"的执政方针,并从经济、社会、环境三大领域提出6个方面的目标和相应的发展重点。

伦敦的城市发展导向是给所有人提供平等的生活机会。伦敦城市公共设施供给的导向是需要更多的、更高质量的社会基础设施去满足人口增长和多样性的需求。伦敦在总体规划层面就提出要注重满足弱势群体和少数群体的设施需求,强调提供更多福利设施和少数族裔用以集会和祷告的场所,并在规划准备中将这几类设施增减与开发计划批准与否挂钩来保证设施供给导向的落实。

伦敦市层面的《社会基础设施补充规划指引》建议各自治区将设施分为战略型和社区型两种,并给出了差异化的配置引导。依据不同设施特性和使用者来源,伦敦各自治区在其所辖范围内设置有更小的配对地方合作区域和街区两个层级的设施规划评估单元，连同自治区这个层级的空间单元形成了三级的规划评估单元，大多数设施的评估和规划都基于这三个尺度综合考虑。其中，街区是基于特征分析和征询地方意见所划分的最小规划评估单元，也是其人口模型能够预判的最小空间单元。

伦敦城市管理的主要特点是“双层治理”模式。大伦敦政府提供战略性、跨区域性的公共服务。大部分日常性和区域性的公共服务由各自治市(包括伦敦城)提供。每个自治市由一个选举产生的市议会进行管理，履行诸如教育、社会服务、住房、道路、区域规划、街道清扫和垃圾处理及图书馆运行等方面的公共职能。政府把治安、防火、公立学校、家庭福利等公共服务直接承包给企业、社区，实行公共服务市场化，有效降低了公共开支、提升了治理效率。

3.2.3 伦敦人才政策

3.2.3.1 伦敦人才引进与保留机制

伦敦的生活与工作成本很高，人才流动频繁。伦敦每年都会新增数万个工作岗位。其中，新增加岗位中的50%以上用于吸引其他国家和地区的优秀人才。

招聘方式方面。招聘的渠道可以分为内部招聘与外部招聘。中小企业通常以非正式渠道或者利用职业代理机构进行招聘。大公司及公共管理部门则习惯于通过地方性或全国性的报纸来招聘人员。通过填写申请表明确各种招聘类型的比例及数量，并在一定程度上避免内部招聘与外部招聘中的不公平对待。同时，法律对有关招聘的方方面面都有规定，为招聘的实施提供了最为可靠的保障。

伦敦高校针对不同的人才类型采取不同的引进方式。“学术型员工”的引进从全球范围内考虑，不局限于英国本土。对于这类员工，还可以提供更好的工作条件，如周期性休息日、配备研究助理以及工作之外的机会。“学术支撑类员工”采用特定的招募程序，有时还可以辅之以心理测试等方法进行。通常以职业生涯规划为重要条件吸引人才。

在伦敦，津贴与移民政策具有重要的地位。津贴已逐渐成为伦敦工资的一部分，并在不同行业采用不同的方法。同时，英国政府提供便利的移民政策，以吸引和保留来自国外的人才。

3.2.3.2 伦敦人才使用与激励机制

伦敦的年工作流动率高于整个英国平均值，这源于伦敦相对多的工作就业机会和相对大的工作强度与工作压力。

高端人才的激励主要采用两种方法，即高级岗位工作评估和高级人才工资评估体系，它可以协助各个部门对工作和工资进行连续性评估。这两种制度能够激励高端人才，发挥他们在城市发展中的中流砥柱作用。

在缺乏资源对员工工资进行明显性调整的情况下，用人单位可以根据个人表现、留任情况及市场行情选择性地采用年度晋升评议。在实际操作中，为确保灵活性及反应能力，通常以一个季度为评议周期。

在企业中，工资政策的变化更加灵活。在劳动力短缺时，可以采用更加机动的浮动工资制，在实践中表现为浮动工资在报酬中的比重上升。另外，企业可以根据利润情况阶段性地给雇员发放奖金，利润分享一方面使得雇员对雇主的决策多了份参与、责任与影响，另一方面将雇员与企业的经济实力拴在一起。

3.2.3.3 伦敦人才培养机制

伦敦的人才培养方式主要包括学校教育及职业培训两种，以及其他的辅助学习与培训方式。其中，学校教育投入被视作是一种人才投资战略。大学或学院是伦敦人才学校教育的主要力量。研究单位的学生三分之二来自于伦敦以外的地方，这些人毕业后有一部分直接在伦敦就业，成为伦敦发展的一支重要力量。各类职业培训也是人才培养的重要形式，其形式以自愿学习团体和民间组织的高校和函授学校为主要形式。培训类型包括学徒式学习，国家执业资格培训，政府支持的培训，与工作相关的培训、非职业课程、职业课程培训。

另外，人力资源管理机构还设立专门的培养及发展部门，它们的培训形式包括：①提供有关职业学习与业务技能的信息及建议；②制订员工学习与发展的政策体系；③向各个层次的员工提供职业发展咨询；④设计与提供专门的员工发展机会。在企业中，还普遍实行管理培训和开发，以经理人员为培训和开发对象，内容包括培训、生产劳动锻炼、出国培训、工作轮换和参与计划与生产小组。

在企业中，还普遍实行管理培训和开发，以经理人员为培训和开发对象，内容包括培训、生产劳动锻炼、出国培训、工作轮换和参与计划与生产小组。

3.3 东京

3.3.1 东京城市概况

东京是日本国的首都，也是日本政治、文化、经济的中心，是亚洲第一大城市和世界第二大城市，所含扩张相连的城区是目前全球规模最大的巨型都会区。截至 2015 年底，东京都已成为拥有 3 800 万人口、经济总量 7 590 亿美元、轨道交通 2 300 多公里的全球特大型城市。作为全球最大的经济中心之一，东京拥有全球最复杂、最密集、运输流量最大的铁道运输系统和通勤车站群，是世界经济最进步、商业活动最发达的城市，并且成功克服了多数全球大城市因城市化而产生的“城市病”，宜居程度在全球特大城市中也首屈一指。

3.3.2 东京城市管理

东京的城市发展导向是建设一个福祉先进、福利完善的城市。东京城市公共设施供给的相关导向是分别针对婴幼儿、老年人、有医疗卫生需求的市民、残疾人配置设施和提供服务。东京面临人口负增长、地方财政压力不断增长的处境,因此在设施供应上的总体导向是集约、节约利用设施,提升服务效率,并通过减少、归并低效存量设施,利用结余的用地、人才和财政资源提升设施的服务品质。

东京按照管理主体对公共服务设施进行分类,并无明显分级,依据管理主体分为国立、都立、市立、私立以及社会机构所属的5种类型设施。此分类明确了设施建设和管理的基本财源,但并不是规模等级划分的依据,即都立设施未必在规模和服务等级上低于国立设施,社会机构或私人提供的设施服务也可能优于国立、都立和市立设施。现状公共设施评价按照大、中、小3个分类展开,其中针对福利设施的分类尤为细致,中类层级分为服务于老年人、儿童和残障人士3个群体的设施类别。针对老年人和残障人士的细分不仅涉及基本的养护服务,还专门提供就业支援。这些设施的现状和供给情况也表现出数量庞大、空间覆盖率高的特征。

东京城市市容环境整洁,东京都政府各管理部门按照职责分工,各司其职,在东京都政府层面主要负责相关法规的执行、制定,对城市市容环境管理进行指导。各区、市、町的下设机构,具体负责管理实施。同时,社会民间企业也通过协议会、事务部和政企合作等形式参与到城市市容环境的建设和维护中来。东京市政公用设施完善发达,规划、建设和管理充分考虑安全性、便捷性、智能性、集约性等要素。在市政公用设施的建设和运营管理方面,东京都政府在法规框架内,充分发挥社会民间的多元化参与作用,削减政府财政和人员投入,推动公共服务改革和提升城市活力。主要采用:私人融资(PFI)方式,把社会民间的资本、经营、技术等投入到公共设施的建设、维护管理、运营等方面,从而实现市政公用设施高效运营和服务提升;特许经营方式,对于收取门票的设施,公共主体拥有设施的所有权,赋予社会企业设施的经营权;指定管理者制度,指定具有丰富管理经验和高效管理能力的社会企业管理公共设施,提升服务品质,发挥设施功能价值。

东京城市管理的主要特点是:实行扁平化管理模式,都、区两级政府管理体制,实现机构设置扁平化、治理层级简约化、职能配置整合化。东京都的都政府掌握的实权并不多,主要负责城市发展的定位和规划、协调社区事务等。区市役所,主要负责管理各种社区行政食物。社区内存在较多的自治组织,主要有町内会和自治会,具有一定的行政管理权利。社区居民可以通过参与自治组织的途径来参与社区事务管理。

3.3.3 东京人才政策

3.3.3.1 东京人才引进与保留机制

东京积极地采用各种措施挖掘本国的人力资源,成立各种学术交流机构,促进各类人才的横向联系,并通过各方面的信息交流,更好地利用其潜在的人力资源。此外,为了保持其经济大国的地位，在有效开发本国人力资源的基础上，积极引进外国最新的研究开发成果，加强国际交流与合作，通过提供良好的研究环境和生活环境，来吸引和利用外国的优秀人才。虽然大学毕业生有找不到工作的，但东京仍在绞尽脑汁吸引国外优秀人才。在东京，有很多外国科研人员在当地就业或与东京导师一起从事研究工作。按照东京现在的规定，在东京留学的外国人如果毕业当年找不到工作就要回国，但经团联建议，留学生即使找不到工作也可以再给二三年的签证。

3.3.3.2 东京人才使用和激励机制

在企业人力资源管理方面，东京融入了人本主义管理方法，创立了独具特色的终身雇佣制。东京的大中企业，基本上都实行终身雇佣制，即使是在经济萧条期或者企业内出现结构性过剩人员时，企业也不轻易解雇职工，而是在企业内部通过缩短工作时间、调整工资水平、扩大营业部门、开发新产品等方式维持就业，尽量照顾职工的生计；而对于不能胜任原工作的职员，通过企业内部职业培训等方式提高其工作能力，在培训合格后，将其安排在合适的工作岗位上。这样，不仅可以提高职员的企业忠诚度，确保了支撑着东京经济的骨干企业在人力资源方面的稳定性和高素质，而且在一定程度上也截断了横向的劳动力市场，有助于职员就业的稳定性，同时可以使企业节约劳务管理费用，有助于对员工长期培训，提高企业的生产、经营及研究开发的效率。

年功序列制度是与终身雇佣制紧密相联的一项制度。年功序列制度主要体现在薪酬和职业晋升两个方面。在薪酬方面，根据年功序列制度，职工的薪酬会随着工作时间的增加而不断增加，即实现资历工资制与终身雇佣制的匹配，这样可以帮助巩固长期雇佣制度，维持长期激励机制。同时，在职业晋升方面，职工的职位提升也与资历条件密切相关，但资历并非是唯一考核的要素，也包括职工的业绩、能力、学历和适应性等其他因素。考核结果的差距会随着职员的能力和贡献的不同而逐渐明显，这样就防止了待遇上的平均主义以及晋升中论资排辈现象的出现。

其次，考核中除了评估职员的业绩、能力和知识因素外，还将职员对企业的忠诚感、责任感等因素作为重要的考核对象，将这些因素作为职员最基本的素质要求，即一个不具备以上素质的职员，即使业绩水平高、专业技术强，也不被企业重视。同时，东京的企业很注重激励，激励的形式侧重于精神上的表扬和鼓励。激励的效果也证实了精神上的奖励要比物质上的奖励更能激发职员的积极性和创造力，为企业创造出更多的价值。

3.3.3.3 东京人才培养机制

日本推行通过大力发展正规教育来开发人力资源的战略，其人才培养主要推行的是终身教育制度，重视人才的整体素质的培养和完善，分别从职业人和社会人两个层面来提高人才的整体素质水平。在职业人培养方面，在重视知识、技能的培养的基础上，还特别注重人的态度的培养，包括勤恳的敬业精神、务实的工作作风以及认真负责的工作态度，注重职员对企业的认可程度，尽可能地使职工融入企业，形成特有的团队精神。社会人培养方面，培养工作主要由社会教育机构来承担，培养的内容涉猎广泛，包括经济、科普、历史、技术等各个方面，尤其注重人的生存能力的培养和知识面的丰富。

日本东京的人才培养有两条主要途径：学校教育和职业教育。其中，学校教育由日本文部省管辖，采取应试入学制度，把学历作为谋取工作的最主要凭证之一。东京的高等教育主要包括4种类型：大学、短期大学、高等专门学校和专修学校。其中，东京的高等专科教育中有一种中国没有的办学形式，那就是招收初中毕业生的五年制的“高等专门学校”，其实就是高等职业技术学校。由于专修学校比短期大学和高专更适应经济社会对专门人才的需要，所以发展得很快，已经成为东京高等教育中不可缺少的一环。

职业教育由劳动省管辖，专门对已就业的人或尚未就业的人员进行职业能力训练，并有明确的职业教育政策法规。东京的企业内职业教育是职业教育中最重要、最成功、也是最有特色的部分。其主要目标是培养职员的岗位工作能力，培养技术骨干与实际操作者，其教学内容与企业的生产经营密切结合，为提高本企业的劳动生产率和经济效益服务。东京企业职工技术培训普及率达95%以上。

3.4 卓越全球城市发展对上海城市管理人才建设的启示

3.4.1 对上海城市管理的启示

从纽约、伦敦、东京等标杆的世界级城市来看，有效的城市管理，越来越呈现以下几个特征：

1. 以人为本

在城市建设的规划建设和设施布局中，充分考虑到市民的实际需求，提供便捷、舒适的公共服务。在城市管理理念上，处处体现“人”这一核心要素，满足市民的需求，让市民切身感受到城市建设和管理者事无巨细的认真、用心和细致。

2. 综合管理

城市管理更加突出城市空间要素的管理，既有包括城市基础设施、公共空间、城市建设等方面的硬件管理，也包括与空间要素相关的城市营运管理、制度文化创新、公共服务提供、公共政策创新、信息技术应用等软件管理，使得城市管理工作更具综合性、复杂性。

3. 精细品质

城市管理更加注重城市运行品质提升，更加注重回应公众差别化、精细化的需求，更加注重从“大而全”向“专精特”方向发展。

4. 技术创新

城市管理更加注重节能环保、新一代信息技术、新技术、新工艺、新能源、新设备、新材料等新兴产业的融合与应用，更加依赖通过计算机模拟仿真技术、智能化技术、大数据、互联网等提高城市管理的效率。

5. 绿色生态

城市管理在生态文明建设方面将承担重要角色，更加关注绿色、低碳、环保，更加关注人、自然、建筑的和谐统一，为市民营造更为舒适的生活、工作、出行等空间。

6. 安全保障

将城市安全放在重中之重的战略位置。各种自然灾害和人为危机事件不断冲击着城市的健康发展进程，卓越的全球城市拥有比较成熟、先进的城市运行安全与危机管理体系。通过安全设施的完善和质量保证提升城市安全的保障功能，城市的精细化管理将城市安全作为第一目标。

3.4.2 对城市管理人才建设的启示

通过上述3个卓越全球城市人才管理的研究，从中可以分析与归纳出这3个国际化大都市人才管理方面拥有的一些总体特征及其普适特点。这些特征的分析与研究呈现了当今国际化大都市人才管理的总体特征及未来发展趋势，以及人才发展战略对社会经济发展的影响，可为上海城市管理人才支撑体系的创建提供有价值的借鉴经验。

1. 建立了科学和专业化的人才管理体系

具体包括：

(1) 制定与实施相对完善的人才管理的法律、法规与政策体系。

(2) 建立职责与权力明确、管理实施高效的人才管理组织架构。明确市场、政府和企业在人才管理中的职责和角色定位，实现以企业为本、以市场为导向、政府机构提供专业服务的人才管理模式，并在此基础上建立起合理的人才管理组织架构。

(3) 建立科学完善的人才培养、引进、使用、激励和保留体系。学历教育和职业教育并重、健全的专业培训体系、完善的人才引进政策支持、具有竞争力的人才激励体系等对于建立科学与完善的人才培养、引进、使用、激励和保留体系具有重要的作用。可以说，基于科学决策而建立起来的完善的人才培养、引进、使用、激励与保留机制，是世界城市人才管理取得成功的重要保障。

2. 建立了现代化的人力资源管理运行机制

具体包括：

(1) 树立现代化人力资源管理观。基于市场为导向的现代人力资源管理强调政府和企业都尊重人才的择业自由，并且人才的流动不受到地域、户籍、社会保障方面的限制，人才的充分自由流动，使人的潜能得以有效挖掘，从而使人力资源得到最合理配置。

（2）建立现代人力资源管理的技术支撑系统，利用信息技术整合人力资源管理系统，实现人力资源管理技术支撑系统的数字化运转，提高信息资源的有效性和科学性，建立动态、集中的人才信息网络，从而极大的提高人力资源管理的效率。

（3）建立以市场为基准、以能力和绩效为导向的薪酬体系。政府人才管理部门的主要任务就是维护市场的公平与合理的竞争环境，使人才有充分的自由选择权，从而强化薪酬体系的作用和绩效导向。

3. 建立了完善的国际人才市场体系

具体包括：

（1）建立统一的跨区域人才市场。在引进国际化人才市场上制定统一的海外人才评价和准入的制度，通过各种制度的实施建立起一个公平竞争的跨区域人才市场，让国际人才的流动逐渐规范化。

（2）建立与实施完善的国际人才引进制度。通过实施非常诱人的资助基金与政策吸引外国留学生，建立起完善的移民制度吸引国际人才，并通过中介机构和制度保障实现国际人才引进的可操作性。

4. 建立了市场化的人力资源管理研发与服务体系

具体包括：

（1）建立完善的人力资源产品与服务的研发体系。整个体系是基于市场化运作的，政府投入研发资金并面向市场公开招标的方式进行人力资源产品与服务的研发，因而具备了很高的人力资源管理研究水平。人力资源产品与服务研发体系的建立让政府部门人才管理决策的制定更具科学性与合理性。

（2）大力发展市场化的人才中介服务体系，使人才资源的市场化配置成为主导。政府人才管理部门主要关注人才的宏观调控及相关政策的制定，而微观层面的人才流动则是由基于市场化的人才中介服务机构进行管理。常规式的猎头公司、诸多的行业协会和雇主协会、工会组织以及其他不同类型的人才中介机构构成了人才资源市场化配置的有效载体。

4. 上海城市管理领域人才现状分析

4.1 建设交通系统人才基本情况

建设交通系统市属委办局有 7 家单位，分别为中共上海市城乡建设和交通工作委员会、上海市住房和城乡建设管理委员会、上海市交通委、上海市水务局（上海市海洋局)、上海市绿化和市容管理局(上海市林业局)、上海市城市管理行政执法局和上海市房屋管理局,共有职工 6 975 人。各区住房和城乡建设管理委员会、区交通委、区水务局、区绿化局、区城市管理行政执法局、区房管局等机关、事业单位共有职工人数 2 万余人。本市道路运行养护、绿化养护、水上轮渡、轨道交通运营、水闸运行养护、排水、供水、物业管理等 8 个行业一线作业职工约 48.6 万人左右。

"十二五"以来,市建设交通系统通过组织推荐和评选,共选拔了 8 名"千人计划"引进人才、20 名上海领军人才、18 名政府特殊津贴人才等高层次人才。聚焦重大工程项目科技创新和人才素质提升,持续开展"创新团队"和"杰出人物"评选活动,培养选拔 13 个"优秀创新团队"、28 名"创新杰出人物"。扎实推进行业专业技术人才队伍建设,通过组织 3 批教授级高级工程师和 5 批高级工程师评审,累计评审通过 519 名教授级高级工程师和近 6 000 名高级工程师。通过实行执业资格准入,累计取得各类建设工程执业资格注册人员达 8.8 万多人。通过组织开展各类技能鉴定和技能竞赛,累计培养各类职业技能人才 3 万多名。

4.2 人才构成现状

为了全面深入了解目前上海建设交通系统中城市管理人才的现状,课题组对上海 95 家城市建设交通系统有代表性的企事业单位、共 2.88 万余名职工的现状开展了调研。为深入了解本市城市管理领域的人才构成现状,本课题将人才分为管理型人才、技术型人才、技能型人才和高层次人才四类(见附图 4-1)。

管理型人才:指担负单位领导职责、部门负责人和一般管理工作岗位的人才,其中设定:一般管理工作岗位为初级,部门负责人为中级,单位主要领导为高级。

技术型人才:指从事专业技术工作岗位,达到相应专业技术水平、具备相关专业技术能力的人才,其中设定:初级职称为初级,中级职称为中级,高级职称(正高级和副高级)为高级。

技能型人才:指在生产和服务等领域岗位一线工作、掌握专门知识和技术、具备相关操作技能,并在工作实践中能够运用其技术和能力进行实际操作的人员,其中设定:初级工、中级工为初级,高级工为中级,技师及以上为高级。

高层次人才:是指行业领军人物、行业大师、"千人计划"及以上的人才,以及在专业或行业领域有较高影响力的人才。

根据收集到的调查样本,目前在上海城市建设交通系统中,管理型人才占比为 30.7%,技术型人才占比为 48.2%,技能型人才占比为 20.5%,高层次人才占比为 0.6%。调查结果表明,目前城市管理人才主要以技术型人才为主,高层次人才的比例过小(小于 1%)。

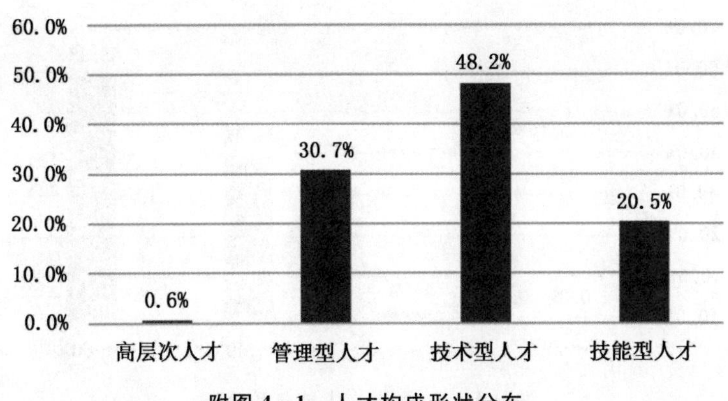

附图 4-1　人才构成形状分布

4.2.1 高层次人才现状

在高层次人才中,高级职称以上的比例为 96.4%,中级职称的比例为 3.6%。从学历层次来看,博士占比为 5%,硕士占比为 20.7%,本科占比为 70.7%,大专占比为 3.6%,高中、中职占比为 0%,初中以下占比为 0%。从年龄层次来看,20～29 岁年龄段的占比为 0%,30～39 岁年龄段的占比为 1.5%,40～49 岁年龄段的占比为39.4%,50～60 岁年龄段的占比为 59.1%(见附图 4-2)。

调研数据表明,高层次人才的职称主要以高级职称为主,学历层次几乎均为大学及以上者,年龄层次主要集中在 50～60 岁年龄段。这说明,对于城市管理领域,工作经历和经验十分重要,要成为行业高层次人才,需要一定时间的积淀才有可能(见附图 4-3)。

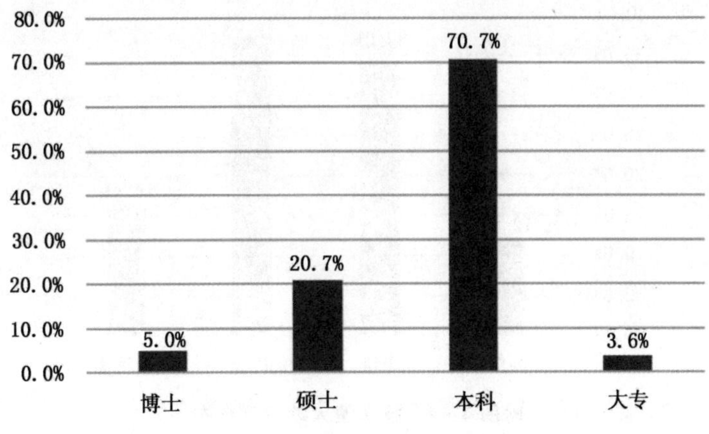

附图 4-2　高层次人才学历分布

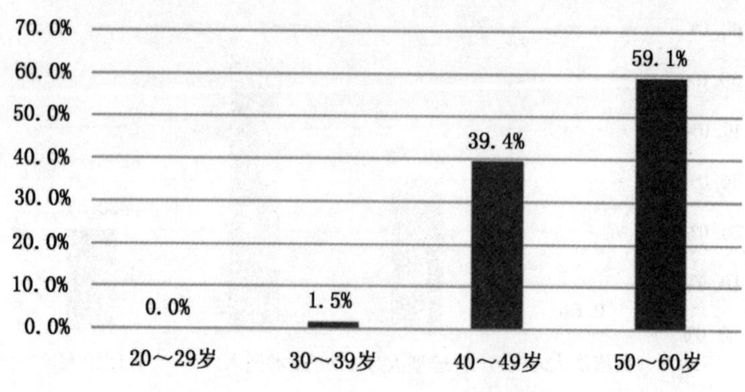

附图 4-3　高层次人才年龄分布

4.2.2 技术型人才现状

在技术型人才中，高级职称占比为 12.0%，中级职称占比为 34.0%，初级职称占比为 37.6%，无职称的其他类特殊人才占比为 16.4%。从学历层次来看，博士占比为 1.1%，硕士占比为 14.7%，本科占比为 52.7%，大专占比为 20.9%，高中、中职占比为 7.4%，初中以下占比为 3.2%。从年龄层次来看，20～29 岁年龄段的占比为 27.7%，30～39 岁年龄段的占比为 40.9%，40～49 岁年龄段的占比为 17.6%，50～60 岁年龄段的占比为 13.8%（见附图 4-4、附图 4-5、附图 4-6）。

调研数据表明，在技术型人才中，以中、初级职称为主，学历层次以本科为主，年龄层次主要以 30～39 岁年龄段为主。

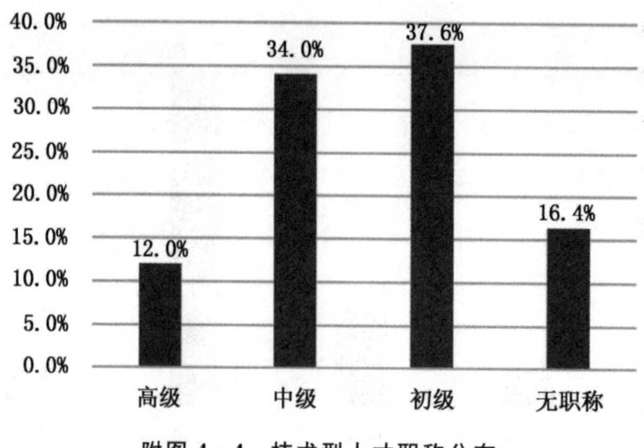

附图 4-4　技术型人才职称分布

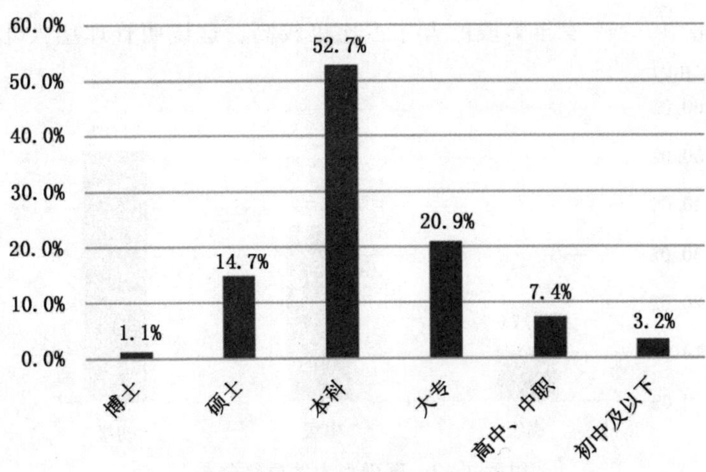

附图 4-5　技术型人才学历分布

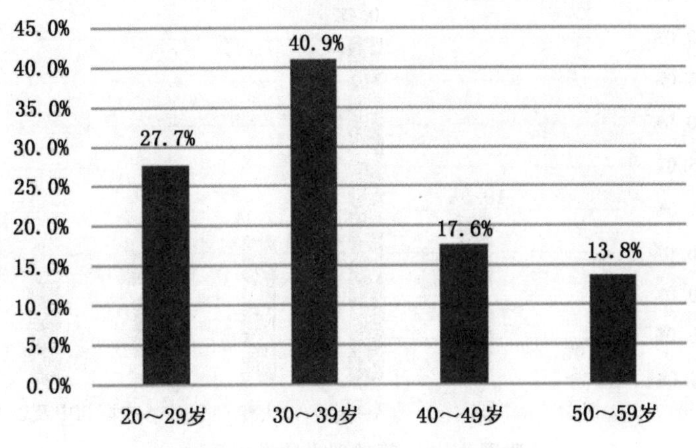

附图 4-6　技术型人才年龄分布

4.2.3 管理型人才现状

在管理型人才中，高级管理人才占比为 11.7%，中级管理人才占比为 36.5%，初级管理人才占比为 45.3%，其他类特殊人才比例为 6.5%。从学历层次来看，博士占比为 1.0%，硕士占比为 19.3%，本科占比为 40.4%，大专占比为 17.1%，高中、中职占比为 10.0%，初中以下占比为 12.2%。从年龄层次来看，20～29 岁年龄段的占比为 22.3%，30～39 岁年龄段的占比为 33.0%，40～49 岁年龄段的占比为 25.8%，50～60岁年龄段的占比为 18.9%（见附图 4-7、附图 4-8、附图 4-9）。

调研数据表明，在管理型人才中，以中、初级管理人才为主，学历层次以本科为主，本科学历占比较技术型人才低；年龄层次主要以 30～39 岁年龄段为主，但占比较技术型人才低，其次 40～49 岁年龄段的人才占比也较高。这说明管理型人才的年龄普遍较技术型人才的大。

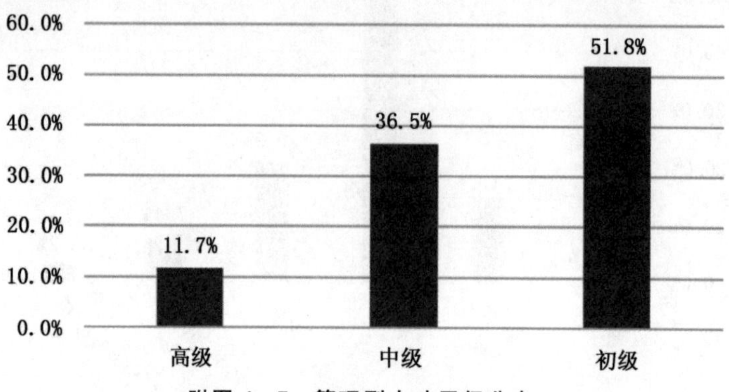

附图 4-7　管理型人才层级分布

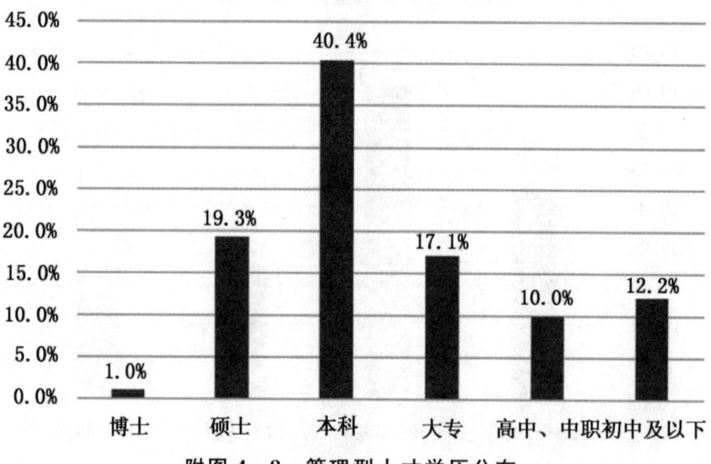

附图 4-8　管理型人才学历分布

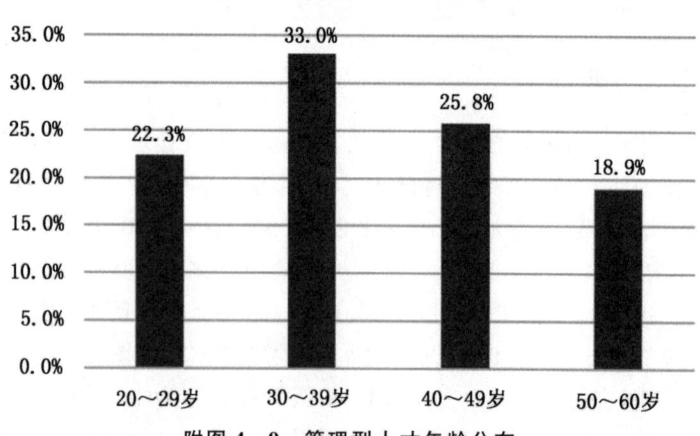

附图 4-9　管理型人才年龄分布

4.2.4 技能型人才现状

在技能型人才中，技师及以上的人才占比为17.2%，高级工占比为32.6%，中级工、初级工占比为35.1%，无等级工证书的其他类特殊人才占比为15.1%。从学历层次来看，博士学历占比为0%，硕士学历占比为0.3%，本科占比为14.5%，大专占比为21.6%，高中、中职占比为36.4%，初中以下占比为27.2%。从年龄层次来看，20～29岁年龄段的占比为10.6%，30～39岁年龄段的占比为29.2%，40～49岁年龄段的占比为24.1%，50～60岁年龄段的占比为36.1%(见附图4-10、附图4-11、附图4-12)。

调研数据表明，在技能型人才中，高级工占比较高，接近初、中级工之和。学历层次以高中、中职为主。年龄层次主要为50～60岁年龄段，20～29岁年龄段的占比仅为10.6%，40岁以上的占比为60.2%，说明目前技能型人才年龄趋于老化，年轻的技能型人才比较缺乏。

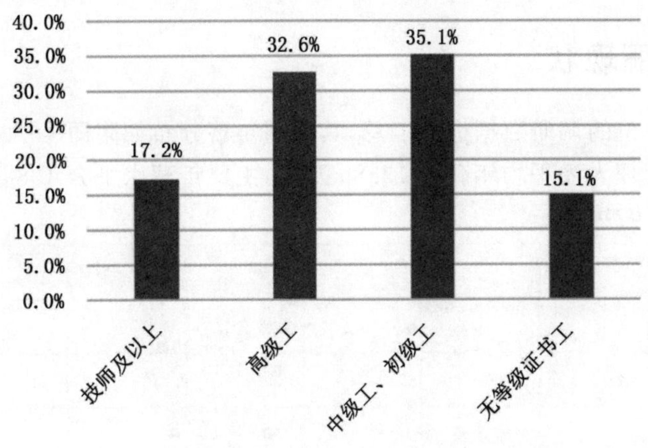

附图4-10　技能型人才层级分布

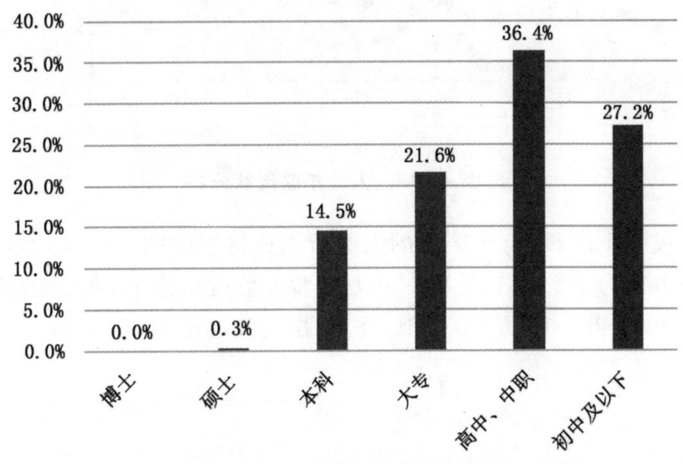

附图4-11　技能型人才学历分布

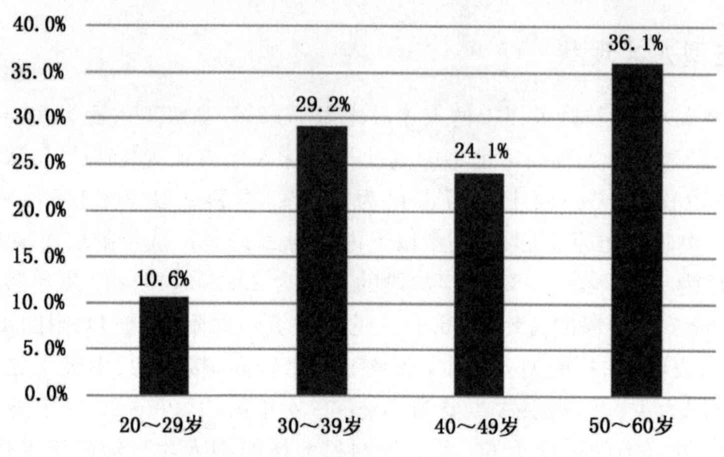

附图 4-12　技能型人才年龄分布

4.3 人才薪酬现状

对企事业单位的调研数据进行汇总，其平均年薪分布如附图 4-13 所示。本次调研样本的城市管理人才平均年薪为 13.85 万元，主要年薪水平介于 8 万～17 万之间。

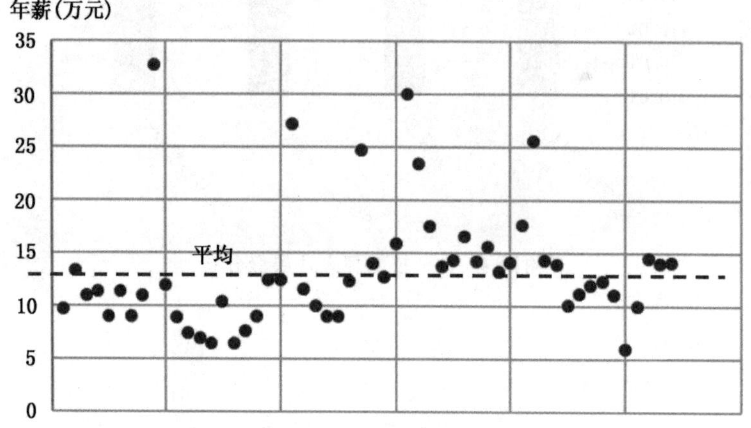

附图 4-13　人才年薪现状分布

将年薪分成 4 个区段，每个区段的人数所占比例如附图 4-14 所示。其中，20 万以上年薪人数占比为 10.9%，15 万～20 万年薪人数占比为 17.2%，10 万～15 万年薪人数占比为 45%，5 万～10 万(不含 10 万)年薪人数占比为 26.9%。

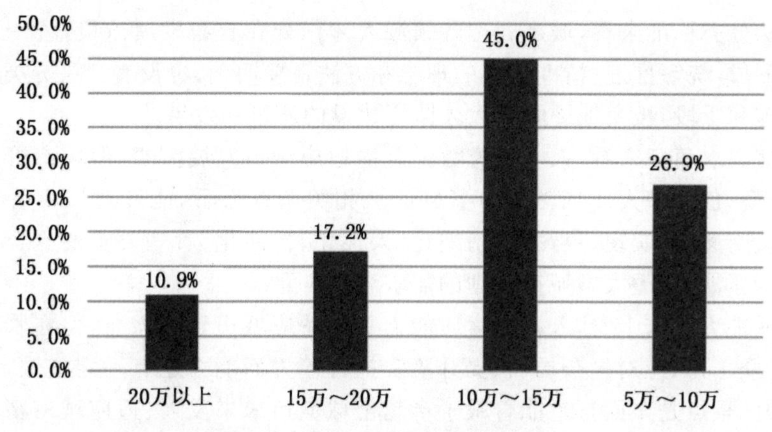

附图 4-14　平均年薪人数分布比例

4.4 人才政策期望现状

通过对 61 家企事业单位的调研，发现人们对人才政策的期望现状如附图 4-15 所示。其中，对留住人才政策的期望占比较高，为 29.6%；其次是对引进人才政策的期望，占比为 25.3%。

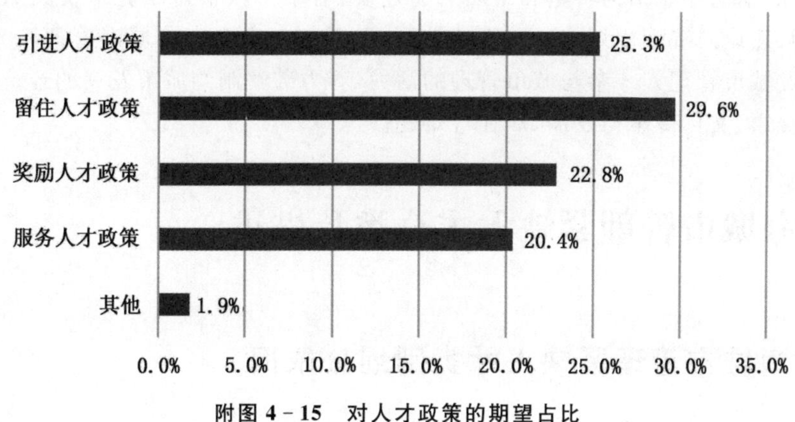

附图 4-15　对人才政策的期望占比

4.5 城市管理人才存在的问题

从内涵和外延看，城市管理的领域相当宽泛，城市管理人才队伍建设更是一个全新的课题，既无已定的标准可以遵循，也无现成的经验可以借鉴。根据课题调研情况，目前尽管我们在城市管理的各个领域均有一定规模和数量的从业人员，但是就队伍总体而言，在以下三个方面还在存在一些问题：

一是从分类标准来看，城市管理各领域人才尚处在自我发展阶段，统一的分类和标准尚未形成，统筹推进、精准施策的理念和方法还要明确，也没有分层分类开发培养的具体措施和手段，极大地影响了人才队伍建设的质量和效果。

二是从需求角度来看，人才规模数量总体适应城市发展需要，但城市管理领域高层次、复合型、创新型人才依然十分紧缺。从相关调查来看，能针对城市管理的新情况、空白点、交叉点，实现“集约化、精细化、人性化、智能化”管理要求的复合型城市管理人才极为紧缺，与超大型城市管理的需求尚不匹配。

三是从能力要求上看，人才的素质能力总体适应城市管理需要，但在管理理念更新、做好群众工作、应对复杂局面、提升落实执行等方面能力还有一定欠缺，还需不断学习和提升，重点是全面打造能着眼于卓越全球城市未来发展、适应城市精细化管理新理念和新模式、统筹城市诸多要素和功能管理、有效维护城市安全并能妥善处置危机的人才队伍。

因此，面对当前和卓越全球城市的发展要求，真正实现转变城市发展方式，完善城市治理体系，提高城市治理能力，着力解决城市病等突出问题，亟需一批具有世界眼光、战略思维、协调统筹能力，深谙城市管理之道、潜心城市服务的干部队伍和城市管理人才队伍，用科学态度、先进理念、专业知识去规划、建设、管理城市；亟需加快建设交通人才的知识专业结构转型和素质能力建设，着眼于城市持续健康发展的要求，从重视规划、建设向统筹规划、建设、管理转型；亟需创新突破束缚城市管理人才的体制机制，激发城市管理人才参与城市管理的活力，着力破解制约城市发展的经济转型、生态环境、交通、文化传承与发展、居住等难题。

5. 上海城市管理紧缺人才分类及描述

5.1 上海城市管理紧缺人才类别划分依据

5.1.1 劳动法律与职业大典

职业，是从业人员为获取主要生活来源所从事的社会工作类别。职业分类，是以工作性质的同一性或相似性为基本原则，对社会职业进行的系统划分与归类。

2016～2020 年是上海“十三五”规划期间基本建成具有全球影响力的科技创新中心基本框架的关键时期，根据中央城市工作会议精神、建设全球卓越城市目标和加强城市精细化管理的工作要求，建设城市管理人才队伍成为人力资源建设的当务之急。

中华人民共和国职业分类大典，是依据《中华人民共和国劳动法》编制的。职业大典参照国际标准职业分类，从中国实际出发，在考虑经济发展、科技进步和产业结构变化的基础上，按照工作性质同一性的基本原则，对我国社会职业进行科学划分和归类，较为准确地描述了每个职业的工作内容及活动范围，全面反映了我国社会职业结构。2015 年，由人力资源社会保障部、国家质量监督检验检疫总局、国家统计局牵头成立的国家职业分类大典修订工作委员会审议、表决通过并颁布了新修订的 2015 版《中华人名共和国职业分类大典》（人社部发〔2015〕76 号），将职业分为 8 个大类、75 个中类、434 个小类、1 481 个职业。

本项研究中，上海城市管理紧缺人才分类，参照了《中华人民共和国职业分类大典》确定的职业分类逻辑，将上海建设交通系统所辖范围内的城市管理紧缺人才按照大类、子类的逻辑层级进行具体分类。

5.1.2 城市管理内涵

城市管理是指以城市为对象，以城市基本信息流为基础，运用决策、计划、组织、指挥等一系列机制，采用法律、经济、行政、技术等手段，通过政府、市场与社会的互动，围绕城市运行和发展进行的决策引导、规范协调、服务和经营行为。城市管理工作的内涵将是本次人才大类、子类划分的重要依据。

《中共中央国务院关于深入推进城市执法体制改革 改进城市管理工作的指导意见》（中发〔2015〕37 号文）指出，城市管理的主要职责是市政管理、环境管理、交通管理、应急管理和城市规划实施管理等。具体实施范围包括：市政公用设施运行管理、市容环境卫生管理、园林绿化管理等方面的全部工作；市、县政府依法确定的，与城市管理密切相关、需要纳入统一管理的公共空间秩序管理、违法建设治理、环境保护管理、交通管理、应急管理等方面的部分工作。

《国务院关于进一步推进相对集中行政处罚权工作的决定》（国发〔2002〕17 号）指出，实行相对集中行政处罚权的领域，是多头执法、职责交叉、重复处罚、执法扰民等问题比较突出，严重影响执法效率和政府形象的领域，目前主要是城市管理领域。在范围上主要包括：市容环境卫生管理（强制拆除不符合城市容貌标准、环境卫生标准的建筑物或者设施）、城市规划管理、城市绿化管理、市政管理、环境保护管理、工商行政管理（无照商贩）、公安交通管理（侵占城市道路）等。

从网格化管理的角度看，根据《上海市城市网格化管理办法》（2013 年市政府令第 4 号）和《上海市城市网格化管理规范（2015 版）》，城市管理可划分为部件管理和事件管理两大类。其中，部件类共 5 大类（公用设施、道路交通、环卫环保、园林绿化、其他设施）87 小类；事件类共 8 大类（环卫市容、设施管理、突发事件、街面秩序、市场监管、小区管理、农村管理、街面治安）57 小类，共计 13 大类 144 种。

从城管执法的角度来看，根据市人大《上海市城市管理行政执法条例》和市政府

《〈上海市城市管理行政执法条例〉实施办法》，本市城管执法部门被赋予市容环卫、绿化、市政工程、水务、环保、工商、建设、规划、房管、交通和其他等“10＋X”领域执法权限，共428项执法事项。根据《上海市人民政府关于扩大浦东新区城市管理领域相对集中行政处罚权范围的决定》，除全市性执法事项外，浦东新区还承担了林业、文化市场、房屋租赁、土地管理等方面的执法职能，即“18＋X”领域1 232项执法事项。

在“迎世博600天行动”中，上海市城市管理被细化为市容市貌改观工程、市民生活环境改善工程、城市管理水平提升工程三大工程，具体包括乱设摊治理、建筑立面、道路保洁、架空线整治、无障碍环境、违法建设治理等30个方面。

在上海市12319城建热线中，其作为一个综合性城市管理信息化平台，服务内容涵盖了建设交通系统中的供水、市政、供气、排水防汛、房地产开发与管理、园林绿化、城市交通、市容环卫、建筑建材业管理、城管监察等相关的职能部门的多种行业。

5.1.3 上海城市管理体制结构

上海城市综合管理大部制改革经历了不断演变的过程。从2000年开始，上海市建设交通系统经过多次撤并，2003年形成了“一委七局”的体制框架。2008年按照中央要求，通过大部委制改革，将“一委七局”调整为“一委四局”，市建设交通委对相关部门的业务工作进行了必要的协调，市建设交通工作党委负责综合统筹系统单位党的工作。2013年以来，为进一步加强交通管理，又以市交通港口局为基础组建了市交通委，市建设交通委更名为市建设管理委，形成了市建设管理委与市水务局、市绿化市容局、市房管局“一委三局”的格局。市建设管理委、市交通委与市水务局、市绿化市容局、市房管局等在市建设交通工作党委的统筹协调下，共同负责本市城乡建设和城市管理的工作，市建设管理委对相关部门业务工作进行必要的协调。此外，市建设管理委下属上海城市网格化管理中心，统筹协调市、区、街镇的城市网格化管理相关工作。市城管执法局下辖市局执法总队，负责对区、街镇城管执法的指导监督。2015年年底开始，本市开展了新一轮城市建设和管理行政体制改革，通过合并市建设管理委与市房管局，组建了市住房城乡建设管理委，并单独设立市城管执法局，归口市住房城乡建设管理委管理。同时，按照市委市政府的要求，市住房城乡建设管理委负责城市综合管理的“兜底”职责。2017年，本市又单独成立了上海市房屋管理局，归口市住房城乡建设管理委管理。

上海城市管理体制构架，也是本次人才大类、子类划分的重要依据。

5.1.4 遵从实际的调研数据

本课题组根据上海建设交通系统所辖范围内的城市管理行业发展的实际情况，2018年4～7月以专题调研、调查问卷、邀请专家评估等多种方式开展调研工作，走访了建设交通系统委、局和有关单位,包括上海隧道股份公司,上海建工集团,上海建工园林集团,上海建工装饰集团,上海市政总院,上海基础工程集团,城建投资发展有限公司,上海煤气第一、第二管线工程公司,上海城建置业发展有限公司,上海城建水务工程有限公司,上海徐房、浦房物业等95家单位,95家单位共有职工近2.88万名,收回95家单位的人事问卷210份,个人问卷323份。课题组以座谈会、个别访谈、问卷调查等形式,对住建委系统和行业中城市管理紧缺人才开展摸底调查。通过调研数据的汇总统计,共收到95家单位填报的210个紧缺岗位,紧缺岗位人数需求为2 986人,占本次统计样本总数(95家单位2.88万名职工)的10%,根据调研所得的210个紧缺岗位的岗位能力内容描述,最终合并为148个紧缺岗位。

5.2 上海城市管理紧缺人才类别确定原则

通过对紧缺人才结构变化和供求状况的调研数据分析,发现上海城市管理紧缺人才就业结构发生了变化,适应上海建设交通系统城市管理紧缺人才的人力资源开发与管理,特别是适应人力资源配置需求,使职业分类国家标准在本区域、本系统的实际工作中得以具体应用,更加科学和准确地规范紧缺劳动力市场信息统计口径。本次研究的上海城市管理紧缺人才类别的确定和划分,主要遵循以下原则。

5.2.1 力求完整,体现紧缺

考虑到制定和发布紧缺人才目录对推进上海城市管理的重要性,在全面了解本市城市管理人才的分布情况及需求类型的基础上,通过收集汇总系统及行业各企事业单位的人才需求,研究整理各类人才信息,对人才类型、岗位设置、能力需求、经历业绩进行了全方位分析,以力求形成完整体系为目标,梳理出上海城市管理领域紧缺人才类型,做到主要、重要城市管理人才需求类型不遗漏、各类型城市人才分类不重叠,同时体现紧缺性。

5.2.2 突出导向,服务行业

通过对人才大类和人才子类的划分,细分学历经历、职业资格和技术职称的要求,为引进人才、培养人才和激励人才提供了针对性的指导,以促进城市管理水平的提升。

5.2.3 注重特色,与时俱进

城市管理向精细化深入发展对如何实现人才开发与管理需求更加紧密地对接提出了新的、更高的要求。紧缺人才分类确定要立足深入研究分析,不断优化信息采集,创新研究方法,完善编制体例;针对各个类别的紧缺岗位提出所关联的专业要求、学历资历要求、能力要求等信息,以期为各相关部门制定人才引进、开发、培养、激励等相关政策提供依据。

5.3 上海城市管理紧缺人才主要分类

遵从行业发展的实际需求、根据城市管理工作内涵、本市城市管理体制结构，用人单位的实际分类现状，参照《中华人民共和国职业分类大典》的逻辑分类法，对上海城市管理人才所属的行业紧缺人才进行实际应用型分类，具体分为 8 个大类、48 个子类。

8 个大类分别为：

(1) 城市综合管理人才：在城市规划、城市网格化管理、城市管理法规研究、城市维护资金管理、城市信息数据挖掘开发等领域的人才。

(2) 城市建设管理人才：在海绵城市、装配式建筑、地下空间、综合管廊、节能绿色建筑、EPC 建设项目、海外建设项目、土建施工、土建行业 BIM 技术应用等领域的人才。

(3) 城市房屋管理人才：在房地产政策研究、住房保障、物业管理、住房公积金管理、历史建筑保护等领域的人才。

(4) 城市交通管理人才：在城市智能交通、轨道交通、交通设施建设、交通设施开发、交通设施运营养护、静态交通设施管理等领域的人才。

(5) 水务(海洋)管理人才：在城市供排水、水利工程、污水处理、水环境治理、海域海岛资源监测、海洋水文环境等领域的人才。

(6) 绿化市容管理人才：在城市容貌、城市景观、园林营建、立体绿化工程、绿地养护、生态保护、垃圾处理、资源循环利用等领域的人才。

(7) 城市安全运营管理人才：在城市交通应急保障、防灾减灾、防汛防台等领域的人才。

(8) 城市管理行政执法人才：在城市公共事务治理领域的人才。

5.3.1 城市综合管理人才

城市综合管理人才大类分为城市规划管理人才、城市网格化管理人才、城市管理法规研究人才、城市管理标准研究人才、城市维护资金管理人才和城市信息数据处理人才等 6 个子类。

(1) 城市规划管理人才：主要是指从事城乡规划设计、建筑规划设计、交通规划设计、园林绿化规划设计、市政规划设计等岗位的人才。

(2) 城市网格化管理人才：主要是指从事城市网格化领域的平台开发、建设、管理、运行、信息处理、评估等岗位的人才。

(3) 城市管理法规研究人才：主要是指从事城市管理政策分析、城市管理法律应用等岗位的人才。

(4) 城市管理标准研究人才：主要是指从事城市管理标准的研究、制定、修订、实施、监督等岗位的人才。

(5) 城市维护资金管理人才：主要是指从事城市维护资金的政策研究、资金筹集、资金分配、监督管理、风险评估等岗位的人才。

(6) 城市信息数据处理人才：主要是指从事城市信息化建设开发、升级、维护、信息数据处理等岗位的人才。

5.3.2 城市建设管理人才

城市建设管理人才大类分为海绵城市建设管理人才、BIM 技术人才、装配式建筑开发人才、建筑节能与绿色建筑人才、地下空间开发建设人才、综合管廊建设管理人才、建设施工现场管理人才、EPC 建设项目管理人才和海外建设项目管理人才等 9 个子类。

(1) 海绵城市建设管理人才：主要指从事海绵城市规划设计、建设、施工、运行等岗位的人才。

(2) BIM 技术人才：主要指从事城市管理 BIM 技术研发、设计、运营等岗位的人才。

(3) 装配式建筑开发人才：主要指从事装配式建筑研发、设计、施工、安装、监督管理等岗位的人才。

(4) 建筑节能与绿色建筑人才：主要指从事低碳建筑、零耗建筑、绿色建筑等研发、设计、施工、监督管理等岗位的人才。

(5) 地下空间开发建设人才：主要指从事地下空间、深基坑、地基基础等设计、技术研发、施工、监督管理等岗位的人才。

(6) 综合管廊建设管理人才：主要指从事各类综合管线项目、地下管廊的设计、技术研发、施工、监督管理等岗位的人才。

(7) 建设施工现场管理人才：主要指从事土建施工项目现场施工技术、施工安全、施工质量、施工进度、工程造价、应急管理等岗位的人才。

(8) EPC 建设项目管理人才：主要指从事 EPC 建设项目研究、规划、管理、设计、施工等岗位的人才。

(9) 海外建设项目管理人才：主要指从事海外工程项目研究、规划、管理、设计、施工等岗位的人才。

5.3.3 城市房屋管理人才

城市房屋管理人才大类分为房地产政策研究人才、住房公积金管理人才、历史建筑保护人才、住房保障管理人才、物业管理人才和房地产经济高级研究人才等6个子类。

(1) 房地产政策研究人才：主要指从事国内外房地产行业发展动态研究、房地产市场发展趋势研究、房地产运行评估、房地产政策制定实施等岗位的人才。

(2) 住房公积金管理人才：主要指从事与住房公积金相关的公积金管理、投融资管理、金融风险管理等岗位的人才。

(3) 历史建筑保护人才：主要指从事历史建筑修缮保护规划、设计、技术研发、施工、修复、维护、加固保护、监督管理等岗位的人才。

(4) 住房保障管理人才：主要指从事住房保障政策研究、政策制定、规划编制、标准制定、组织实施、监督管理等岗位的人才。

(5) 物业管理人才：主要指从事物业经营、物业管理、物业设施维护等岗位的人才。

(6) 房地产经济高级研究人才：主要指从事与房地产经济相关的分析、评估、咨询、研究等岗位的人才。

5.3.4 城市交通管理人才

城市交通管理人才大类分为智能交通运营管理人才、城市轨道交通管理人才、交通建设工程管理人才、城市交通设施开发人才、道路桥梁隧道养护管理人才、城市静态交通管理人才等6个子类。

(1) 智能交通运营管理人才：主要指从事智能交通规划设计、建设、运营服务、管理等岗位的人才。

(2) 城市轨道交通管理人才：主要指从事城市轨道交通规划设计、建设、施工、运营管理生产、经营服务等岗位的人才。

(3) 交通建设工程管理人才：主要指从事轨道交通、市政工程、公路工程、水运工程等交通工程建设、设计、施工、管理等岗位的人才。

(4) 城市交通设施开发人才：主要指从事城市交通设施规划、布局、开发、管理等岗位的人才。

(5) 道路桥梁隧道养护管理人才：主要指从事道路、桥梁、隧道日常运行养护、检测、维修、管理等岗位的人才。

(6) 城市静态交通管理人才：主要指从事城市静态交通设施规划、设计、施工、管理等岗位的人才。

5.3.5 水务(海洋)管理人才

水务(海洋)管理人才大类分为城市供排水管理人才、水利工程开发建设人才、城市污水处理人才、城市水环境治理人才、海域海岛资源监测人才和海洋水文环境研究人才等6个子类。

(1) 城市供排水管理人才：主要指从事城镇居民、企业供排水规划、设计、建设、维护、勘察、评估等岗位的人才。

(2) 水利工程开发建设人才：主要指从事水资源开发利用、江河治理、水利工程管理、水电建筑，以及河道维修、检测等岗位的人才。

(3) 城市污水处理人才：主要指从事城市水污染检测、清洁、防控、处理等岗位的人才。

(4) 城市水环境治理人才：主要指从事城市水环境勘测、检测、养护、水土保养等岗位的人才。

(5) 海域海岛资源监测人才：主要指从事海域海岛评估、监测、管理等岗位的人才。

(6) 海洋水文环境研究人才：主要指从事海洋环境监测、水文气象观测、海洋预报、海洋数据处理等岗位的人才。

5.3.6 绿化市容管理人才

绿化市容管理人才大类分为城市立体绿化人才、城市生态保护管理人才、城市垃圾分类处置人才、垃圾无害化处理人才、资源循环利用技术人才、城市景观照明管理人才、园林营建管理人才、公园绿地养护管理人才、城市容貌管理人才等9个子类。

(1) 城市立体绿化人才：主要指从事城市立体绿化设计、规划、管理、养护等岗位的人才。

(2) 城市生态保护管理人才：主要指从事城市生态环境建设、湿地保护、园林绿化、天然林经营与保护、野生动物繁育、森林保护和森林开利用等岗位的人才。

(3) 城市垃圾分类处置人才：主要指从事垃圾分类处置研究、评价、管理等岗位的人才。

(4) 垃圾无害化处理人才：主要指从事生活垃圾无害化处理、处置和资源化利用等岗位的人才。

(5) 资源循环利用技术人才：主要指从事废旧资源回收、加工、再生利用等岗位的人才。

(6) 城市景观照明管理人才：主要指从事城市景观照明设计、安装、调试、维护等岗位的人才。

(7) 园林营建管理人才主要指从事城市风景园林规划、设计、种植、养护、项目管理等岗位的人才。

(8) 公园绿地养护管理人才：主要指从事城市公园观赏性绿化设计、草坪种植、盆景养护、项目管理等岗位的人才。

(9) 城市容貌管理人才:主要指从事与城市容貌管理相关要素有关的人才,如建构筑物、居住街区、城市道路、公共设施、城市绿化、标识标牌与广告设施、城市照明、公共场所、城市水域、历史文化风貌区与保护建筑、施工工地等进行综合协调、统筹管理、评价评估等岗位的人才。

5.3.7 城市安全运营管理人才

城市安全运营管理人才大类分为城市交通应急保障人才、城市防灾减灾人才、防汛防台安全管理人才等3个子类。

(1) 城市交通应急保障人才:主要指从事城市交通安全保卫、应急监控、应急处置、应急管理等岗位的人才。

(2) 城市防灾减灾人才:主要指从事城市灾害监测、测评、灾前预防、灾害处置、灾后修复等岗位的人才。

(3) 防汛防台安全管理人才:主要指从事城市防汛防台监测、防汛防台应急处置等岗位的人才。

5.3.8 城市管理行政执法人才

城市管理行政执法人才大类分为全科型综合执法人才、专家型攻坚执法人才和复合型管理执法人才等3个大类。

(1) 全科型综合执法人才:主要指熟悉城市各类行政管理法律法规,熟悉城市公共事务治理要求,在特定机构依法从事性质监督和行政处罚、问题调解处置等岗位的人才。

(2) 专家型攻坚执法人才:主要指在行政执法领域有一定经验,能够科学决策、准确预测、提升效能、开拓创新、有效执法的专业执法人才。

(3) 复合型管理执法人才:主要指既有城市规划与管理专业知识、又熟悉城市公共事务治理的复合型人才。

5.4 上海城市管理紧缺人才分类描述

上海城市管理紧缺人才按照划分的48个子类进行分类描述,人才描述主要分为两部分:能力需求及经历业绩。其中,能力要求包括的要素有:学历要求、专业能力、职业素养、人才需求背景、适任能力;经历要求包括的要素有:工作年限、经历业绩、岗位特定经历、管理年限(见附图)。此外,针对特定人群,会提出对专业证书的需求。

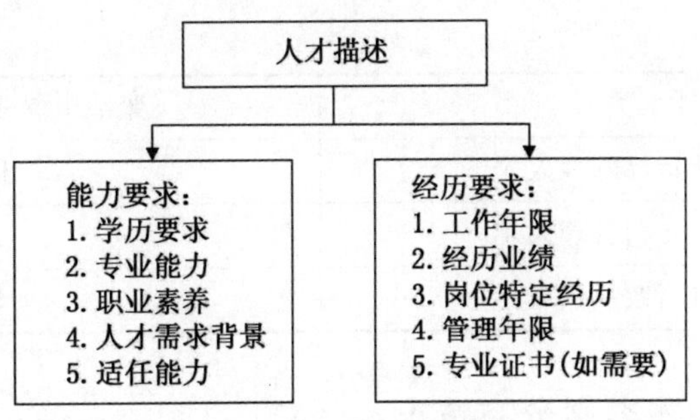

附图　紧缺人才描述

针对城市管理中的各类紧缺人才，课题组开展了有针对性的问卷调研，共调研了全市建设交通行业的 95 家单位，收回 95 份单位人事问卷 210 份。其中，城市管理综合管理类占 6%，城市建设管理类占 23%、城市房屋管理类占 39%，城市交通管理类占 9%，城市水文海洋类占 7%，城市绿化市容类占 9%，城市安全运营类占 1%，城市行政执法类占 4%。根据回收问卷中各类企业对紧缺人才的能力及经历描述，本课题进行了归纳分析，并进行补充调研走访，形成了紧缺人才目录。

6. 上海城市管理紧缺人才紧缺程度分析

6.1 紧缺人才总体分析

为更好地全面掌握城市管理紧缺人才需求情况，课题组设计并发放了紧缺人才指数评价征询问卷，包括 6 种类型：城市管理紧缺人才（单位）调查问卷、城市管理紧缺人才（个人）调查问卷、网络问卷、“城市综合管理人才”紧缺程度专家打分表、专家访谈提纲、调研表。共收到 95 家单位填报的 210 个紧缺岗位调查问卷。210 个紧缺岗位在 8 个人才大类中的分布情况见附表 6－1。

附表 6－1　紧缺岗位的分布情况

人才大类	紧缺岗位分布比例/%
1. 城市综合管理人才	6
2. 城市建设管理人才	24
3. 城市房屋管理人才	16
4. 城市交通管理人才	13
5. 城市水务（海洋）管理人才	20

(续表)

人才大类	紧缺岗位分布比例/%
6. 城市绿化市容管理人才	14
7. 城市安全运营管理人才	2
8. 城市管理行政执法人才	5

6.1.1 紧缺岗位人才类别分布情况

根据人才的职位性质、特点和管理需求，人才类别可划分为管理类、执法类、技术类和作业类等 4 种类别。本次调研收到的 210 个紧缺岗位中，31%为管理类，61%为专业技术类，4%为执法类，4%为技能类。城市管理各紧缺人才大类的人才类别分布情况见附表 6-2。

从附表 6-2 可以看出，城市综合管理人才大类的紧缺岗位人才类别主要为管理类人才、技术类人才、执法类人才；城市建设管理大类的紧缺岗位人才类别主要为技术类人才、其次是管理类人才、极少量的技能类人才；城市房屋管理人才大类的紧缺岗位人才类别主要为管理类人才、其次是技术类人才，极少量的技能类人才；城市交通管理人才大类的紧缺岗位人才主要为技术类人才，其次是管理类人才；城市水务(海洋)管理人才大类的紧缺岗位人才类别主要为 技术类人才，其次是管理类人才；城市绿化市容管理人才大类的紧缺岗位人才类别主要是技术类人才，其次是管理类人才，少量的技能类人才；城市安全运营管理人才大类的紧缺岗位人才类别为技术类人才；城市管理行政执法人才大类的紧缺岗位人才类别为执法类人才。

附表 6-2 人才类型分布情况表

人才大类	管理类人才/%	技术类人才/%	执法类人才/%	技能类人才/%
1. 城市综合管理人才	1	1	1	0
2. 城市建设管理人才	10	23	0	1
3. 城市房屋管理人才	12	9	1	1
4. 城市交通管理人才	2	11	0	0
5. 城市水务(海洋)管理人才	3	10	0	0
6. 城市绿化市容管理人才	3	5	0	2
7. 城市安全运营管理人才	0	1	0	0
8. 城市管理行政执法人才	0	1	2	0

6.1.2 紧缺人才的学历要求分析

95 家单位填报的 210 个紧缺岗位调查问卷数据显示，对于紧缺岗位的任职学历要求 87%要求为本科及其以上，12%要求为大专，仅有 1%的学历要求不限。8 个大类的学历需求见附表 6－3。从表中可以看出，对于城市综合管理人才、城市水务（海洋）管理人才、城市安全运营管理人才、城市管理行政执法人才的学历要求全部要求为本科及其以上；城市建设管理人才、城市房屋管理人才、城市交通管理人才和城市绿化市容管理人才 4 个大类的多数紧缺岗位学历要求为本科以上，但对于施工现场等紧缺岗位的学历门槛放低了，学历要求为高职大专学历即可。城市房屋管理人才大类有少量的紧缺岗位是没有学历要求的，这些岗位主要集中在历史古建筑修复，分析其主要原因是历史古建筑修复急需掌握传统建筑手工艺的匠人。

附表 6－3　学历需求分布情况表

人才大类	本科及其以上/%	高职大专/%	不限/%
1. 城市综合管理人才	4	0	0
2. 城市建设管理人才	31	4	0
3. 城市房屋管理人才	20	2	1
4. 城市交通管理人才	13	1	0
5. 城市水务(海洋)管理人才	12	0	0
6. 城市绿化市容管理人才	4	4	0
7. 城市安全运营管理人才	1	0	0
8. 城市管理行政执法人才	2	0	0

6.1.3 紧缺人才的薪酬供给分析

95 家单位填报的 210 个紧缺岗位调查问卷数据显示，对于紧缺人才，用人单位所提供的年薪供给水平平均为 23.07 万元，较现有人才平均年薪高 9.22 万元。其紧缺人才薪酬供给分布如附图 6－1 所示。紧缺人才供给的薪酬主要分布于 21 万～30 万之间（见附图 6－2）。

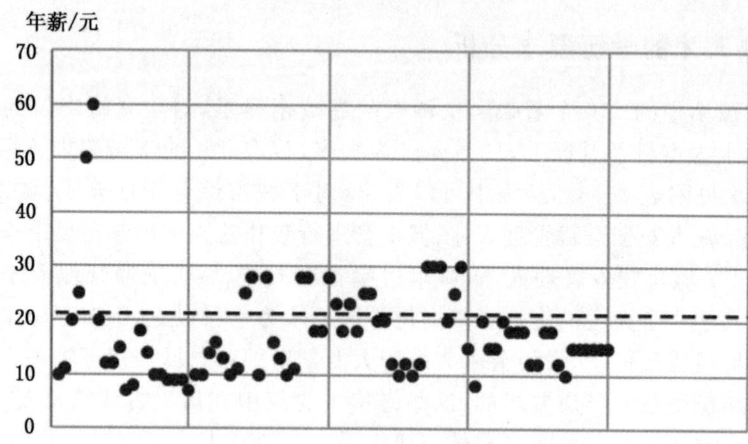

附图 6 - 1　紧缺人才薪酬供给分布

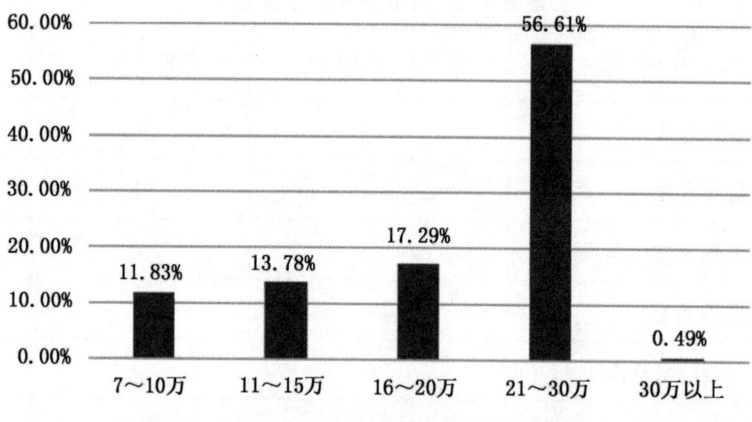

附图 6 - 2　紧缺人才供给平均年薪人数分布比例

6.1.4 紧缺人才的专业能力和职业素养要求分析

95 家单位填报的 210 个紧缺岗位调查问卷数据显示，对于紧缺人才的专业能力需求排序见附图 6 - 3。对于专业能力中排名前三名的是沟通表达能力、组织协调能力和团队合作能力。

对于紧缺人才的职业素养排序见附图 6 - 4。对于职业素养中排名前三名的是勤勉敬业、沟通协调和管理能力。

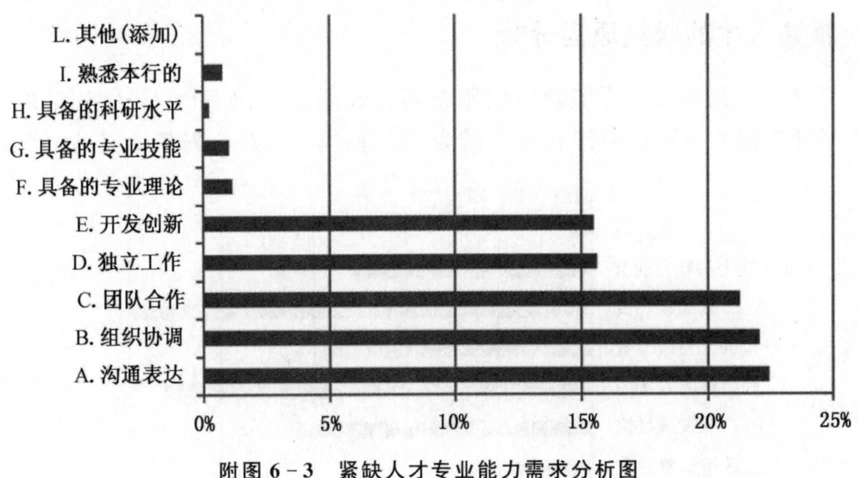

附图 6－3　紧缺人才专业能力需求分析图

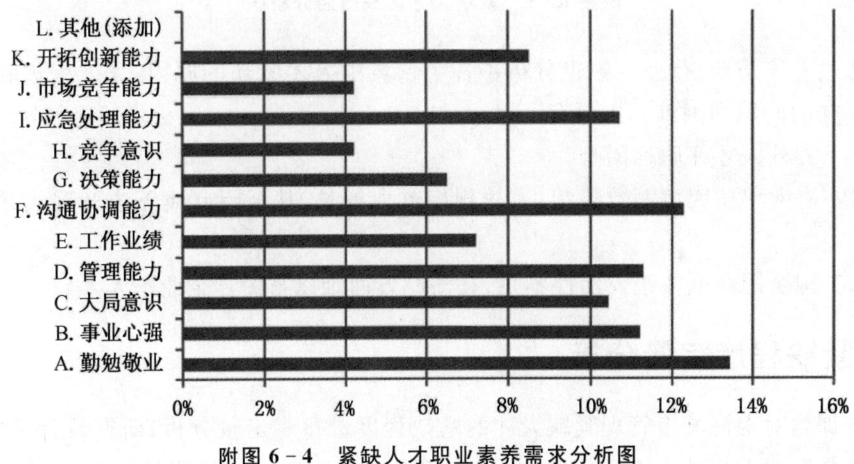

附图 6－4　紧缺人才职业素养需求分析图

为准确把握建设交通领域的未来发展方向、全面了解城市精细化管理带来的新问题、掌握行业紧缺岗位及紧缺原因，课题组组织邀请行业专家进行集中访谈。在人才关键能力方面，行业专家提出，还需要做到以下几点：

（1）要注重知识更新、迁移能力的培养，要注重人才的系统思维能力、学习创新能力、基层工作经验培育。

（2）城市运营的领军人才要具有先进的城市运营理念、国际化大都市的运营管理经验和带领团队的能力。

（3）规划人才的理念、技术方法、手段、知识面要更新，应具备新理念、新思维、新技术的应用能力,具有较高的理论水平和分析问题、解决问题的能力。

6.1.5 紧缺人才的紧缺原因分析

95家单位填报的210个紧缺岗位调查问卷数据显示,对于紧缺人才紧缺的主要原因排序见附图6-5,其中排名前三的为:薪酬福利少、社会对应人才少、产业发展过快。

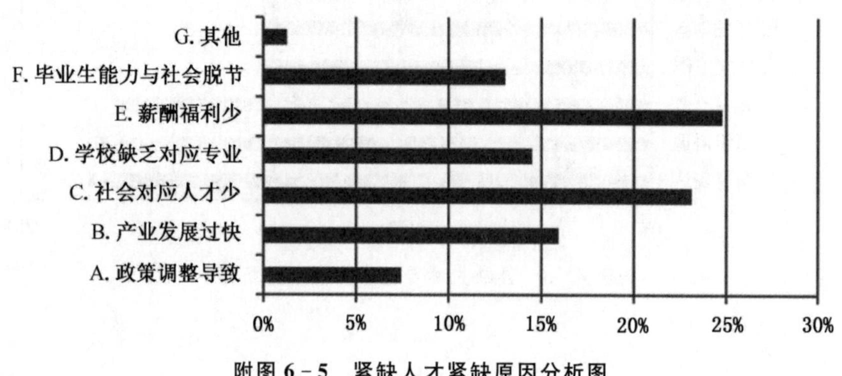

附图6-5 紧缺人才紧缺原因分析图

通过专家访谈,行业专家也分析了各个领域中人才紧缺的原因、人才引进和留住人才存在的问题和困难。主要有:

(1) 驻外人才评职称困难。

(2) 事业单位因编制数限制,人才规模难以增长,甚至因此而无法开展人才引进工作。

(3) 国企因薪酬体系灵活性不足,在薪酬方面难以与民营企业争人才。

6.2 紧缺程度定量分析

本课题对上海城市管理紧缺人才的紧缺程度进行了定量分析,研究设计了"人才紧缺指数",对上海城市管理分类人才紧缺程度进行科学的定量评判与预警,有助于有效地指导与调控人才开发工作,为提升人才竞争力以及为地区社会经济发展提供坚实的人才智力支撑,具有较强的实用价值和深远的意义。

本节主要在第五章人才分类划分的基础上,定量计算出上海城市管理紧缺人才的8个大类、48个子类的人才紧缺指数。

6.2.1 紧缺程度模型与方法论

本课题研究设计的"人才紧缺指数",是依据上海城市管理领域发展趋势的分析和专业岗位人才供需情况等基础数据的分析,建立"定量预测为主、经验判断为辅"的人才紧缺指数计算模型，对紧缺人才按类别的紧缺程度作出定量评价，并按量化值划分紧缺程度级别。具体工作步骤如附图 6－6 所示。

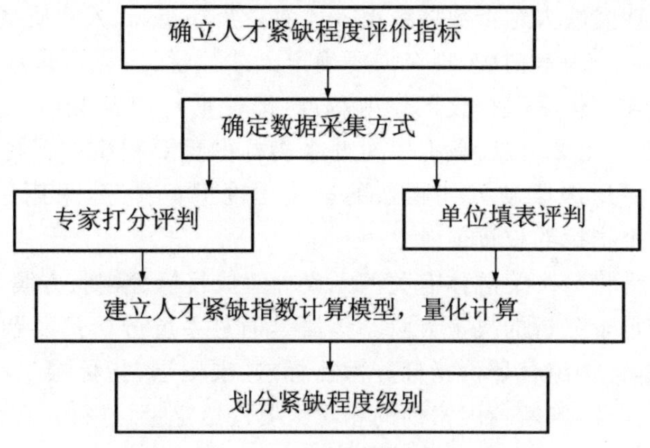

附图 6－6　人才紧缺指数体系构建步骤

6.2.2 确立人才紧缺程度评价指标

紧缺人才紧缺程度的评价判定是一个系统工程，本课题将人才紧缺程度判定这一系统分为 3 个系统要素：人才数量供需匹配的紧缺程度、人才质量的适应程度、人才供给获得性的难易程度，即人才紧缺程度指标可分解为人才数量紧缺指标、人才质量紧缺指标、人才供给紧缺指标。

人才数量紧缺指标值综合反映各类人才数量上供需匹配的紧缺程度判定；人才质量紧缺指标值综合反映各岗位人才整体素质能力以及高层次人才供给与发展需求之间的不适应程度判定；人才供给紧缺指标值综合反映人才的培养供给能力以及人才引进的难易程度判定（见附图 6－7）。

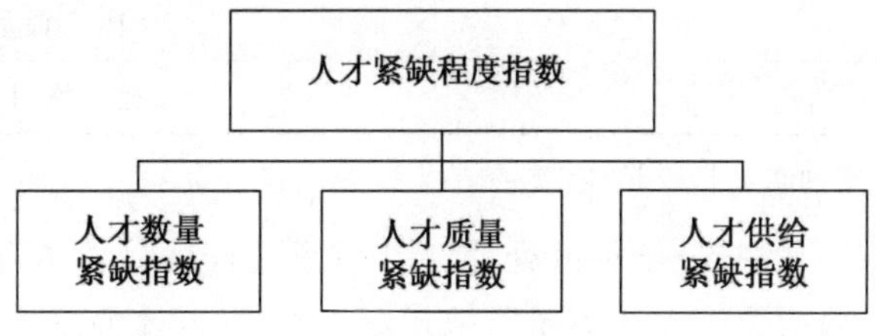

附图 6－7　人才紧缺程度评价指标体系

为了科学地确立人才紧缺指数计算模型，本课题设计了上海城市管理紧缺程度专家评分表，根据采集到的有关数据确定的因素包括两类：一类是人才紧缺指标权重值的确定，一类是各人才紧缺程度评价指标值。

6.2.3 人才紧缺程度评价指标权重值确定

上海城市管理紧缺人才指数体系由人才数量紧缺指标、人才质量紧缺指标和人才供给紧缺指标等3个因素构成，现在需要确定人才数量、人才质量和人才供给相对于指标上一层级人才总体紧缺程度的影响程度(即权重)。3个指标权重的确定采用专家综合评分的方法，由25位行业专家对3个指标的重要程度进行打分，根据打分值，将每个指标对上一层级紧缺人才指数的影响程度进行排序，采用层次分析法(简称AHP法)确定3个指标的权重值。

层次分析法是将与决策总体有关的元素分解成目标、准则、方案等层次，在此基础之上进行定性和定量分析的决策方法。该法是通过系统分析把复杂问题分解成有序的递阶层次结构，常将综合评价指标分为目标层、准则层、指标层三层，并对各层的相关因素进行两两比较，判断各因素的的相对重要性给定量，进行一致性检验，以确定评价指标的权重。层次分析法的基本步骤如下：

(1) 按目标层、准则层、指标层的形式排列起来，建立层次结构。

(2) 构造各评价指标相对重要性判断矩阵。

判断矩阵表示相对于上一层次某一元素而言，该层次中各元素的相对重要性根据专家评判分值确定。在比较 b_{ij} 和 b_{ji} 的相对重要性时，APH法采用的是1～9标度法，它们的含义如附表6-4所示。

附表6-4　层次分析法的标度含义

标度值	标度值含义
1	i 与 j 同等重要
3	i 比 j 稍微重要
5	i 比 j 明显重要
7	i 比 j 很重要
9	i 比 j 绝对重要

注：其中，2、4、6、8为中间过渡性级别，$b_{ij}=l/b_{ji}$

通过对25位专家的打分结果的处理，3个因素之间的排序情况为：人才质量紧缺指数＞人才供给紧缺指数＞人才数量紧缺指数。其中，人才质量紧缺指数与人才数量指数的得分相比是明显重要；人才质量紧缺指数与人才供给紧缺指数的得分相比是稍微重要；人才供给紧缺指数与人才数量紧缺指数的得分相比是稍微重要。列出两两因素比较情况，见附表6-5。

附表 6-5　紧缺人才评价指标的两两比较分布表

紧缺程度	人才数量紧缺指标	人才质量紧缺指标	人才供给紧缺指标
人才数量紧缺指标	1.00	1/5	1/3
人才质量紧缺指标	5.00	1.00	3.00
人才供给紧缺指标	3.00	1/3	1.00

运用层次分析法对人才数量紧缺、人才质量紧缺和人才供给紧缺指标进行相对于人才紧缺程度重要性排序(层次总排序),计算单排序权向量并做一致性检验。我们运用决策层模型评判,指标对目标的判读矩阵及计算结果如下:

$$\text{判断矩阵 } Z-Z'=\begin{matrix} 1 & 0.2 & 0.33 \\ 5 & 1 & 3 \\ 3 & 0.33 & 1 \end{matrix}$$

人才数量紧缺、人才质量紧缺和人才供给紧缺因素相对于人才紧缺程度重要性的单排序权向量为(0.11,0.63,0.26)。

6.2.4 各类人才紧缺程度评分值确定

城市管理紧缺人才 8 个大类、48 个子类的人才数量紧缺指数、人才质量紧缺指数和人才供给紧缺指数均采用专家打分的方法,通过聚类分析的方法对多名专家的打分值进行分析判断,得到每一类的标准分。

6.2.4.1 聚类分析理论

聚类分析是一种应用性很强的数学方法,已经广泛应用到工程技术中的许多领域。它的基本原理就是在没有先验知识的情况下,基于"物以类聚"的观点,用数学方法分析各模式向量之间的距离及分散情况,按照样本的距离远近划分类别。由于事物的复杂性,聚类对象之间的界限往往是不清晰的。例如,在本次研究分析中,就众多专家对人才数量紧缺指数、人才质量紧缺指数和人才供给紧缺指数的打分来说,由于不同的因素混杂在一起,使得这种不清晰性更加突出。因此,需要利用模糊聚类技术来客观地描述具有不分明性的对象,从而使实际的聚类结果更加合理。

模糊 C-均值聚类算法(FCM)是模糊聚类中应用最广泛的方法,它通过优化目标函数得到每个样本点对所有类中心的隶属度,从而决定样本点的类属以达到自动对样本数据进行分类的目的。假设样本集合为 $X=\{x1\ ,x2\ ,\cdots,xn\ \}$,将其分成 C 个模糊组,并求每组的聚类中心 $C_j(\ j=1,2,\cdots,C)$,使目标函数达到最小。

FCM 用模糊划分,使得每个给定数据点用值在[0,1]间的隶属度来确定其属于各个组的程度。与引入模糊划分相适应,隶属矩阵 U 允许有取值在[0,1]间的元素。一个数据集的隶属度的和总等于 1:

$$\sum_{i=1}^{c} u_{ij} = 1, \forall_j = 1, \ldots, n \tag{6.1}$$

那么,FCM 的价值函数(或目标函数)就是:

$$J(U, c_1, \ldots, c_c) = \sum_{i=1}^{c} J_i = \sum_{i=1}^{c} \sum_{j}^{n} u_{ij}^m d_{ij}^2 , \tag{6.2}$$

这里 u_{ij} 介于[0,1]间;c_i 为模糊组 i 的聚类中心,$d_{ij} = ||c_i - x_j||$ 为第 i 个聚类中心与第 j 个数据点间的欧几里德距离;且 $m \in [1, \infty)$ 是一个加权指数。

构造如下新的目标函数,可求得使(6.2)式达到最小值的必要条件:

$$\begin{aligned}\overline{J}(U, c_1, \ldots, c_c, \lambda_1, \ldots, \lambda_n) &= J(U, c_1, \ldots, c_c) + \sum\nolimits_{j=1}^{n} \lambda_j \left(\sum_{i=1}^{c} u_{ij} - 1\right) \\ &= \sum_{i=1}^{c} \sum_{j}^{n} u_{ij}^m d_{ij}^2 + \sum_{j=1}^{n} \lambda_j \left(\sum_{i=1}^{c} u_{ij} - 1\right)\end{aligned} \tag{6.3}$$

这里,$\lambda_j (j=1 \sim n)$ 是(6.1)式的 n 个约束式的拉格朗日乘子。对所有输入参量求导,使式(6.2)达到最小的必要条件为

$$c_i = \frac{\sum_{j=1}^{n} u_{ij}^m x_j}{\sum_{j=1}^{n} u_{ij}^m} \tag{6.4}$$

和

$$u_{ij} = \frac{1}{\sum_{k=1}^{c} \left(\frac{d_{ij}}{d_{kj}}\right)^{2/(m-1)}} \tag{6.5}$$

由上述两个必要条件,模糊 c 均值聚类算法是一个简单的迭代过程。通过 FCM 确定聚类中心 c_i 和隶属矩阵 U[1]:

6.2.4.2 采用 MATLAB 进行聚类分析的基本程序语句

本次模糊 C-均值聚类算法(FCM)采用 MATLAB 进行,MATLAB 所用到的基本函数是 fcm,其调用格式为

[CENTER, U, OBJ_FCN] = fcm(DATA, N_CLUSTER,OPTIONS)

参数说明如下:

(1) fcm:Data set clustering using fuzzy c-means clustering.

即从数据集 DATA 中找出 *N*_CLUSTER 个类集;

(2) 输入数据:DATA(*M*-by-*N*),*M* 是样本点数,*N* 是数据维数;

(3) CENTER:其每行代表某个(类)的中心;

(4) *U*:DATA 中的每个数据点对某个类的隶属度。其列数等于样本数,行数等于 *N*_CLUSTER。

(5) OBJ_FCN:目标函数,每次迭代生成一个,反映了算法的收敛情况。

(6) OPTIONS：一个向量，规定了算法的可选参数：

OPTIONS(1)：exponent for the matrix U (default：2.0)

该参数又称为"模糊系数"。

OPTIONS(2)：maximum number of iterations (default：100)

OPTIONS(3)：minimum amount of improvement (default：1e-5)

OPTIONS(4)：info display during iteration (default：1)

当使用默认值时，使用参数 NaN。

聚类过程的结束条件：达到最大迭代次数，或者两次相邻迭代目标函数的改善值小于最小改进值。

这一算法中，模糊系数 $m(m>1)$，即 OPTIONS(1)的选取十分关键。

$m\to 1$，则趋于硬分类；$m\to\infty$，则越模糊。

一般情况下，原始数据聚类性质较明显时，m 可适当取大点；若样本数量较多，m 可取小点，但并无特定的规则，需要多次尝试后确定。

6.2.4.3 人才紧缺程度评分值聚类分析

现有 n 名专家对上海城市管理紧缺人才的每一类人才的数量紧缺指数、人才质量紧缺指数和人才供给紧缺指数等 3 个指标进行了打分，打分值在 0～10 之间，打分值越高表明紧缺程度越高。n 名专家的打分值构成一个 $n\times 3$ 的矩阵。

首先对这组矩阵数据进行归一化处理，然后采用模糊 C-均值聚类算法的 FCM 函数进行聚类分析。

本次研究聚类种类数取值为三类，这代表着对于同一种类型的紧缺人才，众多专家的打分可呈现为"乐观""适度""保守"三类 。通过聚类，将 n 名专家的打分分为三类，类中心矩阵 C_{ij}(其中 i 为聚类种类数，$i=1,2,3$；j 为指标数，$j=1,2,3$)。通过隶属度分析，得到每一类的隶属概率，组成一个 1×3 的隶属度概率矩阵 $U_i(i=1,2,3)$，最终的类中心为：$G_i=C_{ij}\times U_i$，该值即为某一类紧缺人才在数量紧缺指数、人才质量紧缺指数和人才供给紧缺指数三方面的最终评分值。

采用 MATLAB 程序计算，对专家打分数据进行处理，得到上海城市管理紧缺人才 8 个大类、48 个子类的数量指数、质量指数、供给指数的最终评分值见附表 6-6 和附表 6-7。

附表 6-6　上海城市管理紧缺人才 8 大类专家打分聚类结果

8 个才大类	专家样本数	$C1$	$C2$	$C3$
		数量指数	质量指数	供给指数
1. 城市综合管理人才	21	0.656 0	0.727 1	0.660 9
2. 城市建设管理人才	28	0.577 5	0.639 7	0.577 4

（续表）

8个才大类	专家样本数	C1	C2	C3
		数量指数	质量指数	供给指数
3.城市房屋管理人才	24	0.540 9	0.656 8	0.597 8
4.城市交通管理人才	42	0.638 6	0.704 1	0.665 6
5.城市水务(海洋)管理人才	34	0.616 9	0.655 0	0.634 1
6.城市绿化市容管理人才	33	0.611 7	0.704 6	0.635 0
7.城市安全运营管理人才	23	0.625 3	0.688 9	0.653 8
8.城市管理行政执法人才	21	0.481 8	0.574 4	0.517 3

附表6-7　上海城市管理紧缺人才48子类专家打分聚类结果

48个人才子类	专家样本数	C1	C2	C3
		数量指数	质量指数	供给指数
1-1 城市规划管理人才	18	0.643 0	0.731 9	0.690 8
1-2 城市网格化管理人才	17	0.680 5	0.758 4	0.671 1
1-3 城市管理法规研究人才	13	0.619 2	0.638 3	0.599 6
1-4 城市管理标准研究人才	17	0.673 5	0.733 3	0.684 7
1-5 城市维护资金管理人才	12	0.572 9	0.575 8	0.553 3
1-6 城市信息数据处理人才	17	0.769 1	0.778 6	0.708 9
2-1 海绵城市建设管理人才	17	0.722 1	0.756 0	0.748 0
2-2 BIM技术人才	24	0.667 6	0.680 1	0.681 9
2-3 装配式建筑开发人才	19	0.655 6	0.698 0	0.656 3
2-4 建筑节能与绿色建筑人才	18	0.590 0	0.609 8	0.601 6
2-5 地下空间开发建设人才	15	0.602 9	0.655 5	0.607 0
2-6 综合管廊建设管理人才	15	0.605 5	0.635 9	0.635 7
2-7 建设施工现场管理人才	24	0.532 6	0.589 6	0.538 1
2-8 EPC建设项目管理人才	22	0.661 9	0.718 5	0.682 7
2-9 海外建设项目管理人才	15	0.686 9	0.673 9	0.646 5
3-1 房地产市场政策研究人才	20	0.573 6	0.546 5	0.580 6
3-2 住房公积金管理人才	17	0.400 7	0.398 4	0.427 1

（续表）

48个人才子类	专家样本数	C1	C2	C3
		数量指数	质量指数	供给指数
3-3 历史建筑保护人才	24	0.599 8	0.567 6	0.628 4
3-4 住房保障管理人才	19	0.579 5	0.572 4	0.587 7
3-5 物业管理人才	22	0.596 2	0.563 8	0.588 4
3-6 房地产经济高级研究人才	19	0.518 7	0.490 9	0.540 0
4-1 智能交通运营管理人才	22	0.750 2	0.800 8	0.709 9
4-2 城市轨道交通管理人才	25	0.678 0	0.710 3	0.679 4
4-3 交通建设工程管理人才	27	0.612 8	0.664 9	0.598 0
4-4 城市交通设施开发人才	21	0.614 0	0.674 7	0.630 6
4-5 道路桥梁隧道养护管理人才	21	0.699 8	0.760 4	0.688 5
4-6 城市静态交通管理人才	20	0.638 9	0.680 7	0.670 8
5-1 城市供排水管理人才	16	0.545 5	0.649 1	0.549 9
5-2 水利工程开发建设人才	16	0.606 5	0.715 0	0.626 3
5-3 城市污水处理人才	15	0.541 6	0.650 3	0.606 4
5-4 城市水环境治理人才	15	0.609 5	0.743 2	0.661 7
5-5 海域海岛资源监测人才	14	0.591 7	0.713 9	0.679 0
5-6 海洋水文环境研究人才	16	0.584 2	0.704 9	0.687 7
6-1 城市立体绿化人才	13	0.621 0	0.690 1	0.614 6
6-2 城市生态保护管理人才	19	0.603 0	0.639 1	0.629 3
6-3 城市垃圾分类处置人才	17	0.620 9	0.698 1	0.652 9
6-4 垃圾无害化处理人才	17	0.650 8	0.724 6	0.680 3
6-5 资源循环利用技术人才	17	0.604 9	0.738 9	0.668 9
6-6 城市景观照明管理人才	26	0.631 2	0.717 0	0.643 7
6-7 园林营建管理人才	26	0.605 2	0.651 7	0.608 3
6-8 公园绿地养护管理人才	10	0.620 3	0.675 5	0.635 3
6-9 城市容貌管理人才	3	0.550 0	0.750 0	0.700 0
7-1 城市交通应急保障人才	3	0.750 0	0.650 0	0.800 0
7-2 城市防灾减灾人才	3	0.850 0	0.700 0	0.850 0

（续表）

48个人才子类	专家样本数	C1	C2	C3
		数量指数	质量指数	供给指数
7-3 防汛防台安全管理人才	3	0.700 0	0.650 0	0.600 0
8-1 全科型综合执法人才	3	0.500 0	0.350 0	0.650 0
8-2 专家型攻坚执法人才	3	0.250 0	0.450 0	0.250 0
8-3 复合型管理执法人才	3	0.450 0	0.500 0	0.500 0

6.2.5 建立人才紧缺指数计算模型

人才紧缺指数模型为$\boldsymbol{G}(z, c_1, c_2, c_3)$，其为某个人才子类的人才紧缺指数向量值。其中，$z$为这一人才子类的人才紧缺指数，$c_1$，$c_2$，$c_3$分别为这一人才子类的人才数量紧缺指标值、人才质量紧缺指标值和人才供给紧缺指标值。

由层次分析法得到人才数量紧缺、人才质量紧缺和人才供给紧缺指标相对于人才紧缺程度重要性单排序权向量为$(\boldsymbol{y}_1, \boldsymbol{y}_2, \boldsymbol{y}_3)$。

人才子类的人才紧缺指数$z = c_1 \times \boldsymbol{y}_1 + c_2 \times \boldsymbol{y}_2 + c_3 \times \boldsymbol{y}_3$。即人才紧缺指数＝人才数量紧缺指标值×人才数量紧缺指标权重值＋人才质量紧缺指标值×人才质量紧缺指标权重值＋人才供给紧缺指标值×人才供给紧缺指标权重值。

例如，城市管理紧缺人才第一大类城市管理综合人才，有21名专家对该类的人才数量紧缺指数、人才质量紧缺指数和人才供给紧缺指数进行了打分，通过模糊C-均值聚类分析，得到第一大类的人才数量紧缺指数$c_1 = 0.656\,0$，人才质量紧缺指数$c_2 = 0.727\,1$，人才供给紧缺指数$c_3 = 0.660\,9$。$\boldsymbol{y}_1$，$\boldsymbol{y}_2$，$\boldsymbol{y}_3$分别为人才数量紧缺因素权重、人才质量紧缺因素权重和人才供给紧缺因素权重，数值分别为0.11，0.63和0.26，得到第一大类的人才紧缺指数：

$$
\begin{aligned}
z &= c_1 \times \boldsymbol{y}_1 + c_2 \times \boldsymbol{y}_2 + c_3 \times \boldsymbol{y}_3 \\
&= 0.656\,0 \times 0.11 + 0.727\,1 \times 0.63 + 0.660\,9 \times 0.26 = 0.702\,1
\end{aligned}
$$

6.2.6 划分人才紧缺程度级别

根据人才紧缺指数计算模型，计算出各人才子类紧缺人才的紧缺指数，然后各人才子类按人才紧缺指数值进行分类，根据指数高低划分紧缺程度级别，分别是★★★★★、★★★★、★★★、★★、★5个星级。人才紧缺程度级别划分与人才紧缺指数区间对应关系见附表6-8。

附表 6-8　紧缺人才紧缺程度级别划分

对应人才紧缺指数区间	紧缺程度	人才紧缺程度星级
≥0.8	极度紧缺	★★★★★
[0.7,0.8)	非常紧缺	★★★★
[0.5,0.7)	相当紧缺	★★★
[0.3,0.5)	比较紧缺	★★
<0.3	基本紧缺	★

6.3 上海城市管理紧缺人才指数分析

6.3.1 上海城市管理 8 大类人才紧缺指数分析

人才紧缺指数越接近 1,说明极度紧缺的程度越接近最高;紧缺指数越小,说明紧缺程度越不高。

将上海城市管理 8 大类紧缺人才的人才紧缺指数从高到低排序,人才紧缺指数的分布区间为[0.549 4,0.702 1],这说明本次研究所确定的 8 个人才大类既没有极度紧缺的,也没有基本紧缺的,处于相当紧缺到非常紧缺之间(见附表 6-9)。

人才紧缺指数排名前三的人才大类分别是:城市综合管理人才、城市交通管理人才、城市绿化市容管理人才。排在最后三名的人才大类分别是:城市管理行政执法人才、城市建设管理人才和城市房屋管理人才。

附表 6-9　上海城市管理 8 个大类人才紧缺指数排名一览表

紧缺排名	人才大类	人才紧缺指数	人才紧缺程度星级
1	1.城市综合管理人才	0.7021	★★★★
2	4.城市交通管理人才	0.6869	★★★
3	6.城市绿化市容管理人才	0.6763	★★★
4	7.城市安全运营管理人才	0.6728	★★★
5	5.城市水务(海洋)管理人才	0.6453	★★★
6	3.城市房屋管理人才	0.6287	★★★
7	2.城市建设管理人才	0.6167	★★★
8	8.城市管理行政执法人才	0.5494	★★★

6.3.2 上海城市管理48个子类人才紧缺指数分析

将上海城市管理48个子类的人才紧缺指数从高到底排序，人才紧缺指数的分布区间为[0.376 0，0.771 6]，这说明本次研究所确定的48个人才子类既没有极度紧缺的，也没有完全不紧缺的，处于比较紧缺到非常紧缺之间。其中紧缺程度四星级的子类有14个，紧缺程度三星级的子类有30个，二星级4个。人才紧缺指数排名前三的人才子类分别是：智能交通运营管理人才、城市防灾减灾人才、城市信息数据处理人才。排在最后三名的人才子类分别是：全科型综合执法人才、住房公积金管理人才、专家型攻坚执法人才（见附表6-10）。

附表6-10 上海城市管理48个子类人才紧缺指数排名一览表

紧缺排名	人才大类	人才紧缺指数	人才紧缺程度星级
1	4-1 智能交通运营管理人才	0.771 6	★★★★
2	7-2 城市防灾减灾人才	0.755 5	★★★★
3	1-6 城市信息数据处理人才	0.754 9	★★★★
4	2-1 海绵城市建设管理人才	0.750 2	★★★★
5	4-5 道路桥梁隧道养护管理人才	0.735 0	★★★★
6	1-2 城市网格化管理人才	0.727 1	★★★★
7	6-9 城市容貌管理人才	0.715 0	★★★★
8	1-4 城市管理标准研究人才	0.714 1	★★★★
9	1-1 城市规划管理人才	0.711 4	★★★★
10	5-4 城市水环境治理人才	0.707 3	★★★★
11	6-5 资源循环利用技术人才	0.706 0	★★★★
12	6-4 垃圾无害化处理人才	0.705 0	★★★★
13	2-8 EPC 建设项目管理人才	0.702 9	★★★★
14	7-1 城市交通应急保障人才	0.700 0	★★★★
15	4-2 城市轨道交通管理人才	0.698 8	★★★
16	5-5 海域海岛资源监测人才	0.691 4	★★★
17	6-6 城市景观照明管理人才	0.688 5	★★★
18	5-6 海洋水文环境研究人才	0.687 2	★★★
19	2-3 装配式建筑开发人才	0.682 5	★★★
20	5-2 水利工程开发建设人才	0.680 0	★★★

（续表）

紧缺排名	人才大类	人才紧缺指数	人才紧缺程度星级
21	2-2 BIM 技术人才	0.679 2	★★★
22	6-3 城市垃圾分类处置人才	0.677 9	★★★
23	4-6 城市静态交通管理人才	0.673 5	★★★
24	2-9 海外建设项目管理人才	0.668 2	★★★
25	6-1 城市立体绿化人才	0.662 9	★★★
26	6-8 公园绿地养护管理人才	0.659 0	★★★
27	4-4 城市交通设施开发人才	0.656 6	★★★
28	7-3 防汛防台安全管理人才	0.642 5	★★★
29	4-3 交通建设工程管理人才	0.641 8	★★★
30	2-5 地下空间开发建设人才	0.637 1	★★★
31	6-7 园林营建管理人才	0.635 3	★★★
32	6-2 城市生态保护管理人才	0.632 6	★★★
33	2-6 综合管廊建设管理人才	0.632 5	★★★
34	5-3 城市污水处理人才	0.626 9	★★★
35	1-3 城市管理法规研究人才	0.626 2	★★★
36	5-1 城市供排水管理人才	0.611 9	★★★
37	2-4 建筑节能与绿色建筑人才	0.605 5	★★★
38	3-3 历史建筑保护人才	0.587 0	★★★
39	3-4 住房保障管理人才	0.577 2	★★★
40	3-5 物业管理人才	0.573 8	★★★
41	2-7 建设施工现场管理人才	0.569 9	★★★
42	1-5 城市维护资金管理人才	0.569 6	★★★
43	3-1 房地产市场政策研究人才	0.558 4	★★★
44	3-6 房地产经济高级研究人才	0.506 8	★★★
45	8-3 复合型管理执法人才	0.494 5	★★
46	8-1 全科型综合执法人才	0.444 5	★★
47	3-2 住房公积金管理人才	0.406 1	★★
48	8-2 专家型攻坚执法人才	0.376 0	★★

根据测算结果,"极度紧缺""非常紧缺""相当紧缺""比较紧缺""基本紧缺"的数量和比例分布见附表 6-11。可见,人才紧缺指数超过 0.5 的子类占到了 92%以上,这些子类的紧缺程度都处于相当紧缺及以上的程度。

附表 6-11　人才子类紧缺指数分布情况

紧缺指数	星级数	子类数量	构成比例/%
0.8	★★★★★	0	0
[0.7,0.8)	★★★★	14	29
[0.5,0.7)	★★★	30	63
[0.3,0.5)	★★	4	8
<0.3	★	0	0

7. 上海城市管理紧缺人才开发和培养

围绕上海卓越全球城市的目标,按照推进超大型城市综合管理要求,需要建立一支规模较大、门类较全、结构合理、素质较优的城市管理领域人才队伍。为加快推进上海城市管理人才队伍建设,为上海卓越全球城市建设与管理提供切实有效的人才保障和智力支持,通过对上海城市管理紧缺人才进行分类描述、分类评价,制定形成《上海市城市管理紧缺人才开发目录》(以下简称《目录》),对《目录》涉及的人才加大开发和培养力度。

7.1 突出紧缺人才开发政策导向

政策环境是上海城市管理紧缺人才引进的先导因素,完善的政策环境对于城市管理紧缺人才引进起到决定性的作用。加强紧缺人才政策导向功能建设,通过适时制定发布《上海城市管理紧缺人才目录》,明确上海城市管理紧缺人才的需求标准与方向,发挥《目录》的引导作用。根据目录中专业的紧缺程度不同,制定出差异性、特色化的紧缺人才引进政策,加强政府部门、人才服务机构和高校的沟通联系,以优厚的政策待遇、事业待遇和经济待遇等特殊政策形成吸引合力。梳理现有留才政策与人才奖励政策,与时俱进地审视存在的政策性问题,深入调研紧缺人才的顾虑,及时出台相关措施,切实解决紧缺人才的困难和后顾之忧;评估现有的引才政策和引才程序,优化引才政策兑现程序,保障引才措施落实到位。

7.2 实施紧缺人才集聚计划

对接“千人计划”、上海领军人才计划、上海青年英才开发计划等，将《目录》中判定的紧缺程度高的紧缺人才子类，优先纳入上海城市管理人才培养开发计划，落实特定生活待遇政策，营造良好的工作和生活环境。《目录》所列紧缺专业人才需引进国内外专家的，调整放宽人才落户居住和外籍来华工作的便利化政策措施，对外省人才落户居住、外籍人才来华签证、居留等放宽条件，简化程序，落实相关待遇。对列入上海领军人才计划、上海青年英才开发计划和上海领军人才、上海青年人才计划的人才，享受人才开发计划的各项相关政策。

尊重用人单位和人才的主体地位，在引才过程中，用人单位走在引才一线，根据实际需求，对人才进行筛选和录用。人才工作部门协助用人单位开展引才工作，组织或带领用人单位负责人参与针对海外优秀人才、高层次人才、高校毕业生等各层次紧缺人才的各种引才交流活动，鼓励用人单位根据需求制定并实施具有特色和吸引力的引才计划，按照市场规则吸引紧缺人才。

7.3 推进紧缺人才分类培养

聚焦城市管理领域不同类型人才，整合各方资源，制定人才分类培养的有效机制，明确分层分类开发培养模式，根据管理类、执法类、技术类和技能类等四类人才特点，推进紧缺人才分类培养工作。

对于管理类紧缺人才，通过建立“四个一”城市管理领域实务人才培训制度和工作体系，包括：建立一项定期培训制度、设立一个培训专门基地、构建一套培训实施机制、形成一系列培训专业课程，通过定期组织开展城市管理领域专业培训，不断提高市、区、街镇各级领导城市管理能力和水平，培育一批专家型的城市管理干部。

对于执法类紧缺人才，结合本市行政执法类公务员分类改革要求，加快构建城管执法高级、中级、初级三级职业资格体系。根据城市综合管理任务和要求，打造全科型综合执法、专家型攻坚执法、复合型管理执法三支城管执法人才队伍。积极推进城管执法队伍的职业化、专业化、纪律化建设，建立并落实统一招录、统一培训、统一教育制度，满足新形势下城市综合管理行政执法工作需要。

对于技术类紧缺人才，依托建设交通高层次人才库、院士（大师）工作室、技师工作室、劳模创新工作室等，广泛组织开展高师带徒、精准结对、技术带教等人才培养活动，加大城市管理领域各类专业技术人才“传帮带”力度。统筹组织系统各委局、行业各集团等单位开展专业技术人员知识更新和继续教育活动，包括举办高级研修班、紧缺人才培训、岗位知识培训、公益性专题讲座等，加快城市管理知识培训和更新。

对于技能类紧缺人才培养，以上海承办第46届世界技能大赛为契机，整合全市以城市建设管理为特色的职业院校和大型企事业单位资源，加强产教研融合，打造产业链与专业链、人才链有效衔接的长效机制，如与上海城建职业学院、建筑工程学校、城建学校、房地产学校、公用事业学校、园林环境学校及行业建工学校、材料学校、城市科技学校等院校和上海建工集团、上海城建集团、上海城投公司、水务公司等大型企业一起，积极探索打造建设交通行业现代职业教育联盟，实施城市管理一线技能人才开发培养合作、交流、共享、发展机制，共同培养和造就能满足城市发展和管理需要的工匠型技能人才队伍。

7.4 丰富紧缺人才培训形式

遴选一批教育质量高、社会信誉好、管理制度完备、以城市建设管理为特点的高校、培训机构作为重点合作单位，不断丰富培训形式，创新培训手段，开展理论学习与实务训练相结合、境外培训与境内集中培训相结合，综合应用讲座、案例教学、实战演练、专题研讨、参观考察、远程培训等多种方式，构建多元化紧缺人才培训开发机制。支持高校、培训机构充分利用现代信息技术，建设远程培训服务系统，开展网络培训、移动互联培训平台等；积极拓展境外培训渠道，大力引进国际智力，学习借鉴国外知名城市先进管理经验；加大紧缺人才国际合作与交流；鼓励海内外著名培训机构、高校、企业集团、非政府组织等来沪开展合作培训项目，优先资助《目录》紧缺各类人才的培训；也可以每年选派资助一批有潜力的中高级管理人员、技术骨干人员到国(境)外著名高校、著名城市管理机构(专业研发团体、工程设计、工程管理公司等)研修、培训或挂职锻炼，培养造就能涵盖城市管理各专业的领军人才和后备人才队伍。

充分发挥行业协会组织在职业培训中的优势和作用，适当引进国外专门的协会、机构或引进国际上具有丰富实践经验的培训师，建立各类关键、紧缺人才的培训基地或培训平台，以国际通行的会员模式培训和发展国际化专业人才；鼓励符合国家规定要求的各类培训机构按照《目录》开展合作培训，拓宽培训渠道。

鼓励企业建立自主培训体系和制度。企业自主培训是企业经营管理人员培训的主要形式，也是提高企业核心竞争力、培育企业文化、整合企业管理的重要手段。企业应自觉根据国家有关规定和要求，结合自身特点和发展需要，自主选择培训院校，自主确定培训对象、培训内容和形式，积极开展各种形式的自主培训。各级政府和业务主管部门应加强对企业自主培训的指导，加快建立适合企业自身情况的自主培训体系和制度，使政府、社会和企业等各方面形成培训合力。

7.5 改革高校人才培养模式

建议高等院校参照《目录》需求目标，调整和改革高校学科、专业、课程设置和招生人数；高等院校深入推进校企合作，通过建立“城市管理紧缺人才实习实践基地”、建立大师工作室，建立产学研联盟，促进城市管理领域复合性人才的培养，促进高等院校学科设置与紧缺人才开发的有效互动；加强紧缺专业与国外高校的合作交流，提高紧缺人才的国际化水平。

7.6 完善紧缺人才评价机制

健全人才分类评价体系，是发挥好评价“指挥棒”作用的关键所在。要全面准确地反映不同紧缺岗位被评价对象的状况，解决评价标准“一刀切”的问题；针对不同类别、不同专业、不同层次的需求，制定不同的评价标准和要求，建立健全以能力和业绩为导向的人才评价机制，按照社会和业内认可的要求，建立以同行评价为基础的业内评价机制，注重引入市场评价和社会评价，发挥多元评价主体作用。同时，丰富评价手段，采用考试、评审、考评相结合和考核认定、个人述职、面试答辩、实践操作、业绩展示等不同方式，提高评价的针对性和精准性，让紧缺人才评价真正成为引领各类人才成长的“风向标”；发展专业化人才评价机构，建立高层次的人才评价专家库，坚持专业性和动态化。

大力引进城市管理人才等国际职业认证项目，积极开展国际职业认证，积极争取国际职业资格互认，提升人才国际化水平。建立城市管理紧缺人才的信誉和能力评级制度，引导城市管理紧缺人才自觉、健康发展。

7.7 拓展紧缺人才激励措施

对《目录》涉及的紧缺人才，鼓励各单位创新分配激励机制，建立以业绩为导向、体现市场化水平、自主、灵活的薪酬制度，增强对人才的吸引力，充分调动人才的积极性、主动性和创造性。国有企业着力构建符合市场一般规律又体现国企特点的分配机制，坚持薪酬与业绩考核紧密挂钩，合理确定薪酬水平，积极探索股票期权、股权激励、员工持股计划等中长期激励机制。企业通过设立完善的福利体系，如补充医疗保险政策、带薪假期奖励、旅游出行奖励、住房购房支持计划等，解除紧缺人才的后顾之忧。建立物质激励与精神激励相统一的全面激励体系，为紧缺人才提供舞台，增强事业成就感，对于优秀的城市管理紧缺人才授予各种荣誉称号，使其产生自尊感、自豪感。

7.8 创建城市管理人才服务平台

对建设交通系统的人才数据进行全面统计、汇总，在对全市建设交通系统人才信息全面了解的基础上，建立城市管理人才信息数据库，对数据库实行动态管理，发挥人才信息数据库的效率与功能；建设人才服务平台系统，为建设交通系统内的城市管理人才和用人单位提供网上申报、网上查询和网上服务的服务平台，为实现人才服务管理的精细化、科学化和专业化提供基础；建设城市管理人才统计分析系统和信息服务系统，实现对人才和人才服务的全方位、多角度的统计分析和信息服务，以便及时掌握建设交通系统内的城市管理人才的历史、现状和变化趋势；建立城市管理紧缺人才跟踪预警系统，必要时可引入第三方评价机制，定期调整人才目录内容，以便及时调整和完善人才工作的政策和措施。

附录二

上海城市管理紧缺人才开发目录

人才大类	人才子类	能力需求	经历业绩	紧缺岗位	紧缺程度指数	紧缺程度星级
1. 城市综合管理人才	1-1 城市规划管理人才	熟悉城市规划相关法律法规和技术标准，具有扎实的城市规划理论基础；掌握城市规划编制技术，并对城市总体规划、详细规划等法定规划或其他非法定规划中的某领域有较深研究；具有较强的创新能力和组织协调能力，熟悉规划设计、规划管理，具有较强的文字表达能力	主持过多项城市总体规划或详细规划项目，拥有丰富的实践经验；独立承担过国家或省市级城市规划相关科研项目，公开发表有业内认可、有影响力的专著或论文	总图设计工程师	0.711 4	★★★★
	1-2 城市网格化管理人才	熟悉城市网格化综合管理的政策法规、管理标准和应用平台，具有丰富的基层城市网格化综合管理或城市管理相关领域的实践经验；熟悉城市管理相关行业的职能定位和运作模式，对某一城市管理领域的法律法规和技术标准有着较多的思考和实践经验；掌握较强的数据分析能力和归纳总结能力，较强的日常沟通协调能力和文字表达能力	有五年以上在街道、镇、区或市级城市网格化综合管理部门或相关城市管理、执法、作业部门的实践经验；有主持或作为骨干深度参与过市、区、街道、镇城市网格化综合管理平台建设、推进、拓展的工作经历；独立承担过某一城市管理领域数据挖掘分析的课题研究，发表过业内认可的专著或论文	城市网格化管理岗位	0.727 1	★★★★
	1-3 城市管理法规研究人才	熟练掌握城市管理法规，熟悉相关法律、法规、政策和国际城市管理法规及行业发展情况。具有较高的政治素质，遵纪守法，勤勉敬业，有强烈事业心和责任感，大局意识强，认真履行经济责任、政治责任和社会责任；熟练掌握履行岗位职责所必需的专业知识	有十年以上城市规划、设计、科研等单位的工作研究，具有较突出的工作业绩	专项性法制研究岗位	0.626 2	★★★
	1-4 城市管理标准研究人才	掌握某行业工作活动范围、内容、程序和发展趋势；在业务、技术或理论上具有一定的权威性；熟悉国际同行业标准体系；掌握国家标准制定程序，能研究确定标准制定的具体方法，编制标准制定进度计划，具有较强的文字表达和组织管理能力	有十年以上行业工作经验，有开拓创新精神，参加过某行业国家标准制定和评审工作，独立承担过国家或省市级相关科研项目	建筑学类标准化总监 环境工程类标准化总监 综合管理标准化总监	0.714 1	★★★★

（续表）

人才大类	人才子类	能力需求	经历业绩	紧缺岗位	紧缺程度指数	紧缺程度星级
1. 城市综合管理人才	1-5 城市维护资金管理人才	熟练掌握城市管理、财税、金融会计、法律等专业知识；熟悉城市资金监管机构的相关监管制度；熟练掌握和运用城市信息数据系统软件对城市维护资金开展风险评估；具有较强的决策能力、市场应变能力、组织协调能力和改革创新能力	有在著名国际研究机构或国际金融机构从事资金管理工作的丰富经验；曾成功实施开发有一定影响力的资金管理方案，并整体推动城市维护资金管理项目	城市维护资金综合管理岗位	0.569 6	★★★
	1-6 城市信息数据处理人才	熟悉城市信息数据特征及业务流程的运作，拥有城市信息系统软件开发、升级、维护管理的能力；具有较强的城市管理信息分析能力并进行数据挖掘，提炼有价值和控制风险等方面的有效信息	有在海内外从事信息技术和信息数据挖掘分析工作的丰富经历；具有成功主持大型的系统开发与设计和管理的经验；在信息技术领域和数据挖掘分析方面得到较广泛的认可	信息化岗位人才 信息技术总监	0.754 9	★★★★
2. 城市建设管理人才	2-1 海绵城市建设管理人才	熟悉海绵城市建设的理念、政策、法规、原则，熟练掌握先进的雨水综合管理和利用技术、海绵城市建设、规划技术和验收要求；具有较强的海绵城市建设项目的实施能力、雨洪分析和管理软件的运用能力；能在确保城市排水防涝安全的前提下，最大限度地实现雨水在城市区域的积存、渗透和净化，促进雨水资源的利用和生态环境保护；在海绵城市建设过程中，能统筹自然降水、地表水和地下水的系统性，协调给水、排水等水循环利用各环节	主持或参加过海绵城市及相关项目建设或规划；具有供排水设施设计、建设、运行等相关工作经历，长期从事供排水设施相关技术研究工作	海绵城市建设管理岗位 雨水管理和利用岗位	0.750 2	★★★★
	2-2 BIM技术人才	熟悉国际、国家及行业的相关标准；熟悉 BIM 全生命周期的相关理论知识以及实施应用过程；掌握 BIM 全过程正向设计技术；掌握 BIM 可持续设计（绿色建筑设计、节能分析、室内外渲染、虚拟漫游、建筑动画、虚拟施工周期、工程量统计等）方法；能够编制 BIM 应用标准化工作计划及长远规划，熟练收集并了解现有和新兴的与 BIM 相关的软硬件前沿技术；具有技术研究测试和评估能力	具有丰富的建筑行业实际项目的设计与管理经验、独立管理大型 BIM 建筑工程项目的经验，熟悉 BIM 建模及专业软件；负责过一项或多项建筑信息模型技术相关资讯、设计、施工；在 BIM 技术应用方面有丰富的经验	BIM 研发设计工程师 GIS 技术负责人数据工程师 BIM 建筑项目造价工程师	0.679 2	★★★

（续表）

人才大类	人才子类	能力需求	经历业绩	紧缺岗位	紧缺程度指数	紧缺程度星级
2. 城市建设管理人才	2-3 装配式建筑开发人才	熟悉国家关于装配式建筑结构设计及施工、安装验收等标准、规程、规范；能参与项目设计管理、土建工程标准等设计研讨及方案确立；能负责装配式建筑的预制部分设计，协调并及时处理设计变更、与设计对接；具有审核装配工程设计方案并提出设计优化方案的能力；负责装配式建筑文件编制、施工图优化，组织现场装配式建筑结构的验收、签证等工作；具有较强的团队合作精神及职业精神	负责过工程技术方案的编制和实施，参加过装配式设计的课题研究，发表过相关论文；主持过多项大型装配式建筑的设计和建造，在建筑施工现场管理方面有丰富的实践经验	PC 预制构件质检师 装配式建筑管理人员 装配式建筑开发人员	0.682 5	★★★
	2-4 建筑节能与绿色建筑人才	熟悉《绿色建筑评价标准》《公共建筑节能设计标准》等绿建节能标准规范；熟悉世界各国建筑发展技术及趋势，低碳建筑，近零能耗建筑等先进技术；具备较强的综合协调和组织能力	参与过国际或地区标准性建筑设计或建设工作；参与过区域绿色建筑等的规划工作；主持过国家或本市节能建筑等相关领域课题研究	建筑节能与绿色建筑管理人员	0.605 5	★★★
	2-5 地下空间开发建设人才	熟悉城市复杂地基的施工技术，热爱科学研究，具备扎实的地基基础与地下空间工程相关知识，熟练掌握各类设计、分析工具和方法，并具备地基基础与地下空间工程设计实务经验，能对地基基础与地下空间工程设计的现状和未来发展做出专业分析判断和合理化建议	主持或参与多项深基础及地下空间开发的建设项目，对城市管廊有深入研究，具有著名高校和建筑设计院所的学习、工作经历，有丰富的地基基础与地下空间工程设计经验	地下空间项目经理 地下空间项目总工 地下工程供排水工程师 地下工程质量安全监督	0.637 1	★★★
	2-6 综合管廊建设管理人才	熟悉管线监察政策法规，具有各类综合管线项目建设管理、地下管廊建设管理的基础理论知识，具有良好的团队合作精神和较强的组织管理能力	参与过地下管线综合管理及地下管廊建设管理；参与过地下管线综合规划的平衡协调及地下管线突发事件应急处置，在相关方面有丰富的实践经验	综合管廊项目经理 综合管廊技术负责人 综合管廊项目总工	0.632 5	★★★

（续表）

人才大类	人才子类	能力需求	经历业绩	紧缺岗位	紧缺程度指数	紧缺程度星级
2. 城市建设管理人才	2-7 建设施工现场管理人才	熟悉国家、地方、行业法律法规和标准，对安全质量保证体系和流程有一定了解，具有较强的责任意识；熟悉土建项目施工流程和施工专业技术；掌握安全生产、质量管理等专业理论知识；具有良好的团队合作精神以及较强的综合协调和组织能力	从事相关岗位工作三年以上，有丰富的现场安全质量管理经验，负责过土建施工项目；在危大工程施工、大型机械、安全技术监管方面有专业研究和丰富经验	项目工程师 项目财务管理师 项目安全工程师 建设工程项目经理 项目开发建设人员 房屋征收管理人员 房地产项目经理 投资开发人才 技术负责人 建设施工现场管理人才 施工技术研发人员 试验工程师	0.569 9	★★★
	2-8 EPC 建设项目管理人才	了解国家及地方相关法规、政策，熟悉工程项目的前期策划、建筑设计、施工管理、造价控制、质量安全、协调管理的要求与规范，具有独立实施项目管理的能力；具备较强的沟通协调能力和较强的职业素养，掌握技术规范和标准，能独立处理各种突发事故	具备建筑工程项目管理经验，有丰富的设计管理、施工管理等方面的经历，能够适应常驻现场工作；近五年承担过施工总承包或主体工程承包	总承包项目经理 EPC 建设项目经理 合约工程师 项目总工和项目副经理	0.702 9	★★★★
	2-9 海外建设项目管理人才	熟练掌握工程施工管理、现场施工管理、质量控制、工程成本管控的专业知识；具有合同谈判能力、统筹能力、风险控制能力、资源整合能力、与政府、合作方等多方的协调能力；熟悉建材设备采购流程；熟练掌握英语（6 级以上）或多种语言，具有较强的专业外语沟通能力	具有三年以上完整海外工程项目管理的经验，包括从合同谈判到工程竣工；所负责海外工程获得较高的经济效益和社会效益	测算工程师 海外项目经理	0.668 2	★★★

（续表）

人才大类	人才子类	能力需求	经历业绩	紧缺岗位	紧缺程度指数	紧缺程度星级
3. 城市房屋管理人才	3-1 房地产政策研究人才	熟悉国内外住房保障领域的相关法律、制度、政策等基础理论知识；对各地区住房保障的保障模式、保障范围、保障水平以及国内和本市住房保障的现状及发展有较深厚的研究；具有独立承担相关课题的研究能力和组织协调能力；掌握房地产市场政策，准确把握国内外房地产行业发展动态；能熟练运用研究分析工具，对产业运行所在行业做出价值评估和趋势判断；具有较强的行业研究分析能力、预判能力	独立承担过住房保障领域的课题研究或项目；发表过业内认可、有影响力的专著或论文；具有国外留学、进修的研究经历优先；撰写过高质量的行业研究报告并被业内所公认，研究成果具有较高的应用性和实践价值	房地产市场政策研究员房地产经济高级研究员房地产物业管理员	0.558 4	★★★
	3-2 住房公积金管理人才	掌握财务会计及资金管理专业知识，熟悉大项目贷款（如公租房建设项目）及其行业风险管理，熟悉国内金融市场政策、法规及各项投融资工具，熟悉投融资管理业务流程；掌握个人按揭贷款和金融风险管理等相关知识及风险识别、评估等方面的技能，具有较强的分析判断能力、风险识别能力、风险防范方案设计能力	具有大型国有企业、金融机构、大型会计师事务所、律师事务所等并购、上市、定向增发、资产证券化等资本运营、投融资管理等相关工作经验	住房公积金资金运营管理员	0.406 1	★★
	3-3 历史建筑保护人才	熟悉世界建筑史和中国建筑史，具有广博的古建筑、不同时期历史建筑、庭园建筑的基础理论知识；掌握历史建筑保护技术，对优秀历史建筑及其施工工艺有着较深厚的研究；具有较强的传承创新能力和组织协调能力	主持或参加过历史建筑保护方面的设计或课题研究，具有国外留学、进修或与国际合作的设计研究经历；独立承担过国家或省市级历史建筑保护研究基金项目，发表过业内认可，有影响力的专著或论文；负责过一项或多项重要历史建筑修缮和保护、仿古建筑与庭园建筑的设计和建造，在相关方面有丰富的实践经验	古建筑项目管理岗位人才 历史保护建筑和文物保护建筑修缮人员 历史建筑检测	0.587 0	★★★

（续表）

人才大类	人才子类	能力需求	经历业绩	紧缺岗位	紧缺程度指数	紧缺程度星级
3. 城市房屋管理人才	3-4 住房保障管理人才	熟悉国家本市住房保障政策，了解相关公共政策，公共服务内涵及设计要求；具有较强的行业研究分析能力、预判能力和沟通协调能力	主持过房地产相关课题研究或政策设计，在行业管理理论创新方面的观点或措施被政府部门采纳	住房保障管理岗位 房屋结构检测岗位 设施设备检测岗位	0.577 2	★★★
	3-5 物业管理人才	熟悉国家物业管理政策法规，了解国内外物业管理的历史和现状；掌握各类物业管理要求，能对物业管理中的难点、热点问题提出一定的解决对策；具有较强的物业管理实际问题解决能力	主持或参加过物业管理方面的课题研究和专题探讨，发表过业内认可、有影响力的论文；具有丰富的物业管理从业经验，工作业绩突出	物业管理岗位 电梯维保工程师 水电管道维修技术人员 控制系统调试员 施工管理员 小区经理 强弱电技术人员 呼叫业务组长 房屋修缮管理技术人员 白蚁防治技术人员 物业督察	0.573 8	★★★
	3-6 房地产经济高级研究人才	熟悉国内外房地产行业的发展动态；熟悉国家和地方有关房地产行业的政策法规；能够把握本学科的发展脉络，提出有重大影响的研究方向和研究课题；在学术研究、学科建设等方面，有创新性构想；能作为领军人物，带领团队开展课题研究和决策咨询工作；具有较强的行业研究分析能力、预判能力	主持或参加过房地产经济相关领域(房地产市场、住房保障、住房发展规划等)科学研究，取得相关研究成果，在房地产行业研究领域有知名度；从事过政府内参和决策咨询工作，有相关实践经验	投资测算管理员 房地产经济高级研究人员	0.506 8	★★★

（续表）

人才大类	人才子类	能力需求	经历业绩	紧缺岗位	紧缺程度指数	紧缺程度星级
4. 城市交通管理人才	4-1 智能交通运营管理人才	熟悉掌握交通管理、公共治理、资源配置、社会管理等知识；熟练掌握智能交通运行管理的知识，在交通运营中能对存在的风险有一定预判能力；具有较强的行业运营管理能力和沟通协调能力	主持或参加过交通治理项目、公共管理政策制定、评估、研究；三年以上智能交通运营管理的工作经历	智能交通运营管理人员 智能交通咨询工程师 车辆基地工艺设备、变电专业管理员	0.771 6	★★★★
	4-2 城市轨道交通管理人才	熟练掌握车辆、信号、供电、工务等专业的生产组织管理标准；掌握计算机办公自动化操作的基本知识和技能；具有扎实的技术、生产方面的掌控能力，具有扎实的电气工程、车辆设备、信息安全、计算机工程理论知识与实践能力	具有轨道交通城市行业（车辆、电力、探伤等）相关专业理论背景，有丰富的实践经验与管理能力	轨道交通工程师 建筑工程师 信号主管工程师 车辆基地工艺设备 运营系统开发工程师 轨道交通规划设计 轨道交通通信信号管理 变电专业管理 车辆专业技术管理 车辆专业安全管理(HSE) 铁道专业技术管理 综合协调岗位 网络及信息安全工程师 通信软件工程师 轨道交通运营调度员	0.698 8	★★★

（续表）

人才大类	人才子类	能力需求	经历业绩	紧缺岗位	紧缺程度指数	紧缺程度星级
4. 城市交通管理人才	4-3 交通建设工程管理人才	熟练掌握交通建设工程最新技术应用、行业相关法律法规和设计规范标准，了解交通建设行业发展趋势；具有扎实的交通工程设计、施工、监理等基础理论知识；掌握轨道交通、市政工程、公路工程、水运工程等交通工程建设过程中的重点、难点，具有较强的创新能力和前瞻思维能力、应急管理和组织协调能力	独立承担过交通建设领域重大交通工程相关管理工作或至少一项新技术应用推进工作，在相关方面具有丰富的实践经验，发表过业内认可、有影响力的专著或论文	交通规划设计工程师 交通建设工程管理员 交通建设项目总工 交通建设安全工程师 试验检测工程师 设计总包项目负责人 大型项目负责人 轨道交通上盖开发技术员 变电专业管理员 安全工程师	0.641 8	★★★
	4-4 城市交通设施开发人才	掌握城市交通行业政策法规及发展动态，了解行业内先进企业营运模式，能对城市交通进行有效规划和合理布局，持续优化管理标准和运营流程，并开展城市交通区域市场调研和容量预测研究、前瞻性研发，具备较强的组织管理、市场开拓、沟通协调和创新能力	具有交通行业、市场开发相关岗位工作经历，主持或参加过交通设施项目的开发管理与市场开拓，在城市交通刊物上发表过有影响力的研究论文，有较丰富的业务实践经验	城市交通设施开发工程师	0.656 6	★★★
	4-5 道路桥梁隧道养护管理人才	熟练掌握道路设施、尤其是特大型桥梁、隧道的养护管理技术；熟悉机电设备、运行的日常管理；具有较强全面预算中的养护管理、运行材料成本管理的能力；具有较强的道路设施、尤其是大型、特大型桥梁、隧道的质量管理能力、设施和设备安全运行管理能力	具有八年以上道路、桥梁、隧道养护管理经验，负责过特大型桥梁、隧道的日常养护管理工作，在行业内有一定的影响力并发表过有影响力的专著或论文	城市基础设施项目经理	0.735 0	★★★★
	4-6 城市静态交通管理人才	熟练掌握静态交通工程和工程控制理论知识，有一定的道路设计和分析的能力，熟练使用计算机与信息技术，具有较强的沟通协调能力	有三年以上从事城市静态交通工程和工程控制理论设计和分析研究工作经历	静态交通咨询工程师	0.673 5	★★★

（续表）

人才大类	人才子类	能力需求	经历业绩	紧缺岗位	紧缺程度指数	紧缺程度星级
5. 管理人才水务（海洋）	5-1 城市供排水管理人才	熟练掌握供排水管道、泵站设施运行维护和管理技术，掌握排水深隧设施运行原理，掌握泵站截污、初期雨水治理技术；熟悉供水行业信息化技术、理解信息化、科研等项目的管理要求，具有较强的英语和计算机水平；掌握供水在线监测技术及数据库管理软件、大数据分析及挖掘方法；掌握信息化系统开发及管理流程，具有较强的创新能力和组织协调能力	具有供排水设施设计、建设、运行相关工作经历，发表过业内认可，有影响力的专著或论文，长期从事供排水设施相关技术研究前沿工作或长期从事供排水行业管理工作，参与或主导过智慧城市项目的建设或开发	城市供排水管理人员 数据分析管理员 供排水建设管理工程师 供排水安全管理工程师 河道治理工程师 给排水技术人员 供排水工程质量安全监督员 排水审批员 排水规划师	0.611 9	★★★
	5-2 水利工程开发建设人才	熟练掌握水利工程设计相关知识及设计技术规范要求，具备较强的方案设计能力，能够承担中等以上规模水利工程项目的设计，具有较强的沟通协调、技术规划、技术规范撰写能力；熟练掌握水利工程的基础理论知识，具有较深的研究能力、创新能力和组织协调能力	独立承担过国家或省市大型水利工程项目建设，在学术型期刊上发表过业内认可、有影响力的专著或论文；具备八年以上丰富的中大型水利工程项目设计实践经验	水利工程安全现场咨询师 水利工程项目经理 水利工程项目主管 水利施工项目经理 水利工程设计 水利管理人员 水利审批人才 水利规划计划 河湖建设管理人员	0.680 0	★★★
	5-3 城市污水处理人才	熟练掌握城镇污水处理、污泥处理设施运行维护和管理技术；掌握地下式污水厂运行管理技术，对污水、污泥处理处置具有较深厚的研究，具有较强的技术管理和组织协调能力	具有污水、污泥处理设施设计、建设、运行等相关工作经历，发表过业内认可，有影响力的专著或论文，长期从事污水、污泥处理相关技术研究前沿工作	排水和污水处理设施管理员	0.626 9	★★★

（续表）

人才大类	人才子类	能力需求	经历业绩	紧缺岗位	紧缺程度指数	紧缺程度星级
5. 管理人才水务（海洋）	5-4 城市水环境治理人才	熟练掌握水利、河道相关法律法规，掌握本市河道基本情况；熟悉水土保持相关法律法规，掌握本市水土流失及治理相关情况；具有水生态、水环境方面的工程项目设计能力、较强的实践能力；掌握水工建筑物基础理论知识，熟悉生态水利发展史，掌握河道治理相关知识，对河道治理新工艺、新技术、新材料有较深厚的了解，具有较强的组织协调能力	参与完成过多项水生态、水环境治理方面的设计工作，负责过多项水环境综合治理项目；主持或参加过河道治理项目的前期审批、河道治理项目的监理或安全质量监督，发表过河道治理方面的专著或论文，组织过水利工程验收工作，在河道治理建设管理方面有丰富的实践经验	农田水利管理员 水生物监测员	0.707 3	★★★★
	5-5 海域海岛资源监测人才	掌握海洋知识和海洋法律规范，具有海域海岛监测调查与评价研究等业务技能，对海域海岛使用管理机制创新、海域海岛动态监测评价，特别是海洋测绘、海洋基础数据管理、无人机和激光雷达等监测技术手段有深入研究	主持或参加过海域、海岛使用管理机制研究、海域海岛动态监测与评价等相关研究与调查工作；发表过关于海域海岛管理、资源环境监测调查与评价领域业内认可的著作或论文；获得过相关海洋技术类或测绘类奖励；有丰富的海洋管理实践经验	动态监视监测员 海域海岛管理员	0.691 4	★★★
	5-6 海洋水文环境研究人才	熟练掌握海洋水文环境的专业知识，掌握海洋预报数学模型、海洋水文环境资料等各类型数据的加工处理技术；熟悉与海洋有关的法律法规，具有较强的海洋水文环境研究和数据分析能力	主持或参加过海洋水文环境方面的课题研究，能独立承担国家或省市级相关科研项目，发表过业内认可，有影响力的论文；在相关方面有丰富的实践经验，工作业绩得到认可	海洋数据渲染处理员 海洋数据分析员 海洋动力学模型研发工程师	0.687 2	★★★

（续表）

人才大类	人才子类	能力需求	经历业绩	紧缺岗位	紧缺程度指数	紧缺程度星级
6. 绿化市容管理人才	6-1 城市立体绿化人才	熟练掌握园林绿化建筑、环卫处置设施的基础理论知识；掌握立体绿化工程的设计理念、技术规范；具有较强的项目设计和实施能力、成本管理能力	独立承担或参加过园林绿化基建或环卫处置设施建设项目，发表过业内认可，有影响力的专著或论文，在城市园林绿化方面有丰富的实践经验	资深项目管理员	0.662 9	★★★
	6-2 城市生态保护管理人才	熟练掌握生物学、生态学、动物学、自然保护区管理等相关基础理论知识，掌握湿地保护、野生动植物保护相关法律法规，了解生态修复工程项目实施的程序，具备一定的项目设计、操作能力和较强的组织协调能力	具有三年以上湿地保护管理、野生动植物保护管理、或湿地自然保护区、湿地公园管理从业经验；承担或参加过野生动物栖息地、湿地生态恢复工程或科学研究项目；在野生动物保护、湿地保护管理领域具有一定的研究经历	城市湿地保护管理员 湿地生态修复项目管理员 城市野生动物保护管理员	0.632 6	★★★
	6-3 城市垃圾分类处置人才	熟练掌握国家生活垃圾分类相关标准；掌握不同类型垃圾的处置方式和技术；能建立科学考核并完善分类工作开展的考评体系，具有刻苦的钻研精神	在城市垃圾分类管理跨领域有过宣传或在刊物上发表有相关著作或论文；对于不同资源垃圾的处置有一定的实践经验	船舶驾驶/船舶轮机员	0.6779	★★★
	6-4 垃圾无害化处理人才	熟练掌握垃圾焚烧、烟气处理、资源综合利用技术，具有较强的方案设计、工艺设计能力；了解国家环保、职业健康的法律法规；熟悉环境管理体系的方法和程序；熟练使用相关软件进行风险分析并制定相关管理措施	五年以上环保、资源再生或相关行业工作经验；在涉及领域，垃圾无害化处理技术方面有一定突破	焚烧厂项目经理	0.705 0	★★★★
	6-5 资源循环利用技术人才	熟练掌握建筑材料的产品性能、使用规范、固体废弃物的产生和处置要求；了解城市所面临的生态问题和城市资源循环利用现状；掌握金属材料、无机非金属材料、高分子材料、固体废物及水资源的循环利用技术	有五年以上从事资源类信息技术和信息数据挖掘分析工作经历，在资源循环利用领域有突出业绩	资源循环利用技术人员	0.706 0	★★★★

（续表）

人才大类	人才子类	能力需求	经历业绩	紧缺岗位	紧缺程度指数	紧缺程度星级
6. 绿化市容管理人才	6-6 城市景观照明管理人才	熟练掌握城市景观、道路与公共区域照明管理及相关技术的基础理论知识；熟悉城市景观道路与公共区域照明管理政策法规；具有较强的分析判断能力、风险识别能力、风险防范方案设计能力	参与过道路和公共区域照明相关规划制订，并组织协调实施；主持或参加过道路与公共区域照明设施管理、技术创新等方面的项目或课题研究；发表过业内认可，有影响力的专著或论文；在相关方面具有丰富的实践经验	城市景观照明工程师	0.688 5	★★★
	6-7 园林营建管理人才	了解国家及地方相关法规、政策，熟练掌握园林景观营建项目的前期策划、园林设计、施工管理、造价控制、质量安全、协调管理的技术要求与规范，具有独立实施项目营建管理的能力；具备较强的沟通协调能力和较强的职业素养，掌握技术规范和标准，能独立处理各种突发事故	具备园林绿化工程项目管理经验，有丰富的设计管理、施工管理等方面的经历，有大型综合性工地管理经验	园林绿化工程资深项目管理员 园林绿化工程项目经理 园林绿化工程造价主管 园林绿化工程造价管理	0.635 3	★★★
	6-8 公园绿地养护管理人才	掌握绿化养护管理法规、规章、规程、标准和规范；具有扎实的园林绿化植保、养护管理等理论知识；能够按照投标文件编写要求进行养护项目投标文件编写和进行养护项目招投标的实施；掌握绿地养护的技术重点和难点，具有较强的养护质量控制、管理能力；具有较强的沟通协调能力	有四年以上园林绿化植保、养护管理工作经历，在绿化养护领域有丰富的实践经验	绿带管理、公共绿地管理工程师 资深项目管理员 绿化养护师 土壤改良技术员 绿地养护作业管理员	0.659 0	★★★
	6-9 城市容貌管理人才	熟练掌握城市容貌管理基础理论，深刻理解城市容貌管理相关政策法规、标准规范，具备对城市容貌管理相关要素（建构筑物、居住街区、城市道路、公共设施、城市绿化、标识标牌与广告设施、城市照明、公共场所、城市水域、历史文化风貌区与保护建筑、施工工地等）进行综合协调、统筹管理、评价评估的能力	具有城市容貌管理相关工作经验，有主持或参与城市容貌管理相关政策法规起草、标准规范修、制定的工作经历，参与过城市容貌调研或相关课题研究，发表有相关论文或著作	城市容貌管理标准规范制定岗位人员	0.715 0	★★★★

（续表）

人才大类	人才子类	能力需求	经历业绩	紧缺岗位	紧缺程度指数	紧缺程度星级
7. 城市安全运营管理人才	7-1 城市交通应急保障人才	熟练掌握城市交通运营突发事件的处理方法和措施，能针对突发事件的特点，提出针对性强、效果显著的处理方法；熟知城市交通运营安全存在的问题；具有较强的沟通能力和组织协调能力	有城市交通突发事件的丰富应急处理经验，可独立应对超管辖区域突发事件的处理；参与过有关应急预案、法律法规、规章制度的研究制定	城市交通应急保障管理员	0.700 0	★★★★
	7-2 城市防灾减灾人才	熟练掌握房屋建筑、市政设施等各类基础设施的灾前预防和处置的相关知识和技术，理解地震、洪涝、雨雪冰冻、风灾、火灾等城市自然灾害的致灾机理，具有较强的灾害风险和损失评估理论与实践能力，对防灾减灾技术有较深厚的研究，掌握国内外先进的防灾技术动态	主持或参加过城市防灾减灾相关课题研究；具有国外留学、进修或与国际合作的设计研究经历；发表过业内认可，有影响力的专著或论文；负责过防灾工程项目，参与过灾后应急和恢复重建，在相关方面有丰富的实践经验	白蚁防治员	0.755 5	★★★★
	7-3 防汛防台安全管理人才	熟练掌握城市防汛防台安全管理制度；掌握消防、用电、防汛、救援等相关技能知识；具有一定的各类预案的分析能力；具有较强的沟通能力和组织协调能力	主持或参加过城市防汛防台安全管理的相关课题研究；负责过防汛防台项目或在相关方面有丰富的实践经验	水闸管理员 水文预报及水情分析员	0.642 5	★★★
8. 城市管理行政执法人才	8-1 全科型综合执法人才	掌握城市规划与管理专业知识、熟悉城市各类行政管理法律法规，掌握城市公共事务治理要求；具有较强的沟通能力和组织协调能力	主持或参与过较大行政执法案件工作；发表过城市管理行政执法领域有关课题论文或主笔相关材料；在行业领域发表过相应的论文或专著	综合执法员	0.444 5	★★
	8-2 专家型攻坚执法人才	熟练掌握国内外行政法制度和发展成果；对行政法支撑城管综合执法，加强政府职能转变，有一定研究；具有行政执法领域的行政诉讼、行政程序、执法手段研究等经验，有运用法律解决实践问题和前沿问题的能力	发表过城市管理行政执法领域有关课题论文或主笔相关材料；在领域内获得过突破性成就，具有社会影响力	攻坚执法员	0.376 0	★★

（续表）

人才大类	人才子类	能力需求	经历业绩	紧缺岗位	紧缺程度指数	紧缺程度星级
8. 城市管理行政执法人才	8-3 复合型管理执法人才	熟练掌握城市规划与管理专业知识、城市公共事务治理知识；了解国内外行政法制度和发展成果；在执法过程中有协调能力和预判能力	参与过多部门联动合作的经验；有指挥跨部门行政执法案件的工作经历；发表过城市管理行政执法领域有关课题论文或主笔撰写过相关材料	案件办理执法员 基层一线执法骨干	0.494 5	★★

致　谢

本课题研究过程中，在上海市建设交通工作党委、上海市建管委人才服务考核评价中心的协调组织下，对上海建设交通系统进行了广泛的调研及座谈。在调研过程中，得到了上海市住房和城乡建设管理委员会、上海市交通委员会、上海市绿化局和市容管理局（上海市林业局）、上海市房屋管理局、上海市水务局（上海市海洋局）、上海市城管执法局、上海建工集团、上海隧道股份有限公司、上海城投集团、上海申通集团、上海徐房集团、上海浦房集团等多家单位的帮助，在此对上述单位表示衷心感谢！

"城市管理紧缺人才开发目录研究"课题组

2018 年 11 月

“城市管理紧缺人才开发目录研究”课题组成员名单

王理秋　上海市建设交通工作党委干部人事处处长
孙文臣　上海市建设交通工作单位干部人事处副处长
阮　洪　上海市建设管理委人才服务考核评价中心副主任
何　伉　上海市房管局人才服务考核评价中心副主任
杨振浩　上海市建设交通工作党委干部人事处主任科员
叶银忠　上海城建职业学院院长
杨秀方　上海城建职业学院副院长
郭洪涛　上海城建职业学院副院长
杨瑞华　上海城建职业学院土木与交通工程学院副院长
陆春华　上海城建职业学院教务处副处长
顾仁政　上海城建职业学院土木与交通工程学院 副教授
王彩萍　上海城建职业学院公共管理与服务学院 副教授
张　姣　上海城建职业学院土木与交通工程学院 教授
于开芹　上海城建职业学院建筑经济与管理学院 副教授

参考文献

[1] 上海市城市总体规划(2017～2035 年)[R].

[2] 应勇. 迈向卓越的全球城市[N]. 文汇报，2017-09-18.

[3] 屠启宇，苏宁，邓智团，等. 国际城市蓝皮书：国际城市发展报告(2018)[M]. 北京：社会科学文献出版社，2018.2.

[4] 侯隽. 东京国际化大都市的演进过程[J]. 首都治理，2017(9).

[5] 马剑平. 北京与世界城市的发展差距研究——以伦敦、纽约、东京城市对比[J]. 学术论坛，2015(1).

[6] 张敏. 全球城市公共服务设施的公平供给和规划省略方法研究——以纽约、伦敦、东京为例[J]. 国际城市规划，2017(32).

[7] 庄少勤. 迈向卓越的全球城市——上海新一轮城市总体规划的创新探索[J]. 上海城市规划，2016(8).

[8] 王操，李农. 上海打造卓越全球城市的路径分析——基于国际智慧城市经验的借鉴[J]. 城市观察，2017(8).

[9] 曹莉萍. 纽约弹性城市建设经验及其对上海的启示[J]. 生态学报，2018(1).

[10] 丁晓彤. 迈向卓越全球城市城市风险如何防控[J]. 上海城市管理，2018(1).

[11] 关于加强本市城市管理精细化工作的实施意见三年行动计划(2018～2020 年)[R].

[12] 周永根. 美国社区管理与服务设施配置及其标准体系研究——以纽约为例[J]. 城市学刊，2017(5).

[13] 关于加强本市城市管理精细化工作的实施意见[R].

[14] 上海市航运领域紧缺人才目录研究[R]. 上海市建设交通工作党组课题，2012.4.

[15] 对标东京都城市精细化管理的考察报告[R]. 上海市住房和城乡建设管理委员会课题，2017.12.

[16] 本市城市综合管理领域市区职责分工体系研究[R]. 上海市建设交通工作党组课题，2016.12.

[17] 上海城市综合管理标准体系研究报告[R]. 上海市住房和城乡建设管理委员会课题，2016.11.

[18] 创新和加强建设交通系统人才工作研究[R]. 上海市住房和城乡建设管理委员会课题，2017.11.

[19] (美)韩家炜. 数据挖掘：概念与技术[M]. 范明，等，译. 北京：机械工业出版社，2012.08.

[20] 石辛民. 模糊控制及其 MATLAB 仿真[M]. 北京：北京交通大学出版社，2017.12.

[21] Price water house Coopers. Cities of Opportunities 7, 2016.9.

[22] 武洋洋. 北京建设世界城市人才支撑体系研究[D]. 北京交通大学，2012.06.

[23] 姚志文. 宁波紧缺人才指数体系研究[M]. 宁波：宁波出版社，2008.03.

[24] 王涛. 伦敦都市圈及其管理体制的发展演变及特点[J]. 城市观察，2014(4).